本书系 2023 年厅局级科研项目——“第 14 届全运会我省跆拳道重点运动员技战术现状分析”（项目编号：2023JT18）的研究成果。

跆拳道运动文化与技能教学研究

崔玉红◎著

U0810594

文化发展出版社
Cultural Development Press
· 北京 ·

图书在版编目（CIP）数据

跆拳道运动文化与技能教学研究 / 崔玉红著 . 北京 : 文化发展出版社，2024. 7. -- ISBN 978-7-5142-4392-5

Ⅰ . G886.9

中国国家版本馆 CIP 数据核字第 2024LH8297 号

跆拳道运动文化与技能教学研究

崔玉红　著

出 版 人：宋　娜

责任编辑：袁兆英　　　　责任校对：岳智勇

责任印制：邓辉明　　　　封面设计：守正文化

出版发行：文化发展出版社（北京市翠微路 2 号 邮编：100036）

网　　址：www.wenhuafazhan.com

经　　销：全国新华书店

印　　刷：天津和萱印刷有限公司

开　　本：710mm × 1000mm　1/16

字　　数：220 千字

印　　张：11

版　　次：2025 年 1 月第 1 版

印　　次：2025 年 1 月第 1 次印刷

定　　价：72.00 元

I S B N：978-7-5142-4392-5

◆ 如有印装质量问题，请电话联系：010-58484999

前　言

跆拳道运动具有“世界第一搏击运动”之称，它寓搏击、规范、教育于一身，以技击格斗为核心，以修身养性为基础，以磨炼意志为目的，深受广大体育爱好者的喜爱。在我国，跆拳道是一个新兴而蓬勃发展的现代竞技体育运动项目。跆拳道运动自 1995 年在我国正式开展，在国家体育总局相关部门的正确领导下，广大跆拳道教练员和运动员通过共同努力，使中国跆拳道取得了举世瞩目的成就，涌现出陈中、罗薇、吴静钰等一大批优秀运动员，跆拳道项目也为越来越多的人民群众所了解和参与，成为时尚的健身项目。据不完全统计，目前在我国参与跆拳道训练的人数已达百万之众。

在日常生活中，跆拳道馆随处可见，不管是在那些大城市中，还是在很多小县城中，跆拳道已经成为一项广受人们欢迎的时尚体育运动，并吸引了越来越多的练习者。它不仅动作简单实用、易学易懂，更重要的是练习跆拳道能够对人的精神品质和道德情操起到很深的熏陶作用，能够培养人谦逊、宽容、认真、谨慎的生活态度；磨炼自强不息、坚韧不拔、吃苦耐劳的意志品质，摒弃自身懒惰、胆怯、软弱、消极的心态。跆拳道是一项集健身、防身、修身为一体的体育运动，通过对人们身心的锻炼与培养，不仅能够增强人的体质，还能够健全人的性格，促进其身心全方位发展。这也是跆拳道在世界范围内得到广泛传播的主要原因。

本书共五章。第一章为跆拳道运动概述，介绍了跆拳道的兴起与发展、内容与分类、特点与功能等内容，使读者对跆拳道运动有初步的了解。第二章为跆拳道礼仪文化，阐述了跆拳道礼仪内涵与价值、跆拳道的礼仪规范和礼仪动作，以及跆拳道礼仪和精神、文化之间的关系。第三章为跆拳道训练的科学保障体系，分别从科学营养、运动保健、医务监督，以及训练过程的监督和调控角度，对跆拳道训练相关的科学保障体系进行了分析，使读者能够科学地进行训练。第四章是跆拳道技能教学及训练，介绍了跆拳道教学的基本原则与注意事项，跆拳道教学的阶段划分、要求与步骤，跆拳道品势教学训练和竞技跆拳道技术训练。第五章为跆拳道专项身体素质训练，对跆拳道的专项身体素质训练的重要性和原则，跆拳道的力量、柔韧素质训练，跆拳道的速度素质训练，跆拳道的灵敏、协调素质训练，以及跆拳道的耐力素质训练进行了介绍。

在撰写本书的过程中，作者参考了大量的学术文献，得到了许多专家学者的帮助，在此表示真诚感谢。

本书内容系统全面，论述条理清晰、深入浅出，但由于作者水平有限，书中难免有疏漏之处，希望广大读者及时指正。

崔玉红

2023年9月

目 录

第一章　跆拳道运动概述

跆拳道是一个以脚踢为主、拳打为辅、手脚并用、注重礼仪的人体徒手格斗类体育运动项目。跆拳道作为一个竞技体育运动项目，其基本规律表现在人体机能做功规律、运动项目活动规律、竞技能力训练规律高度契合和协同运作三个方面。本章从跆拳道的兴起与发展、跆拳道的内容与分类、跆拳道的特点与功能三个方面简要介绍跆拳道运动。

第一节　跆拳道的兴起与发展

古人有云，知其然知其所以然。这句话是指，要知道事物的表面现象，也要知道事物的本质及其产生的原因。在学习跆拳道之前，我们需要知道其形成及发展。

一、跆拳道的形成与发展

（一）原始跆拳道

在远古时代，社会生产力较低，人类生存环境恶劣，所谓“物竞天择，适者生存”，人类在与自然的抗争和各部落之间的搏杀中，除拳打脚踢外，还利用棍棒、石块、竹箭等作为武器，以防身自卫或猎取食物。为了不被他人征服，人们必须有顽强的斗志和强健的体魄并依靠集体的力量和智慧积极防卫。在这种生存环境下，原始部落之间的战争也促进了生产技能向军事技能的转化，因此人人都是战士。

随着社会的发展，人类为了抗击外来侵略，要不断适应变化的生活环境，还要与不同种族之间互相争斗，于是徒手的搏斗和器械的击刺便自然产生了。经过一定的选择和提炼，人们逐渐总结出了搏斗的技巧，形成了相对稳定的徒手与器械动作的组合，在实际操作演练过程中，成为有目的、有组织的格斗运动。原始跆拳道就是在这样的环境下逐渐形成的。

在朝鲜的原始社会后期，随着社会生产力的发展，私有制萌发，剩余生产物质出现，在氏族部落中产生了族长或首领占有和继承剩余物质的制度，造成氏族内部的贫富差距过大，将原始氏族公社制度引向崩溃，于是阶级产生了。随之，爆发了为争夺奴隶和领土的氏族部落之间的战争。由于战争的需要，大量的生产工具转化为相互厮杀的武器；生产技能也随之转化为军事技能。同时，军事格斗技能也逐渐专门化，形成了独立的技术领域，对后来跆拳道的形成、发展、完善带来了深刻的影响。

此外，朝鲜半岛跆拳道的渊源也与宗教祭祀、教育娱乐紧密相关。原始宗教的主要形式——巫术与图腾崇拜常常借助原始的武舞来体现。在朝鲜半岛进入农耕时代后，崇拜祖先，崇拜天神、太阳、山岳、树木、江河、动物等原始信仰逐渐形成。每年五月下种，十月秋收之后，广大民众群聚起来祭祀天地神灵也形成定制。各部族的祭礼相似而名称各异，如扶余的“东盟”、马韩的“十月祭”、高句丽的“舞天”、新罗的“伽俳”等都是祭祀天地神灵大会的称谓。与古希腊奥林匹亚祭礼相似，在祭礼之后都要进行各种技艺的表演和竞技，向天地神灵表示敬意；欢庆丰收并祈求来年风调雨顺、平安吉祥。同时，此类活动还兼有教育的作用，主要体现在向年轻一代传授各种生产与军事技能上，并通过这类活动来选拔武士和氏族部落新的领导人。作为萌芽状态中的武艺，自然是角逐的主要项目之一。在这种环境下，原始的武艺逐步发展完善，形成了一种融知识、技能、身体训练和习惯培养等于一体的多功能活动。

（二）朝鲜三国时期的跆拳道

公元 1 世纪左右，朝鲜半岛出现了高句丽、百济和新罗三个国家，人们称之为“三国时期”。三国时期是朝鲜半岛从奴隶制向封建制过渡的重要时期。在 700 余年的时间里，为了争夺领土、对抗外来侵略，三个国家之间战争不断，社会基本处于战乱连绵、动荡不安的状态，因而三个国家均重视技击术的训练。三个国家的武士都把跆拳道作为一项强身健体、保家卫国的搏击武艺来进行严格训练。

高句丽建国于公元前 37 年，668 年被新罗以武力征服，存国 731 年。高句丽位于朝鲜半岛北部和辽河以东、长白山地区及鸭绿江流域。西、北部与中国接壤，南与百济、新罗相连。建国初期定都于国内城（今中国吉林省集安市境内），427 年迁都于平壤。

高句丽在三个国家中建国最早，国力也最为强盛。它北拒中国，南击百济、新罗，不断扩张领土。在这个过程中，没有强大的军事力量是无法办到的。因此，高句丽历代统治者都很重视选拔武士和强化军事训练。高句丽王朝为准备战事，制定了选士制度，每年的 3 月间，都要组织盛大集会，其内容丰富多彩，其中包括狩猎、剑舞、射箭、跆拳道等项目的表演和格斗比赛，以此选拔精明强悍、武艺精湛的武士。据有关资料记载，此时期“手搏”一词已经出现，这是最古老的跆拳道。在高句丽，著名的“先辈”（或称“仙人”，是一种对武士的尊称）就是在“臣苏涂”祭坛前选拔出来的勇敢而优秀的武士。除此之外，还有专门为培养武士和文职人员特设的“扃堂”（庶民子弟专用）和“太学”（贵族子弟专用）。作为一种制度，这些武士组成团体，享受国家俸禄，平时聚集在一起读书习武、农耕渔猎、筑城修路；战时奉诏入伍、征战沙场、为国家献身。跆拳（手搏）与射箭、摔跤（角抵）等技艺是他们必备的训练、考核、选拔项目。目前，对高句丽王朝的考古发掘显示：跆拳道（雏形）在高句丽时代已相当普及，成为广大民众茶余饭后、喜庆节日休闲娱乐的主要活动，与日常生活密不可分。

跆拳道在高句丽享有很高的地位，这可以从后来的考古中发现，在高句丽国的古墓、角骶冢、舞涌冢和三室冢的玄室壁画中，人们可以发现跆拳道在当时已经相当盛行。例如，角骶冢的壁画上有两名男子互相抓着臂膀进行角斗的场面；舞涌冢女子形似表演的舞姿；三室冢的玄室顶壁上绘有强壮男子运用跆拳道格斗的姿势。像这些记载跆拳道资料的壁画还有很多。

百济在朝鲜半岛的西南部，建国于公元前 38 年，660 年被新罗征服，存国 622 年。百济人喜欢骑马、射箭和跆跟。《隋书》称百济人崇尚读书、武技；《三国史记》记载，百济修筑了射箭场，每月初一、十五练习，每年 9 月举行射箭大会，并进行各种武艺活动，同时记载了“手臂打”，这种竞赛是运用类似跆拳道的技法进行分组比赛。据《三国史记》记载，百济国王大多倡导习武（骑马、射箭和跆跟），要求全国从上到下都以强身健体、保卫国家为生活中的头等大事，当时在国内广泛推行。

新罗在朝鲜半岛东南部的庆州平原（今韩国庆尚道地区）上，建国于公元前 57 年，935 年归附高丽，存国 861 年。据《朝鲜全史》考证，新罗的建国时间要稍晚于高句丽和百济。建国之初，由于国力弱小，新罗一贯避开与高句丽和百济的冲突，采取与高句丽联合的国策，有时甚至派王族成员到高句丽作人质，以换取高句丽的支持与帮助。后来，新罗的统治者励精图治，加强了军队建设和对民众武艺的训练，特别是在真兴王三十七年（576 年），新罗创立了“花郎制度”。《朝鲜上古史》记载，圆光法师为花郎道的健康发展制定了世俗五戒——“事君以忠、事亲以孝、交友以信、临战无退、杀生有择”。在这种制度激励下，新罗培养了一批又一批忠君事孝、英勇顽强、无所畏惧的战士。

“花郎道”主要是由当时封建贵族子弟中品貌端庄者组成的准武士团体，通过举行马术、跆跟、射箭、狩猎等，以及典籍、学识的考试选拔优秀者。典籍、学识是对青少年进行道德伦理、忠君爱国的教育，培养能够为封建统治阶级服务的、文武兼备的官吏。“花郎制度”的推广为新罗的繁荣和跆拳道的长足发展奠定了基础。

国力渐渐强大的新罗，与中国唐朝统治集团联合，于660年至668年先后征服了百济和高句丽，统一了朝鲜半岛，建立了新罗王朝。

（三）高丽时期的跆拳道

918年，泰封国英勇善战的大臣王建发动政变，颠覆了泰封国，建立了新的王朝。该王朝从继承强国高句丽的思想出发，定国号为高丽，建都于开京（今朝鲜开城市）。据《高丽史》记载，高丽人十分喜爱徒手搏斗，擅长这项运动的文官与武将都会因此获得奖励或晋升。由于获得了官方统治阶级的重视，它变得越来越流行，成为军队训练的必修项目。在高丽时期，跆拳道在军队之中风靡，军中时常进行跆拳道的训练，士兵用拳头击打墙壁与木块以增强其攻击力。高丽国的忠惠王十分喜爱徒手搏斗，他邀请军队之中的士兵金振郁到宫廷之中为其表演手搏技艺，这使跆拳道开始受到越来越多民众的关注，名气越来越大。在高丽时期，上到王公贵族，下到黎民百姓，全国各地都盛行着尚武的风气，跆拳道也得到了充分发展。

（四）朝鲜时期的跆拳道

1392年，高丽军队的右军指挥李成桂将军，在鸭绿江江心的威化岛发动政变，带领军队打进首都，驱逐国王，取代高丽，建立了朝鲜李氏王朝（简称李朝），同时用“朝鲜”称国号。这一时期，高丽末期首次举行的武科考试，在李朝继续进行。武科考试科目有箭术、骑术、跆拳道等军事技术，还有儒教和军事经典知识，这是当时普通人晋升的一条捷径。在当时的武科考试中，人们对于跆拳道十分重视，据文献记载：一个武士要想拥有入选武官职位的资格，就必须在晋升考试中使用手搏或跆跟技艺打倒三个人以上。

比较科学的跆拳道记载于李朝正祖十四年（1790年）成书的《御定武艺图谱

通志》。《御定武艺图谱通志》记载了“手搏”“跆跟”等武技的文字介绍、动作图解及各种兵器的用法，其作者是李德懋和朴家齐。之后，受文尊武卑思想的影响，李朝末期王室开始重文轻武，跆拳道在王室中逐渐不流行，而在民间开始广泛流传。

由此可知，李朝是跆拳道集大成的发展时期。在李朝，跆拳道技术趋于成型和完善，逐渐形成了跆拳道的完整体系。

（五）近代跆拳道

朝鲜李朝末期，农民起义风起云涌，代表先进官僚阶层的开化派也在朝鲜半岛进行了资产阶级革命的尝试。与此同时，日本帝国主义对朝鲜半岛虎视眈眈，处于内外交困的李朝面临巨大危机。1894 年 7 月，日本帝国主义侵略军袭击并占领了朝鲜。紧接着在朝鲜发动了对中国清王朝的战争，其结果是中国清王朝战败并退出朝鲜半岛。1905 年，日本帝国主义强迫李朝签订了《乙巳保护条约》，进一步夺取了朝鲜的军政、财政、行政、司法等权力。在此期间，日本又解散了为数不多的朝鲜军队。1910 年 8 月，日本完全占领了朝鲜半岛，李朝灭亡。

李朝灭亡之后，日本在朝鲜半岛建立殖民政府，同时禁止朝鲜人民进行朝鲜文化活动，以消磨人民的意志，防止反抗。其中，跆拳道也在禁止之列。这就使得朝鲜半岛明面上的跆拳道运动名存实亡。朝鲜半岛的跆拳道修炼者一部分在国内秘密练习，一部分被迫背井离乡，远涉中国或日本谋生。1945 年 8 月 15 日，日本宣布无条件投降，朝鲜从 36 年的日本帝国主义暴政下获得了解放，国家政治、社会面貌日益改观，许多流落他乡的朝鲜人也先后回到故里。他们将中国的武术、日本的空手道等武艺带回了朝鲜，与当地拳师一起，秉持继承和发扬的原则，将各种武艺与跆拳道技艺融合到一起，博采众长，使跆拳道技艺更加丰富多彩，逐渐形成一种新的技术体系，开始再度在国内发展起来。

1950 年，跆拳道孕育了新的技术体系——自卫术。自卫术曾泛指跆跟、托肩、空手道、手搏道、唐手道等，种类繁多，名称混杂。为了使自卫术能进一步健康、科学地发展，跆拳道主要创始人崔泓熙（崔泓熙生活在朝鲜，在他很小的时候，由于他就读的小学因为光州学生运动被停学，所以他被父亲送到著名书法家韩溢东先生身边去学习。韩溢东先生发现，崔泓熙的身体不是很好，所以就传授给他朝鲜的传统武术，以帮助他强身健体。这成为崔泓熙先生开创跆拳道的基础）、黄琦、李仲佑和蔡天命四人在教学过程中不断研究、推敲和练习，将朝鲜古代各流派的自卫术与日本的空手道、中国的武术相结合，形成了一整套自己的发展思路，由此创新了现代跆拳道。这种新型的自卫术统称为“跆拳”。

（六）现代跆拳道

随着时间的推移和社会的发展，人们对于健身及体育运动的要求也越来越高，为了满足人们的需求，也为了更好地对跆拳进行推广，韩国的高级军官、教育家、武术家等经过讨论一致认为：应当在跆拳运动中增添一些有关做人做事的道理。

当时，崔泓熙认为：跆拳道运动既能强身健体又能防身自卫，关键就缺少一种武道文化和哲学思想，经过崔泓熙、黄琦、李仲佑、蔡天命等专家讨论，大家一致通过崔泓熙提出的“跆拳”后加一个“道”字。1955 年 4 月 11 日，在朝鲜民族武术的名称制定委员会上，崔泓熙提名的“跆拳道”这一名称获得通过，自卫术终于过渡成为现今完整的“跆拳道”体系。“跆拳道”一词的字面解释就是：跆（TAE）是指脚踢、膝顶、撞摔（现代竞技跆拳道已取消膝顶、撞摔动作）；拳（KWON）是指用拳击打和防御；道（DO）是指练习的方法、技巧、道理和精神的体现，也指修行。“跆拳道”名称的确立，结束了跆跟、托肩、空手道、手搏道、唐人道、古典武道各种名称混杂的局面，开创了现代跆拳道运动的新纪元。

1959 年，韩国成立了大韩唐手道协会，朝鲜民族的武道——跆拳道第一次走出国门。跆拳道创始人崔泓熙率领韩国军队中最优秀的 19 名成员出访东南亚。

1961 年 9 月，韩国成立了大韩跆手道协会（大韩唐手道协会后更名为大韩跆手道协会），崔泓熙将军就任会长。

1962 年，跆拳道被接纳为朝鲜业余体育协会的会员，首次被列为全国体育比赛正式项目。

1963 年，第 43 届大韩民国全国体育大会确定跆拳道为正式比赛项目。这一期间，朝鲜和韩国的大批跆拳道教练离开他们的祖国到世界各地传授跆拳道技能，使跆拳道在世界范围内发展和普及。这标志着跆拳道运动开始走向国际化。

1965 年 8 月，韩国设立大韩跆拳道协会（大韩跆手道协会后更名为大韩跆拳道协会）。

1966 年，韩国成立了第一个国际组织——国际跆拳道联盟（International Taekwon-Do Federation，ITF）。这是跆拳道历史上的第一个国际性机构。崔泓熙被选为主席，跆拳道正式进入了国际社会。

1971 年 1 月 17 日，金云龙任大韩跆拳道协会会长。

1971 年 3 月 20 日，韩国总统朴正熙为跆拳道题词“国技跆拳道”。1972 年

11 月 30 日，大韩跆拳道中央道场“国技院”在汉城成立。跆拳道进入了一个空前繁荣、迅速发展的新时代。

1973 年 5 月 28 日，世界跆拳道联合会（World Taekwondo Federation，WTF）在韩国汉城成立，金云龙当选为主席。当时，世界各大洲的 20 多个国家加入了这一组织。世界跆拳道联合会成立后，制定了一套相应的规章制度，大胆抛弃了传统跆拳道中类似于表演及实战性不强的技击内容，将其最符合现代竞技体育发展需要的、竞技性最强的技术动作加工提炼成独立的教学、训练、科研和竞技体系，由此产生了新的体育形式——竞技跆拳道。同年 5 月 25 日，韩国汉城举行了第一届世界跆拳道锦标赛。

1974 年 10 月 18 日，韩国汉城举行了第一届亚洲跆拳道锦标赛。

1975 年 10 月，世界跆拳道联合会被国际体育单项联合总会接纳为会员。

1980 年，在第 83 届国际奥委会会议上，国际奥委会正式承认了世界跆拳道联合会，这一决定促使跆拳道运动在世界各地更广泛地推广。

1981 年，国际体育理事会承认了国际跆拳道联合会。

1983 年，在西班牙巴塞罗那举行的第 8 届世界锦标赛中，增设了女子跆拳道比赛。

1986 年，跆拳道创始人崔泓熙率领朝鲜跆拳道代表团来我国进行访问表演。同年，该项运动被列为第 10 届亚运会的比赛项目。

1987 年，跆拳道被列入泛美运动会、全非运动会及东亚运动会的正式比赛项目。

1988 年，第 24 届奥运会在韩国汉城拉开帷幕，经主办国不懈努力，跆拳道被列为第 24 届（1988 年）、第 25 届（1992 年）和第 26 届（1996 年）奥运会的表演项目，为跆拳道的迅速发展提供了最大的机会与动力。

1994 年，在法国巴黎召开的第 103 届国际奥委会会议上，跆拳道项目被列入第 27 届悉尼奥运会正式比赛项目，设 8 枚金牌（男女各 4 枚）。同样，跆拳道也是世界大学生运动会、友好运动会、东南亚运动会、南美运动会、南太平洋运动会、世界军人运动会等一系列国际体育赛会的正式比赛项目。丰富的赛事，为普及跆拳道运动和提高跆拳道运动技术水平提供了广阔的平台。

2004 年 6 月 11 日，世界跆拳道联合会在韩国举行会议，选举新一届联合会主席。韩国跆拳道理事赵正源在激烈的竞选中以 106 票战胜对手，当选新一届主席。世界跆拳道联合会前主席金云龙因受贿等罪名被判刑。

目前，世界上主要有两大世界跆拳道组织，分别是国际跆拳道联盟及世界跆拳道联合会。国际跆拳道联盟是一个国际性的民间组织，1966 年由崔泓熙在韩国汉城创立，在全世界拥有 120 多个会员国家和地区，它以品势修炼为主，以竞技实战为辅。世界跆拳道联合会在 1973 年诞生于韩国汉城，之后得到了国际奥委会的承认。世界跆拳道联合会属于官方组织，主要以竞技为主，以品势（套路、架型）为辅。在跆拳道的推广普及过程中，这两大组织都做出了十分突出的贡献。

二、跆拳道在中国的引进和发展

进入 2017 年以来，跆拳道在中国，可谓家喻户晓。无论是行走在熙熙攘攘的大街上，还是漫步在安安静静的小巷中，我们总会看到几个穿着白色跆拳道服装，腰里扎着白色、黑色或黄色腰带的青少年。他们个个精神抖擞、神气十足。

不同颜色的跆拳道腰带有着不同的象征意义。

白带：白带代表空白，练习者没有任何跆拳道知识和基础，一切从零开始。

黄带：黄带是大地的颜色，就像植物在泥土中生根发芽一样，在此阶段要打好基础，并学习大地厚德载物的精神。

黄绿带：介于黄带与绿带之间的水平，练习者的技术在不断上升。

绿带：绿带是植物的颜色，代表练习者的跆拳道技术开始枝繁叶茂，跆拳道技术在不断完善。

绿蓝带：由绿带向蓝带的过渡带，练习者的水平处于绿带与蓝带之间。

蓝带：蓝带是天空的颜色，随着不断训练，练习者的跆拳道技术逐渐成熟，就像大树一样向着天空生长，练习跆拳道已经完全入门。

蓝红带：练习者的水平比蓝带略高，比红带略低，介于蓝带与红带之间。

红带：红色是危险、警戒的颜色，练习者已经具备相当的攻击能力，对对手已构成威胁，要注意自我修养和控制。

红黑带：经过长时间系统的训练，练习者已修完从 10 级至 1 级的全部课程，开始由红带向黑带过渡。

黑带：黑带代表练习者经过长期艰苦的磨炼，其技术动作与思想修为均已相当成熟，也象征不受黑暗与恐惧的影响。

（一）跆拳道在中国的引进

中国人口众多，市场规模庞大，是全球范围内极大的消费市场之一。因此，跆拳道创始人、国际跆拳道联盟总裁崔泓熙十分重视跆拳道在中国的引进与普及。20 世纪 80 年代，跆拳道便被引进中国，直到如今仍受到很多人的喜爱。

1986 年 6 月，崔泓熙与国际跆拳道代表团一同访问中国，在中国的北京、济南、西安等地进行表演，在各大城市掀起了一股跆拳道的潮流。时任中国武术协会主席徐才、中国奥委会主席何振梁等人同崔泓熙进行了友好会谈，这也播下了跆拳道在我国土地上生根发芽的种子。从 20 世纪 80 年代末到 20 世纪 90 年代末这十年间，国际跆拳道联盟的高级师傅不断来到中国，为跆拳道在中国的传播与发展做出了不小的贡献。

1998 年，国际跆拳道联盟副总裁与宋硕景先生就中国跆拳道事业的发展进行了多次交流，1998 年 10 月，宋硕景与崔泓熙见面，两人相谈甚欢。1999 年，国际跆拳道联盟设立国际跆拳道联盟中国地区总部，由宋硕景负责，以此来专门帮助中国跆拳道事业的普及与发展。中国的跆拳道事业也在宋硕景、崔泓熙及其他国际国内同人的帮助下，取得了巨大成绩。

（二）中国跆拳道运动的发展与成绩

1992 年 10 月 7 日，中国跆拳道协会筹备小组成立，这标志着我国跆拳道运动的正式开始。

1994 年 5 月，首届全国跆拳道教练员和裁判员学习班在河北正定举行。1994 年 9 月，第一届全国跆拳道比赛在云南昆明举行，15 个单位的 150 多名运动员参加了本次比赛。由于我国跆拳道运动起步较晚，招收的运动员大多是其他项目转过来的，此次比赛从严格意义上来说，只能算是“摸底考试”。这次比赛让我们了解了我国目前跆拳道运动开展的现状，通过现场调研和录像分析找出了和世界其他国家跆拳道运动发展的差距，特别是与韩国及欧洲一些起步较早、基础好的国家相比，技术上存在较大区别，为今后的教学、训练和竞赛工作提供了依据。

1995 年 5 月，第一届全国跆拳道锦标赛在北京体育大学举行，共有 22 个单位 250 名运动员参加了比赛，从此跆拳道在中国迅速发展了起来。

1995 年 8 月，中国跆拳道协会正式成立，魏纪中当选为第一任主席。

1995 年 11 月，中国跆拳道协会被世界跆拳道联合会接纳为正式会员。1996 年 6 月，在澳大利亚墨尔本举行的第 12 届亚洲跆拳道锦标赛上，我国运动员获得铜牌。

1997 年 11 月，在中国香港举办的世界跆拳道锦标赛上，我国运动员黄鹂获得女子 43 公斤级项目的银牌。

1998 年 5 月 17 日，在越南举办的第 13 届亚洲跆拳道锦标赛上，北京体育大学 97 级学生贺聪敏为中国赢得第一枚亚洲比赛金牌，实现了我国在洲际比赛中金牌零的突破。此次比赛共有来自亚洲22个国家和地区的约240名选手参加，其中有世界一流强队韩国、中国台北、伊朗等。中国跆拳道队获得了1金5铜的佳绩，其中女队获得了团体总分第三名。

1999年6月7日，在加拿大埃特蒙顿举行的世界跆拳道锦标赛上，我国女子运动员王朔战胜多名世界跆拳道高手，获得女子55公斤级项目的冠军，这是我国运动员获得的第一个世界冠军。

2000年9月30日，在第27届悉尼奥运会上，我国女子运动员陈中获得跆拳道67公斤以上级的冠军。

2004年8月29日，在第28届雅典奥运会上，我国女子运动员罗薇和陈中分别获得67公斤级和67公斤以上级项目的两枚奥运会金牌，创造了中国跆拳道奥运会历史上的新纪录。

2005年4月14日，在西班牙举行的第17届世界跆拳道锦标赛上，我国选手王蓥获得51公斤级项目的金牌。

2007年5月18日至22日，女子第11届、男子第18届世界跆拳道锦标赛在中国北京举行，我国选手吴静钰、陈中获得两枚金牌。

2008年4月26日至28日，在河南洛阳举行的第18届亚洲跆拳道锦标赛上，我国运动员共获得4金2银5铜的好成绩。其中，男子运动员刘哮波获得了84公斤以上级冠军，实现了中国男子跆拳道运动的历史性突破。

2008年8月20日至25日，在中国北京举行的第29届奥运会上，中国女子运动员吴静钰获得47公斤级项目的金牌；男子运动员朱国获得了80公斤级项目的铜牌，实现了中国男子跆拳道运动在奥运会上的历史性突破。

目前，跆拳道已被列为世界大学生运动会、全国运动会、全国大学生运动会、全国城市运动会等综合性比赛的单项赛事，已经发展成为一种集力学、心理、哲学、医学为一体的体育运动项目。目前，跆拳道运动已进入了体育化、制度化、科学化、规范化、具体化的发展阶段，逐渐趋于完善。

（三）跆拳道招生报名火热

如今，随着我国广大居民收入水平的提升，家长对孩子教育的关注程度日益加深。尤其是自2017年以来，家长对孩子的身心健康及强身健体的需求日益迫切。因此，跆拳道培训机构以其独特的教育内容，已然能够与书法、舞蹈等传统教育培训机构并驾齐驱。

跆拳道是现代奥运会正式比赛项目之一，它起源于朝鲜半岛，是一种历史悠久的传统武道文化，起初是被当地人所创造用于训练的，之后随着后人的传播演变，逐渐被越来越多的人熟知，被国际誉为“世界第一搏击运动”。跆拳道以腿法攻击为主、拳法攻击为辅，礼始礼终，内外兼修，在提升练习者的身体素质、道德素质等方面都有着突出效果，受到了越来越多人的青睐。

在全面推广素质教育的今天，强健的体魄依旧是现代人才的第一素质要求。跆拳道就是一项有助于青少年达到强身健体、防身自卫目的的运动项目。练习跆拳道既能培养他们吃苦耐劳、锐意进取、谦逊好学的优秀品质，又能培养他们的社会竞争力。

现在我们开展跆拳道运动，要利用辩证法的观点，取其精华，弃其糟粕，运用我国的浩瀚武学来补充今日跆拳道的不足。运用我国武术的优点，融合跆拳道的优势，使之发扬光大，在技击技术、理论水平的研究上实现质的飞跃，使之成为具有中国特色的跆拳道运动。

第二节　跆拳道的内容与分类

虽然跆拳道是韩国的武技，武术是中国的武技，但是跆拳道运动与武术运动的表现形式和内容分类有相同之处。中国武术的表现形式分为武术套路、武术格斗、武术功法、武术艺术四大类。韩国跆拳道的表现形式分为品势演练、竞技比赛、功力展示、艺术表演四大类。从中可以看出，跆拳道的品势演练与武术套路相对应，竞技比赛与武术格斗相对应，功力展示与武术功法相对应，艺术表演与武术艺术相对应。两者只不过是在具体术语的表达和内容的特征上存在一定的差异。这个差异主要表现在具体内容的复杂程度上，中国武术相对复杂，跆拳道相对简单。

一、跆拳道的内容

跆拳道是一种现代竞技体育运动，它主要使用手脚进行格斗或对抗，以此为武器。同其他竞技体育运动相比，跆拳道是一种发展较为全面的运动。通过练习跆拳道的攻防技术，人们不仅可以增强体质，提高自卫能力，还可以磨炼意志、振奋精神，提高自身的道德修养，完善自身人格，从内而外地促进自身发展。

跆拳道的韩文是태권도，英文是 Taekwondo。“跆拳道”一词中，“跆”的意思是踩、踏、用脚踢，这与跆拳道的脚法相契合；“拳”就是指用拳头、上肢击打

的意思，这与跆拳道的手法相契合；“道”既包含技术、技艺的意思，又包含规律、方法的意思，同时也包含道德修养的意思。三者组合起来，恰好将跆拳道运动的本意展现得淋漓尽致。跆拳道包含了手法与脚法，其中手法包括正拳（也称平冲拳或直拳）、勾拳、锤拳等，脚法包含有抡踢、下压、旋踢、后踢等，其中脚法所占的比例最大，占 70% 及以上。在跆拳道的发展过程中，为了促使其更好地发展与传播，现代竞技跆拳道在传统跆拳道的基础上做了减法，将传统跆拳道中那些比较难的动作、技法等进行了改进和放弃，使现代竞技跆拳道更加简单易学与实用，也更加受到大众的喜爱。练习跆拳道不需要特别专门的场地，也不需要复杂的机械器材，男女老少不受年龄限制，不必花费太长的时间，无论何时何地都能够学习和训练，以达到健身、防身、修身的目的。

跆拳道比赛分为男女各 8 个体重级别，练习者上场时必须身穿专用的白色跆拳道服；腰系代表不同段位的腰带；穿戴专用的头盔、护胸、护腿、护肘等保护用具；赤脚在 8 米 ×8 米的八角形垫子上进行比赛。比赛采用电子记分，分为 3 局，每局 2 分钟，局间休息 1 分钟。

跆拳道实行段位制，其段位分为初级的十级至一级和高级的一段至九段，九段最高。跆拳道的升段考试非常严格，其考试内容除技术水平和从事跆拳道学习训练的年限外，还有跆拳道理论、历史、道德修养和文化知识方面的内容。

二、跆拳道的分类

（一）品势演练

品势演练是指跆拳道的套路表现形式。“品势”是跆拳道的专用术语，这个术语可以从字面上理解，“品”是指物品、等级、级别、品质；“势”是指动作的姿势。“品”和“势”连在一起组成一个专有名词，其基本含义是指具有不同等级、品质的动作姿势。跆拳道的品势是把拳和腿的各种攻防动作，按照反映不同等级的内容和太极、八卦图的运行路线编排，形成固定的程序连接起来进行练习的运动表现形式。跆拳道的品势有太极一章到太极八章几种级别不同的品势套路，随着跆拳道运动发展和推广的需要，后来又创编了高丽、金刚、太白、平原、十进、地台、天拳、汉水、一如等品势套路。

（二）竞技比赛

竞技比赛通常指的是各种体育、游戏或智力竞赛活动，以及其他的比赛和竞争活动。在体育领域中，竞技比赛是一种遵守竞赛规则，以体能、心理、智力等综合素质为目标，以达到攀登技术顶峰、取得卓越运动成就为目标的体育比赛活动。跆拳道的竞技比赛，主要就是按照竞赛规则，两个练习者以腿为主、以拳为辅进行跆拳道的攻防格斗，以得分来决定胜负。在整个跆拳道运动中，竞技跆拳道的知名度非常高，它是跆拳道运动的核心与主体部分，也是锦标赛、亚运会、奥运会等亚洲乃至世界范围内比赛的正式项目，在整个亚洲乃至世界范围内影响力极大。正是由于竞技跆拳道的知名度高，影响范围广，不仅仅是在韩国内部，在全亚洲乃至全世界都有很多跆拳道馆，各地的青少年十分喜爱这项运动。

（三）功力展示

功力展示是用跆拳道的腿法或拳法击打物体，以彰显攻击能力和英勇气概的运动表现形式。功力展示一般分为四种类型：第一种是彰显动作击打的力度，一人持若干块木板或瓦片等器物，另一人用腿或拳将其击破；第二种是彰显动作击打的准确性，如用刀尖插住或悬空吊起苹果、梨之类的水果，然后用腿法将水果击破；第三种是彰显动作击打的高度，事先将木板、水果等器物设置在具有一定高度的空中，然后助跑跳起用腿法击破；第四种是彰显动作击打的远度，一人持木板或瓦片站立，中间有若干身体前俯的人相隔，另一人在另一端通过助跑腾空跳起越过身体前俯的多人将物体击破。

（四）艺术表演

艺术表演是以跆拳道的动作为基本内容，打破品势演练、竞技比赛、功力展示分类的格局，增加音乐、灯光、布景等舞台元素，重新进行动作编排和包装，以求达到最佳观赏效果的一种表现形式。对跆拳道的动作进行整合和艺术加工后使其成为艺术表演的节目，进一步提高了跆拳道的价值功能，使跆拳道从一个军事的、体育的项目，变成了既可以进行身体活动又可以供人欣赏的艺术。此外，跆拳道艺术表演还可以起到宣传、传播跆拳道的作用。通过精彩的表演效果吸引人的眼球，让不了解跆拳道的人认识跆拳道、喜欢跆拳道，以至于亲身参与到跆拳道运动的行列中，使练习跆拳道的人越来越多。

第三节　跆拳道的特点与功能

一、跆拳道的特点

特点是指人和事物别具一格、表现独特、“人无我有，人有我优”的某些方面，是通过人与人之间、事物与事物之间进行比较后产生的一种结论。同其他的人或事物进行比较来正确地认识不同的人或事物，不仅是人类一个永恒的研究课题，还是一种不可缺少的研究方法。

跆拳道运动是一种事物，要想阐述它的技术特点，正确地选择比较对象作为参照物是一个十分重要的前提条件。因为同一事物选择不同的参照物进行比较可以得出不同的结论。跆拳道是一个体育运动项目，比较对象应该在体育运动项目的范围内进行选择，而体育运动项目的种类繁多，既可以与篮球、田径、体操、游泳等运动项目进行比较，还可以与拳击、摔跤、柔道、武术散打、泰拳、空手道、自由搏击等运动项目进行比较。在这些可以比较的对象中，只有选择与人体格斗的同类运动项目相比较所得出来的结论才有意义。

由于人体格斗类运动项目是同性质的项群，会有许多相似之处。就像球类运动项目不管是大球还是小球，不管是隔网的还是不隔网的，所有的项目都是以球作为运动员竞技的载体；就像田径运动所有的项目都离不开通过走、跑、跳、投的形式来反映人的竞技能力。同样的道理，人体格斗类运动项目由于表现性质和运动形式相似，决定了其不可能脱离人体徒手格斗所需要的运动规律，只不过是各种运动项目之间，由于允许使用的技法内容和评定胜负方法的差异性，导致了各自运动项目产生的特点不一样。通过与其他人体格斗类运动项目进行比较，我们可以发现跆拳道主要的运动特点表现在“礼之重、技之简、道之深”三个方面。

（一）礼之重

“礼”是指礼节、礼仪，“重”是指注重，注重礼节和礼仪是跆拳道运动的特点之一。“礼节”和“礼仪”这两个词，既有相同之处也有不同之处，相同之处都是对“礼”的表达，不同之处是“礼节”的重点是指行礼的动作方式，“礼仪”的重点是行礼的对象和场合。跆拳道行礼的动作方式是右手放在胸前，上体前俯弯腰 35° 左右行鞠躬礼。这种动作方式从行礼者的角度来讲，做起来比较自然、轻松、方便，表达的是尊敬、谦恭、礼让；从受礼者的角度来讲，会产生亲切、欣慰、赞许的感觉。

跆拳道行礼的对象主要是平辈和尊者。平辈包括同行、队友、同事等互相行鞠躬礼；尊者包括教师、教练、长者、上司等。行礼场合分为个人、集体、正规三种情况。个人场合除经常在一起生活的人可以不拘礼仪外，其他的只要是谋面就需要行礼；平辈之间行礼必须还礼；对长者行礼，长者可以还礼也可以不还礼。集体场合需要行礼时，会有专门的人喊口令集体行礼。正规场合是指参加比赛、会议、集会等公众场合，个人出面时需要向特定的对象行礼。

尽管跆拳道是一门格斗对抗的竞技性运动，但是礼节、礼仪始终贯彻始终，并且占据着重要地位。跆拳道的技法促使练习者养成勇敢、顽强、拼搏精神；跆拳道的礼仪促使练习者修养身心，养成真诚待人、谦逊恭敬、克己礼让的良好品质，这种道德素养对练习者树立正确的人生观和价值观也有着重要意义。

（二）技之简

“技”是指技术，“简”是指简单，技术简单是跆拳道的特点之二。跆拳道从自身的技术内容来讲并不简单，它由品势演练、竞技比赛、功力展示、艺术表演四个独立的技术体系所组成。跆拳道技术简单主要是与中国武术经过比较以后得出的结论。

跆拳道的品势演练与武术套路的表现形式相同。跆拳道从太极一至八章，到高丽、金刚、太白、平原、十进、地台、天拳、汉水、一如等套路，无论是单个动作的组成结构、套路组成的动作数量，还是套路的种类等，其复杂程度都无法与武术相比拟。武术套路有 129 个不同风格、不同流派的拳种，其中很多拳种又有一系列的拳术和器械套路，而跆拳道的套路动作除编排的内容结构不一样以外，演练风格大同小异。

跆拳道的竞技比赛与武术格斗的表现形式相同。竞技跆拳道可以使用的技术是以腿法为主，拳法为辅，可以攻击的部位是头部和躯干，头部只能用腿踢而不能用拳攻击。我们知道，拳法的主要功能是攻击对方的头部，头部不让攻击就会使拳法失去用武之地。武术散打不但拳法、腿法、摔法都可以用，而且上至头部、中至躯干、下至腿部都可以被攻击，这样从时间和空间上为使用人体格斗的技击方法提供了最大的活动空间。练习者相生相克使用技法的实践过程是技术发展的孵化器，运动项目提供技法活动的范围越大，越可以不断产生出无穷无尽的技术内涵。

跆拳道的功力展示与武术功法的表现形式相同。从目前跆拳道功力展示的内容来看，主要有彰显动作击打力度、高度、远度、准确性四种类型，每一种类型基本上是用同样的动作来完成的。武术除这四种类型全部都有之外，还有各种人体抗击打能力的展示、各种器械使用技巧的展示。武术功法展示的技术手段远远多于跆拳道的功力展示，如头撞石碑、脚踢钢柱、头顶开石、身卧钉床、俯卧钢叉等数十种之多。器械使用技巧的展示有飞镖、飞刀、流星锤、钢针穿刺、鞭梢裁纸等。武术功法全面、充分地展示了人体机能的攻击能力、抗击打能力和器械的使用能力。

跆拳道的艺术表演与武术艺术的表现形式相同。从目前跆拳道艺术表演的内容来看，它是以跆拳道的拳法和腿法动作为技术基础，打破品势演练、竞技比赛、功力展示分类的格局，增加音乐、灯光、布景等舞台表现元素，重新进行动作编排和包装以求达到最佳的观赏效果。武术艺术由于武术内容的丰富性，更有利于动作的编排和包装，更容易彰显武技的震撼力和吸引力。除了这些，武术艺术早就渗透到了文学、戏剧、影视领域。例如，武侠小说、戏剧武功、功夫影视都是以武术技术为手段，在表现武术技术的基础上，进行文学加工、戏剧加工、影视加工，派生出了多种多样的武术艺术成果。

（三）道之深

“道”是指道理，“深”是指深邃，道理深邃是跆拳道的特点之三。跆拳道的“道”包括做人和做事两个方面，关于做人的道理在跆拳道的“修身功能”和特点之一“礼之重”中已经进行了简要阐述，这里的“道之深”主要讲跆拳道人体机能做功规律、运动项目活动规律、竞技能力训练规律方面的道理十分深邃。一般来讲，在人体徒手对抗运动项目中，技法动作使用多的运动项目，技术研究的领域需要向横向和纵向两个方向同步发展，而技法动作使用少的运动项目，技术研究的领域除需要向横向发展之外，重点是需要向纵深方向发展。虽然跆拳道的技术简单，但是为了达到发出动作就要击中对手的目的，对动作技术的合理性和有效性要精益求精，对事物规律认识的深度有很强的依赖性。

例如，在跆拳道竞技运动中，双方最先开始发出动作之前要先做出预备姿势，这是之后进攻、防守、步法变化等一系列动作的起点动作，预备动作并不是随意为之，而是要站在双方的立场上，以便于之后的动作展开。总体来说，这个预备姿势主要有两方面作用：一方面，跆拳道练习者要了解自身，注意自身的动作，其预备姿势要有很强大机动性，以便于自身之后能够更迅速、有力量地发出对于自己有利的动作，提高自身动作的命中率；另一方面，跆拳道练习者也要注意观察对手，要尽可能使自身的动作状态处于对手的视线之外，注意自身动作的隐蔽性，以取得出其不意的效果。因此，在跆拳道竞技运动中，练习者双方预备姿势的各个细节都要精准适宜，以免影响之后发出动作的有效性。

再如，跆拳道竞技运动中，由于跆拳道竞技比赛规则的限制，练习者双方的拳法、脚法等无非就是那么几种，各自彼此熟知各种套路与反制技法。因此，想要赢得比赛并不是一件容易的事情。不过，在技法套路之上无法取胜，并不代表无法在其他方面制约对手，赢得比赛。在与对手格斗对抗的过程中，跆拳道竞技练习者要仔细探究对手的心理，找出其弱点，然后采取相应措施，做出动作，击中对手。在这个过程中，要尽可能转移对手的注意力，从而更好地施展动作，以取得较好效果。

跆拳道的“道”包含了人们对跆拳道的技艺、规律及对人体机能的认识和把握。“道”不仅指上述“形于外”内容，还包括“形于内”的层面，如上面从注意观察对手的预备姿势，到注意观察对手的心理，由外至内也体现出了跆拳道的“道之深”。只有这样，我们才可以说是真正入了跆拳道之“道”。

二、跆拳道的功能

（一）健身功能

跆拳道是一项十分著名的体育运动，与其他体育运动一样，它也具有健身功能，能够增强练习者的体魄，有益其身体健康。不仅如此，它对于人的智能、心能也颇有益处。在体能方面，它能够促进肌肉与骨骼的发育生长，使肌肉纤维增质增量，骨骼变粗，骨密质增厚，并增强肌肉与骨骼的支配力与抗折能力，增强自身体质。同时，由于运动使新陈代谢加快，其血液循环系统、呼吸系统等生理机能也得到了大幅提高。在智能方面，跆拳道运动与比赛能够延缓大脑衰变，活跃大脑皮层，可以改善练习者的神经系统功能，提高其兴奋性与灵活性，还能够增强其记忆力、观察力、想象力，提高其思维与判断能力等。在心能方面，跆拳道运动能够增强身体的心肺功能，延缓心血管系统的衰老，同时还可以避免冠心病、动脉硬化等心血管疾病的发生或改善其心血管疾病。

（二）防身功能

在现实生活中，一般格斗对抗性质的运动都具有一定的防身功能，如摔跤、柔道、空手道、泰拳、拳击等。作为一项手脚并用的格斗对抗性质的竞技运动，跆拳道自然也不例外，在一定的条件下人们可以以此来防身自卫。不过，在利用跆拳道防身自卫的时候，我们也要注意确保自身的安全。跆拳道具有一定的实用性，但在现实生活中，很多跆拳道馆所教授的都是一些简单的招式，这并不意味着人们学会了这些招式便学会了跆拳道，可以用它来防身自卫或在路上见义勇为。

（三）修身功能

跆拳道可以塑造人的品德，磨炼人的意志，完善人的性格，发扬人的精神，促使人养成良好的品质。每一个学习跆拳道的人一定听说过“礼仪、廉耻、忍耐、克己、百折不屈”这十二个字，这是跆拳道的精神，更是跆拳道运动修身功能的体现。礼仪，包含尊重对手，跆拳道练习与竞技过程中符合礼仪、遵守规则、谦虚慎重等；廉耻是指跆拳道练习者要始终保持廉耻之心，不做任何不应当做的事情；忍耐是指跆拳道练习者要有持久的忍耐力，不断克服困难，向着既定的目标不断前进；克己是指跆拳道练习者要克制自己、谦虚节制、自胜自强、百折不屈，在面对前路时应当毫不畏惧；百折不屈是指跆拳道能够培养练习者尊师重道、尊重对手、克己正身、守信立义、谦虚礼让的品质，同时也能够培养练习者勇敢、自信、坚韧、顽强的品质精神，从而促使其不断成长，形成高尚的人格。

在艰苦的训练过程中，练习者要专注、坚持，在一次次的练习中提高自己的跆拳道技能。要想获得比赛的胜利，练习者就要敢打敢拼、克服各种困难、吃苦耐劳、不断努力、永不放弃，在胜利的时候不骄傲、失败的时候不气馁，从而养成谦逊向上的品质和顽强的意志。除此之外，跆拳道还能够陶冶人的情操，让人们在繁重的学习、生活、工作压力中获得喘息的机会，娱乐身心。

第二章　跆拳道礼仪文化

跆拳道运动始终倡导“以礼始，以礼终”的尚武精神，在跆拳道运动中，礼仪是其中一个十分重要的组成部分，也是跆拳道基本精神的具体体现。

第一节　跆拳道礼仪内涵与价值

随着时代的发展，跆拳道运动也逐渐跟上时代的脚步，不断地补充完善自身，最终形成我们现在看到的样子。跆拳道运动倡导“以礼始，以礼终”的尚武精神，无论是在练习时，还是在赛前赛后，都有着规定性的礼节。

一、跆拳道礼仪内涵

（一）跆拳道礼仪的概念

跆拳道礼仪是指练习者从内心深处溢出的表现在人的行为上的、高尚的、有价值的举动。对于跆拳道练习者而言，其最先学习的不是跆拳道的技能，而是跆拳道的礼仪知识，只有这样，他们才能够更好地学习跆拳道。跆拳道的礼仪有两种表现形式：一种是外在的表现形式，是以行礼的方式表现出来的；另外一种是内在的表现形式，是发自内心的，能够表现出人的自身修养。①

跆拳道不仅能够锻炼人的身体、增强人的体质，还能够磨炼人的意志、修养人的身心，其十二字精神便是集中体现。跆拳道的十二字精神与我国的儒家思想有很多相似之处，跆拳道的礼仪与我国的传统武术道德也有很多相像的地方。因此，在教授练习者跆拳道礼仪的时候，我们可以将之与我国的传统道德思想联系起来，这样才能够促使练习者更好地理解与掌握其礼仪，促进其思想素质的全面发展。

① 任晓凤．跆拳道礼仪内涵及其价值[J]．中州体育：少林与太极，2012（2）：12—14．

在跆拳道运动中，礼仪文化对练习者有着重要的影响，它可以潜移默化地影响人们。跆拳道始终坚持以礼为先，强调“以礼始，以礼终”，练习者在各种不同的场合为了表示尊敬，都会恭敬地行礼和鞠躬。跆拳道运动能够增强人的体质，提高人们的自卫能力，还能够培养练习者吃苦耐劳、勇于拼搏等优良品质。另外，跆拳道礼仪对提升练习者为人处世的能力也有一定的帮助。跆拳道的礼仪教育已经渗透进跆拳道训练的方方面面，成为不可缺少的一部分，它不仅推动着练习者技术的进步，还有助于其良好心理品质的养成。

跆拳道并不是一门简单的技击技术，它将自身与处事态度和人生价值紧密联系在一起，既增强练习者的身体素质，又培养其心理素质；既注重提升练习者的技击技术，又注重培养其礼仪规范，缺一不可。跆拳道的礼仪教育与现代社会主义精神文明有着密切联系，它有助于提高人们的道德水准，为建设新型社会主义国家，构建社会主义和谐社会贡献一份力量。

（二）跆拳道礼仪的表现

1. 外在表现

从外在表现来看，跆拳道的礼仪主要体现在练习者的言谈举止等各个方面。例如，穿着要整洁，态度要真诚、恭敬，在练习及比赛前后都要敬礼等，这些都能够展现出跆拳道的礼仪。

“人靠衣裳马靠鞍”，一个人所穿的服装往往能够反映出一个人的气质、性格及内心世界。想要获得别人的尊重，自己首先就要全方位地注重自己的仪表。在穿着方面，跆拳道练习者应当身穿跆拳道道服，道服为白色，道服的上衣、裤子与道带分别代表着天、地、人的相互结合。对于练习者来说，道服就相当于他们修炼身心时的道衣，极为重要，必须妥善保存。白色的道服代表着纯洁无私、神圣忠诚，同时也代表着练习者纯洁的心灵和良好的品德与礼仪，练习者要心无杂念，以不断提升自己的技术为目的。穿好道服之后，练习者要光脚或穿着道鞋才能进入场地。

整洁的道服、谦逊的态度、友好的言语等都能够体现出跆拳道的礼仪，尤其是敬礼，它是一种表达尊重、友好、谦虚、感谢等内心思想的外在表达方式，也展现了“以礼始，以礼终”的宗旨。跆拳道的敬礼要求主要是：身体面向对手，并步直立，两臂自然置于身体两侧，上体前倾 15°，头部前倾 45°，目视地面稍停后，还原成直立姿势，行礼完毕。

为了展示对祖国的热爱，对国旗和教练的尊敬，练习者进入道场之后，要先向国旗和教练行鞠躬礼；在见到队友的时候，为了表达友好，也要互相行礼问好。在跆拳道教授过程中，教练讲话的时候，练习者要跨立站好或端正坐好，不能东张西望、窃窃私语，更不能随意打断，如果有疑问的话，应当要先行礼鞠躬，当得到教练的许可之后，再提出问题，当教练在回复问题的时候，练习者要目视前方，认真听讲，听懂之后要再一次行礼鞠躬并表达对教练的感谢；在训练的时候，练习者要严格按照教练的要求去做好每一个动作，如果训练过程中出现注意力不集中、动作没有做到位、气势不够等情况，教练示意之后，练习者也要立即行礼并表示自己的歉意，这样可以避免自己在训练过程中受到不必要的伤害，同时也便于自己之后的调整；在跆拳道训练过程中，队友与队友之间要相互配合，相互帮助，在两人训练开始时要相互敬礼，在两人训练结束之后，也要相互敬礼，两人在训练过程中交换训练物品的时候要双手呈递接送，同时也要行鞠躬礼，双方有哪个动作做得不到位也要及时指出并帮助对手加以纠正，这样双方之间的关系才会得到进一步拉近，同时也可以培养队友之间的团队精神；在跆拳道训练课上要始终保持跆拳道道服的整洁，当要整理跆拳道道服的时候，要先对着教练行鞠躬礼，然后背对着国旗、教练与队友开始整理，整理完毕之后还要再次向教练行鞠躬礼。另外，在跆拳道比赛的时候，练习者在比赛开始、中途、结束的时候也要注意自己的礼仪。在比赛开始的时候，练习者要先向教练、裁判敬礼，之后还要互相向对手敬礼，分别表示对教练、裁判及对手的尊重；在比赛中途，如果一方使用了犯规行为，裁判员对此进行判决后，必须接受并就自己的犯规行为向另一方表达歉意；在比赛结束的时候，双方也要彼此敬礼，表示双方对对手的尊重。另外，在比赛过程中如果裁判员误判，那么练习者也必须接受，不得在比赛进行中大吵大闹，要暂时忍耐，等到比赛结束之后再对此进行解释并给出证据，要求其改正。

2．内在表现

跆拳道礼仪不仅在整洁的道服、标准的敬礼等外在表现中展示出来，其在内在方面也有一些表现。

（1）知礼守礼，尊重他人

对于一个人来说，礼貌与礼仪是必备的。如果一个人缺乏礼貌与礼仪，那么这个人就与野蛮人无异。跆拳道练习者在学习跆拳道的时候也要注意跆拳道礼仪的要求，知礼守礼，做一个讲礼貌、重礼仪的人。

（2）尊敬师长，团结互动

教师是我们的引路人，带领我们进入某一个领域，或者促使我们更加深入某一个领域。无论在什么时候，都必须尊敬师长，这也是中华民族的传统美德。在跆拳道练习过程中，队友之间也要团结互动，要有团队精神。

（3）修身养性，遵纪守法

跆拳道是一门格斗对抗性的竞技体育运动，因此更加需要以“礼”为先导，引导练习者讲究礼仪，不可过分伤人。在训练过程中，教练也要注重提高练习者的素质修养，促使其修身养性，遵纪守法。

二、跆拳道礼仪价值

跆拳道运动十分重视礼仪，“以礼始，以礼终”是其中心思想。跆拳道礼仪促使人们注意自己的行为举止、遵守规则，除此之外，跆拳道礼仪还有众多价值。

（一）有助于道德品质的完善

礼仪所规范的就是人们的言谈举止，而人们的道德品质等也能够通过人的言谈举止展现出来。因此，跆拳道礼仪教育在浅层次上说能够规范人们的言行举止，从深层次上说能够完善人的道德品质。跆拳道训练是一种身体与精神的双重训练，不但锻炼人们的身体，而且磨炼人们的意志。这里所说的训练便包括礼仪的训练，它能够促使练习者养成坚韧不拔、谦虚谨慎、忍耐克己、百折不屈的良好品质。

（二）有助于心态信念的培养

跆拳道的礼仪有助于增强人的自信心，培养人的心态信念。无论是练习时的礼仪，还是赛场上的礼仪，都具有极强的仪式感，能够让人们瞬间进入状态，增强练习者的自信心，促使其勇于面对和克服困难。因此，在跆拳道教授过程中，教练十分重视对练习者自信心的培养。自信心能够促使练习者勇往直前、积极进取，从而更好地提升自己的技能水平。练习者有了自信心，其信念也就更加坚定，不易被困难打败，激励其努力实现目标。

（三）有助于意志品质的培养

跆拳道有着一套等级制度，根据道带的颜色及段位进行划分，分为十级九段。另外，跆拳道还有着一套十分科学的评价体系。这种等级制度与评价体系对于练习者来说十分严格，练习者必须经过不断努力训练，才能通过考验，从一个级别升到另一个级别，而练习者的级别上升之后，其训练难度也变得越来越大，通过考核的难度也会逐级上升。这对于练习者来说是一个不小的考验。如果练习者缺乏坚定的意志品质，很容易丧失信心、畏惧不前。跆拳道能够修炼练习者的身心，提高其抗击打能力，使其不断挖掘潜力，不断超越自己，在一次次升级的过程中，进一步提升意志品质。

（四）有助于心理素质的培养

在跆拳道运动中，礼仪是十分重要的组成部分。练习跆拳道不是为了争强斗狠，而是为了提高技艺、磨炼品质。因此，双方在练习和比赛过程中应始终抱着向对手学习和敬重对手的心理。在练习和比赛之前，双方要彼此敬礼；在练习和比赛结束后，双方也要彼此敬礼，这都是跆拳道礼仪的体现。练习跆拳道的主要目的是提高技艺、磨炼品质，因此在练习和比赛过程中，双方都要克制忍耐，避免与对手发生争执，技不如人时要虚心退让，不能不依不饶、感情用事。学习跆拳道礼仪有助于提升练习者的心理素质，促使其修养身心，以便更好地发挥出自己的真实水平。

跆拳道礼仪促使练习者要保持干净卫生、衣着整洁，同时也促使练习者在练习和比赛时对教练和对手始终保持尊重、谦虚、互助的心态，通过不断重复练习和比赛最终将这种心态内化，逐渐将外在的礼节转变为发自内心的素质。

第二节　跆拳道的礼仪规范和礼仪动作

一、跆拳道的礼仪规范

跆拳道训练中的礼仪是实践跆拳道精神的重要手段。练习者只有在学练跆拳道的过程中、在激烈的比赛中、在失败的痛苦中、在胜利的喜悦中都能发自内心地遵守与实践各项礼仪，才能在训练中践行跆拳道精神。这是因为在跆拳道艰难的训练中对礼仪的恪守不仅是对礼仪本身的培养，还是培养练习者“正心诚意（发自内心的礼）、知廉耻、在艰苦中忍耐、在困苦面前百折不挠、战胜自我”的重要途径。在跆拳道中实践的这些精神所对个人人格的锻造，也必将会迁移到练习者今后的生活、事业中去。由此，教练在教学中尤其要注意对练习者的礼仪培养，并时刻以身作则。

跆拳道的礼仪礼节在形式上分为站立礼和坐礼；在使用上分为道场礼节和比赛礼节。

（一）站立礼和坐礼

1．站立礼规范

两脚并立，脚尖正对前方，挺胸、抬头、眼平视、收腹，两手五指并拢自然贴于两侧大腿中间。表情应谦恭、端庄、大方、自然，嘴唇微启，不露牙齿。

在跨立站时，两脚开立约与肩宽，两脚尖外展约 30°，身体姿态同上，但右手握拳，左手握住右手腕部并置于身后腰部，两眼平视，神态同站立礼。

施礼时，身体成立正姿势，身体前倾 15°，头部前屈 45°，两手贴紧两腿或置于胸腹间，停顿 1～2 秒，然后还原成立正姿势。另外，在对国旗敬礼时身体应立正，目视国旗约 3 秒钟，注意神态应庄严，嘴唇微启，不露牙齿。

2．坐礼规范

两脚交叉，右脚在前，盘坐于地上，抬头、挺胸、收腹、双手呈自然掌形或握拳置于双膝上，两肘内收、自然下垂，两眼平视，表情端庄、大方、自然，嘴唇微启，不露牙齿。

（二）道场礼节和比赛礼节

1．道场礼节

①练习者进入道馆训练必须身穿道服，仪表整洁，神态谦恭，抱有共同提高的心态。

②进入道馆后，应首先向国旗敬礼，然后向教练敬礼。

③两人一组进行训练时，要在开始前与结束后相互敬礼。

④训练中有事请假，要先向教练敬礼，再说明情况。

⑤训练中服装与护具脱落，应背对国旗和教练，待整理好后再进行。

⑥训练结束后，整队集合，应首先向国旗敬礼，然后向教练敬礼。离开道馆时，再次向国旗和教练敬礼、道别。

2．比赛礼节

比赛开始前：当练习者进入场地时，应向裁判员和教练员敬礼，待主裁判下达“立正”“敬礼”的口令后，双方练习者要相互敬礼；当主裁判下达“准备”“开始”口令后方可开始比赛。

比赛结束时：双方练习者在各自的位置站好，当主裁判发出“立正”“敬礼”的口令后，双方敬礼，然后面对裁判长等待宣布比赛结果。比赛结果宣布结束后，向裁判长、场上裁判员、对手教练员、观众敬礼，本场比赛结束。在团体赛、集体表演等多以集体形式出场的项目中，要向裁判员、观众及对手教练员、练习者敬礼。

二、跆拳道的礼仪动作

跆拳道的敬礼姿势就像军队中的敬礼姿势一样，有严格的标准。敬礼姿势的正确与否是跆拳道修养中的重要部分。跆拳道是练习者精神和身体的综合修炼，使练习者能够在艰苦的磨炼中培养出理想的人格和体魄，并能够真正掌握防身自卫的本领。因此，在对练习者精神锻炼一环中就必须包括“礼仪”的教育和熏陶。敬礼的动作也反映出跆拳道实用武道的概念。跆拳道敬礼准备姿势如下。

①两脚跟合并，两前脚尖分开，脚掌间的角度为 45° 。两手握拳放在身体两侧，拳眼向前，握拳要有力。

②肘部弯曲 120° ，大臂放松，注意不要把肘部抬起，用大臂保护自己的肋部，小臂稍微向前倾斜，拳与身体的距离为 1 尺（约 33 厘米），随时保护自己身体的两侧。全身放松，挺胸抬头，目视前方。

③上身向前倾斜 15° ，眼睛向前看，注意不能向下看，因为要随时保持警惕。在向对手敬礼时，如果低头，会看不见对手的动作。跆拳道的每个动作都贯穿着实用武道的概念。

④干脆利落地用力喊出“泰昆”（音译：跆拳的意思），回到立正姿势。

⑤肘部弯曲 120° ，大臂放松，注意不要把肘部抬起，用大臂保护自己的肋部。

⑥左右手做好保护自己和防守的动作。

⑦在对手攻击自己侧肋部时，做下挡的动作，格挡开对手的攻击。

第三节　跆拳道礼仪和精神、文化的关系

一、跆拳道的礼仪和精神的关系

（一）跆拳道精神的内涵

在跆拳道的练习、比赛过程中，礼仪教育必不可少，而且要先对练习者进行礼仪教育之后，才能够教授其跆拳道的相关招式与套路。礼仪是跆拳道运动必不

可少且十分重要的组成部分，是跆拳道基本精神的体现。跆拳道精神可以定义为两种：一种是通过修炼跆拳道而获得身心进一步升华的状态，另一种是对待跆拳道修炼姿态或欲通过跆拳道修炼获得的精神价值。通过实际修炼所体会的跆拳道精神可以从跆拳道本身入手进行分析，但是通过跆拳道修炼获得的精神已经超出了跆拳道自身的范畴，因此跆拳道精神还可以理解为是蕴含在修炼跆拳道行为中的人类理想主义意识。在跆拳道范畴内，跆拳道精神是与跆拳道的技术和身体相对应的术语。跆拳道精神是修炼跆拳道技术的根本意志，它为跆拳道修炼者的实践行为提供规范。跆拳道作为人格修行的具体实践方法，是通过身体的系统运动合理地锻炼身体的武道运动，因此跆拳道是锻炼身体和修炼精神为一体的教育活动。①

多年来，人们修炼跆拳道，是为了防身、保卫家园，以及使自身的人格得到完善。为了达到静态的精神修炼目的，人们需要动态的锻炼，以便消除身体上的障碍和不均衡。跆拳道的精神教育价值在于它能使现代人通过反复的身心锻炼最终达到修身养性的目的。反复的身心锻炼不仅能够培养人的意志力、创造力、克己能力，还可以提高身体的敏捷性和健康性，从而培养自信心和自我控制力，最终形成积极进取的人格自信心和自我控制力。此外，通过集体修炼获得的团队精神还有利于建立良好地对待社会的性格和态度，从而更加积极、乐观地面对人生。因此，跆拳道修炼不仅是单纯使用拳脚和以身体为中心的运动，还是身心协调发展并且形成人格体系的现代武道。

跆拳道所代表的精神包含克己精神、和平精神、和谐精神、礼仪精神、服务精神，下面分别对跆拳道所代表的这几种精神进行简要叙述。

“克己”，指克制和约束自己，严格要求自己，跆拳道的克己精神就是指在跆拳道练习过程中要克服自身的生理和心理的极限，不断战胜生理与心理上的困难，学习领悟更高难度的技法，获得更高的成就。

跆拳道精神的核心是和平精神及和谐精神。和平，就是指没有战争、没有暴力的状态。跆拳道的和平精神，主要是指它并不是为了暴力，而是为了伸张正义，维护和平。和谐，指事物之间或事物内部各个要素之间相互协调、和睦、融洽的状态。在跆拳道中，这种和谐精神从跆拳道的品势、道服、动作上体现出来。在跆拳道的品势方面，其所有品势的第一个动作都是防守动作，而非攻击动作，这

① 魏符河．试论跆拳道礼仪与中国传统文化精神的耦合关系[J]. 科技创新导报，2012（26）：243—244.

也说明其并未宣扬暴力，而是一种非暴力型的运动，展现出了其和谐精神。跆拳道的道服与动作展现了圆、方、角的三才思想，展现出人与自然和谐相处的特性。

礼仪，是对礼节、礼貌、仪态和仪式的统称。跆拳道的礼仪精神指的是师生及上下级之间的伦理道德、礼仪规矩，这是练习者从一开始就要学习的内容。

服务，就是指为他人做事，使他人从中受益的一种行为，人们运用跆拳道见义勇为、伸张正义便展现出其服务精神。

跆拳道的这几种精神之间并不是相互独立的，它们彼此相互关联，对于教育也有着指导价值与意义。

（二）跆拳道的礼仪和精神的规范

在一开始练习跆拳道的时候，其动作首先以练习者本身的防卫本能为基础，在不断练习过程中，练习者逐渐掌握了跆拳道的招式、套路、方法等，其逐渐变被动防御为积极进攻，并将之作为自己的一种主观信念，最后其行为达成绝对自动化。不同的练习者有不同的性格，有的人天生懒散、怯弱，不愿意吃苦，不敢主动攻击，其自身的这种性格阻碍了跆拳道练习的进度，他们往往比别人掌握得要晚。对于这些人而言，他们只有克服了自己性格上的懒散、怯弱，才能够真正地领悟到跆拳道的精髓，更好地加以掌握。

在跆拳道竞技比赛过程中，双方不仅要有扎实的跆拳道技术与经验，还要思维理智、反应敏捷，保持良好心态。因为赛场上瞬息万变，稍不注意便可能发生很大的失误，面对对手的招式变换不要过于紧张，要能够见招拆招，同时还要化被动为主动，积极地展开进攻，达到从有我到忘我再到无我的状态，这也是跆拳道运动中十分重要的哲理。

在跆拳道运动中，所有的练习者都要尽最大努力遵守以下礼仪范畴中的最低限度要求：①要谦虚、互相尊重；②对于诽谤或侮辱他人的恶习应感到羞耻；③要有相互谅解的精神；④提倡人道主义和正义感；⑤教练与练习者、前辈与晚辈的关系应明确；⑥处事要符合礼仪；⑦尊重他人的所有物；⑧不论问题的大小，坚持公平原则，慎重处理；⑨不送、不收心中含糊的礼物。

跆拳道最为标志性的便是道服。在训练的时候，练习者要身穿全套的整齐洁净的道服。道带的系法讲解如下：取腰带的中间，伸直，用两手将它置于身体前方，并与腰部同宽，使腰带等长的两端垂向地面。两手约分开45厘米，把腰带贴放在腹部，绕到其后并交叉，把腰带两端放在身前。把腰带的右端从下穿至身体的左侧（腰带的两端又一次交叉，左端在右端上面，左手拿着右端的腰带）。

将腰带两端交叉，用右手将右端的腰带回放到交叉后所形成的空隙中。把腰带的两端在身体的中部拉紧，注意要使右端的腰带在上，调整右端与左端腰带的长度，使两端长度相等。

在跆拳道训练期间，除了要在跆拳道课程中使练习者养成“以礼始，以礼终”的礼仪精神，同时在日常学校与家庭生活中也要注意培养其礼仪习惯，将礼仪深入其学习、工作和生活的各个方面，从而增强其礼仪意识。

在跆拳道训练过程中，教练也要始终保持谦逊、真诚的态度，不能自吹自擂、自夸自大，也不能说假话坑骗别人，要始终保持敬畏、谦逊之心，克己礼让，明辨是非，诚以待人。这一方面的规范主要如下。

①未能传授实技，却宣扬师威，误导练习者，不觉羞愧。

②示范时为炫耀实力，将裂缝黏合或击破预设裂纹的砖头，恬不知耻地面对观众或练习者。

③过分奢华装饰道场，或者用虚假奖状、奖杯装点办公室，以虚伪热情赢得学员喜爱，掩盖自身无能。

④缺乏谦卑精神，追求超出实力的段位，或者购买武道人资格，毫不惭愧。

⑤谋求私人利益或炫耀武力。

⑥以盈利为目的经营道场，索取练习者财物或出售证书。

⑦言行不一，缺乏诚信。

⑧向晚辈请教技术问题，而无愧疚之情。

⑨因私利而屈服于权力，丧失武道人应坚守的基本风范，却装出一副武道人的模样。

无论是什么人，要想实现一定的目标，都必须经过一番努力，历经磨难才能成功，在跆拳道练习过程中也是如此。对于练习者来说，他们必须学会忍耐，面对眼前的困难不气馁、不灰心，寻找方法加以解决，这样才能不断磨炼其意志品质，不断提高其各方面素质。

一个真正的跆拳道人是正直的、谦虚的、节制的，他们知晓如何克制自己，如何面对眼前的困难，如何面对跆拳道练习对打或比赛过程中产生的某些失误，他们知晓无论在何种情况下都不能感情用事，无论什么时候都要遵守跆拳道场上的规则。一个真正的跆拳道强者并不一定是跆拳道比赛的胜者，他们最首要的任务不是战胜对手，而是战胜自己，战胜自己怯弱的性格、战胜自己的懒散、战胜自己的自大……

二、跆拳道的礼仪和文化的关系

（一）跆拳道起源文化

跆拳道起源于几千年前朝鲜半岛的技击技术，又经过一系列演变发展最终形成如今的规模。在被称作跆拳道之前，它曾经被称为花郎道、跆跟。所谓“花郎道”，就是指将一些年轻人组织到一起进行武艺锻炼，以锻炼其体魄，磨炼其意志，为国家培养勇猛、忠君、无畏的战士。花郎道起源于688年新罗国王建立的“花郎制度”，有关跆拳道的活动在讲述新罗风俗习惯的书籍《帝王韵记》中有所记载。

跆拳道的“跆拳”二字指的是其拳法与脚法，即跆拳道的攻防技术，跆拳道的“道”字指的是学习者学习跆拳道的规律、方法，还包括其本身所具有的思想道德素质。这足以说明，在跆拳道训练学习过程中，练习者的技能水平与思想道德素质十分重要，就如同人的身体与精神一样，二者缺一不可，紧密相连。对于练习者来说，如果仅仅是练习技术却不修养道德，那么只会变得头脑简单、四肢发达而已，他们只是学会了跆拳道的“术”，却没有学会真正的“道”，即便将“术”练习得再娴熟，也没有一个前进的方向，还容易走入歧途。同理，如果练习者仅仅修养道德而不练习跆拳道技术也是不对的，这样即便理论思想研究得再深入，没有实际去练习，也不过是“花架子”而已。练习者在学习跆拳道的时候既要练习技术，又要修养道德，双管齐下，只有这样，才能不断提高自己的技术技能，同时提升自身的道德境界，才能真正地促进自身的身心健康发展。

在学习跆拳道的过程中，练习者要如何提高其道德境界呢？这需要做到以下四点。

第一，练习者要懂得敬。所谓“敬”，就是指恭敬、敬重、尊重的意思。面对跆拳道技术比自己强的人，练习者要保持尊敬的态度；面对跆拳道技术比自己弱的人，练习者也要保持尊敬的态度，要始终谦虚谨慎、不骄不躁。对于比自己强的人要敢于请教，对于比自己弱的人也要不耻下问，不能自高自大，否则很容易暴露自己浅薄的学识与骄躁的内心。

第二，练习者要懂得诚。所谓“诚”，就是指诚实、真诚的意思，即不说假话、诚以待人。在跆拳道练习与比赛过程中，如果自己犯了错误要敢于说出来，认识到自己的错误，不能死不悔改，这样不利于自身技能水平和精神境界的提高。练习者不能言而无信，自己答应的事情要尽量做到，没有诚信的人是得不到别人的帮助的。

第三，练习者要学会忍。人生并不总是一帆风顺的，无论是谁，都不可避免地会遇到一些困难，这并不可怕，重要的是要有积极面对困难的态度。在遇到困难时，要忍耐，仔细观察面前的困难，找准其弱点或缺陷，采取各种措施和手段加以解决，不气馁、不暴躁，要始终保持镇定、心平气和。如果始终能够保持这个态度，那么最终必将战胜困难。在跆拳道练习与比赛过程中也是这样，遇到困难要学会忍，要有持久的忍耐力，向自己树立的目标不断前进。

第四，练习者要懂得仁。所谓“仁”，包容广泛，其核心就是爱人，对人友善、仁爱，人与人之间相互亲爱。在孔子看来，“仁”是最高的道德准则，也是儒家思想的核心。练习者要懂得仁，有较高的道德修养，始终维护公平正义，当有人需要帮助时，及时伸出自己的援手，义无反顾、不求回报、大公无私。

对于任何人来说，良好的道德修养都是必不可少的。一个人要想朝着一个目标不断努力向前，就必须具备良好的道德修养。

跆拳道是一项竞技体育运动，具备格斗对抗性质，它将人类生存的本能意识以肢体对抗形式表现了出来，同时将人们的精神欲求具体化，使人们能够更好地投入其中。

（二）跆拳道品势文化

从文化角度来看，跆拳道品势起源于中国古代哲学，其文化内涵与中国古代哲学思想内核的联系十分紧密。跆拳道有太极一章至八章总共八套品势，在品势文化、动作路线、行为活动等方面都体现出现了《易经》中传达的太极阴阳和八卦的文化理念。人类生存的法则和宇宙诞生的真理，即“太极”。太极之外还有无极和两仪，两仪由红蓝两部分组成，它们共同存在于世间，具有各自的象征意义。太极象征人类生活、宇宙及世间的和谐统一，也代表了光明；无极象征人类的生命之源，也代表了力量；两仪象征人类生存发展和宇宙变化的过程，也代表了以阴阳为主的一系列相生相克的两种事物。与太极相同，八卦也在世间存在并运行着。八卦中的阴用“——”表示，阳用“—”表示，产生并协调宇宙运行的规律与法则。中国古人用八卦对世间一切事物进行解释说明，八卦也象征着人类生活中的各种自然现象，乾、坤、坎、离、震、巽、艮、兑这八种卦象分别代表天、地、水、火、雷、风、山、泽。八卦是预测人类发展与自然变化的重要依据，能够观测阴阳两仪相互作用的细节，展现宇宙运行的法则。两仪涵盖了一系列相互冲突的事物及其概念，这些事物通过相互组合和变化，持续不断地发展和壮大。宇宙中的天地、黑白、正邪、男女，都是按照特定的法则相互作用的现象。跆拳道运动将八卦这种中国古代哲学思想应用其中，有助于练习者更好地掌握跆拳道的核心理念。跆拳道融合了斗争与合作、矛盾与统一的元素，使这些元素能够形成整体和谐的状态。

从跆拳道品势的太极一章至八章，这八组动作都是基于八种自然想象的思想和内涵来进行的练习。第一，它们的武术路径是八卦的八种卦号，所有的武术路径最终形成了一个“王”字，反映了王道的深意。第二，每一章的意义与八卦是一致的，太极一章是对八卦中“乾”的应用。“乾”作为八卦中的第一卦，其代表意象是天，象征初始，拥有坚韧拼搏、刚毅的特质。《易经》教导我们，在生活和工作中，必须遵循自然界的刚毅和拼搏精神，学习和模仿天的精神，以拓展未来的发展空间并实现成功。太极被视为一切事物的起源，起始于“乾”。阳光和雨水都是从天空而来的，这两种物质对于生长和发育是不可或缺的。“天始地成，天始万物，地成万物”这句话蕴含了天是一切事物起源的深意。太极一章可以被认为是跆拳道品势的基石。从最基础的走步和弓步步法开始，基础防御动作包括下段、中段和上段三个部分，而攻击方式则是正拳。中卦的代表意象是水，象征百般曲折。太极六章象征着如同流水一般的温柔和宁静，或者是源源不断地流淌，永不停歇。纵然经历了无数的曲折，水也始终伴随着昼夜不停地流动。在练习这一章品势时，我们需要学习水永不放弃的精神，无论是源源不断还是汹涌澎湃，无论遇到多少困难，都要保持坚定的意志，永不放弃、超越自己。

在品势太极七章中，八卦里的“艮”是通过一系列动作来实现的。“艮”卦的核心意象是山，象征停止。这一章品势提醒我们，在达到高峰后，低潮是不可避免的，因此在需要停止的时候就应该停止，因为停止是改正错误并重新振作的必经阶段。为了避免祸患并确保任务的完成，我们需要增强自己的自制力，不能让自己的思维过于冲动，必须冷静地采取行动。为了成功地完成某一任务，行动和停止应该是共同存在的。山脉始终在固定的位置保持静止，因此我们需要效仿它的沉稳。在太极七章中，尽管快速的动作显得很吸引人，但我们应该明确怎样正确停止。在练习的过程中，需要具备出色的定力、稳健的身法和有力的动作表现。

在品势太极八章中，八卦里的“坤”得到了应用。“坤”卦的核心意象是大地，象征纯阴、至柔、至静，具有温柔和沉静的特质，是对“乾”的刚毅和拼搏精神的补充和辅助。厚重的大地，承载着一切生命，具有谦逊和朴实的特质，即使被人践踏也不发生变化，其广阔无边的范围涵盖了所有生命，万物都在这片大地之上得以持续发展和成长。这一章品势也提醒我们，君子应当学习大地，具有宽广的胸怀，并在人际交往中待人诚恳。在人生的道路上，必须学会包容，不要固执己见，要有开阔的心胸和温和的态度。正如《周易》中所说的："地势坤，君子以厚德载物。"在通过考级获得黑带并入段之前，太极八章是最后一章品势，其对坤卦进行了解释。太极八章包括了对前几章所有站姿、步法、防御和攻击等基础动作的复习重温。此外，还出现了助手外格挡、二段前踢、半山型防御、拉拽击颚、助手下段防御、跳踢、肘部旋击等全新的招式与技术，是对乾卦的传承与发展，更象征着天使一切事物生长发育、地则承载着一切事物。

除了将中国古代《易经》的太极阴阳、八卦文化融入跆拳道品势，老子的道家文化在其中也有所体现。韩国的《三国史记》一书中记载，在高句丽荣留王七年（624 年），唐高祖答应了高句丽国王的请求，"命道士以天尊像及道法，往高句丽为之讲老子，（高句丽）王及国人听之"。次年，高句丽荣留王再次"遣使入唐，求学佛、老教法，（唐）帝许之"。随后，道家文化的影响力在高句丽逐渐扩大。在高句丽宝藏王二年（643 年），唐太宗派遣以叔达为代表的 8 位道士前往高句丽，还带去了老子的《道德经》。高句丽宝藏王非常尊重这批道士，"以佛寺为道馆，尊道士坐儒士之上"。道家文化在朝鲜半岛的文化中留下了深刻的印记，产生了广泛而深远的影响。

跆拳道品势蕴含了道家文化的精髓，尤其是对"水"这一概念理解深刻。跆拳道的黑带八段有一品势为汉水，该品势传达了对水的诠释，其动作路线也如"水"字。汉水品势的象征意象为润泽所有生命事物的水，展示了生命的起源和生长、强大和弱小，以及互相融合与包容。此外，汉水还代表了优秀的适应力。"上善若水，水善利万物而不争"，这正是水所体现的道德理念。因为江河湖海位于河流的下游，所以聚集了众多河流的水流，征服了山谷。水虽然是世上最柔软的物质，但能穿透最坚硬的物体，这一特性被称为"柔德"，因为无物能与之匹敌。最典型的例子就是水滴石穿。因此，弱者也能击败强者，柔软的事物也能战胜坚硬的事物。水有时平静温和，有时则汹涌澎湃。我们需要效仿水川流不息和顺势而为的特质。

（三）跆拳道品势的审美情怀

跆拳道品势不仅仅是一项技术，更是一种艺术。品势的艺术发展趋势是对跆拳道内在精神的提升。

1. 跆拳道品势的形体美

形体美指的是人的身体所表现出的美观形象，在生活中可以直观地感受到它令人愉悦的视觉效果。跆拳道练习者通过练习品势，可以显示出身姿挺拔、身形匀称、肌肉舒展、表现大方、身体强健、充满力量等具有审美价值的特点，这使得他们的肌肉线条自然流畅，给人带来自然均匀之感。

2．跆拳道品势的运动美

在跆拳道的品势中，以应物象形和气力合一为代表，体现了运动的美感。应物象形意为观察事物并且模仿其形状和特点。在跆拳道品势中，许多动作是通过模仿自然之美来丰富表现，如金刚品势采用的金刚防御和山形防御传递出自然的稳定与强大；十进品势和天拳品势分别采用的推岩石式和推泰山式等动作蕴含了人们通过实践改造自然的愿望；地跆品势和天拳品势分别采用的牛角防御和展翅则在呈现生动形象的外形特征的同时，表现出人们对充实和集中的本质的渴望。除此之外，禽飞兽舞和举鼎拔山等动作展现了对大自然的赞美，同时也表达了人们对美好未来的期待。

气力合一意味着将内在的心智、精神、意志和气质等活动与外在的手势、眼神、身体姿态、步法等动作统一，以致心智引导身体行动，精神随意志的体现而自然传达。在品势中，目光所及和身体动作方向是统一的，从而达成了眼手配合、手脚配合的目的。除此之外，在所有品势中都存在所谓“气合”的出声方式，发出的声音像是沉重的钟声，能够震慑对手并穿透耳膜，体现出一种威严的气势，令人印象深刻。跆拳道品势之美体现在它独特而强烈的气场中，人体内部形成了一种气势，释放了一种力量，气势又催发了力量，二者相结合，与外部广阔的宇宙产生呼应。

在跆拳道的品势中，所有动作都有规定的动作路线，并且所有动作的固定路线都包含了文化内涵和美学价值。例如，金刚品势的动作路线像一个“山”字，寓意为抑止、巍峨；平原品势的动作路线像一个“一”字，意象为平原，寓意为广袤无垠、无边无际。

3．跆拳道品势的人性美

人性之美是让我们欣赏和颂扬人类本质的一种表现形式。人性是人类与其他动物存在差异的基础品质，它同时具有自然层面和社会层面的含义，基于这一点，历来存在着对于人性之美的各种理解和观点。长期提升个人素质并提高自我，是对人性之美真正的展现和肯定。中国被称为礼仪之邦，其传统文化强调的是道德伦理。中华优秀传统文化不仅在国内受到推崇，在国外也广受赞誉。因此，跆拳道的品势紧密地融合了这种文化，在礼仪、精神、象征意义、规则、服装等多方面展现了亲和而人性化的特点。在时代的发展过程中，跆拳道品势也在因新时代人们内在的精神、品德、信仰和自我尊严等方面发生变化而进行转变。无论是动作技术还是文化内涵，从它们所传达的含义上看，都呈现出朴实、坚强、善良、进取和团结互助的美好道德，这恰恰体现了对人类的关怀和人性的基本准则，即真、善、美。跆拳道品势人性美的核心理念为人类将自己的实际生活向更真实、更优秀、更美好的方向发展，并不断改进、提高甚至创造美的过程。

跆拳道的品势是随着人类的文化发展历程演变而来的，经历了原始时代、近代和现代的不同阶段。跆拳道不仅是一种体育运动，还具备文化之力，闪烁文化之光，展现文化之风，并且肩负着传承和弘扬文化的责任。因此，我们可以把跆拳道视为文化的一个承载物，与人类、运动和未来紧密联系。随着竞技体育的飞速发展，人们更加注重技术的提升，对文化内涵的关注有所减弱。2006 年，世界跆拳道联盟举办了第一届世界跆拳道品势锦标赛，从那时起，中国的跆拳道品势在短时间内取得了快速的发展。然而，练习者、教练和裁判都更注重跆拳道技术的精准程度、熟练程度和表现能力，而品势的历史渊源、文化内涵和审美价值却无人问津。在现代社会中，只依靠竞技和斗争是不够的。为了社会的平衡发展，我们还需要道德伦理和内在精神在文化方面的支持作用。在工业社会的前提下，工业的发展也带来了人与人之间的互相竞争，个人主义、享乐主义和唯金钱至上的观点层出不穷，这时正需要发挥文化的作用，丰富精神、融合情感和建立道德规范。掌握跆拳道品势的动作要领并不困难，但深入理解它所蕴含的哲学含义和动作之间的组合，则需要人们不断努力探索和练习。领悟品势动作的深层含义和精湛技艺，培养身心的共鸣并形成美的境界。如果要提升练习者和观众的精神境界，就有必要对中国优秀传统文化有基本的认识。除了让人们了解表面现象，我们还要让他们了解背后的原因和机制。通过教授和推广跆拳道品势及其文化内涵，可以有效地弘扬中华民族精神、丰富中华优秀传统文化内涵，同时这也是使青少年形成良好思想道德的不可或缺的方法和途径。因此，我们应该通过青少年对跆拳道品势动作技术的学习，引导其心灵的成长，从而实现修炼内心的目标。

第三章 跆拳道训练的科学保障体系

科学营养、运动保健、医务监督、训练过程的监督和调控是构成跆拳道训练科学保障体系的重要组成部分，这四个方面在跆拳道训练过程中均发挥着十分重要的作用，对跆拳道练习者身体素质和运动成绩的提高均发挥着积极影响。因此，本章对以上四个方面的内容进行详细阐析，促使跆拳道练习者更加清晰、深入地掌握跆拳道训练在科学保障体系方面的理论知识，为跆拳道运动的科学训练奠定理论基础。

第一节 跆拳道训练与科学营养保障

这里主要从训练期间的饮食和饮食的搭配两个方面，对跆拳道训练与科学营养保障进行阐析。

一、训练期间的饮食

（一）时间和食物的选择

在跆拳道运动训练前，如果吃一些易消化的食品会有利于运动能力的提高，能够较快消除疲劳。由此可见，不同食物在体内的消化时间，对于一个人的运动能力有着重要的影响。食物中脂肪的消化时间最慢，糖最快。训练前，应以高糖类、低脂肪的食物为主，如面包、米饭、面条和水果等。这些食物既容易消化，又能提供糖原。

如果训练超过 1 小时，应以单糖食物、双糖食物，如水果、奶制品、米饭为主，这些食物易被消化吸收并及时供能。高纤维的食物也含糖类，如全麦面包，但这些食物消化时间长，容易造成训练时肚子出现不适。训练前进餐的时间应根据训练的时间和不同食物的消化时间来决定，以训练前所食用的食物能供给运动所需的充足的营养和能量，而又不会在运动过程中造成肠胃不适为基本原则。一般而言，正常的一餐食物需 3～4 小时的消化时间，才不至于使人在运动中感到肠胃不适，而食量较少的一餐需 2～3 小时的消化时间。少量的点心只需 1 小时就能被消化。

人们在运动时对胃中食物的感觉还会因运动的不同而有所差异。如果运动幅度较大，过量的食物就会令人感到饱胀不适，需要在运动前更早的时间进食，让食物有更长的时间被消化，或者减少对食物的摄取，以减轻这些症状。因此，训练前的食物选择和进食时间应因人而异，每个人都需要找到最合适、最有效的食物和进食时间。

（二）训练期间饮食的注意事项

1. 训练前

（1）早上训练前

很多人习惯不吃早餐，这样参加训练时可能会感觉虚弱无力。因为经过一个晚上的消化，人体内糖类的供应量不足，所以应适当补充一些能量，可以吃一些苹果、全麦谷片等低升糖指数的食物，或者喝些牛奶、果汁，豆浆等饮品，既可以补充水分，又可使人有饱腹感。如果还想再多吃一点，可以加一片高纤维饼干或吐司。补充糖类的最佳时间应是在进行训练前 10～30 分钟，但要避免吃太多高热量或高脂肪的食物。“不过饱”应当被视为饮食的基本原则。

（2）午间训练前

为了保持血糖稳定，不因饥饿影响训练效果，建议在午间训练前食用一些简单的食物。没有特别饥饿感的话，也可以等到午间训练结束后进食。通常情况下，在进行训练前少量摄入含有碳水化合物的食物有利于增加练习者在训练期间的体力和活力。训练完毕后，也可以摄入一些谷类和豆类等含有碳水化合物的食物，这些食物可以为肌肉提供燃烧脂肪所需的能量，并且能够帮助肌肉保存肌糖原。

（3）晚间训练前

建议在 16：00—17：00 或训练结束前享用一些点心零食，这样有助于保持血糖水平稳定，为运动储存所需能量。点心零食包括粗纤维饼干、果干、谷类麦片等小份食物，但是不要过度进食。在结束训练后的数小时内，身体会专注于消耗未完全利用的肌糖原，因此现在适合食用一些谷类、淀粉类及水果等含糖的食物。晚上身体的新陈代谢率下降，应该对食量有所控制。

2. 训练后

训练后应主动积极地补充运动时所消耗的能量和营养以促进恢复，为明天的训练做好准备。因此，跆拳道训练后的营养补充主要应从以下几方面着手。

（1）补充水分

跆拳道运动会使人体内大量的水分经出汗流失而导致脱水，显著影响运动的表现。因此，在跆拳道训练后，练习者们处于不同程度的缺水状态，需要及时补充水分。

（2）补充糖原

跆拳道训练后，练习者应迅速地补充运动中体内消耗的肝糖原。具体方法有：在高强度训练后的 30 分钟内，摄取含高碳水化合物的餐点；依照自己的体重，每 2 小时供给约等于体重 1‰重量的碳水化合物，直到恢复正常的饮食；在恢复期进行训练时，对碳水化合物的需求将会增加，所以每千克体重每天需摄取 8～10 克的碳水化合物，以维持肌肉最佳的肌糖原储存量；肌肉受伤会影响体内肌糖原的储存量，所以可于恢复期最初的 24 小时内，增加碳水化合物的摄取量；含碳水化合物的饮料、运动营养补充品及单糖类食物，可以为练习者参与训练提供实际及综合的碳水化合物来源；含营养密度高的碳水化合物食物及饮料，因其可以提供其他的营养素，所以对于训练后的恢复过程是很重要的。

（3）补充电解质

汗液中的电解质含有大量钠、氯离子和少量的钾、钙。当训练时间较长、训练时天气过于炎热或训练强度较大时，虽然会导致身体失去部分电解质，但身体储存的其余电解质会自行释放到人体血液中，保持身体内部电解质的状态稳定。基于这一点，通常在训练之后，没有必要专门补充电解质。针对特殊情况，练习者在训练结束后可以选择淡盐水和富含钠的运动型饮料来恢复电解质，同时适量补充水分。需要注意的是，含酒精或咖啡因的饮料可能引发排尿，导致体内水分减少，肝糖原的生成也会受影响，这对于组织的愈合和训练后的体能恢复都十分不利，因此不推荐用这类饮料补充水分。除此之外，对于经验丰富的运动员或经常在高温环境下运动的人来说，他们的汗液中包含的电解质水平相对较低。因此，尽管他们的出汗量看似和普通人相当，但是他们失去的电解质含量往往低于普通人。

二、饮食的搭配

合理的饮食搭配，对于人体的生长发育、增强免疫力、健身塑形都有着十分积极的影响。在进行跆拳道训练时，练习者由于体力消耗较大，往往更需要进行合理的饮食以便及时补充能量，在维持机体正常需求的基础上保持正常运动训练的供能。因此，训练期间的饮食搭配要保证所含营养素数量充足、种类齐全、比例适当，并与机体的需要保持平衡。只有各种食物搭配合理，才能最大限度地满足身体需要，从而达到促进健康的目的。

（一）饮食搭配的基本要求

合理搭配的饮食应该能提供足够的热能和各种营养素，满足人体正常生理的需要，还可以保持各种营养素之间数量的平衡。因而，饮食搭配要求能够达到热量平衡和维生素供给充足。

1. 热量平衡

热量是人体进行活动的能源，热能的供给应以消耗为主，热能供给过多或不足都会影响健康，甚至引起疾病。长期热能不足，会导致营养不良症的发生，表现为基础代谢降低、逐渐消瘦、精神不振、皮肤干燥、对疾病的抵抗力下降等；热能过剩，则可造成脂肪在体内积累而形成肥胖。因此，饮食搭配中热量必须恰当。热能是否恰当，可用体重的变化做粗略的估计。饮食搭配中，蛋白质、脂肪和糖类的比例对机体的代谢状况和工作能力也有一定影响。一般情况下，脂肪含量较少，糖类和蛋白质相对较多。蛋白质、脂肪和糖类的合适比例按重量计为 1 ∶ 0.7 ∶ 5。

2. 维生素供给充足

饮食搭配中的维生素十分重要。一方面，可以补充机体在运动时损失的维生素；另一方面，合理增加维生素的供给量，可以改善机体的工作能力，提高运动水平，保证运动质量，加速机体疲劳的消除。但是，维生素的摄入量也不应过多。经常摄入过多的维生素，会对机体产生不良影响。长期摄入过多的维生素，机体的维生素代谢能力大幅提高，一旦饮食中摄取的维生素突然减少会产生维生素缺乏症。机体摄入维生素时，最好从天然食物中摄取。如应用维生素制剂时，最好用复合维生素。

按照热量和营养素标准，选择食物的种类和数量，即可组成平衡的饮食。食物可以简单分为以下几类：粮食类，供给人体淀粉、蛋白质、无机盐、B 族维生素和纤维素；肉、蛋、鱼及大豆类，供给人体优质的蛋白质、脂肪、部分无机盐和维生素；奶或奶制品类，供给人体优质的蛋白质、脂肪、维生素 A、维生素 B_2 和钙等；水果和蔬菜类，供给人体维生素、无机盐及膳食纤维素。

（二）饮食搭配的注意事项

①在训练时，由于代谢旺盛，激素分泌增加，排汗量增多，维生素的缺乏会

提前出现，这时容易出现运动能力下降、疲劳等不良反应。因此，早餐应含丰富的蛋白质和维生素。

②合理地摄入热量，通常比不训练时稍多些。

③训练前进食的食物不宜过多，但要能够提供一定的热量，要易消化，含有较多的糖、维生素和磷，少含脂肪和纤维素；训练后进食的食物可以稍多些。

④晚餐不宜进食过多，且不宜吃含脂肪和蛋白质过多，以及刺激性较强的食物，以免影响睡眠。

⑤在冬天进行训练时，由于能量消耗过多，因此要增加能量和维生素的摄入，可适当增加脂肪的摄入；在夏天进行训练时，要注意适时适当饮水。

第二节　跆拳道训练与运动保健保障

一、运动损伤及处理

（一）挫伤

1．挫伤的含义

挫伤是指某身体部位受到外界暴力的直接打击而造成的运动损伤。挫伤的症状一般包括受伤部位疼痛、浮肿、有瘀血等，如果挫伤严重，还会破坏其他器官及组织的完整性。

2．挫伤的处理方法

①受伤 1～2 天内，应在伤口处用冷水、冰块冷敷，起到消炎、消肿、止血的作用，也可用镇痛剂缓解疼痛。止痛后进行包扎处理。

②受伤两天后，肿胀和压痛消失，这时可以对伤口进行针灸、按摩理疗及中药外敷等，促进伤口痊愈。

（二）出血

1．出血的含义

出血分为两种情况，即外出血和内出血。外出血分为动脉出血和静脉出血。内出血分为组织内出血、体腔出血和管腔出血。组织内出血主要包括皮上组织出血和肌肉等出血，体腔出血主要包括胸腔出血、腹腔出血与颅内出血，管腔出血主要包括胃肠出血。

2. 出血的处理方法

（1）用止血带

止血带主要用来处理外出血。橡皮管止血带、弹性橡皮带和充气止血带是常用的三种止血带。用止血带处理外出血主要注意以下几点：首先，急救时可用布带绞绑代替捆紧止血。在出血部位的近处位置缠上止血带，并施加至少200毫米汞柱动脉压力以止血。当压力低于这个标准时，虽然能够使静脉关闭，但血液在动脉中仍能继续流动，这不仅达不到止血的效果，还可能导致出血量加剧。其次，在使用止血带时，应抬高出血部位所在的肢体，接着将止血带绑紧。绑紧后肢体部位变得苍白说明使用方法正确，肢体部位呈现紫红色说明使用方法有误。再次，为了避免肢体出现坏死情况，需要每半小时为上肢松绑一次，每一小时为下肢松绑一次，松绑后重新使用止血带。最后，建议减少使用橡皮管止血带来止血。如果没有其他止血工具，就要在橡皮管止血带和肢体之间垫些柔软的衣物，以避免肢体麻痹的情况发生。

（2）压迫

在出血点上直接加压是止血方法中最重要、最有效和最简单的方法。出血点加压法可以闭塞血管（除大动脉破裂者外），防止防御性血栓或血块发生。

（3）充填

躯干的大伤口或不能用止血带的部位通常采用充填的方法，不过在运动创伤中很少使用该方法。在填充时，主要用消毒纱布来充填伤口，从而达到压迫止血的目的。

在跆拳道训练中，如果练习者出现体腔出血，如胸腔或肝脏破裂，通常会伴随严重的休克，医学上诊断体腔出血的主要方法是查血色素、红细胞及血球容积。如果练习者严重休克，要及时输血或进行手术治疗。

（三）腰扭伤

1. 腰扭伤的含义

腰扭伤就是通常所说的闪腰，是跆拳道训练中较为常见的急性损伤之一，通常在做腰部伸展或倒立动作时容易发生。腰扭伤有以下几种情况。

（1）腰部肌肉轻度扭伤

腰部肌肉轻度扭伤会有显著的疼痛感，脊柱不能伸直。较严重者，会出现肌痉挛引起脊柱生理曲线发生改变。

（2）腰部棘上韧带与棘间韧带扭伤

受伤时会有局部突然撕裂的疼痛感，腰伸展时疼痛感较轻，过度向前弯腰时疼痛感加重。棘突上或棘突之间有局限而表浅的明显压痛点。

（3）腰部筋膜破裂

腹部筋膜破裂多发生在骶棘肌鞘部，伤处感觉明显疼痛，腰伸展时疼痛感较轻，弯腰和腰扭转时疼痛感加重。

2. 腰扭伤的处理方法

①立刻停止练习，开始卧床休息。休息时，为了减轻腰部的疼痛感，放松腰部肌肉，可以在腰下垫薄软枕头。如果没有及时休息，继续锻炼，就会造成慢性腰疼，腰扭伤会反复发生。

②腰扭伤最好的治疗方法是热敷。具体步骤是用布将炒热的盐和沙子包起来，敷在扭伤部位，每天敷两次。

③除热敷外，针灸、拔罐、按摩、理疗等都是可供选择的方法。

④如果选用药剂治疗，西药可选用泼尼松，中药可选用五虎丹或跌打丸。需要注意的是，要在医生的指导下服用。

（四）肌肉拉伤

1. 肌肉拉伤的含义

肌肉拉伤也是跆拳道训练中常见的一种肌肉损伤。检查肌肉拉伤部位的主要方法是检查肌肉抗阻力。具体做法是伤者收缩受伤肌肉，外界施加一定阻力，在对抗过程中，哪个部位出现疼痛感，即肌肉拉伤部位。肌肉拉伤有轻重之分。轻者拉伤部位感到疼痛、发硬、肿胀，伴有肌肉紧张或肌肉痉挛症状。重者就是肌纤维断裂，伤者往往自己能感到或听到断裂声，然后出现肿胀、出血、肢体活动受阻等症状。

2. 肌肉拉伤的处理方法

①要详细分析伤者的病情，视情况而定。

②如果伤者是少量肌肉断裂，应立即进行冷敷和局部加压包扎，并抬高受伤部位，或者用中草药外敷。

③如果伤者是大部分肌纤维断裂，首先要加压包扎，然后送往医院进行手术治疗。

（五）关节损伤

1．关节损伤的含义

（1）肩关节损伤

“肩关节损伤是指肩关节的反复旋转或超常范围的活动，引起了肩袖肌腱和肩峰下滑囊受到肱骨头与肩峰或喙肩韧带的挤压、摩擦和牵扯。”①

（2）掌指关节损伤

掌骨、第一节指骨及一、二、三各节指骨共同构成掌指关节。掌指关节损伤主要是侧向外力的冲击突然作用于手指造成的。掌指关节损伤的主要症状是伤口疼痛、肿胀、关节活动受限，不能灵活伸屈等。跆拳道训练中发生掌指关节损伤的原因主要是练习场地地面过硬或动作不到位。

掌指关节损伤具体可分为四种情况：①指关节副韧带损伤，主要症状是局部出血、肿胀，关节呈畸形状；②掌指韧带断裂，主要症状是指关节肿胀、畸形，并出现异常侧向运动和轻度侧弯畸形；③手指关节挫伤，主要症状是疼痛、压痛、肿胀、活动不灵活；④关节脱位，主要症状是关节不能伸直或畸形。

（3）膝关节侧副韧带损伤

膝关节侧副韧带损伤主要是在跆拳道训练过程中，膝关节弯曲引起小腿突然内收内旋，或者脚固定时，大腿突然外展外旋而造成的。膝关节侧副韧带损伤的主要症状是膝关节疼痛、肿胀，伤处周围抽筋，膝关节不敢用力伸展，活动不灵活。如果膝关节侧副韧带损伤严重，完全断裂时，膝关节将彻底不能活动。

2．关节损伤的处理方法

（1）肩关节损伤处理

①及时停止训练，将上臂抬起，适当休息；②主要的治疗方法是按摩（推、揉、搓、滚等手法）针灸、封闭与理疗，然后适当上拉肩部和上臂以锻炼肩关节；③如果肩关节损伤严重，甚至肌腱断裂，需要及时将伤者送往医院做深度检查。

（2）掌指关节损伤处理

①掌指关节轻微扭伤，稳定性正常者，可轻轻拉引手指，外擦舒筋药酒，然后把靠近伤侧的健指与患指用粘膏固定在一起。第三天开始练习主动屈伸活动，并继续外擦舒筋药酒。

②急性关节损伤者，应立即包扎固定，一天后可进行理疗、按摩、外敷药膏等综合治疗。

---

① 顾丽燕．运动医务监督[M]．北京：北京体育大学出版社，2009.

③损伤后稍有侧向活动者，宜用一块弓形小夹板放在掌侧，将患指固定于半屈位，3 周以后开始练习关节屈伸活动。

④损伤后有明显侧向活动者，应及时送往医院进行手术缝合处理。

⑤关节脱位者，可立即进行整复手法，整复工作要由经验丰富的医生进行，整复固定 2 周。

⑥关节不能伸直或畸形者，若出现肌腱断裂或撕脱骨折的情况，宜尽早处理，可根据情况采用保守治疗或手术缝合治疗。

（3）膝关节侧副韧带损伤处理

①膝关节侧副韧带轻度损伤者，内服消肿止痛药，外敷止痛药膏。伤处痛感有所缓解后，再进行针灸、理疗或按摩。

②部分韧带撕裂者，局部伤处及时进行冷敷，然后包扎，抬高受伤膝盖加以固定，内服止痛药；两天后进行针灸、按摩或理疗。

③韧带完全断裂者应及时送往医院进行手术处理，手术后要积极锻炼，以便尽早康复。

二、运动伤病及防治

（一）过度紧张

过度紧张是指在跆拳道训练过程中，由于训练的负荷过大或超过了练习者机体负荷的承受能力而引起的急性病理性变化。在跆拳道训练过程中，训练不足、体育基础较差、长期中断训练或有某种疾病的练习者易发生过度紧张。

1．产生原因

①训练水平低。

②跆拳道练习者的生理和心理状况不佳，准备不足或受到剧烈精神刺激后进行训练。

②恢复伤病后的训练，因伤病较长时间中断训练，恢复后突然或过于迅速地投入剧烈的训练中。

③患有疾病，特别是患有高血压病、心脏病者，或者急性病初愈而未完全康复者勉强完成剧烈训练。

2．主要症状

过度紧张的症状主要有急性胃肠功能紊乱及训练应激性溃疡、急性心脏功能不全和心肌损伤、昏厥、脑血管痉挛。

3. 处理方法

①轻者，应安静平卧，注意保暖，可服用热糖水或镇静剂。一般而言，经过短时间的休息即可恢复。

②心功能不全者，应保持半卧姿势，保持安静，并针刺或掐点内关、足三里等穴位。

③过度紧张至昏迷者，可掐人中、百会、合谷、涌泉等穴位，并及时就医。

（二）运动性血尿

正常人的尿液中没有红细胞，而在剧烈运动后，显微镜下经检验后无相关病理性原因的血尿称为运动性血尿。血尿属于一种临床症状，全身疾病、泌尿系统及其周围器官的疾病、肾功能改变是导致血尿的常见原因。因此，一旦发现血尿就要进行详细检查，如检查后没有发现任何疾病，那么就是由剧烈运动引起的运动性血尿。

1. 产生原因

①训练过程中，人体内有新的血液分配，大量的血液流向与锻炼有关的器官，此时肾脏的血流量就会减少，肾小球出现缺血现象，导致血液中乳酸含量和肾小球通透性增加，过滤机能下降，漏出蛋白质和红细胞，出现蛋白尿和血尿。

②训练过程中，如果肾脏遭受震动或打击，就会引起肾脏充血或损伤，从而导致血尿的出现。

2. 主要症状

运动性血尿多在运动后即刻出现，其严重程度与运动负荷量和强度有关，除血尿外无其他任何症状。出现血尿后，只要停止运动，一般在三天内即可完全消失。

3. 处理方法

①凡出现血尿的跆拳道练习者，应停止训练进行检查。如果属于运动性血尿，就要减少训练的负荷量，进行药物治疗。

②如果属于器质性疾病，应针对病因进行治疗，切忌再进行剧烈训练。

（三）运动性腹痛

运动性腹痛是指练习者在跆拳道训练过程中，因生理和病理原因而发生的腹部疼痛症状。在跆拳道训练过程中，肝脾瘀血、胃肠痉挛和膈肌痉挛是导致腹痛的常见原因。

1．产生原因

①训练水平较低、准备活动不充分或过度紧张。

②空腹训练。由于胃酸或冷空气对胃的刺激引起胃痉挛。

③饱腹训练。吃得过多或吃了较难消化的食物使胃肠充盈、饱满，在高强度的训练中受到牵扯引起胃肠痉挛。

④训练节奏乱。训练的速度和强度突然过快和过大，以致内脏器官和心肺功能赶不上肌肉工作的需要引起腹痛。

2．主要症状

一般运动性腹痛者会有无力、胸闷、下肢发沉等症状。腹痛原因不同，症状也不同。运动性腹痛主要有以下三种情况：第一，如果腹痛由呼吸肌痉挛或活动紊乱引起，疼痛的性质多为锐痛，肋部和下胸部是主要的疼痛部位；第二，如果腹痛由肝脾瘀血肿胀引起，腹痛的性质多为钝痛、胀痛或牵扯性痛，左腹部是主要的疼痛部位；第三，如果腹痛由胃肠道痉挛或功能紊乱引起，腹痛的性质多为钝痛、胀痛甚至绞痛，肚脐周围、左下腹是主要的疼痛部位。

3．处理方法

①根据腹痛的性质、部位与训练负荷的关系，判断是由与训练有关的生理原因引起，还是由疾病引起，做到有的放矢地治疗。

②查明运动性腹痛的原因，有针对性地进行处理。如果是训练引起的腹痛，应及时降低负荷强度，适当减慢速度，调整呼吸和动作节奏，再用手按压疼痛部位，如果无效或疼痛反而加重，应立即停止训练，请医生诊治。如果是疾病引起的腹痛，可根据原发疾病进行治疗。

（四）运动性晕厥

运动性昏厥是指练习者在跆拳道训练过程中，由于脑部突然血液供给不足而发生的暂时性知觉丧失现象。

1．产生原因

①剧烈训练或长时间训练后，大量血液积聚在下肢，回心血量减少。

②剧烈训练后引起低血糖。

2．主要症状

如果发生运动性晕厥，轻者会出现全身无力，头昏耳鸣、面色发白，恶心，眼前发黑、出虚汗等症状。重者会失去知觉、突然昏倒。昏倒后，面色苍白，四肢发凉，脉搏跳动慢而弱，呼吸缓慢。昏倒片刻后，会消除脑缺血，开始恢复知觉并逐渐清醒，但醒后精神状态不佳，仍有头昏和无力感。

3. 处理方法

①练习者晕厥后，应迅速使其平卧，足稍高于头部，由小腿向心脏方向推摩或拍击。同时，用手指点压人中、合谷等穴位，必要时给氨水闻嗅。如果有呕吐现象，应将练习者的头偏向一侧。

②如果出现轻度休克，应搀扶练习者慢慢走一段时间，帮助其进行深呼吸。

③如果练习者停止呼吸，应马上进行人工呼吸。

（五）运动性中暑

运动性中暑是指人体的一种高热状态，多是在跆拳道训练中练习者肌肉产生的热量超过了身体的散热能力引起。通常在炎热的夏季进行训练比较容易引起运动性中暑。常见的运动性中暑有热射病、日射症、热痉挛和循环衰竭四种类型。

1. 产生原因

①热射病是高热环境中的一种急性病。在跆拳道训练过程中，练习者体内产生较多的热量，如果天气温度和湿度较高，并且空气流通不好，就会影响体内散热。体内大量热量积累，会出现体温大幅度升高，导致水、盐代谢紊乱，严重影响体内的生理机能及中枢神经系统的机能活动，最终表现为中暑症状。

②日射症是一种强烈的机体反应，主要由阳光直接照射头部引起。

③热痉挛主要是由于训练中机体大量排汗，体内过多消耗水和盐，以致电解质平衡紊乱。

④循环衰竭主要是由训练时机体失水过多，血容量减少引发的。

2. 主要症状

运动性中暑的发生较为突然，中暑者有皮肤高热、干燥、呈粉红色，中枢神经系统功能出现障碍等症状。

3. 处理方法

①如果中暑程度较轻，应及时对患者进行降温处理，迅速在凉爽、通风的地方安置患者，使患者平卧休息，头部稍垫高，将患者的衣服松解，进行全身扇风和冷敷头部，并用温水或酒精擦身，给患者准备盐开水或清凉饮料，必要时服用解暑的药物。

②如果患者头痛剧烈，应针刺或点太阳、风池、合谷、足三里等穴位。

③如果中暑昏迷，应及时刺激患者的人中穴进行急救，并重度推摩和揉捏患者的四肢，必要时应及时送医院进行治疗。

第三节　跆拳道训练与科学医务监督

一、跆拳道练习者的自我监督

自我监督是指练习者在训练过程中和比赛期间，对自己的成绩表现和身体情况进行评估和检测，按照规律以时间为序将结果记录在日记中。练习者的自我监督涵盖主客观两个方面，即主观感觉和客观检查。主观感觉涵盖了常规感觉、睡眠质量、饮食欲望、运动情绪等方面。客观检查涵盖了脉搏、肺活量、体重及出汗量等生理指标。除此之外，还要考虑到训练和比赛的内容与成绩，进行综合分析。正常情况下，练习者应该感到精神振奋、愉悦、训练意愿强烈。训练后虽然可能有些疲惫，也会感到肌肉酸痛，但经过充分的休息即可恢复状态。当练习者出现精神萎靡、身体无力、情绪波动大，某些部位肌肉麻木、剧痛，甚至胸口感到压抑、呼吸急促，腹部胀痛等症状时，情况是十分不正常的。

练习者的自我监督有助于检查运动锻炼内容是否合理、方法是否正确、运动量是否合适，身体健康状况和功能水平变化是否良好等。在练习者自我监督的过程中，需要观察并记录一些相应的指标，这些指标包括主观感觉的指标和客观检查的指标。这些指标对分析和掌握练习者训练和比赛时的身体状态，预防和早期发现运动伤病，指导正确的训练和比赛计划具有十分积极的意义。

（一）客观检查

练习者对自己身体状况的客观检查可通过简单的体格检查与观察身体新陈代谢的方法相结合进行。客观检查的内容主要包括脉搏、体温、体重，运动成绩、伤病情况、女性月经情况。

1．脉搏情况

练习者对自身的脉搏情况进行检查，可了解自身的心脏机能状况和机体疲劳状况。脉搏检查一般测桡动脉，也可按压颈动脉，最常用的方法是桡动脉触诊。脉搏检查主要应注意脉率、节律、强弱等变化。测量脉率时，要注意内界和外界各种因素对脉搏跳动频率的影响，通常练习者经过训练后，安静心率较慢。此外，脉搏的跳动节律也是检查时应注意的方面。若在训练期间每分钟晨脉较之前适当减少或没有变化，规律性强，预示着练习者的发展空间较大，各项身体机能反应良好；若每分钟晨脉较之前高出12次及以上，可能意味着身体上的疲劳感还没有完全消除，甚至可能出现了某种问题；若每分钟晨脉较之前次数显著增加，长时间没有减少，极有可能是过度训练的早期迹象；若脉搏的规律不明显，有停顿的现象发生，表明心脏存在功能性问题的可能极大，有必要进行详细的检查。一般来说，测量练习者的脉搏需要以30秒为一个计数单位，然后以10秒为单位划分三个阶段进行记录。

2. 体温情况

体温情况也是练习者进行自我监督时需要关注的重要方面。通常来说，正常人的口腔温度为36.5℃～37.2℃，腋下温度较口腔温度低0.3℃～0.6℃。练习者的体温会随着生理状态、昼夜时差、年龄、性别、环境等不同而稍有波动。练习者在非运动训练时的基础体温与正常人相同，在运动训练过程中，由于肌肉运动产热明显，机体代谢率增加，体温会略有升高。也就是说，运动状态下体温略高，安静状态下体温略低，6：00体温最低，15：00—16：00体温最高，但在24小时之内，体温变化不超过1℃。测量和记录体温的最佳时间是清晨醒来后活动开始之前。长期记录体温变化有利于练习者判断自身新陈代谢情况，预测运动成绩变化。另外，体温能在一定程度上反映练习者身体代谢水平，比赛或赛前的紧张情绪也可使练习者的体温升高。因此，体温的变化可以反映练习者赛前的紧张状态。

3. 体重情况

观察体重的变化情况，有助于练习者判断进行运动训练时的运动量是否适宜。体重综合反映了人体肌肉、脂肪、内脏器官及骨骼等生长发育的情况，是评定跆拳道运动员身体发育的基本标准之一。

健康青少年的体重是相对稳定增长的。运动训练或比赛结束后，体重常常下降。体重下降的幅度与运动强度、运动持续时间成正比。一般说来，练习者在经过系统的运动训练之后，其体重变化会表现为以下三个阶段。

第一阶段：由于机体失去过多的水分和脂肪，体重有逐渐下降的趋势，一般下降2～3千克。这个阶段一般持续3～4周。体型较胖或参加系统训练前较少活动者，体重下降的幅度可能还要大一些。

第二阶段：体重处于稳定时期。运动后体重减轻，但在1～2天内得到完全恢复。这个阶段持续5～6周以上。

第三阶段：由于肌肉等组织逐渐发达，体重有所增加，并保持在一定水平。如果发现体重减轻了2～3千克以上，应考虑是否运动量太大。如减少运动量体重仍然不能回升，就需要练习者去医院做身体检查。

练习者在系统的训练之后出现体重下降情况，并伴有其他异常情况，如情绪恶化、睡眠失常等，可能为早期过度训练或身体患有慢性消耗性病变（如肺结核、甲状腺功能亢进）、热能不足等。进行大运动量训练的练习者在停止训练后，体重增加是正常的生理反应。如果运动员的体重出现逐渐增加的情况，则表明其运动量小，热量累积过多。

练习者测量体重的最佳时间是清晨或其他固定时间。体重在一天内也会因饮食、运动因素而有周期性变化，一般清晨偏轻，下午和夜晚偏重。因此，练习者应定期测量体重，一般每周测量1～2次。除定期的测量外，还可分别在运动训练前、后测量，作为观察运动训练对体重影响的参考指标，直到调整运动量。

4．运动成绩

运动成绩也是练习者自我监督的一个重要方面。练习者在平时运动和比赛中记录运动成绩有利于合理地判断运动训练强度安排是否合理，可以使自己更合理地安排运动训练，提高成绩，达到更高的运动水平。运动成绩长期不提升或下降，可能是身体机能状况不良的反应，也可能是早期过度训练的表现。由此可见，运动成绩也是练习者观察自身机体的健康水平和运动训练状况的一个客观监督指标。

5．伤病情况

练习者在运动训练和比赛中应做好对自我伤病情况的监督。练习者在参加容易发生运动创伤的运动项目时，应每天进行伤情检查，如肩部易伤项目应做肩的反弓试验，检查肩袖是否受损；易患髌骨软骨病及髌腱周围炎者应检查是否有半蹲痛等，如有疼痛应报告医师进一步检查，以便早发现、早治疗。

6．女性月经情况

对于女练习者而言，月经情况也是运动训练和比赛中需要注意的方面。女性月经期周期受下丘脑—垂体—卵巢分泌性激素的反馈调节控制。运动训练和比赛都有可能打破平衡，导致卵巢功能紊乱，出现运动性月经失调。因此，女练习者应该详细记录月经周期、月经期出血量、有无痛经等症状，以便掌握自身生物节律变化，从而为更好地参加运动训练和比赛做好准备。

（二）主观感觉

1. 精神状态

精神状态是指人脑对外界环境各种刺激进行反应时所表现出来的功能活动状态。练习者应当掌握正确评价自身精神状态的基本能力，利用练习者自我监督表，及时、客观地记录并评价自己在平时生活、训练和比赛期间的精神状态。通常情况下，良好的精神状态表现为精力充沛、情绪稳定、心情愉快；不良的精神状态表现为精神不振、浑身乏力、情绪易于激动。一般的精神状态则介于以上两者之间。为了保持身体健康和提高运动成绩，练习者务必保持健康正常的精神状态。

2. 自然反应

通常来说，人体机能处于正常状态时，练习者会自我感觉良好。如果练习者在运动训练中或运动训练后，练习者出现异常的疲劳、头晕、恶心甚至呕吐，以及身体某些部位感觉疼痛，则说明体力不好或患病。因此，练习者应该主动观察并记录平时或训练、比赛过程的不良感觉，如疼痛、恶心、发热、呕吐、眩晕等。

二、各个比赛阶段的医务监督

因受赛场上竞争激烈的紧张气氛的影响，练习者身体的各个系统都会处于一种高度兴奋和紧张的状态，如神经系统高度兴奋、呼吸系统和心血管系统功能活跃等。因此，对于比赛期间的练习者而言，做好医务监督工作十分必要，这就需要医务监督工作者做好对练习者的医务监督工作，如进行赛前体格检查，确认场地器械、宿舍条件、饮食卫生、生活制度及防病措施等的执行情况，开展卫生知识宣传，组织场地急救工作等，使练习者以最佳的身体状态和心理状态参与比赛和训练。

（一）赛前医务监督

1. 做好比赛日程安排

比赛之前，需要根据练习者的年龄、性别进行分组。每个练习者每天比赛的项目不宜过多，比赛之间要保证有适当的休息时间。在制订比赛计划时，应充分考虑当地的气候条件。

2. 做好赛前的运动场地、体育器械检查工作

比赛之前，医务监督者还应做好练习者的饮食、救护配备等方面的准备工作，以保障练习者的安全和比赛的顺利进行。练习者应注意选择合适的运动服装、运动鞋等。

3. 进行赛前体检

比赛之前，练习者应进行严格的体检，重点检查心血管系统，主要检查项目有脉搏、血压、心脏听诊、胸透等，必要时还可做机能实验。当练习者出现感冒、发烧、过度疲劳、心动过速、心脏有病理性杂音、心电图有异常改变、外伤未愈或各种内脏器官的病变等，不得参加比赛。女练习者应注意有无月经来潮，月经量多者不宜参加剧烈的运动。

4. 做好准备活动

练习者正式参赛前，应针对不同项目的特点进行准备活动，先进行一般准备活动，再做专项准备活动，特别要注意易伤部位的准备活动。

5. 合理膳食

合理膳食是练习者在赛前应注意的重要方面。练习者应根据所参加比赛的项目、能量消耗等情况，妥善安排赛前膳食及就餐时间，增加蛋白质、糖类、脂肪的供应量，从而为接下来激烈的比赛提供能量支撑。

6. 做好赛前的各种宣传教育工作

赛前的各种宣传教育工作主要包括介绍比赛的相关知识、比赛中的医务监督和保护、运动性损伤和运动性疾病等的急救等，特别是在冬春季节的比赛，由于气温较低，练习者一定要做好充分的准备活动，避免肌肉、关节、韧带僵硬导致的运动性损伤和运动性疾病。

（二）赛中医务监督

①对练习者做必要的机能检查，观察其比赛中的机能变化，如心率、血压、体温、肌肉紧张状态等。

②帮助练习者缓解赛前紧张情绪，使其以最佳的竞技状态投入比赛。

③做好练习者赛中补充营养和饮水的供应工作。如果在炎热的夏季进行比赛，练习者应注意补充水和盐分，以防中暑。要注意的是，练习者应注意营养卫生，讲究营养均衡。

④应做好练习者赛中意外损伤的预防和急救工作，如练习者在运动中出现腹

痛、中暑、肌肉痉挛、低血糖，膝部、手部、踝部关节韧带扭伤等。

⑤练习者应严格遵守竞赛规则，发扬高尚的体育道德风尚，不要做出可能伤及对手的粗野举动。如练习者受伤或受重击倒地，应根据受伤情况决定其是否有继续参赛的资格。

（三）赛后医务监督

①练习者在比赛之后应进行体格检查。根据运动项目的特点，在赛后的一定时间内测定某些生理、生化指标，如血压、体重、脉率、心电图、尿蛋白及心功能实验等，观察练习者机体的恢复情况。一旦发现异常病变，应及时进行治疗。

②练习者在比赛结束后也需要注意膳食营养的合理搭配。练习者在比赛时体力消耗大，应及时、合理安排膳食，使其消耗的体能尽快得到恢复。需要注意的是，练习者切忌暴饮暴食。

③比赛之后，练习者应注意做好疾病的预防工作。剧烈比赛后，练习者会出现身体疲惫、抵抗力降低的情况。因此，练习者要特别注意预防感冒及其他疾病。

④比赛之后，练习者应进行充分的休息。在赛后休整期内，练习者应遵守各项生活制度，保证睡眠时间，以利于机体恢复。

第四节　跆拳道训练过程的科学监督和调控

跆拳道训练是一个有机统一的完整过程，其特点是连续不间断、具有很强的阶段性。在训练过程中，跆拳道练习者的竞技水平也在不断变化着，其训练水平的保持是相对的，其训练状态的变化是必然的。

跆拳道训练过程的监督和调控是指在科学化训练的指导下，使练习者的训练与比赛处于最佳状态，使其竞技能力向着发展与提高的方向不断产生适应性变化，最终促使练习者取得最佳运动成绩。最优地定向控制练习者训练与比赛的状态变化，是跆拳道训练过程监督和调控的实质。

一、跆拳道练习者身体机能监督和调控

在对训练进行科学安排的过程中，练习者的身体机能状况是一项重要的影响因素。在运动过程中，练习者机体的生理活动会出现相应的变化。测定与比较练习者的生理指标和生化指标，能够给训练过程的科学监督和调控提供客观依据。

在跆拳道训练过程中，要想有效反映练习者的身体机能水平，则需要在机能状态的监督过程中使用几项较为简单和敏感的指标与测验方法。

（一）心率与最大吸氧量

在身体机能监督和调控的指标中，心率是最为基础的指标。在练习者身体状况大体不变的情况下，运动负荷相同，练习者的心率也较为稳定。一般情况下，在对跆拳道练习者进行监督的过程中，安静心率、承担定量负荷时的心率及最大心率是常用的测定指标。如果在特定时期的训练过程中，练习者的安静心率下降，则在一定程度上反映出练习者心血管功能水平提高和机能优化；如果和前后一段时间的训练比较，承担定量负荷时的心率出现下降趋势，则表明练习者的机体工作能力有所提高，反之则表明练习者的机体工作能力有所下降；如果跆拳道练习者在承担极限负荷时，最大心率有增长趋势，则表明练习者的心功能水平有所提高；如果练习者承担的运动负荷强度越大最大心率越高，停止运动负荷后心率下降越快，则表明练习者的心脏最高机能水平与机体快速恢复能力越强。

最大吸氧量可以对跆拳道练习者承受大负荷时的有氧能力加以评价，此外也能够对练习者最大限度使用氧的速度进行客观反映。跆拳道练习者最大吸氧量的水平越高，则其在完成定量工作时有氧供能就越多，所以最大吸氧量通常被当作对跆拳道练习者耐力水平与机能状态加以评定的重要指标。

（二）血乳酸

反映骨骼肌代谢能力、合理安排有效负荷量，以及进行机能诊断的最实用指标，即血乳酸。在练习者的磷酸原系统（ATP−CP)、糖酵解及糖原有氧供能能力方面，跆拳道项目有着很高的要求。与此同时，跆拳道项目对练习者提高机体耐乳酸能力的训练也有着较高的要求。血乳酸是跆拳道练习者在比赛中保证体能和维持技战术动作不变形的有力保障。

在对有氧能力进行评定时，可以通过多级负荷试验与两点法绘制血乳酸（强度曲线)，然后比较前后的训练。如果强度曲线向右移动，表明在相同血乳酸值时能够达到更高强度，说明跆拳道练习者的有氧能力有所改善；如果强度曲线向左移动，则表明跆拳道练习者的有氧能力有所减退。

在对无氧能力进行评定时，可以进行一定强度的练习，促使练习者的血乳酸值尽量达到最大值。跆拳道练习者的血乳酸值越高，表明练习者的机体无氧糖酵解和机体耐乳酸能力越强。一般认为，耐乳酸能力的训练要维持血乳酸水平在 12

毫摩尔／升以上。

在一次训练课之后，跆拳道练习者的血乳酸水平在8.0毫摩尔／升为宜，在比赛结束后血乳酸水平可能在10.0毫摩尔／升以上，据此可以对赛前训练有无达到比赛强度加以监督和调控。从训练课次日早晨开始，血乳酸水平在4～7毫摩尔／升的跆拳道练习者，说明其机体恢复状况良好；血乳酸水平在6～8毫摩尔／升的优秀跆拳道练习者，说明其机体恢复状况良好。

（三）血尿素

跆拳道练习者的机体蛋白质代谢情况，受高强度训练或比赛的影响较大。以跆拳道练习者在训练前后或比赛前后的尿素氮变化为依据，可以客观评价出训练比赛的负荷强度。负荷越大或跆拳道练习者的机体适应能力越差，跆拳道练习者的尿素氮水平上升越明显，同时其恢复速度越慢。在训练结束后，尿素氮增幅小且恢复速度快的练习者，可以承受高强度的训练；尿素氮增幅大且恢复速度慢的练习者，承受高强度训练的难度较大。

（四）血红蛋白

血红蛋白是进行机能监督和调控的一项重要指标，其可以有效反映跆拳道练习者的血液供氧能力。当跆拳道练习者的营养状况处于良好状态时，则其血红蛋白的变化主要和运动量变化有关，和运动强度之间的关系不明显。

一般情况下，在训练周期的开始阶段，血红蛋白水平会呈现出下降趋势，伴随着机体对训练的逐步适应，练习者的血红蛋白水平也会随之回升。如果跆拳道练习者的营养状况处于良好状态下，其血红蛋白水平不断下降或很长时间没有回升，则表明练习者的机体对训练不适应，训练的运动量过大。

（五）血清肌酸激酶

血清肌酸激酶（CK）的活性变化有三方面的作用：第一，可以对肌肉训练刺激的程度加以评价；第二，可以了解练习者骨骼肌的细微损伤；第三，可以了解肌肉对训练的适应情况和恢复情况。

跆拳道项目属于格斗性质的项目。练习者在参与跆拳道训练时，对其肌肉刺激较为显著，当训练强度提高时，跆拳道练习者的血清肌酸激酶的活性也会明显提高。在素质训练和实战训练之后，练习者的血清肌酸激酶会比安静值提高3～4倍；在赛前调整期，跆拳道练习者的血清肌酸激酶的活性则会与安静值接近。通过长期监督和调控血清肌酸激酶的活性变化，教练能够对跆拳道练习者的肌肉疲劳发展进行有效控制，进而调整为适宜的训练强度，有效避免跆拳道练习者出现肌肉受伤的情况。

（六）血清睾酮与皮质醇

在监督和调控某个训练周期的训练状况时，一般会同时测试血清睾酮（T）与皮质醇（C），并且计算出 T/C 值，进而对练习者的疲劳及恢复状况、过度训练与阶段训练效果加以监测。倘若跆拳道练习者的 T/C 值不变或提高，说明其机体分解代谢没有超过合成代谢，练习者的机能处于正常状态；当跆拳道练习者的身体机能处在良好状况时，其血清睾酮水平会增加，同时其体能也会随之增强；当跆拳道练习者处于疲劳状态、过度训练状态或机能状态不佳时，其血清睾酮水平会有所降低。

二、跆拳道训练过程运动负荷的监督和调控

当练习者有机体受到运动负荷的刺激后，会产生并出现一定的变化。当有机体受到的负荷刺激适宜时，能够产生适应性变化；如果没有合理安排运动负荷，即便训练目的明确、训练手段正确，也很难实现预期的训练目标，有时可能会造成练习者的竞技能力出现下降。由此可知，监督和调控跆拳道练习者在训练过程中的运动负荷是十分必要的。

运动负荷属于一个因素多、层次多的结构，为更好地监督和调控跆拳道练习者的训练过程，以运动负荷的性质为依据，可以将其划分成训练负荷与比赛负荷。训练负荷与比赛负荷的监督和调控情况，在很大程度上影响着跆拳道训练过程的组织效果与实施效果。

（一）训练负荷的监督和调控

跆拳道训练过程中，练习者需要完成的练习量就是训练负荷。为了使实际操作更加方便，可以采用一些负荷特征的具体参数来监督和调控训练负荷。具体参数包括训练总量、训练天数及训练总课次，通常训练天数以训练总时数（以小时计）表示。

据此，能够细分出一些更加具体的负荷参数，具体如下。

①技术训练的时数、战术训练的时数、体能训练的时数。

②无氧练习、有氧练习、力量练习的时数等。

③技术战术、体能训练占总训练量的比例。

④无氧练习、有氧练习和力量练习占体能训练总量的比例等。

⑤不同训练作用方向的训练课次数。

⑥大、中、小负荷量度的训练课次数等。

（二）比赛负荷的监督和调控

在练习者战术意识的培养、技战术运用能力的提高、训练强度的提高，以及最佳竞技状态的形成上，比赛活动均扮演着极为重要的角色。需要说明的是，倘若比赛安排不合理，则常常会让练习者产生过度疲劳，出现运动伤病，或者导致最佳竞技状态过早形成或过晚形成。

在监督和调控比赛负荷时，其监督和调控的指标具体如下。

①各年度比赛的总次数。

②年度训练大周期中，主要和次要比赛的次数。

③各阶段训练中，小型比赛和教学比赛的次数。

训练负荷指标与比赛负荷指标，能够清晰反映出小、中、大周期，乃至多年训练过程的负荷特征。在系统性训练过程中，应对其进行纵向比较与横向比较，进而找到与跆拳道练习者个体特征相吻合的比赛负荷安排，并在此基础上推动跆拳道训练向着科学化方向发展。

（三）调控运动负荷动态的具体方式

跆拳道练习者竞技状态的发展变化，受运动负荷动态变化的直接影响。在训练负荷与比赛负荷的刺激下，练习者的机体也会随之产生适应性变化，然而适应性变化程度和负荷大小呈正比关系。在跆拳道多年训练过程和全年训练过程中，运动负荷动态变化的基本趋势是在跆拳道训练中逐步提高负荷直到跆拳道练习者所能承受的最大限度。

但是，跆拳道练习者有机体适应与恢复机制会对运动负荷的渐进与持续产生制约作用，在任何训练阶段均直线提高是不可能发生的。因此，在跆拳道训练过程负荷提高的基本趋势中，并不排除各个训练时期会有各种动态变化。要想对负荷动态实现科学化监督和调控，必须在一定周期的训练过程中，对负荷量与强度的协调变化进行科学化安排。负荷量与负荷强度主要包括以下四种变化形式。

1. 同升同降

“同升”是指负荷量与强度同时增加，其大多用在大负荷训练中；“同降”是指负荷量与强度同时下降，总负荷下降成小负荷，其大多用在调整性训练与过渡性、休整性训练。

2. 一升一降

一升一降具体是指“上强度减量”或“上量降强度”。“上强度减量”大多用在比赛期训练与技术训练，“上量降强度”大多用在过渡期训练与耐力性训练。前者与后者的总体负荷都是中等。

3. 一升（降）一稳定

“加量、稳定强度”大多用在准备期的第一个阶段，即用于巩固身体训练、技术训练及战术训练中，其总体负荷是中、大负荷；“减量、稳定强度”大多用在赛前训练、技术训练和战术训练，其总体负荷是中、小负荷；“加强度、稳定量”，大多用在准备期第二阶段和比赛期的训练，以及技战术训练，其总体负荷是中、大负荷；“减强度、稳定量”大多用在比赛间的过渡阶段和休整期的训练，以及改进技术和战术水平的训练，其总体负荷是中、小负荷。

4. 负荷量和强度相对稳定

在特定训练时期内，负荷量与强度保持在特定水平上，其整体负荷是中等负荷，多数情况下用来对已经掌握的体能训练水平进行学习与巩固。负荷量和强度动态变化的协调组合的四种形式，对调节与控制跆拳道训练的负荷动态有着十分重要的指导作用。

需要重点说明的是，跆拳道训练负荷的提高应当是在机体对原负荷的不适应反应消失之后、运动能力与机体机能得以提高和机体恢复较充分的条件下进行。通常运动负荷的提高，大多是提高负荷强度，同时降低负荷量，然后保持负荷强度并增加负荷量，维持一定的时间，促使机体适应并巩固。与此同时，除了要注意负荷量与强度动态变化的协调组织，还需要对练习密度予以高度重视。练习密度不但对机体在训练过程中的恢复程度有影响，而且与重复练习的强度有无保持机体机能变化的高度也有着紧密联系。要保持适宜的练习密度，密度过大或过小均会对训练任务的完成造成阻碍。在跆拳道训练过程中，确定某种练习的密度之后，通常不会进行大的变动，往往会通过练习数量来调整运动负荷的大小。

三、跆拳道练习者身体素质的监督和调控

在跆拳道训练中，体能训练占据重要地位。跆拳道体能训练紧紧围绕的内容是：提高跆拳道练习者的力量素质（基础力量、爆发力、力量耐力）、速度素质（反

应速度、动作速度、组合动作频率)、耐力素质和柔韧素质。

通过监督和调控跆拳道练习者的身体训练发展水平，能够清晰了解练习者的身体训练程度，为制订与实施训练计划提供重要依据，从而对训练科学化程度的提高发挥积极影响。训练计划的要求及事先预定的身体训练水平检测指标，是监督和调控跆拳道练习者身体训练程度的主要依据。换言之，就是把运动素质测评与身体机能状态测评有机结合，利用各种专项测验和非专项测验，对跆拳道练习者在特定训练阶段的运动素质与机能状况进行客观定量评价，进而使其和特定训练阶段的目的相一致，与跆拳道练习者的专项成绩水平相适应。

测验和评定完跆拳道练习者的运动素质与机能状态之后，能够清晰地了解运动素质和机能水平与跆拳道竞技能力之间的内在关系，进而对训练过程身体训练的综合发展水平进行正确评价，使跆拳道练习者的运动素质与机体机能发展处于均衡状态，同时促使跆拳道练习者的身体训练水平与技战术训练水平相适应。通过对跆拳道练习者所运用的训练方式进行科学评价，最终建立适宜跆拳道练习者身体训练的模型。

（一）力量素质发展水平的监督和调控

1. 生物力学测量手段的测验

在条件允许的情况下，监督和调控跆拳道练习者的最大力量、速度力量及力量耐力时，可以运用等动侧力系统，将比赛动作或接近比赛动作过程紧密结合，进而对肩、肘、髋、膝等关节肌群的最大肌力、速度力量和力量耐力进行测定，随后就训练过程前后阶段的变化情况展开比较与综合评价。这种测验方式的优势是准确性高，劣势是在经济条件的制约下无法经常采用。

2. 简易测量手段的测验

在跆拳道训练过程中，测定力量素质的常见手段包括以下几种。

①采用卧推杠铃和负重半蹲、全蹲分别测定上肢最大力量和下肢最大力量。

②采用持杠铃快速前平推 5 秒钟和立定跳远、纵跳摸高测定上肢和下肢的速度力量。

③采用定时间、定组数、定方法进行速度性击打沙袋，计算单位时间内完成动作的数量，利用动作速度下降的曲线来评价力量耐力水平。

（二）速度素质发展水平的监督和调控

在跆拳道运动的训练与比赛中，练习者速度素质表现形式的集中体现是：反应速度、完成单个动作速度、组合动作速度。监督和调控速度发展水平时，可以采用直接方式或间接方式、专项方式或非专项方式来测量与评价。

1. 反应速度测验

①单反应速度测验。利用反应计时器，针对练习者对规定动作做出应答反应的快慢进行测定。

②选择反应速度测验。利用比赛场面实况录像的停格技术，指导受试者判断录像所显示的比赛情况，并在最短时间内按动相应按钮。根据跆拳道练习者的应答情况，对练习者根据某种情况选择性采取某种合理战术决策与行动的应答速度加以判断。

2. 完成单个动作速度测验

①利用测力台对跆拳道练习者的单个动作进行测试，进而检测其完成单个动作的速度能力。

②计算跆拳道练习者在 5 秒钟内完成腿法中某个动作的具体数量，进而对练习者完成单个动作的速度能力加以检测。

3. 组合动作速度测验

①测试跆拳道练习者 10～20 秒内腿法击打沙袋的次数，进而测验练习者完成组合动作的速度能力。

②采用 5 秒内完成俯卧撑推手击掌的练习和 30 米加速跑，进而对跆拳道练习者伸肘的速度能力和伸膝的速度能力进行间接反映。

通常情况下，在测试跆拳道练习者的速度素质时，需要排除速度耐力因素对测试结果造成的影响。

（三）耐力素质发展水平的监督和调控

根据跆拳道练习者的耐力素质的不同标准，可以划分出多种类型。以参与活动的器官系统为依据，可将其划分为肌肉耐力与心血管耐力；以能量代谢的特征为依据，可将其划分为有氧耐力与无氧耐力；以肌肉参与活动的部位为依据，可将其划分为盆带肌肉耐力、下肢肌肉耐力及全身肌肉耐力；以耐力素质和专项之间的关系为依据，可将其划分为一般耐力与专项耐力。

1. 实验室条件测验

（1）自行车功率测试

在自行车功率计上，对跆拳道练习者的最大吸氧量进行测验，据此对其训练过程中的有氧能力变化加以评价。

（2）台阶测验

利用台阶测验的结果，对训练过程前后两个阶段的变化情况加以对照，据此对跆拳道练习者的心血管功能水平进行分析与评价。

因为负荷量度能够被严格控制，所以在实验室进行的耐力测试结果可信度高。

2．常规手段测验

（1）3000 米跑测试

一般情况下，3000 米跑能够测试与评价出跆拳道练习者的一般耐力训练水平和发展水平。

（2）击打沙袋测试

在对跆拳道练习者的专项耐力发展水平进行监督和调控时，可以采用以最高强度的腿法练习击打沙袋 3 组，每组 1 分钟，每组间歇 20～30 秒，分别计算出 3 个 1 分钟击打沙袋的平均每秒击打次数。然后用 10 秒钟击打沙袋的平均每秒的次数与 3 个 1 分钟击打沙袋的平均每秒次数的比值来进行评价，两者的差距越小越好。

在非实验条件下，耐力测验结果的可靠性和受试者主观努力之间有着紧密关系。

（四）柔韧素质发展水平的监督和调控

腰腹、髋、踝关节是跆拳道练习者表现柔韧素质的主要部位。

1．腰腹柔韧性测验

①俯卧背伸测验。

②坐位体前屈测验。

③立位体前屈测验。

2．髋关节柔韧性测验

①两腿纵“劈叉”。

②两腿横“劈叉”。

3．踝关节柔韧性测验

①踝关节正屈测验。

②踝关节背屈测验。

四、跆拳道练习者技术训练的监督和调控

在跆拳道训练中，加强对技术训练水平的监督和调控，可以使教练及时地获悉练习者掌握技术的程度和技术训练效果的有关信息，从而更好地控制训练过程。

（一）对跆拳道的技击技能形成过程的监督

跆拳道技击技能的形成与发展是一个经历基本技术训练阶段、自我设计阶段和以对手为中心的应变阶段训练的渐进、连续过程。对练习者技术训练程度的监督，应根据不同阶段的特点各有所侧重。

1．基本技术训练阶段

基本技术训练阶段的任务，主要是学习和掌握基本技术。由于练习者内抑制能力相对较弱，在完成动作的过程中肌肉较紧张、不协调，常有多余动作出现。此阶段技术训练监督的重点应放在练习者掌握动作的规格要求、动作路线、用力顺序和攻防用法等方面。当发现问题时，应根据练习者完成动作的外部形态和练习者的主观感觉，分析原因，及时提出练习要求，帮助练习者正确、熟练地掌握动作并达到规范化的程度。

2．自我设计阶段

在自我设计阶段，练习者已经较熟练地掌握了单个技术动作、单个动作配合运用和使用的技巧与方法，但在及时做出反应动作并掌握动作应用的时机方面存在明显的不足。由于运用动作的时机把握不好，在动作完成的细节上存在缺陷，练习者训练的结果往往令人不尽满意。此阶段的监督重点是完成技术动作的质量和实际运用效果。就目前跆拳道训练而言，此阶段的监督还不能准确地提供运动学和动力学的参数，但可通过现场录像，反复再现练习者在基本技术练习过程中的技术动作，并与优秀练习者的技术动作进行比较，加深练习者对掌握动作的使用时机、方位、距离的认识，并结合自身的特点，设计和形成符合个人身体条件、身体素质的技术动作。

3．以对手为中心的应变阶段

以对手为中心的应变阶段训练的实质是技术动作在比赛中的实际运用。此阶段完成技术动作的训练目的是击中或击倒对手，让自己有效得分或制胜。同时，尽可能防止对手得分。然而，比赛中的情况千变万化，战机稍纵即逝，赛场上的各种因素都会影响练习者技术动作的运用。尤其是对手在比赛中竞技能力的具体表现，更决定了练习者审时度势，根据对手的情况，随机应变地运用各种技术动

作。要想在比赛的复杂情况下，灵活自如地应用技术动作，只有通过反复实战，培养和增强练习者比赛的场上意识，不断体验、总结和提高以对手为中心的技术应变能力。

以对手为中心的应变阶段的监督，主要是在激烈的实战对抗中检查技术动作的实用性和合理性。对于初级和中级练习者而言，应重点监督技术动作运用的正确性和合理性；对于高水平的练习者而言，应讲究和追求动作效果，在规则允许的范围内，不论动作规范与否，只要能得分或制胜即可。因此，监督的重点是实战中技战术动作的击中率和实效性。

（二）跆拳道练习者技术训练的监督方法

1．经验诊断

富有经验的跆拳道教练，对于练习者的技术训练具有敏锐的观察力。凭借多年训练的经验模式和直觉，根据练习者完成动作的外部形态，能够较准确地诊断技术动作的质量，并运用术语提示练习要求，引导练习者向正确的技术动作转化。“名师出高徒”，经验诊断的有效性取决于经验模式的正确程度。

2．联合诊断

采用录像技术手段，现场获取练习者完成技术动作的图像，由科研人员解析，取得动作的运动学参数，并进行定量分析。在量化分析的基础上，与教练的经验诊断相结合，为动作的改进提供定性和定量的意见。

3．数据统计与评价

临场技术训练控制应紧紧扣住技术训练课任务的完成情况，评价练习者在某次训练或比赛中的技术表现。监测的重点应放在练习者完成技术动作练习的规格要求上，若发现技术问题，应根据技术动作的外显形式和练习者的主观感觉，分析原因，及时提示练习要求，帮助练习者正确地演练技术动作，并达到规范的要求。

在技术训练的小周期控制中，由于逐日的连续性训练，必然引起某个技术因素或环节的变化。因此，评价应与本周技术训练的任务及上一小周期技术训练的情况联系起来，监督动作技术的发展趋势。对于每个练习者，最好每周都有技术动作录像，以便反复观察和分析比较技术的改进，以便于评价某技术水平的长期发展。

在阶段性的技术训练过程中，应记录因训练过程各种积累而引起的一系列变化，包括在训练过程中学习和掌握的程度，在干扰因素下（如疲劳、对手等）技术的稳定性，在比赛中反映出来的技术动作的运用能力等，全面评价练习者技术训练中的接受能力和适应能力、技术环节和细节的改进、技术的改进与运动成绩的增长之间的关系等。

五、跆拳道练习者战术训练过程的监督和调控

战术能力是跆拳道练习者竞技能力的重要组成部分，对其监督和调控是实施运动训练过程控制的重要内容。战术能力发展与变化对练习者体能、机能、心能和智能的发展都有很大的影响作用，科学地控制跆拳道练习者战术能力的发展，对于中高水平练习者的训练尤其显得重要。

（一）跆拳道战术训练过程的监督和调控

跆拳道战术是根据对手的实际情况，为取得比赛的胜利而采取的计策和行动。在跆拳道战术训练过程中，练习者应合理地使用战术，灵活运用各种技术，充分发挥自己的特长，限制对手的特长，从而掌握场上的主动权。

跆拳道战术训练的监督和调控主要是针对练习者战术意识、战术理论知识和战术行动的形成与发展过程进行监督和评价。

战术意识指的是练习者根据比赛规则和实际情况，灵活应对，有针对性地制订个人的行动策略和对抗对手的策略。这需要练习者具备良好的观察力、判断力和适应能力，以便在比赛中作出正确的决策并取得胜利。具有顶尖战术意识的练习者，能更快速地学习和应用各种不同的战术，从而提高他们的战术水平，这有助于他们学习重点战术，推动新型战术的形成和发展，促进独特技巧的创新，场上比赛战术的运用就更灵活、更有针对性。

战术理论知识包括跆拳道战术指导思想，运用战术的原则，各种攻防战术的形式、套路和这些战术的优缺点，战术的发展、演变和今后的发展趋向，对付各种战术的策略和极其有效的方法手段，运用各种战术的前提条件，规则对战术的限制与要求等方面。

战术行动包括跆拳道战术数量、战术质量、战术实施方式、战术效果。战术数量是指练习者所掌握的战术步骤和方案数目。战术质量表现在战术的全面性、熟练性、先进性和创新性。战术实施方式是战术应用的具体形式，跆拳道练习者在比赛中会遇到各种各样的对手，即使面对的是相同对手，也会因场上比赛过程的变化而使用多种战术。因此，优秀的跆拳道练习者，必须把符合自己特点、形

成得分绝招的战术作为重点，演变成为多种战术应用的变化形式，使之提高场上应变能力，实施有效的战术动作组合，争取比赛的主动权。战术效果主要是指某战术运用与该战术最佳方案的吻合程度，评价该战术的运用能否达到既定的效果。

（二）跆拳道战术训练监督和调控的重点环节

跆拳道战术训练的重点环节：确定战术思想、掌握基本战术、增强战术意识、保证战术行动质量。

确定战术思想是跆拳道战术训练的首要环节。必须明确战术思想，把思想和行动统一到战术训练的总目标上，使战术训练具有强烈的目的性。

掌握基本战术是战术训练的基本环节。打好基本战术的基础，奠定扎实的战术功底，为以后的战术组合、配套战术及形成个人战术体系，创造良好的发展条件。

增强战术意识是战术训练的中心环节。战术意识的外部表现特征为：技术的目的性、行动的预见性、判断的准确性、动作时机的及时性。要想把握场上比赛的主动权，必须准确地预见比赛的发展和对手的行动。在比赛过程中始终保持战术思维的清醒性、正确性和及时性，使战术行动符合预定的战术方案，并随机应变，瞬间决定新的战术行动。

保证战术行动质量是战术训练的关键环节。跆拳道战术行动包括进攻、防守、反击、复合进攻、复合反击。战术行动质量的监督和调控主要围绕三个方面进行：一是战术行动的预见性、及时性、正确性和针对性；二是战术方案的灵活性、应变性、创造性；三是战术实施方式的欺骗性。

（三）跆拳道战术训练监督和调控的方法

1. 观察法

现场观察练习者的战术能力，根据技术的目的性、行动的预见性、判断的准确性、动作时机的及时性，评价其战术意识的表现；根据完成动作的及时性、准确性、针对性、预见性、应变性、创造性，评价其战术行动的质量。

2. 临场统计法

通过实地观察和录像观察，对比赛过程第一局、第二局、第三局的得分、警告、扣分等技战术动作的使用情况分别进行统计，了解战术应用的情况、得分的效果及失分的情况，以利于完善个人战术体系，合理运用战术，充分发挥自己的特长，限制对手的特长。

3. 心理测定法

跆拳道练习者战术活动的心智能力（如表象能力、动觉能力和思维能力等）与战术能力有着紧密的联系，在比赛过程中战术意识总是与战术行动结合在一起，往往是在瞬间就要完成几套战术行动方案的思维，并作出最佳战术行动的选择，其过程具有及时性、准确性、敏捷性、灵活性和创造性特点。通过心理测试，检查和评价练习者战术思维能力。

4. 询问法

询问法是指借助语言、文字等手段询问练习者并了解其战术意识和理论的方法。语言询问法的形式主要为口头问答，具有即时性；文字询问法的形式主要为问卷，问卷的题目类型十分多样，如问答、填空、判断对错、选择和图示等。这样做可以帮助练习者更科学地认识和运用跆拳道比赛的一般规律，学习战术特点，进而增强战术意识、提高战术理论水平。

5. 仪器分析法

仪器分析法，也叫作仪器法，是一种用来评估跆拳道练习者思维敏捷性和比赛期间记忆力的重要方法。它的测试设备包括录像机、投影仪、计算机及键盘。测试过程中需要播放一些比赛录像给练习者观看，记录他们在看到每个比赛画面后迅速使用键盘作出决策和判断花费的时间及正确率。通过与事先确定的标准选择进行比较，分析其战术行动决策的正确性，相应地判断练习者战术思维的能力。

六、跆拳道练习者心理状态的监督和调控

跆拳道是激烈对抗的搏击运动项目，练习者在比赛中既充满技术、战术、体能的较量，也充满心理能力的较量。良好的心理素质，直接影响着练习者日常训练和场上对抗的能力。

跆拳道练习者心理状态的监督和调控，就是对练习者在运动训练和比赛活动中的心理状态与行为进行诊断和监督，调整和调节练习者的心理状态，以发挥练习者的身心潜能，保证训练和比赛任务的完成。

（一）跆拳道练习者的心理表现

跆拳道是利用拳和脚进行激烈搏击的对抗性运动项目，它通过竞赛、品势和功力等运动形式，使练习者得以增强体质、掌握技术和战术，以及培养果敢顽强的意志品质。跆拳道练习者在训练和比赛中的心理表现主要是情绪、信心和意志。

1. 情绪

情绪是练习者心理的具体反映。跆拳道练习者在训练和比赛中的情绪表现非常鲜明，良好的情绪使练习者激情高涨，不良的情绪则会使练习者消极、失望和悲观。情绪直接影响训练和比赛的结果，甚至影响练习者的运动生涯。

2. 信心

跆拳道比赛过程是“斗技、斗力、斗智、斗勇”的过程，高度的自信能够充分调动一切有利的心理因素，做好思想上、精神上、体力上和技战术行动上的准备，使练习者处于积极、顽强的战斗状态，树立起必胜的信念。

3. 意志

意志是一种有目的的支配行为，为克服困难而达到既定目标的过程。顽强的意志能够促使练习者不断学习新动作，挑战难度动作，不怕困难、不怕失败、不怕艰苦、不畏强手，坚定地完成训练任务和比赛任务。

（二）跆拳道练习者心理状态监督和调控的节点

1. 日常训练的心理状态监督和调控

（1）主要任务

监督和调节练习者训练的心理情绪，提高训练欲望，控制心理品质培养和形成过程。

（2）监督和调控的内容

练习者训练态度、训练欲望、训练过程心理品质的表现。

（3）主要监督和调控的方法

①观察法。

对训练感觉厌烦的练习者，情绪低落，常表现出不愿意去训练的行为现象，即使到了训练场，也缺乏训练欲望，练习的兴奋性低，反应迟钝，动作失调，情绪烦躁。

②调控方法。

A. 精神激励。练习者在日常训练过程中出现技战术动作不如意甚至动作失败时，教练应以谦和的态度分析问题所在，开导和激励练习者。避免说一些令练习者难以接受的刺激性语言，挫伤其训练的积极性。

B. 消除心理疲劳。采用转移注意力、调整训练内容、改变训练方式及放松训练等措施，帮助练习者消除心理疲劳，重温理想训练时的感觉和体验，唤起练习者的训练兴趣和训练欲望。

2．赛前训练的心理状态监督和调控

（1）主要任务

练习者通过合理的训练和调节，能够增强信心，坚定比赛意志，达到参加比赛的最佳心理状态。

（2）监督和调控的内容

练习者在训练中所表现出来的自信程度，面对困难、面对艰苦训练所表现出来的意志品质、训练情绪的稳定程度。

（3）主要监督和调控的方法

①观察法。

A．通过观察练习者赛前训练阶段情绪的变化，了解情绪的稳定性。

B．观察赛前训练中完成技战术动作时的成功率，判断练习者的自信程度。

C．观察练习者在艰苦的赛前训练及实战训练中的表现，判断其顽强意志品质的形成与发展。

②调控方法。

A．赛前模拟训练：模拟与对手、观众、场地、设备、照明、气候等方面相似的条件，让练习者产生对比赛环境的适应，调节心理状态，消除紧张情绪。

B．强化技能训练：把注意力放在完成技战术动作的时机、有效性和实效性上，通过提高技战术动作的成功率，增强练习者运用和完成技战术动作的信心，从而树立比赛的自信心。

C．培养和磨炼意志：严格训练，严格要求，在苦练中磨炼意志品质；安排与强者的配对实战，培养敢打敢拼、勇敢顽强的意志品质。

D．自我调节：采用富有节律的深呼吸运动，缓解紧张情绪，调节身心状态；应用自我暗示法，通过意念的控制实现对情绪和行为的调控。

3．临场比赛的心理状态监督和调控

（1）主要任务

通过监督、调控和激励，调动比赛的欲望，树立比赛的信心，以最佳的心理状态进入比赛。

（2）监督和调控的内容

练习者比赛情绪的稳定程度，比赛的信心和欲望，对比赛艰难性的心理准备程度。

（3）主要监督和调控的方法

①观察法。

A. 观察练习者临赛时的精神面貌及行为举止，判断其比赛的情绪。

B. 观察准备活动的练习状况，判断练习者对比赛的欲望和信心。

C. 观察对比赛困难的预期情况，了解练习者对比赛艰难性的心理准备程度。

②调控方法。

A. 语言激励。根据练习者的比赛情绪、比赛欲望和对比赛艰难性的心理准备程度及练习者的个性特点，因人而异地给予必要的指示和不同的语言刺激，如鼓励、表扬等，以达到增强信心，提高斗志，形成最佳比赛心理状态之目的。

B. 自我暗示。身心放松，稳定情绪；想象比赛成功的情境，或者回忆自己最成功的一场比赛的体验；想象比赛方案并融入过去获胜的比赛场景，以形成良好的心理定式，进入最佳竞技状态。

第四章　跆拳道技能教学及训练

跆拳道教学既有体育的特点，也有教学的本质，它需要以教育学、体育理论、跆拳道项目理论为基础，突出运动技能形成的一般规律，同时还要了解人体机能活动变化的特点。教练可通过反复的身体练习，调动练习者的认知、情感、技能的学习积极性，来完成教学任务。

第一节　跆拳道教学的基本原则与注意事项

教学原则是有效进行教学必须遵守的基本要求。它既指导教练的“教”，也指导练习者的“学”，应贯彻于教学过程的始终。跆拳道属于对抗性运动项目，在教学实践中，只有遵循跆拳道教学的基本规律，了解和掌握跆拳道教学的基本原则才能达到教学的目的，提高教学的质量。

一、跆拳道教学的基本原则

（一）礼始礼终、以德为本、德艺双修

跆拳道的教学过程不但是教授运动技巧的过程，而且是传递道德观念的过程。在跆拳道课程的开始和结束阶段，教练和练习者都需要向国旗致敬。另外，在交流和合作之前及结束之后，练习者也需要互相敬礼。这无疑有助于提升练习者的爱国情怀，同时也增强了练习者之间团结协作和尊重他人的意识。未曾学艺先学礼，未曾习武先习德。武德精神在跆拳道的整个教学过程中都有所体现，将这种精神与社会层面的行为准则联系起来，能够让练习者了解学习的目的，养成尊敬教练、重视教育、仁义守信和坚守正义的道德行为习惯。

（二）动作规范、突出教学目标

无论是教练还是练习者，在教学过程中都需要养成一种严谨认真、实事求

是的作风。在学习过程中，练习者需要重视动作的标准化，遵循动作的执行路径、技术要点和发力特性等，努力确保动作的规范性、路径的明确性和发力的准确性。在教学过程中，教练应不断地帮助练习者改正完善动作。为了完全掌握动作要领，练习者需要对学习投入极大的热情，如果形成了错误的动作模式，改正它就变得非常困难，从而妨碍下一阶段的学习进程。此外，在教学过程中，我们需要从一个具体的点扩展到更广泛的领域，尤其是在入门阶段，我们必须明确教学的核心和难点，有针对性地引导练习者扩大思考范围，在追求卓越的动作表现的同时，避免急功近利。在进行跆拳道的对战技术训练时，必须强调"训练要以比赛为导向"这一核心理念，并在训练过程中练习关键技术，确保不偏离比赛的实际需求。

（三）突出重点技术、强调团结合作精神

所谓的突出重点技术，意味着我们需要掌握竞技比赛的最新趋势，对可行性强且得分效果好的技术进行重点归纳，并围绕这些重点技术进行有组织的训练实践，以提升个人的竞技表现。跆拳道是一项需要两人共同参与的竞技项目，在训练过程中，合作练习是一种不可或缺的、关键的训练方法。双人合作训练的方式有很多种，包括攻防练习、靶子练习、招式练习和对战练习等。为了有效地向练习者教授这些技术，参与练习的两个人必须展现出积极的合作态度与伟大的团结精神，在这种条件下，教学和训练的目标才能够更容易实现，从而显著提升练习者的竞技表现。

（四）循序渐进、因材施教

跆拳道的教学过程具有综合性的特点，在这个过程中，所有动作的细节都必须按照运动能力的内在发展规律来执行，坚持循序渐进的教学原则。在实际教学中，应从各个动作的手型、步型、腿法和步法等基础出发，首先要掌握相关技术，其次深入学习战术。教学应按照从易到难、从简到繁的顺序开展，强调对跆拳道动作的直观感受、系统学习和科学理解，绝不能忽视主要的基础知识而盲目追求细枝末节。另外，练习者在学习时会有一定的个体差异，教练应注意这一现象，根据教练的实际情况采用相应的教学方法，活跃教练的思维，针对他们的特点因材施教，发展个人技术专长。

（五）理论与实践相结合

理论联系实际是人类进行认识和学习时应遵循的一个重要原则，也是在教学

中应遵循的一般规律。跆拳道的教学也要遵循理论与实践相结合的原则，教练在讲解示范时要生动地联系实战或比赛，进行有针对性的启发和诱导，培养练习者应有的实战意识。

（六）以练习者为主体

在跆拳道教学过程中，练习者始终是学习的主体，教练的一切活动应根据练习者主体的需要和特点来安排，练习者应在教练的指导下积极主动地参与教学活动，充分发挥练习者的自主性、主动性和创造性。以练习者为学习的主体符合现代教育改革的需要，符合素质教育的发展需求，是跆拳道教学客观规律的反映。

众所周知，跆拳道的教学过程不仅仅包含体能、技能教育，更包含情感、人文教育。教学中，我们应体现出练习者的主体地位，从练习者的心理特点和实际需要出发，精心设计跆拳道教学目标和教学过程，采取不同的教学措施，为每个练习者的创新提供成功的机会，帮助每一个练习者获得成功的体验，确保每一位练习者受益。

跆拳道的教学需要练习者对技战术动作进行学习、吸收和消化，然后通过他们的训练、比赛展现出来。练习者对技战术的理解与运用能力，是其最终能否在赛场充分发挥及确保实效性的关键性因素。因此，对于跆拳道教学来说，练习者的主体位置显而易见地成了重中之重。以练习者为主体的教学要求如下。

1. 练习者要以明确的学习目标来激励自身主体意识不断增强

练习者是学习的承担者，是保障其主体地位的决定者。练习者为了能使自己在教学活动中充分发挥主体作用，把自己置于主体地位，首先应明确跆拳道学习的目的，才能真正增强自己的主体意识。其次，要正确认识自己在跆拳道学习中的作用，必须认识到跆拳道的教学是一个由外及内，再由内及外的过程。最后，要善于自我激励学习动机。只有拥有强烈学习动机的人，才有强大的学习动力，从而主动地投入跆拳道的教学训练。

2. 教练要以正确的教学理念促进练习者主体地位的体现

为了确保练习者在教学过程中的主体地位，教练应当持续转变个人的跆拳道教学理念，以最大限度发挥练习者的主体作用、激发练习者的学习热情。具体表现为四个方面。一是改变教练的个人定位，转变传统的被动学习方式，摒弃没有实际意义的机械化训练模式，转而开创一个以练习者自主探究学习为导向的全新模式，将消极接受的学习模式转变为更加积极主动的学习方式。二是树立以学习为目的的核心教学理念。以往的教学理念是以教学为目的，核心是“教”，研究重点是“教法”，关注重点是“教练的成就感”，练习者的学习过程是“苦学”“要我学”，实现了“授人以鱼”；现在的教学理念是以学习为目的，核心是“学”，研究重点是“学法”，关注重点是“练习者的成就感”，练习者的学习过程是“乐学”“我要学”，实现了“授人以渔”，教练的能力水平达到了新高度。三是让练习者对跆拳道学习产生浓厚的兴趣，从而促进他们的学习动力增强、学习积极性提高。四是在跆拳道教学中，教练要承认练习者的个体差异，重视练习者个性的发展。教练需要根据练习者的实际情况，因材施教，只有考虑到个体的差异，才能使教学效果最大化。

（七）坚持身心全面发展

在体育教学中，教学的重点不仅仅指向练习者的身体，更指向练习者的心理。它是由人体整体联系性所决定的，源于生物进化论关于“用进废退”原理，是跆拳道教学的要求。

从身心发展上来说，跆拳道一方面在锻炼意志品质和防身健体上有很大作用；另一方面，跆拳道具有很强的竞技性、对抗十分激烈，在比赛中，练习者既需要展现出他们的力量和勇气，又需要灵活运用智慧和各种技巧。在跆拳道比赛的观赛过程中，观众能够感受到技术内在的艺术之美。此外，观看跆拳道比赛还能点燃观众内心的热情，鼓舞人们追求进步和成功的决心。

跆拳道的内核在于不仅注重对人的外部身体素质的训练，还注重对人的内部心智的修炼。这一内核体现为引导练习者将自身的物质和精神融为一体，共同修行。在跆拳道的日常练习和比赛过程中，动作仅仅是表现形式，所传递的是背后的精神和理念等文化，这是练习者对跆拳道的个人认知水平的反映。在动作的日常练习中，需要协调内外两种力量，通过意念加以引导，通过气势加以推动，使动作更具冲击力。因此，坚持身心全面发展的教学要求如下。

1. 跆拳道教学注意合理选择和搭配训练内容

跆拳道项目的不同训练内容对人体的影响不同。练习者在学习时要注意学习的全面性，避免单从兴趣出发，自己喜欢什么就只学（练）什么，形成单向发展。例如，在进行准备活动和整理活动时，可搭配一些活动不足部位的专门练习；再如，按季节变化，交叉采用对应身体发展的项目，使身体各部位、器官系统得到周期性锻炼。另外，注意竞技与品势的结合。

2. 既要使身体全面发展，又要使教育、教养全面发展

严格遵守礼仪，实施精神层面教育和行为规范教育，这一点对于跆拳道运动来说是必不可少的。这样做既传播了跆拳道运动的精神理念，又加深了练习者从内心深处对跆拳道运动的崇尚和尊重之意。跆拳道是一项以对抗为主要形式的运动项目，在日常训练与比赛实战中，不论双方的对抗多么激烈，运动本身终究是一种文化的承载物，展现了博大精深的跆拳道文化。跆拳道的对抗形式旨在塑造人的品格、提升个人修养。通过锻炼身体技能，练习者能够提升运动水平，进而实现强化意志品质的目标。

3. 跆拳道教学需要内外结合

从外部看，跆拳道是由外部肌肉活动组成的，而实际上它是由身体各组织器官和系统相互配合共同完成的。跆拳道是一项激烈对抗的运动，经常练习有助于练习者提高身体素质，如力量、速度、敏捷、耐力及柔韧性等方面。此外，跆拳道还能够使器官的功能增强，尤其是对神经系统有显著的积极影响。在攻击和防御的训练过程中，练习者可以学习并运用一些技术技巧，灵活应对，保护自己。高强度的训练要求练习者不仅要具备较好的身体素质，还要有坚定的意志和永不放弃的精神。基于以上内容，练习跆拳道的过程也是磨炼人的意志的过程。

在跆拳道运动训练中，不仅要注意练习动作的准确优美，还要注意体内组织器官和系统的反应，一旦发现问题，应及时加以调整。

4. 教学训练要实现"形神一致"

"形"指身体、动作，"神"指精神、心理。所谓"形神一致"，要求练习者在锻炼中要意念专注、精神集中，使思想与动作紧密配合，如品势练习时要求"意动身随""劲力包蓄于内，而不露于形表"。这样不但可以提高身体的锻炼效果，而且能促进心理素质的完善与发展。另外，也可根据自己的身心特点，有针对性地选择品势、竞技。如为克服孤独感，可选择一些集体跆拳道的舞蹈活动项目；要培养自制力，可以选择一些要遵守比赛规则的集体竞赛项目。

（八）以技能教学为主

能力是指人在顺利完成某一活动时所表现的身心统一、协调配合的才能。心理学研究表明，能力是掌握知识、技术与技能的必要前提，而且是影响一个人活动效果的基本因素。以技能教学为主是指在体育学习过程中，由于体育学科的特点，练习者一般是以身体活动为手段来掌握体育运动技能，并在此过程中进行体

育能力的培养。跆拳道的技能由技术、战术、心能、智能组成。它是由体育运动的本质特点、跆拳道教学内容及教学目标所决定的。因此，以技能教学为主的教学要求如下。

1. 协调竞技能力各要素之间的关系

跆拳道的竞技能力各要素（技术、战术、心能、智能）之间有着密不可分的联系，应注意培养练习者各项要素的能力，并在理论上和实践中对其进行专题性的讲解和训练。

2. 掌握动作技能应注意循序渐进

跆拳道的练习需要注意循序渐进，从基础的步法、腿法、拳法开始，一直到单个技术的连接、组合技术的连接、实战的准备等，都需要长时间的训练而达到渐进的目的。因此，跆拳道需要练习者从基础做起，循序渐进，才能达到练习的目的。

3. 跆拳道教学中要注意合理安排运动负荷

跆拳道的运动负荷，是指在跆拳道练习时所承受的生理负荷。运动负荷包括运动量和运动强度两个方面。在锻炼时，只有保持适宜的运动负荷，才能取得较好的效果。运动负荷过小，达不到锻炼的目的；运动负荷过大，又超出了人的身心所能承受的限度，对身心健康和教学任务的完成都十分不利。因此，练习者要学会合理地安排和调节运动负荷。

4. 明确跆拳道的学习目的，防止过分追求竞技结果

竞技跆拳道是一项以体育竞赛为主要特征，以创造优异运动成绩、夺取比赛胜利为主要目标的社会体育活动。未来中国竞技体育的可持续发展是建立在竞技体育本质基础上的价值选择。跆拳道的主要功能是强身健体、锻炼意志品质。因此，在跆拳道教学中，如果过分追求竞技化，就会淡化体育本身的目的和要求，使体育的功能产生偏差。

（九）兴趣先导、实践强化

在跆拳道教学过程中，首先要着力培养练习者的学习与训练兴趣，只要练习者产生了兴趣，这种驱动力就会成为练习者学习的动力源泉，然后在教学实践中有意进行强化，使这种动力保持终身，这样学习训练便得以顺利进行。否则，在学习训练中会产生许多“身顺而心违”的现象。因此，兴趣先导、实践强化的教学要求如下。

1．了解练习者的兴趣和特点，合理安排教学任务

跆拳道的教学内容丰富多彩，针对不同练习者的兴趣和特点，可以安排不同的教学训练任务，激发练习者对跆拳道产生浓厚的学习兴趣和潜能。兴趣对一个人的个性形成和发展有着巨大的作用。兴趣不但使练习者在学习跆拳道的过程中为未来的训练和比赛做好准备，而且为正在进行的训练起推动作用。与此同时，兴趣还能够对练习者的创造性思维的培育起促进作用。

2．激发练习者兴趣，引导练习者方向

激发出练习者对跆拳道的学习兴趣，并引导练习者树立正确的价值观。在跆拳道教学中，应时刻谨记“以礼始，以礼终”，强调练习者要重视武德，注重对自身的修炼，领会跆拳道“礼义廉耻、忍耐克己、百折不屈”的精神。

3．避免练习者单从兴趣出发而忽视全面发展

练习者对自身未来的发展方向并不明确，极易受到自身兴趣的影响。练习者往往会对自身优势项目或自身感兴趣的项目表现得特别的偏爱，从而淡化了其他项目的学习。例如，学习实战的练习者往往品势能力不佳，而品势练得好的练习者往往实战能力并不突出。因此，如何取长补短，需要教练的引导，也需要练习者自身的重视。

（十）培养终身体育的意识

在教学训练过程中，练习者要注意培养自己终身体育的意识，养成终身进行体育锻炼的习惯。教练在教学时应时刻注意渗透终身体育思想，以此来指导教学训练。培养练习者终身体育的意识，是人体自身发展和现代社会发展的需要。因此，培养终身体育意识的教学要求如下。

1．养成终身学习的良好习惯

跆拳道的学习是一生的修炼过程，针对身体发展的不同阶段，练习者需要采取不同的侧重和变化，养成终身学习的良好习惯。教练要教会练习者学习跆拳道的方法；培养练习者对跆拳道知识、技术、技能的认识；培养练习者自我学习、自我锻炼、自我评价的能力，以适应和协调不断变化的情况，取得预期的练习效果。此外，练习者应了解自我、认识自我，从自身的实际出发，取长补短，有针对性地进行学习和锻炼。

2．培养自我体育意识

自我体育意识是在反复实践中形成的。在反复不间断的实践中，练习者能够

加深对跆拳道的情感体验，不断提高跆拳道的技能水平和修为境界，使研习跆拳道成为自觉主动的行为。

（十一）追求全面效益

追求全面效益是指在教学评价中要根据教学目标、教学过程和练习者的生理、心理、技能、智力因素发展水平，以及非智力因素发展等多方面进行全面评价。作为一项体育运动，跆拳道不仅能够呈现一个练习者的竞技水平，还能够全面地展示练习者的生理、心理、智力的发展状况，这是由跆拳道教学过程的教育性及跆拳道的规律性决定的。因此，追求全面效益的教学要求如下。

1．科学客观地评价练习者在跆拳道活动中的表现

跆拳道教学评价应当具备客观性，不应受到评价者个体的主观层面影响。因此，在评价过程中，要使用科学的方法和合理的标准，评价者的态度应中立，最后得出的结果也应准确。教学评价旨在为跆拳道练习者和教练提供有参考价值的行为标准，客观性不足，就无法实现这一目标，甚至使跆拳道的教学设计方向有所偏移。

2．跆拳道教学评价要与练习者的自我实际相结合

在进行教学评价的时候，要与练习者进行沟通与交流。评价与总结应联系实际，要把评价和指导结合起来，要对评价的结果进行认真分析，从不同的角度找出因果关系，确认产生的原因，并通过及时而具体的启发性的信息反馈，使练习者明确今后的努力方向。

3．定性评价和定量评价相结合

跆拳道教学评价应该是公正、客观的全面性评价。因此，为了真实反映教学效果，必须把定性评价和定量评价相结合，相互参照，以求全面、准确地判断、评价练习者及教学训练的实际效果。同时，还要把握主次，区分轻重，抓住主要矛盾，找出决定教学质量的主要因素，以期进一步提高、完善未来的教学训练质量。

二、跆拳道教学的注意事项

跆拳道是一项直接身体接触的对抗运动，它在锻炼身体、提高素质的同时，也培养了练习者的勇敢精神与合作意识。在进行跆拳道教学时，教练需要特别注意以下几个方面，以确保教学的顺利进行，同时最大限度地降低运动损伤的风险。

（一）充分准备，确保安全

在上课前，教练要做好充分的准备活动，包括检查练习者的护具和器材，确保其符合安全标准。此外，教练还需要严肃课堂纪律，让练习者明确认识到跆拳道练习的安全重要性，从而提高练习者的自我保护意识。

（二）明确教学目标，注重实践方法

在教学过程中，教练需要明确练习的方法、目的、要求及安全事项，使练习者充分了解每一步的操作要领。在实战环节，教练要充分考虑练习者的体能和技术水平差异，合理分组，避免发生强凌弱的现象。

（三）因材施教，个性化指导

针对练习者的个体差异，教练要采取个性化教学策略，针对性地进行技术指导。对于技术水平较低的练习者，教练要耐心指导，鼓励他们多加练习，不断提高；对于技术水平较高的练习者，教练要提出更高的要求，促使他们不断挑战自我、追求卓越。

（四）注重团队合作，培养集体意识

跆拳道运动强调团队合作，教练要在教学中注重培养练习者的集体意识。通过组织练习者进行分组练习、竞技比赛等活动，让练习者在互相切磋中增进友谊，培养团结协作的精神。

（五）关注练习者的心理健康，使其全面发展

跆拳道教学不仅要提高练习者的身体素质，还要关注他们的心理健康。教练要在教学中关注练习者的情绪变化，引导他们正确面对挫折和困难，培养积极向上的心态。同时，鼓励练习者参加各类比赛，提高他们的竞技水平，促进全面发展。

总之，在跆拳道教学中，教练要充分关注练习者的安全意识、技术能力和心理健康等方面，采取有效的教学策略，为练习者营造一个良好的学习氛围，使他们能够在快乐中学习，健康成长。

第二节 跆拳道教学的阶段划分、要求与步骤

根据跆拳道的学习特点和运动技能形式的生理学规律，跆拳道教学大致可划分为三个阶段。

一、跆拳道教学的阶段划分

（一）初型概念阶段

初型概念阶段也称泛化阶段。在这一阶段，练习者的大脑皮质兴奋过程广泛扩散，动作表象比较模糊，以视觉表象为主，肌肉的本体感觉只是处于感觉的边缘，动作的控制和调节易受内外因素的干扰。尚未形成完整的动力定型，学习中较易出现动作紧张、不协调和错误动作，因此，教练在教学中尤其要注意强调细节，讲解示范要简练，突出重点，从不同角度让练习者在学习时对动作的各个环节有一个清楚的认识。这一阶段的学习目标是学习基本理论知识、基本功、基本技术动作。此时应加强基本功训练，掌握理论知识、动作原理，特别是掌握准确的基本动作，它是决定击打的力量、速度及攻防转换等制胜对手的重要因素。

（二）培养攻防意识和战术意识阶段

培养攻防意识和战术意识阶段也称提高阶段或分化阶段。在这一阶段，练习者的大脑皮质的兴奋与抑制过程开始分化，兴奋相对集中，内抑制逐步发展巩固。一些错误的动作得到了纠正，能够正确地完成基本动作。此时，为提升竞技水平，应先熟练和规范基础性动作，提高各项身体素质，灵活运用各种动作技巧并进行组合，借助长期的进攻、防御和回击训练培养攻防意识，如此才能打好迈向更高水平的基础。此外，需要重视培养练习者的战术意识，这是衡量练习者水平高低的关键指标。练习者要想有力地提升跆拳道的个人竞技水平，就必须在实际训练中养成战术意识。

（三）提高个人技术特长、形成个人技术打法阶段

提高个人技术特长、形成技术打法阶段也称巩固阶段或熟练阶段。通过前两个阶段的学习，练习者已经建立的条件反射不断得到巩固，形成了良好的动力定型，此时大脑皮质的兴奋和抑制在时间和空间上更加集中和精确，内抑制非常牢

固，练习者的个人技术、战术水平有所提高，抗干扰能力有所加强，技术动作达到了高度的自动化，形成了个人的技术特色。这时，教练应因材施教，培养个人的技术“绝招”；在全面提高掌握攻防技术的前提下，形成个人技术特长，不断提高专项素质、增强打击力量。另外，值得注意的是对已经形成的动作要提高难度继续强化巩固，加深练习者的理性认识，对动作的细节要精益求精，从而逐步走向成熟。

二、跆拳道教学阶段的要求

（一）夯实基础

跆拳道教学与训练是一个既复杂又系统的过程，在这个过程中首要的一条就是练好专项素质和基本功。为此，初级阶段的训练应以提升专项素质和各项基本功的熟练程度为目标。力量、速度、灵敏、协调和柔韧等各方面素质被归为专项素质，站姿、步法和攻防技术等基本技能被归为基本功。在进行专项身体素质训练前，必须先加强基础身体素质的培养，其中包括跑步、跳跃、体力增强等方面的训练。以练好基础身体素质为前提条件，接受跆拳道技能等基本功训练，只有在具有一定的身体素质条件和学习基础性动作技巧之后，身体专项素质才能进一步增强。

（二）熟练掌握攻防技术

一旦学习了跆拳道的基本技术，接下来的重点应该是熟练掌握这些动作，并开始学习由基本技术向攻击技术和防守技术转变。练习者要对跆拳道实际对战所需的技术动作和战术意识进行总结性学习，从难度较低的单向技术训练向多种技巧结合的攻击、防守技术训练发展，培养独特的技术风格。在动作的学习和训练过程中，要以一般规律为切入点，深入地学习存在依据，以及攻击和防守的内涵，并尝试从理论层面掌握技术动作搭配组合的要点。此外，练习者需要弥补自身的不足，有所侧重地进行训练，如体力不足的人需要规划个人力量方面的定时定量训练；动作不标准的人需要不停地改正动作使其更加规范，为下一阶段的个人技术学习和双人对战做准备。

（三）加强实战，巩固提升

跆拳道运动是双方斗智、较技的对抗性项目，目的是击败对手、取得比赛胜利。因此，练习的效果与水平都要通过实战来检验。高水平的跆拳道训练，应当以实战需要为标尺，实战的原则要先从本队与自己水平相近的队友进行交手，以克服自己的胆怯心理。在实战中，练习者可以通过自己的感觉及教练的提示来发现问题，改进关键技术环节，使之合理、有效、实用。通过实战，练习者应不断地总结经验教训，不断地完善自己，提高技术水平。另外，练习者还要善于总结和发现，针对自己的特点形成个人的技术风格，也就是所谓的“绝招”。

三、跆拳道教学的步骤

（一）初步了解，学会动作

练习者学习跆拳道时首先要在了解技术的基础上初步学会动作，对动作要素（如动作的运行路线、发力顺序、击打力点及速度、力量、距离）有一个概括性的感性认识。此时，练习者对技术动作的条件反射刚刚建立，稳定性差，易受外界干扰而变形。因此，教练在教学中不应过分强调练习者练习时的技术动作细节，但一定要抓住动作的关键技术，采用示范讲解和分解教学的方法，帮助练习者对技术动作的规范性与准确性有进一步的了解和体会。

（二）掌握方法与技巧

练习者在初步了解和掌握技术动作之后，教练就应强调和引导练习者认真体会技术动作的要领及用力技巧，同时尽量消除其动作练习中的多余动作，帮助练习者不断改进动作细节，并尽量减少和消除动作起动的先兆，使动作练习完成得更加规范、协调、完整、连贯。此外，还应通过反复地强化练习，增强练习者的格斗攻防意识，使动作的条件反射更加稳固。

（三）组合动作

在初步建立技术动作规范正确的动力定型之后，为了进一步强化和巩固技战术动作，提高练习者技战术动作的运用能力，就必须有针对性地进行配对的组合练习。所谓组合练习就是将不同的技战术动作，根据不同的需要，有针对性地有机结合成各种类型的技战术串联组合，以多种练习形式为手段的训练方法。组合练习要根据不同的教学阶段、教学目的和教学任务，提出不同的要求，从单个动作到两个动作组合、到多个动作组合；从单一战术到复合战术，以及各动作要素之间的相互关系，都必须仔细考量，缜密斟酌，在练习者的现实技术能力和水平上保持一定的限度，循序渐进，逐步深入。只有所有的训练要求与条件符合练习者的实际情况，才能使练习达到最佳的教学效果。

（四）条件实战

随着训练不断深入，在经过一段时间的练习、练习者对动作技术有了更为深刻的理解和掌握之后，可在一定条件限制下进行实战练习。在一定条件限制下进行实战练习时，一定要根据练习者的实际情况和练习目的选择相应的练习内容。在不同的条件限制下，加深练习者对不同技术、战术、时机、距离等一切与比赛实战有关因素的纵深理解，提高技战术的临场运用能力，同时培养练习者的空间感、距离感和对时机的把握能力，特别是跆拳道比赛实战中的预判能力、反应能力和应变能力。在一定条件限制下进行卓有成效的实战训练是保证成功过渡到实战训练的基础和前提。

（五）实战

所有的技战术练习都是为比赛实战服务的，其训练的实际效果如何，最终总要接受实战的检验。因此，实战是跆拳道所有练习步骤的最后一步，同时也是技术学习的最高阶段。只有通过实战才能检验练习者的技战术能力与水平是否能够满足比赛的需求。同样，从实战训练的反馈中，教练可以知道动作质量和教学效果是否达到预期的目的，以及教学方法与手段是否符合练习者的实际情况。

教练要善于从实战中发现练习者技战术动作，特别是技战术运用能力存在的不足，依据实战的反馈信息，有针对性地帮助练习者分析、总结，找出自己存在的问题和解决问题的方法，不断提高自己的实战能力。

第三节　跆拳道品势教学训练

一、跆拳道品势概述

（一）品势的定义、种类和特点

1. 品势的定义

品势是练习跆拳道的一种形式，与中国武术中的套路有一定的相似之处。品势是在一定条件下进行的攻防假设性练习，对于练习者有着明确的要求，不仅要熟练地掌握各种技术动作与技巧，还要学会以意设敌，确保可以在比赛中正确地运用。练习品势是学习跆拳道的必经之路。一种品势可由 20～30 个技术动作组成，具体动作可按修炼者的实力与级别来安排。

品势就是品（样式）与势（气势）。从品势的定义来看，品势不仅要有外形动作，还要表现出动作的气势，不能只体现外形的完美，更要体现出内在的气势，将外在与内在完美地结合在一起。

品势练习可以使练习者正确地掌握相关技术的使用，提升练习者的柔韧性、速度等，增强练习者的身体素质，帮助其树立自信心。

2．品势的种类

品势可按其内容分为公认品势和创作品势。

公认品势是由韩国国技院（韩国跆拳道的最高机构）指定的，是在跆拳道练习过程中必须练习的品势。大家练习的太极八章就是公认品势。公认品势是品级审查时的考试内容。

创作品势，顾名思义就是指根据练习者的想法创作、改编的品势。不难发现，每年各种各样的跆拳道比赛中，创作品势都占有很大的比重，具有一定的人气。跆拳道操、跆拳道舞都是在品势的基本形态上改编而成的，通过自由的动作组合与轻快、活泼的节奏获得观众的喜爱与支持。品势的形成是有一定规律的，要遵循基本原则，符合相关规律。品势形成的基本原则如下。

第一，品势要根据练习者的实力级别来确定。

第二，不同的品势有不同的进行线。例如，太极的进行线是“王”字，高丽则是“士”字。

第三，每个品势都有确定的动作与品数。动作是指基本动作数，品数是指若干个连续动作组合成一个组，通俗地讲就是指站立、攻击、防御动作协调地进行，直到停止。举例说明，太极三章的第一个品势是前踢加两次正拳攻击，前踢与两次正拳攻击是三个动作数，但是指一个品。

3．品势的特点

（1）防御开始，攻击结束

跆拳道所有的品势都是从防御开始的。预想对手的攻击来路，之后进行相应的防御与反攻，每个品势的结束动作都是攻击。也就是说，品势具有防御开始、攻击结束的特点。

跆拳道的品势旨在让练习者在攻击技术和防守技术的实践中达到身体协调和平衡，在太极一章至八章均有所体现。太极一章是由左侧的下段防御和右手正拳攻击展开的，而太极二章则是由右侧的下段防御和左手正拳攻击展开的。这两章都以中线为轴展开，并呈现出左右两侧动作对称的形态。每一章动作完毕又会返回至起始位置。动作完毕往往伴随着一次发声，但也有例外，如太极六章、八章和高丽、金刚等品势是在动作进行期间发声。

跆拳道品势的动作通常并不复杂，因为它是将各种动作进行简化并排列组合从而形成一套品势动作。随着品势的发展，其动作的进攻意图减弱，艺术表演效果显著增强。基于此，品势动作要规范，招式要明确，过程要流畅，给人自然而然的感觉。所有的品势动作都以中线为轴左右对称。跆拳道的品势动作强调细节，要求出招时要有收回的势头，收招时要有出击的势头，出击与收回难以分辨，让对手无法有效地进行防御。

无论是品势演练还是实战比赛，都强调要展现个人气势，这也是发声的作用所在。铿锵有力的声音不仅能够彰显个人实力，还能增强信心和气场。跆拳道品势动作的一起一伏都要注意呼吸的频率，应根据需要进行调整，并且不应过分地强调吸气和呼气。在动作衔接时，需要注意刚强的和柔和的互相配合、意蕴始终相连。

（2）归还原位，礼始礼终

准备势开始，准备势结束，是跆拳道品势中的规定，也是自然界规律的体现。归还原位，礼始礼终，体现出了跆拳道运动的精神境界。

在跆拳道中，对礼节的培养是一直贯穿训练全过程的。跆拳道这项运动既注重技术能力的训练，又重视个人品德的养成。通过各方面训练，练习者的行为合乎礼的规范，表现得恭敬谦逊、礼貌善良，并且形成了从彼此身上学习的良好习惯，树立了坚定的信念。

（二）品势训练的要求

在品势训练的过程中，需要符合以下要求。

①起始动作和结束动作是跆拳道品势必备的。

②必须遵循品势规定的姿势及方向展开训练活动，确保练习方法正确、动作标准规范、注意力高度集中。

③熟知每种动作的速度差异和变化规律。

④要在动作转换时保持身体重心不变，达到一个平衡的状态。

⑤掌握所有动作的意图，并在训练过程中想象有一个敌人，以此增强训练效果。

⑥进行不间断的品势训练，主要开展对一章品势的训练，并在熟练后开展对新一章品势的训练，逐步推进。

跆拳道有许多不同的品势，其中“太极”是基础品势。太极品势基于宇宙万物发展变化的普遍规律而形成，以阴阳线和八卦线为路线基础，攻守之间、进退之间的动作变化，都是以太极的思想理论为基础。

（三）品势训练的形式与构成要素

1. 形式

练习初期，练习者要注意学习新品势的形式和要素，其基础就是掌握特定品势中各个动作的顺序，而每一个动作都由姿势和格挡、击打或踢腿组成。在尝试学习一套完整的品势之前，练习者要了解和掌握如何完成每一项基本技术。

每一套品势都从准备姿势开始，大部分品势将开始和结束动作设计于同一地点，因此能否在起始地点结束动作，取决于能否控制好自己的步法动作。

2. 构成要素

熟悉品势中的所有动作之后，练习者需要关注的重要因素就是对时间的控制和动作的转换，进而细化动作。对时间的控制指的是移动的节奏，良好的节奏原则上是在两个动作之间保持 1 秒钟。动作的转换指的是方向上的平滑过渡。笨拙的、不平滑的转换会使品势演练变得零乱或条理不清，为了做到转换平滑，在学习新姿势时要练习使用滑步而不是上步。

良好品势的另外一个重要因素是专注、有力、准确地击打目标。品势中的每一次击打都指向对手身上一个特定的关键部位，如腹股沟等。因此，练习者在练习品势时，意识中要有这些目标，在自由地进行技术练习时，身体要放松并快速施展技术。在演练品势时，则要考虑对呼吸的控制。每当击打、格挡或踢打时都要呼气，在向对手的关键部位踢腿或冲拳时，要以它作为参照点来注意保护自身的各个部位。练习品势时，要注意每一个基本要素的顺序，如要注意平衡和力量。

品势练习不仅有助于练习者提高自卫防身能力，还有助于增强自信心，培养一种健康的精神状态。品势的设计要求经常变换方向——这并非为了追求华丽和表演技巧，而是模拟多个攻击者从各个角度的进攻状态。通过不间断地重复练习，并且全力以赴，有助于练习者发展心血管耐力。如果动作正确且态度端正，那么品势练习便是练习跆拳道的最好的训练手段。

（四）品势训练的意义

跆拳道品势训练没有对手，因此是一项非常安全的体育活动。品势训练也具有实际应用意义，不断地重复进攻和防守动作，能帮助练习者提高面对面的格斗能力，从而在紧急情况下保护自己不受侵害。品势训练能帮助练习者活动身体和四肢，有助于保持心理和生理的健康。跆拳道品势训练对全身各系统的保健养生作用如下。

1．保护心脏血管

跆拳道品势动作缓急相间，时而高雅悠闲，时而动如脱兔，既可以调节心跳速度，又可以改变呼吸节奏。

跆拳道品势，特别是自创的类似太极的跆拳道品势，轻灵松软，可以使肌肉呈现自然放松状态，心跳不会忽快忽慢，能让血管的通畅性更好，还能调节血压。因此，跆拳道品势是非常适合心脏病患者的治疗性运动。

2．保健呼吸系统

为了从气势上压倒对手，跆拳道品势在攻击时会大声喊“呀”，这可以平均分配胸内的血压、气压，有效排出肺内的浊气。长期训练可增强肺功能；大声喊叫还可以使下腹的肌肉绷紧，使身体的重要器官不受伤害。

另外，跆拳道品势秉承太极精神，讲究以柔克刚，所以呼吸强调细、慢、深、长，这样有助于训练横膈肌，可以治疗慢性阻塞性肺疾，增强人体的呼吸能力，提高人体对疲乏的耐受力。

3．保健骨骼肌肉系统

跆拳道品势强调全身协调运动，一动无有不动，对于骨骼肌肉有良好的保健功效。跆拳道的各项训练可以使女性的下腹、腰及大腿得到锻炼。此外，对于分娩后不久的女性而言，跆拳道品势可以使其腰部肌肉紧绷，改善腹部的下垂情况，锻炼臀部和大腿内侧的肌肉，重塑匀称的体形。

对于儿童来说，跆拳道品势的各种动作可以使身体的肌肉力量得到增强，提高肌腱、韧带、肌肉的弹性，从而增强体力和柔韧性。

4．增强心理适应性

跆拳道品势讲究动作敏捷突然，从容对付对手的进攻，能在突发、随意的险境中化险为夷。因此，跆拳道品势对神经系统反应能力的训练是很充分的，强调通过速度、灵活性的锻炼让大脑得到许多良好的刺激。

对于年纪较小的初学者来说，跆拳道品势训练有利于培养空间转换、形体感知、变换力向等右脑功能；再加上崇礼等精神的提倡，能培养坚韧不拔的作风，造就勇猛、敢打敢拼的素质，建立讲究礼仪、注重修养的完善人格。

对于女性而言，跆拳道品势训练能培养良好的审美观和充足的自信心，训练带来的强烈而持久的情感体验，能帮助女性拥有比别人更强大的自信心。

对于老年人而言，跆拳道品势通过调节人体重心的高低和支撑面的大小来加强身体的稳定性，让老年人的小脑得以有效地利用和恢复；通过变换脚的动作、两脚分开的角度来改变身体重心，改变支撑面积的大小，能帮助老年人在最短的时间内找到最稳定的姿势，降低因摔倒而导致受伤的可能性。

（五）跆拳道品势训练的注意事项

想要练好品势就要做到有实战的准备，每一个动作、每一个表情都要用心。为了实现预期效果，练习者要想象有攻击的对象，让自己时刻处于准备状态。如果将品势理解成简单的身体动作，不认真对待，就不能获得预期的效果；如果将品势想象成实际的格斗，就会使每个动作充满力量。

1. 熟悉基础动作

做任何事情，基础都是最重要的，品势也不例外，熟悉基础动作，掌握基本的技术是练好跆拳道的重要途径。如果连基础动作都不熟悉，那么就无法体现跆拳道品势的自信，动作会显得慌乱。

品势的各个技术动作之间讲究流畅、自然。每个品势都有预备动作与正式动作。练习者要区分好预备动作与正式动作。预备动作是指站立、移动等上肢动作，而正式动作是指踏步隔挡、攻击等。

2. 注意用力技巧

力量是所有体育运动及其技巧的基础。在跆拳道品势中，练习者需要依靠腰部的转动来发挥力量的作用。通过转动上半身再反方向转回来的方式，可以增强各段防御和腿法的威力。动作发力的要点在于转动身体过程中腰部不能弯曲。

3. 注意平衡

要注意的是，品势的动作是动态发展的，以适当的速度和正确的方向移动来完成。在这个过程中，保持身体平衡非常关键。如果身体前后倾斜或产生晃动就不能充分发挥力量。因此，保持好重心十分重要。

4. 注意节奏

跆拳道品势和其他体育运动一样需要掌握节奏感，动作的力量与速度需要以适当的节奏为基础。在连接预备动作和正式动作时，应该确保过渡流畅和顺利，同时要协调好上下肢的动作配合，保持稳定的节奏和均匀的速度。有研究结果表明，一个动作的完成需要差不多 1 秒钟的时间。

5. 视线平视

视线要平视，应该追随着假想敌的眼睛。挺胸、抬头、眼睛平视前方，不管出现什么样的情况，视线都不能够从对手身上离开，要注视着对手的眼睛做动作。品势虽然是自己的练习，但是要设想对手在自己的面前。

6. 调整呼吸

品势比赛中会消耗大量的体力，可以运用丹田呼吸法来调整呼吸、振作精神。有规则地呼吸有助于调整比赛节奏，顺利地完成动作。紧闭双唇的目的是不让对手听到自己的呼吸声。

7. 大声呐喊

跆拳道中出现喊声是正常的。喊声可以增强练习者的自信心，并震慑对手。每一种品势都必须发出至少一次的喊声。喊声一般在攻击时发出，要求声音洪亮、短暂。

8. 抓好体能训练

体能训练包含一般体能训练与专项体能训练。一般体能训练是专项体能训练的基础。在体能训练的过程中，教练要对练习者的身体素质有全面的了解，根据练习者的身体素质制订不同的训练计划，有针对性地开展，这样才可以确保训练的效果。

（1）一般体能训练

①一般耐力训练。一般耐力训练主要是帮助练习者恢复身体机能，提升心肺功能。跆拳道品势属于激烈的运动，在运动中身体的各个器官要满足运动的需求，练习者需要依靠良好的耐力完成相关动作。

②一般力量训练。力量素质是指人体神经肌肉系统在工作中克服阻力的能力。在品势练习与比赛中，不管是什么样的招数，都需要借助良好的爆发力才得以展现。因此，在日常生活中，练习者应加强对力量的训练，尤其是对爆发力的训练，实现肌肉在短时间内以最快的速度克服阻力。

③一般柔韧训练。柔韧素质可以分为一般性柔韧与专门性柔韧。这两种柔韧素质都可以通过后天的训练得到进一步的加强。一般性柔韧是指在进行一般训练的过程中，适应一般训练所应具备的柔韧素质。专门性柔韧建立在一般性柔韧的基础之上，柔韧性具有很少的选择性，身体的同一部分可以表现出不同的柔韧性，区别就在于幅度的大小不同。跆拳道品势是一项对腿部与髋部柔韧性要求极高的运动项目，增强这些部位的柔韧性有助于基本动作的完成，可以增强身体素质，减少运动损伤的出现。

（2）专项体能训练

①专项耐力训练。专项耐力训练是指提升练习者专项耐力的训练。在有关专项耐力的诸多定义中，出现了定义项包含被定义项的失误，没有对“专项耐力”的本质进行诠释。因此，我们重新对“专项耐力”进行定义：练习者进行某竞技运动时，机体抵抗疲劳并持续运动的能力，它受到肌体耐力、神经耐力和心理耐力三种因素的影响与制约。

品势比赛的时间都比较长，需要练习者保持良好的运动状态，进行耐力训练就是为了适应比赛的要求，避免出现运动损伤与身体不适的情况，有时还会安排超过正常比赛场次的训练。

②专项力量训练。人体的运动能力不可避免地会受到自身形态结构、心理因素及环境条件的限制。要想在比赛中取得优异的运动成绩，练习者就必须在生理机能、技术水平和心理素质等方面获得最大的发展。在探讨训练机理之前，首先要明确影响专项力量成绩的关键因素，在此基础上才能更好地探索合适而有效的训练方法。

体能训练水平的提升有助于提升跆拳道品势练习者的运动能力。教练应该根据现有的实际情况，将一般体能训练与专项体能训练相结合，根据练习者不同的体能，有针对性地设置体能训练方案，提升练习者的身体素质与专项能力。在跆拳道品势的训练中，体能训练是提高练习者运动水平和运动成绩的重要前提。

二、跆拳道品势教学

跆拳道品势内容丰富、形式多样，基本品势有基本一式、基本二式、太极的一至八章和八卦的一至八式；高段品势（黑带品势）有高丽、金刚、太白、平原、十进、地跆、天拳、汉水、一如。品势练习可以促进学生身体各部位的全面发展，达到强身健体、磨炼意志的目的，为将来的实战比赛打下良好的格斗对抗基础。

（一）跆拳道品势教学的基本特点

1．注重基本功的练习

跆拳道品势的基本功和基本动作一般包含手型、手法、步型、步法、腿法、拳法、肘法、脚法、跳跃等。它们形成了内容丰富、形式多样的品势套路。品势练习能有效提高练习者的力量、速度、灵敏、柔韧、平衡等身体素质，同时也能够培养练习者坚强的自信心、顽强的意志品质和健康的心理素质。

跆拳道的品势是学习跆拳道的方法之一。在安排教学内容时，教练要根据练习者的具体情况及教学任务，尽可能地做到系统化、多元化；遵循运动技能形成的规律，循序渐进，由简到繁，由易到难，要根据品势的内容和技术特点，在教学中不断强化基本功、基本动作的练习，使练习者更好地掌握正确的基本功和基本动作。扎实的基本功能增强各关节及韧带的柔韧性和灵活性、提高肌肉的控制能力和保持必要的弹性，这一点对提高动作质量、预防受伤及延长运动寿命有着十分重要的作用。同时，扎实的基本功能够使练习者在整套品势练习和比赛实战中熟练掌握、运用各种技术动作。因此，将基本功、基本动作的练习贯穿于品势教学的全过程，是品势教学在内容选择与安排上的特点之一。

2．以直观教学为主，注重动作规格

跆拳道品势内容繁多、动作复杂，但路线、方向的变化相对简单，多以直线转折为主，所有演示路线与中国的九宫八卦图类似。其外形要求全身协调配合，内重精神与意识、呼吸与劲力相统一，并伴有发声来振奋精神，以气催力。因此，在教学中，教练必须依据人类认识事物的规律来组织、实施教学。品势教学要注重动作规范，教练准确、连贯地示范，会给练习者留下非常深刻的第一印象，对建立正确的动力定型极其重要。品势不同，动作的规格要求也不同，所以教学重点也不一样。以单个动作为例，首先要强调该动作姿势的准确性；其次要强调该动作方法的正确性；最后是力度、速度及演示路线的准确性。

3．突出特点，抓住重点

攻防技击是跆拳道运动的显著特点，品势则是跆拳道运动在漫长的历史发展演变过程中对技击动作精华的浓缩。因此，在品势教学中，教练应紧紧抓住技击这个特点，对动作进行分析，逐个剖析动作的攻防含义和劲力的使用方法，强调动作的速度、力度及节奏，使练习者明确每个动作的作用及用法，加深对动作攻防技击内涵的理解。每一个品势和动作，都有其区别于其他品势和动作的技术特点，在演练中会表现出不同的风格与技巧，抓住其特点，将之作为重点来进行教学，能够使练习者清晰地认识动作的精髓而牢固地掌握它。

4. 内外合一，形神兼修

在品势教学中，提高演练技巧是其重要特点之一。品势的观赏价值较高，给人以刚劲有力的阳刚之美。通过品势演练，练习者能够展示出跆拳道深厚的文化内涵和礼仪礼节。内外合一，形神兼备，将其身心和谐之美通过演练来体现，需要练习者有扎实的基本技术和高超的演练技巧来支撑。因此，品势演练并不是单个动作的简单重复，而是外在动作的精细规范、劲力顺达、力点准确和内在精神、意识、气质的高度协调。内外合一、形神兼修，才能共同演绎出跆拳道所包含的全部文化内涵和价值。

（二）跆拳道品势教学的方法

教学方法是完成教学任务的手段与途径，科学地运用教学方法对于完成教学任务、提高练习者积极性和实现预期教学效果有着重要的意义。教学方法的运用要以教学任务、品势特点、练习者实际、教学条件等具体情况为依据。教练应努力以任务为导向，以方法为手段，选择可行性强的方式和工具，保证教学任务顺利完成。跆拳道的品势教学可以运用多种教学方法，包括直观教学法、完整与分解教学法、语言教学法、预防与纠正错误法、练习法、比赛法等。

1. 直观教学法

（1）动作示范

动作示范是跆拳道品势教学中基础性最强、使用率最高的方法。教练通过展示规范化动作，直观地帮助练习者了解动作的形态、构成、要点和技巧。动作示范既能够让练习者掌握正确的动作要领，又能够点燃他们练习的热情。以全方位、多角度地观察教练的规范化动作为目标，动作示范需要符合以下要求。

①示范的位置。在进行动作示范时，教练需保证每个练习者都能清晰地观察到正确的动作示范。示范需要在训练场地内部各角度进行反复展示，在教练位于场地正前方和练习者的横向队伍形成三角形的情况下，三角形的顶点即教练进行示范的位置；在教练位于中央，练习者呈圆形包围教练的情况下，圆形的圆心即教练进行示范的位置；在一般队列的情况下，前面位置的练习者应下蹲，这样便于后面的练习者观看示范。

②示范面的运用。适当运用示范面可以有效地加快练习者掌握动作要领的速

度。在示范时，需要以动作和身体的各个朝向为依据来选用各种示范面。通常有侧面展示、背面展示和借助镜子的镜面展示等。

③领做示范。在进行新动作的学习时，可以利用领做示范来进行指导。在领做示范时，教练要选择合适的示范位置，合理控制动作示范的速度，以确保练习者能够清晰地观察到教练的动作，从而更好地学习和掌握动作的路径、技巧和姿势。当运动方向发生变化时，示范位置也要进行相应改变。领做速度应由慢到快，待练习者逐渐熟练后，再过渡到正常领做速度。

④示范与讲解法相结合。在学习新动作时，较多采用示范结合讲解来进行。其目的在于使练习者在获得感知动作形象的同时，通过形象生动地讲解，来强化动作形象的效果。示范与讲解法相结合能够比较容易地使练习者通过示范动作了解动作的全部过程而直观地去模仿动作，同时也通过语言的讲解而让练习者进一步明确动作要领，体脑并用，提高教学效果。针对不同的练习者有不同的教法，水平较高的练习者以讲解为主，示范为辅；水平较低的练习者以示范为主，讲解为辅。

（2）多媒体课件教学

现代信息技术飞速发展，在某种意义上给我们的教学带来了一场革命，极大地丰富了教学的方法与手段。运用多媒体进行教学，对提高教学质量具有十分重大的促进作用。多媒体教学利用计算机等硬件设施操作和处理文本、图形图像、音视频等多种媒体的信息，并以单个独立、多种组合的形式将知识呈现给练习者。多媒体课件教学是当今时代教学的代表方法，能够帮助练习者掌握准确的动作形态，清楚地了解动作的构成、形成过程、要点及细节。尤其是对于跳踢和旋踢等复杂且高难度的动作，它不仅能够直观且具体地进行动作示范，还可根据需要自行控制动作速度，从而帮助练习者更加仔细地观察动作细节；此外，这种教学方法能够增强练习者对内容及动作技巧的认识。通过深入分析每一个动作的特性、发力、角度等方面，练习者能够更全面地掌握一套品势动作的训练方法。正确运用多媒体教学，可以使教学内容更充实，练习者的积极性更强，取得更好的教学成果。在未来的跆拳道教学训练领域中，多媒体教学的作用将通过各种方式得以发挥，它为跆拳道运动注入了科技元素，使其发展到新高度。

2. 完整与分解教学法

品势由单个动作和不同演练路线所组成，每个动作又因品势的不同而难度各异，因此品势教学常用完整教学法与分解教学法。

（1）完整教学法

完整教学法可以使练习者了解单个动作的全貌，形成完整的概念，是主要的教学法之一。完整教学法适用于难度不大、结构相对简单，路线相对单一动作的教学，对专业基础较好的练习者也可以采用完整教学法。完整教学法的缺点是对复杂且难度较大的动作进行教学时，练习者因难于掌握动作的细微环节而达不到教学的要求。

（2）分解教学法

分解教学法是将一个动作分解成若干个动作环节进行教学的方法。品势教学中经常运用分解教学法来加强练习者对动作细微环节的掌握，使之更好、更快地达到动作的要求。当动作的结构、方向、路线较复杂烦琐且节奏变化较多时，运用分解教学法会取得较好的教学结果。但是在运用分解教学法时，不宜将动作分解得支离破碎而影响动作的完整性，应尽快地过渡到完整的动作练习。

教学过程中应遵循完整—分解—再完整的原则，将分解与完整教学有机地结合起来，相互补充，使练习者既能尽快掌握动作细节，又能了解动作的全貌而学会单个动作直至全套品势。

3. 语言教学法

正确运用语言教学法，有助于练习者正确理解动作，快速掌握技术要领，培养练习者分析问题与解决问题的能力。正确地讲解、启发和提示，能够使练习者了解学习任务，端正学习态度，确保教学任务的完成。

（1）讲解

在语言教学法中，讲解是一种重要的形式。在进行讲解时，需要确保目标清晰，语言便于理解、简洁明了，同时也需要选择恰当的时间，以确保讲解的效果最大化。因为各种动作有各自的重点，讲解内容会有所差异。常见的讲解内容包括动作的规范、一般原则、易错点、要点及关键步骤，以及动作的深层意义和应用状况等。此外，还会解释动作的气势和发力等方面的技巧。

讲解方法一般采用以下几种。

①形象化讲解。将品势动作的形态比喻成身边常见的物体或景象，有利于提高练习者的兴趣，使练习者产生联想。

②术语化讲解。品势中的术语是指专业用语，具有简洁易懂的特点，常用术语进行课堂讲解既有利于规范要求，又可以减少讲解时间，把理论知识和实践活动结合起来。

③口诀化讲解。将品势的某个动作进行高度概括，采用口诀化的形式来讲解，

即将所要进行讲解的动作的语言总结成简明扼要、具有专业特点的词句，既有利于调动练习者的积极性、活跃课堂气氛，又能促使练习者尽快理解与掌握动作。

（2）口令

口令是组织练习者、指挥练习者的重要手段。在跆拳道品势教学中，每个品势的口令速度基本一样，但次数有所不同。根据练习方式及练习者熟练程度的不同，发出口令的轻重缓急也不同。如分解练习时，口令短促而有力；连贯练习时，口令柔和而缓慢。另外，也可以将动作规格要求带入口令中，启发和提示练习者应该注意的问题或动作的路线、方向、速度、劲力等。运用口令时，声音要洪亮、干脆利落，富有节奏感。

4.预防与纠正错误法

练习者在学习和掌握每个动作的过程中会出现各种错误，对此教练应及时发现错误并指出正确的动作要领，提出解决问题的方法。

由于练习者的水平不同，因接受能力与协调能力欠缺出现错误时，教练一般会采用分解动作，放慢示范速度、多次领做等方法进行纠正；练习者因身体能力差而不能完成动作时，教练应耐心地采用降低难度等方法，不能挫伤练习者的学习情绪；因练习者记忆能力较弱，品势动作和顺序出现错误时，教练应反复领做，反复示范、讲解动作内容，将动作前后相关联的动作特征提出来，着重讲解、示范，反复练习，强化记忆。教练在纠正错误动作时，要善于发现共性问题，一旦出现共性问题，要组织练习者共同讨论、分析问题的因果关系，找出解决问题的方法，借此来启发练习者思维，培养和提高练习者分析问题、解决问题的能力。

5.练习法

在跆拳道的品势教学中，练习者通过练习法能够更快且更准确地掌握动作要领。针对各套品势动作，教练应下达有所侧重的任务，安排具体的计划并采用恰当的练习方法。通过不断练习，教练会帮助练习者渐渐纠正不正确的动作，领会正确的技巧，加深对所学知识的理解程度，为动作和技术的规范化成型打下坚实基础。常用的练习法有以下几种。

（1）重复练习法

重复练习法是指在品势教学过程中，将单个动作、分段动作、整套动作重复练习的方法。在练习中练习目的要明确，不同的教学阶段、不同任务的难易程度及练习者的不同特点，都会对练习的次数、强度、密度及间歇时间提出不同的要求。在练习中，教练一旦发现错误动作，要及时予以纠正。

（2）变换练习法

变换练习法是指在变换条件的情况下进行练习的方法。所谓条件是指运动负荷、场地、环境及训练器械等。变换条件主要在于使练习更加符合练习者的实际情况及满足教学任务的需要。例如，因动作难度大而放慢动作速度与节奏；因练习者疲劳而降低运动负荷；因动作不到位而借助辅助练习来纠正、补充；因比赛需要而改变训练环境，营造比赛气氛等。

（3）综合练习法

综合练习法是指综合地运用某些练习法的特点而组成的练习方法。教练要根据教学任务的要求，科学合理地安排练习手段、练习数量与强度、组间间歇及练习程序。综合练习法的练习形式一般有个人练习、分组练习和集体练习。综合练习法能促使练习者正确掌握动作，提高练习者的练习兴趣和训练的质量与效果，并能使课堂形式多样而生动活泼。

6. 比赛法

根据教学的任务和要求，在不同阶段，教练应视情况制定出比赛的内容、要求及评分标准，通过教学比赛来加强练习者的心理训练，使练习者能够在紧张的情况下正确而顺畅地完成动作演练，全面均衡地发展练习者的身体机能水平，提高品势的演练水平和适应比赛的能力。比赛法采用的形式多种多样，既可以是个人间的一对一比赛、组与组间的对抗赛，也可以是不同年级、不同性别组成的代表队间的集体比赛。比赛可由教练评判，也可由练习者推选代表来评判，或者由两者相结合来评判。

（三）跆拳道品势教学的教学步骤

跆拳道品势约有二十多套，每个品势的动作、路线不同，所表达的意义也不同。所有动作都涵盖了多个方面的因素，如姿势和形态、方向和路径、发力的方式、节奏的变化及深层的精神和内涵等。在教学环节，教练要遵循跆拳道运动技术的原理和跆拳道品势的特性，一步步引导练习者理解并掌握动作要领。跆拳道品势教学的教学步骤如下。

第一步，让练习者熟悉动作路径和动作朝向的方位。借助教练的标准动作演示和简明指导，练习者可以了解各个动作的路径和方向。如果教练对于动作的姿势要求过于严格，就会引起练习者的逆反心理，并且无法将精神集中在对动作路径和方向的学习上，进而影响效率，使教学任务不能够顺利完成。

第二步，确保练习者掌握标准、整齐的动作身姿和架势。练习者学习动作时，教练会展示正确的动作并引导练习者多次练习。在练习过程中，教练会改正练习者动作的不足，以较高的标准令他们顺应节奏、注重细节，解决动作不自然和身体支配程度不高等问题，直到练习者养成良好的动作习惯和标准动作成型。

第三步，练习者通过学习将一套品势的全部动作正确、流畅地展现出来。教练需要针对各个品势将所有动作演示出来，让练习者理解并掌握正确、连贯的动作。协调性、流畅性和恰当的发力方法是学习的关键内容。

练习者第四步，让练习者领会品势动作的内部特征、要点和各套品势在展示特色上的差异。教练对所有跆拳道品势的原理和含义进行细致的深层次分析，以加强跆拳道品势在意识层面和物质层面的融合，从而使练习者能够真切地感受到跆拳道品势强劲、力量感十足的特色。让练习者在品势展示过程中实现动作既标准又有气势、身体协调、以气势催发出力量，将跆拳道品势的特色和魅力淋漓尽致地表现出来。

第五步，反复练习使动作水平达到新高度。教练应该注重练习活动的组织开展，加强动作规范性训练，提升练习强度。这样，练习者不仅可以规范自身动作，还可以使动作技巧更加完善，推动正确动作的成型。

三、跆拳道品势的基本功训练

（一）基本步型与手法

1．步型

跆拳道的步型是指在跆拳道练习或实战中，站立位置的姿势和脚步的形状。步型与步法紧密联系，是品势练习的基础。

（1）并步

两脚并拢，两脚内侧贴紧，身体直立，目视前方。

（2）并排步

两脚左右开立，距离与肩同宽，两脚尖向外，身体放松，目视前方。

（3）预备势

两脚左右开立，距离与肩同宽，两脚尖外展，双手握拳于腹前，拳面相对，拳心向内。

（4）弓步

弓步也称为屈立步。两脚前后开立，距离大约为本人脚长的3.5倍，前腿屈膝半蹲，后腿蹬直。左脚在前时称为左弓步，右脚在前时称为右弓步。

（5）走步

走步也称为高前屈立或探步。两脚前后开立，姿态与平时走路相似，两膝微内扣，两腿之间的距离为本人脚长的 1～1.5 倍，重心置于两腿之间。左脚在前时称为左走步，右脚在前时称为右走。

（6）马步

两腿左右开立距离略大于肩宽，两脚尖向前，重心落于两腿之间。

（7）三七步

两脚左右开立，距离为本人脚长的 3.5～4 倍，后脚脚尖外展约 90°，两膝微屈，前脚脚尖向前，身体重心 70% 在后腿、30% 在前腿。左脚在前称为左三七步，右脚在前称为右三七步。

（8）虎步

两脚前后开立，两膝微屈，前脚脚尖虚点地面，身体重心置于后腿。左脚在前称为左虎步，右脚在前称为右虎步。

（9）鹤立步

一腿提起，另一腿支撑体重。

（10）交叉步

交叉步也称为十字步。一脚向另一脚的后面插步，脚掌着地，两膝关节交叉、称为后交叉步。

2．手法

（1）拳法

①冲拳。

动作说明：两脚左右开立成马步，距离与肩同宽，两膝微屈并向内收，两拳抱于腰间，拳心向上，随即右手以拳面为力点向前冲出，冲拳的高度约与肩平，左手握拳置于腰间。冲拳左右动作方法相同，但方向相反。

动作要领：力达拳面部位，用力要顺达。

易犯错误：过于向外送肩，造成重心不稳。

纠正方法：冲拳时要保持肩平，上体正直不要过于前倾。

实战运用：用于击打对手头部或躯干。

②劈拳。劈拳也称为锤拳。

动作说明：两脚左右开立，双手握拳于腹前成品势预备姿势站立，左手握拳由腹前经右上方向左下抡臂劈击，右手握拳置于腰间。劈拳左右动作方法相同，但方向相反。

动作要领：力达拳轮部位，用力要顺达。

易犯错误：动作过于僵硬或幅度过大。

纠正方法：身体放松的情况下由慢至快反复练习。

实战运用：可用于攻击对手头部、颈部和锁骨。

③抄拳。

动作说明：两脚左右开立，双手握拳于腹前成品势预备姿势站立，左脚向前成弓步；同时，左手前伸抓住对手的衣襟，右手握拳收于腰间，步型不变，重心前移，身体左转，成左弓步；同时，左手回拉，右拳从腰间由下向上抄起，用拳面击打对手的下颌部。抄拳左右动作方法相同，但方向相反。

动作要领：力达拳面部位，用力要顺达。

易犯错误：动作过于僵硬或幅度过大。

纠正方法：身体放松的情况下由慢至快反复练习。

实战运用：可用于攻击对手下颌或腹部。

④弹拳。

动作说明：两脚左右开立，双手握拳于腹前成品势预备姿势站立，右脚向前上步，左脚经右腿后侧上步脚尖着地成叉步站立；同时，右拳内旋由内向外、向下弹击，左拳置于腰间。弹拳左右动作方法相同，但方向相反。

动作要领：力达拳背部位，用力要顺达。

易犯错误：动作过于僵硬或幅度过大。

纠正方法：身体放松的情况下由慢至快反复练习。

实战运用：可用于攻击对手面部或锁骨。

（2）掌法

掌法在传统跆拳道及品势练习中也是比较常见的，具有代表性的掌法有以下几种。

①砍掌。砍掌也称为手刀砍，按其方法可分为仰掌砍击和俯掌砍击两种。

动作说明：两脚左右开立，双手握拳于腹前成品势预备姿势站立，左脚向前成左弓步，右手由拳变掌上举至右前方与头同高位置，随即右臂前伸由外向内以右手刀向左前方平砍，掌心向上。砍掌左右动作方法相同，但方向相反。

动作要领：力达手刀部位，动作要连贯。

易犯错误：动作幅度过大，没有控制。

纠正方法：面对镜子或在队友的帮助下，由慢至快反复练习。

实战运用：可用于攻击对手颈动脉、锁骨和两肋。

②插掌。拍掌也称为攒手，按其方法可分为立插掌和横插掌两种。

动作说明：两脚左右开立，双手握拳于腹前成品势预备姿势站立，左脚向前上步成左弓步；同时，左拳由腰间变掌向前伸臂插出。插掌左右动作方法相同，但方向相反。

动作要领：力达指尖，动作要连贯。

易犯错误：动作不规范。

纠正方法：要体会腰、腿、肩、臂的协调用力。

实战运用：可用于攻击对手心口、面部和两肋。

③抵掌掐击

动作说明：两脚左右开立，双手握拳于腹前成品势预备姿势站立，左脚向前成左弓步；同时，右拳由腰间变抵掌向前伸臂掐击，左手握拳于腰间。抵掌掐击，左右动作方法相同，但方向相反。

动作要领：力达指尖，动作要连贯。

易犯错误：掐击动作不明显。

纠正方法：要体会抵掌的动作方法，重点是利用大拇指和其余四指掐击对手咽喉。

实战运用：可用于攻击对手咽喉。

④掌根推击。掌根推击也称为熊掌推击。

动作说明：两脚左右开立，双手握拳于腹前成品势预备姿势站立，左脚向前上步成左弓步；同时，右拳由腰间变掌，以掌根为力点向前伸臂推击，左手握拳于腰间。掌根推击左右动作方法相同，但方向相反。

动作要领：力达掌根，动作要连贯。

易犯错误：力点错误。

纠正方法：要体会掌根的推击方法，然后练习。

实战运用：可用于攻击对手的面部、胸部和腹部。

（二）基本格挡技术

格挡主要指的是接触性的防守技术，本节重点介绍跆拳道品势中的基本格挡技术。实际练习时也可以结合步法进行，如马步格挡、弓步格挡等。

1. 上格挡（上段防守）

动作说明：两脚左右开立，双手握拳于腹前成品势预备姿势站立，随即左手在上右手在下内收于腹前，左手沿身体中线挥臂上提，拳心向前以前臂外侧向上格挡，右手握拳于腰间。左右动作方法相同，但方向相反。

动作要领：力达前臂外侧，上格有力。

易犯错误：力点错误。

纠正方法：反复体会发力和接触对手的部位，然后由慢到快反复练习。

实战运用：可用于格挡对手对头部上面的攻击。

2. 下格挡（下段防守）

动作说明：两脚左右开立，双手握拳于腹前成品势预备姿势站立，随即右手伸直，左手握拳上提置于右肩前，左手以前臂外侧为力点沿右手臂向下格挡，右手握拳于腰间，左右动作方法相同，但方向相反。

动作要领：力达前臂外侧，下格有力。

易犯错误：力点错误。

纠正方法：反复体会发力和接触对手的部位，然后由慢到快反复练习。

实战运用：可用于格挡对手对躯干正面及由下向上的攻击。

3. 中格挡

中格挡可分为向内中格挡和向外中格挡两种。

（1）向内中格挡

动作说明：两脚左右开立，双手握拳于腹前成品势预备姿势站立，右手向右侧平举至耳部，以腰带臂由右向左格挡，左手收于腰间。左右动作方法相同，但方向相反。

动作要领：力达前臂外侧，向内格挡有力。

易犯错误：动作幅度过大，没有制动体现的力道。

纠正方法：格挡时右拳高度在鼻子和下颌之间，肘关节的角度在 90°～110°。

实战运用：可用于格挡对手对躯干的攻击。

（2）向外中格挡

动作说明：两脚左右开立，双手握拳于腹前成品势预备姿势站立，左脚向前上步成三七步，双手上提至腹前，右手在上左手在下，随即左手前臂外旋以腰带臂向外格挡，右手收于腰间。左右动作方法相同，但方向相反。

动作要领：力达前臂内侧，向外格挡有力。

易犯错误：动作幅度过大。

纠正方法：格挡时，右拳高度在鼻子和下颌之间，肘关节的角度在 90°～110°。

实战运用：可用于格挡对手对躯干的攻击。

4. 十字格挡

十字格挡可分为高十字格挡和低十字格挡两种。

（1）高十字格挡

动作说明：两脚左右开立，双手握拳于腹前成品势预备姿势站立，左脚向前上步成三七步，双手握拳上举至颈部时双手交叉成十字，肘关节用力举过头顶向上格挡。

动作要领：力达双手前臂外侧，上格有力。

易犯错误：上举高度不够。

纠正方法：面对镜子由慢到快，逐渐体会保护头部的意识。

实战运用：可用于格挡对手对面部及头部的攻击。

（2）低十字格挡

动作说明：两脚左右开立，双手握拳于腹前成品势预备姿势站立，左脚向前上步成弓步，双手握拳交叉成十字用力向下格挡。

动作要领：力达双手前臂外侧，下格有力。

易犯错误：双臂于腹前的距离过大。

纠正方法：双臂距腹前的距离应是 20～30 厘米。

实战运用：可用于格挡对手对裆部及腹部的攻击。

5. 手刀格挡

动作说明：两脚左右开立，双手握拳于腹前成品势预备姿势站立，左脚向前上步成三七步，双手由拳变手刀上举至右侧上方，上臂与肩平，随即上体微向左转以腰带臂，左手经体前由右向左外侧格挡，格挡时掌心向前，右手置于腹前。左右动作方法相同，但方向相反。

动作要领：力达双手前臂外侧，下格有力。

易犯错误：左臂夹角过大或过小，造成格挡发力不充分。

纠正方法：左臂夹角应在 130° 左右。

实战运用：可用于格挡对手对躯干的攻击。

（三）基本肘法与膝法

1. 肘法

肘关节是人体关节中硬度较大的关节之一，使用肘关节击打的威力很大，尤其是贴身近战时，运用得当会给对手重创。

（1）顶肘

动作说明：两脚左右开立，双手握拳于腹前成品势预备姿势站立，左脚向前上步成左弓步；同时，左右臂屈肘上提至胸前，右拳变掌抵住左拳拳面，以左肩关节为轴，向前顶击，力达肘尖。顶肘的左右动作方法相同，但方向相反。

动作要领：力达肘尖，动作要连贯。

易犯错误：力点错误。

纠正方法：要注意动作方向，应向侧顶击而不是向左右。

实战运用：可用于攻击对手的面部、胸部和腹部。

（2）挑肘

动作说明：两脚左右开立，双手握拳于腹前成品势预备姿势站立，左脚向前上步成左弓步；同时，右手自腰间上举，肘关节夹紧，肘尖由下向上挑起。顶肘的左右动作方法相同，但方向相反。

动作要领：挑肘时要拧腰顺肩以增加挑肘的力量。

易犯错误：力点错误。

纠正方法：要注意动作方向，增加肘关节的灵活性。

实战运用：可用于攻击对手的下颌、胸部和腹部。

（3）摆肘

动作说明：两脚左右开立，双手握拳于腹前成品势预备姿势站立，右手以肩关节为轴，将肘关节夹紧抬平，由外向内或由内向外用力摆击，左手变掌压住右臂配合摆动。摆肘的左右动作方法相同，但方向相反。由外向内摆击时，称为内摆肘；由内向外摆击时，称为外摆肘。

动作要领：摆肘时要拧腰顺肩以增加摆肘的力量。

易犯错误：力点错误。

纠正方法：要注意动作方向，增加肘关节的灵活性。

实战运用：可用于攻击对手的下颌及胸部。

2. 膝法

膝关节也是人体硬度较大的关节之一。膝法动作简单、杀伤力大，在品势练习和实用技术中主要采用顶膝的技法。

动作说明：两脚左右开立，双手握拳于腹前成品势预备姿势站立，左脚向前上步成左弓步；同时，双手自腰间向前举，右膝迅速向前顶击。顶膝左右动作方法相同，但方向相反。

动作要领：力达膝关节部位，动作要连贯。

易犯错误：动作幅度过大，没有控制。

纠正方法：面对镜子或在队友的帮助下，由慢至快反复练习。

实战运用：可用于攻击对手裆部、面部和腹部。

第四节　竞技跆拳道技术训练

一、竞技跆拳道的基本技术介绍

（一）竞技跆拳道的实战姿势和正拳击打技术

1. 实战姿势

实战姿势是指在实战对抗或比赛中的姿势，是一切攻击技术的起点。有些跆拳道练习者出于实战技术的考虑而产生独特的姿势。实战姿势受跆拳道练习者的身高、体型、技术风格与比赛经验所影响，在实际应急情况下，要因地制宜地变化实战姿势。实战姿势的相关介绍如下。

动作说明（以右势为例）：两脚前后开立与肩同宽，横向距离相距一个脚掌，脚尖30°斜向右方，后脚跟抬起，膝关节微屈，重心落在两脚中间；上体自然直立侧对对手，双手握拳，拳心相对，两臂弯曲置于胸前；头部直立向前，目视正前方。

动作要领：身体自然，肌肉放松；两膝关节松而不懈，富有弹性；心无杂念，无意为有意。

易犯错误：肌肉僵硬，全身紧张；重心偏前或偏后，不利于起动；膝关节不弯曲，缺乏弹性；身体完全侧向，前后脚在一条直线上。

纠正方法：侧对对手，两肘自然下垂内夹，双拳指向对手，拇指关节对着对手的鼻子。此外，要注意与对手的站位方式，与对手的站位方式主要有开式与闭式。

实战运用：在实战对抗中，实战姿势的拳或手的位置可以进行一些变化，这不仅对进攻有利，而且对防守时的格挡会有较好的效果。

2. 正拳击打技术

正拳击打技术是竞技跆拳道中的常见技术，相关介绍如下。

动作说明：左实战姿势站立，右脚蹬地。髋向左旋转，双手握拳，上身向左旋转，顺肩、拳以正面向前击出，力达拳面，击打后还原成防守实战姿势。

动作要领：判断准确，出拳果断；充分利用蹬地、转髋、转腰、顺肩的合力；击打时，肩、肘、腕、指各关节紧张用力。

易犯错误：只用手臂的力量去击打，而不利用身体旋转的合力去击打；缺乏击打力度、效果。

纠正方法：实战姿势站立，身体放松，先做慢动作，逐步加快动作，多练习形成正确的动作动力定型。

实战运用：用拳头的正面击打对方，可变换成各种方式（如直拳、横拳、勾拳等）。

（二）竞技跆拳道的步法与踢法

1. 竞技跆拳道的步法

跆拳道技术在实战运用的过程中，无不是通过各种步法得到实施的。步法是保持重心平衡，体现练习者力度、自信的外在形式。在训练之前，练习者应先把步法进行单一分解练习，熟练以后再把它们结合起来。运用步法的目的是调整距离，抓住战机或躲避对手进攻。步法的组合应根据实际情况的改变而改变，成为进攻、防守、反击的有机连接技术。下面介绍几种常用步法。

（1）弹跳步

左实战基本姿势站立，身体放松，两脚向下蹬地，脚跟离地，上下弹跳。

（2）跳换步

左实战基本姿势站立，两脚同时向下蹬地，左右脚同时前后交换、落地、变成右实战姿势。

（3）上步与撤步

上步：左实战姿势站立，后脚蹬地向前一步，成为右实战姿势。

撤步：左实战姿势站立，前脚蹬地向后撤一步，成为右实战姿势。

（4）前进步与后退步

前进步：由左实战基本姿势开始，先将左脚向前滑进一步，右脚随即跟进，两脚仍保持原来的部位和距离。

后退步：由右实战基本姿势开始，左脚蹬地，右脚向后退步，左脚随即跟进，两脚仍保持原来的基本姿势和距离。

（5）前滑步与后滑步

前滑步：左实战姿势站立，两脚同时蹬地向前滑进一步，两脚仍保持原来的部位与距离。

后滑步：左实战姿势站立，两脚同时蹬地向后滑进一步，两脚仍保持原来的部位与距离。

（6）前交叉步与后交叉步

前交叉步：左实战姿势站立，右脚向前交叉，落于左脚前，同时左脚立即跟上，即两脚先后向前交叉走一步，保持左实战基本姿势站立。

后交叉步：左实战姿势站立，左脚向后交叉迈步，后脚跟上，保持左实战姿势。

（7）左移步与右移步

左移步：左实战姿势站立，右脚蹬地，重心左移，左脚向左跨出一小步，随后右脚向左方向跨出同样距离，保持左实战姿势。

右移步：左实战姿势站立，左脚踏地，重心右移，右脚向右跨出一小步，随后左脚向右方向跨出同样距离，保持左实战姿势。

（8）垫步

左实战姿势站立，随后右脚向左脚靠上一大步，同时左脚提膝。

2. 竞技跆拳道的踢法

跆拳道以其变幻莫测、优美潇洒的腿法著称于世，被世人称为“踢的艺术”。竞技跆拳道的腿法讲究快速灵活和变化多样。下面介绍竞技跆拳道踢法技术和拿靶练习的方法。

（1）正面踢法

正面踢法主要分为前踢、下劈踢。

①前踢。

动作说明：右脚蹬地屈膝提起，小腿、大腿折叠，送髋、顶髋，小腿快速向前踢出并迅速放松弹回。

动作要领：膝关节夹紧，小腿放松，有弹性；髋往前送，高踢时髋往上送；小腿回收与前踢的速度一样快。

易犯错误：直腿踢；小腿、大腿不折叠，膝关节不夹紧；顺髋、转髋。

纠正方法：采用坐姿弹踢或扶墙弹膝练习。多做弹腿练习，提膝时大腿、小腿应充分折叠夹紧。

拿靶方法：握靶柄的前端部位，靶面分别在水平位置，靶柄后端与靶前边缘在拿靶人的左、右方。

实战运用：前踢可向对手的面部、面部下方、腹部和裆部施加攻击。除了用于攻击，该技术还能够用来防守。如果改变发力点使其从脚尖变为脚跟，那么前踢就会转换为前蹬，在这一过程中，动作技巧保持不变，但脚形有所不同。前踢虽然是其他腿法的辅助，但在保卫自己的情境下，也可以利用前踢来攻击对手的面部下方或裆部，令对手意想不到。

②下劈踢。

动作说明：身体保持实战状态，左脚在前站立，右脚迅速蹬地起步，身体略微向前倾斜，努力将腿上抬至头顶，自然落下，最终用脚掌攻击对手，平稳着地。

动作要领：将脚向上、向后抬高，身体的重心也随之升高；着地过程适当收力；起动时迅速且坚决；脚踝不要处于紧张状态。

易犯错误：脚抬起的高度不足，动作不伸展，身体重心没有向上提升；下压的力度过大，脚踝处于紧绷状态；由于身体重心和腿部管理不当，导致着地时无法收力；上半身向后倾斜严重，将身体重心向前调整，竖直站立。

纠正方法：支撑多练习前后摆腿；反复做正上踢，收腿时脚掌做下压动作，力达前脚掌。

拿靶方法：靶柄向正上方，靶前边缘向下方，与水平面成垂直方向。

实战运用：正劈腿用于攻击对手的正面部位，是跆拳道技术中重要的进攻手段之一，击打部位主要是头部和面部。

（2）侧面踢法

侧面踢法主要有横踢、侧踢、前旋踢三种。

①横踢。

动作说明：身体保持实战状态，左脚在前站立，右脚迅速蹬地起步，收紧膝盖并朝前伸展，同时左脚重心不动转动 180°，然后抬起右腿使之与地面平行，并迅速踢出右小腿，用脚背发力。攻击完成后停止发力，小腿回到原来站姿位置，重心向前倾斜并放下。

动作要领：收紧膝盖，在前方提起，保持身体姿势呈直线；将脚朝外旋转 180°以增强支撑能力；为使身体与各部位自然发力，髋部向前伸展；务必确保攻击时将力量集中在脚背正中央，同时保持脚踝的放松状态。

易犯错误：膝关节没有收紧，腿部收回的程度不够；摆动幅度过大；身体过于僵硬，向前倾斜过多，导致重心不稳；脚踝紧绷，用除脚背正中央以外的错误部位进行攻击。

纠正方法：扶墙多做提膝转体展髋弹膝练习；练习中多注意脚跟要前转，侧身弹踢不要超过身体正中线。

拿靶方法：握靶柄的前端，靶柄与水平面呈 15° ～45° 的夹角，靶的两面在拿靶人的左、右，靶前边缘在斜上方。

实战运用：横踢也称为抡踢。在跆拳道实战中，可根据与对手的对峙距离、攻击角度而不断产生各种远近距离的横踢技术，能屈伸有度、打高踢低，令对手防不胜防。

②侧踢。

动作说明：保持实战状态，左脚在前站立，右脚蹬地并收紧膝关节，保持以脚掌为重心左脚向外旋转达 180° ，迅速将右脚向前踢出，保持身体直线姿势，以脚跟发力，随即将腿收回，重心因力度收回向前移，最后自然放下。

动作要领：腿部起动后，将腿部和膝盖整体收紧；头部、肩部、腰部、髋部、膝盖、腿部和脚踝形成一条直线，因此踢腿与收腿的动作轨迹也保持直线。

易犯错误：小腿折叠不够；收髋、夹腿不成直线，伸展不够；缺乏弹性不收腿。

纠正方法：侧卧于地做侧踢动作；扶墙做侧踢练习。

拿靶方法：握靶柄的前端，靶柄、靶前边缘与水平面成垂直方向，靶面微往内侧倾斜。

实战运用：侧踢动作是跆拳道实战中少见的腿法，但是具有相当大的攻击性，主要应配合步法进行攻击，击打部位有头部、胸部、腹部和肋部。

③前旋踢。前旋踢也称勾踢。

动作说明：右脚蹬地屈膝提起，左脚以脚掌为轴外旋 180°，右脚向左前方伸出，用力向右侧屈膝鞭打，重心向前落下。

动作要领：右脚应先向外有一定幅度的摆动；击打时小腿尽量横着鞭打；用脚掌的部位击打；调整好身体重心，髋部配合转动。

易犯错误：右腿没有一定幅度的摆动和横着鞭打；小腿过于紧张，没有用脚掌的部位击打；没有调整好身体重心，髋部没有配合转动。

纠正方法：扶墙多做侧踢回勾踢练习。

拿靶方法：握靶柄的前端，靶柄与水平面呈 15°～45° 的夹角，靶的两面在拿靶人的左、右，靶前边缘朝斜上方。

实战运用：前旋踢使用于踢击对手的脸部，具有起动突然、快速的特点，是反击术中有效的攻击手段。

（3）转身踢法

转身踢法主要有后踢、后旋踢两种。

①后踢。

动作说明：保持实战状态，左脚在前站立，保持以脚掌为重心向内旋转180°，上半身随之转动，重心转移到右脚，提起膝盖，以直线向身体后方上部的位置踢出，以脚跟发力，动作完成后重心移动至前方并回落。

动作要领：腿部起动后，将腿部收紧贴近上半身，形成一个蜷缩的姿势；以力量向后伸展并踢出腿部；必须一气呵成地完成转身和踢腿的动作流程；攻击对手的位置位于右侧前方。

易犯错误：不将大腿和小腿收紧就向上提；转身、提腿和出腿没有有效地衔接，造成了断断续续的停顿；不以直线而以曲线姿势旋转施加力量；肩膀和上半身也随着动作移动。

纠正方法：双手扶住桌椅、人的双肩或扶横杆多做后旋踢练习，形成正确动作的动力定型；双膝跪地或双手扶地，屈膝贴胸，向后上方蹬出，力达脚跟，多体会后踢要领。

拿靶方法：双手握靶柄的前端，两个靶心紧贴，位置在胸线以下、腰带以上，靶在拿靶人的正前方。

实战运用：后踢在实战中对于进攻者具有一定的威胁作用，常用于反击中，攻击目标主要是胸腹部和头部。

②后旋踢。

动作说明：先将脚掌作为支点左脚向内旋转180°，随着上半身的转动，将重心转移到右脚上，同时收紧右腿膝盖，接着腿部向后方右侧踢出，力量要集中在全脚掌，身体保持重心不变原地转动，放松后将腿缓缓落下。

动作要领：流畅地完成转身和出腿动作，尽量避免停顿时间过长，让整个动作更加自然；动作轨迹应与地面平行，在正前方形成一道弧线；收紧膝盖和腿部时的速度要快；身体重心也要随动作转动。

冒犯错误：转身、踢腿中有停顿，二次发力；起腿太早，最高点不在正前方；上体过于往前、往侧、往下，失去平衡。

纠正方法：多做同时转头、转身、转脚练习，再做勾踢动作，最后把两个动作连贯起来练习，形成正确动作的动力定型；先练习低后旋踢，逐步提高后旋踢高度。

拿靶方法：双手握靶柄的前端，两个靶心紧贴，位置在头部高度，靶在拿靶人的正前方。

实战运用：后旋踢在实战中对于进攻者具有一定的威胁作用，常用于反击中，攻击目标主要是头部。

（4）踢法延伸技术

延伸技术是跆拳道踢法中常用的技术，主要包括 360° 横踢、双飞踢。

① 360° 横踢。

动作说明：右实战姿势站立，以左脚掌为轴脚后跟外旋，重心移到左脚；身体后旋 360°，右腿随后转动，右腿下落的同时，左脚蹬地使用横踢；击打后两脚自然落下成右架。

动作要领：提起右脚向后旋转以左腿前脚掌为轴，两大腿之间的距离不应过大；击打时左脚脚面要竖直，髋关节要放松；左小腿翻出后要有一个制动过程，使脚产生鞭打的效果。

易犯错误：身体重心没有跟上；左脚没有配合身体转动，左脚太死；左脚击打时脚面没有垂直。

纠正方法：多做转身上步横踢练习，最后把两个动作连贯起来练习，形成正确动作的动力定型；多提膝向后转身，提膝腿不落地，靠支撑腿起跳横踢练习。

拿靶方法：握靶柄的前端，靶柄与水平面呈 15°～45° 的夹角，靶的两面在拿靶人的左、右，靶前边缘在斜上方。

实战运用：360° 横踢属于腾空转身型腿法，可以用于进攻，也可以用于反击目标，依据攻击目标可高可低。

②双飞踢。

动作说明：右实战姿势站立，重心移至左腿，提起右大腿使用横踢，然后在右脚未下落时立即提左腿使用横踢，也就是连续使用两个横踢。

动作要领：踢第一个横踢时，身体可稍后倾，以利于第二个横踢；两小腿交换髋部要快速扭转。

易犯错误：第一个横踢动作没有完全做出来；两腿交换之时，髋部扭转过慢；身体过仰。

纠正方法：先辅助做左右脚腾空提膝动作，再由慢到快做完整动作；多练习一腿横踢后收腿屈膝不落地，靠支撑腿起跳横踢的动作。

拿靶方法：左右手各拿一个靶，握靶柄的前端，靶柄与水平面呈 15°～45° 的夹角，靶的两面在拿靶人的左、右，靶前边缘在斜上方。

实战运用：双飞踢在国内外各类比赛中是最为常见的一个腿法，具有连续性、快速的特点。双飞踢主要攻击对手的胸腹部、两肋部和面部。

二、竞技跆拳道技术训练概述

跆拳道技术是根据跆拳道运动实践经验和科学原理而形成的、能够充分发挥运动员身体能力，合理有效地完成动作的方法。其合理性表现为遵循人体运动规律，符合生物力学的原理与方法；有效性表现为能充分发挥人体潜能，并转化为运动成绩。合理有效地完成动作的方法，是以理想动作模式为衡量标准，经过设计而创造出来的，它反映出一般规律，具有共性。同时，技术由于跆拳道运动的特点和运动员个人特点的不同而呈现出多样性，所谓“一人一法”，正是个性的具体表现。技术始终处于一个不断发展、完善的动态过程中，变化是永恒的，没有一成不变的模式，因而合理性和有效性是相对的。

跆拳道训练过程就是一个不断规范技术的过程。我们所讲的技术规范，是一种理想的技术模式，是在竞赛规则和比赛任务的制约下，经过长期运动实践及相关科学原理为依据而形成的合理技术。跆拳道的运动特点在于，它没有用来参考的标准模式，因此动作战术展现了高度的变通性、适应性和实用性。在比赛中，为了得分并击败对手，练习者需要基于实际情况，如距离、速度、方向、角度和站位等因素，灵活选择攻击和防守的方式并采取不同的作战方案。只有这样，才能赢得胜利。

全面、精细、准确、快速、多变、实用、有效，是跆拳道技术训练的目的与任务。不同的练习者有着不同的技术风格、特点和身体条件，因此在训练中要有针对性地来保证训练的方法、手段更加符合练习者的实际情况，取得更好的效果。

比赛中，练习者运用技术动作有效击中对手得分而取胜的能力被称为技能。技术动作是否有效、能否成功，除全面掌握基本技术（数量与质量）外，还取决于比赛双方的动作状态与变化是否与自己的行动对策（战术行动）相对应。掌握技术与运用技术，这两者的关系如同掌握了先进武器并不能保证一定会赢得战争胜利一样。现代竞技跆拳道的动作和技术简便易行，与其他体育运动一样，基础动作技术是运动项目的核心，所有动作技术都是以基础动作技术为前提演变而来的。虽然跆拳道的基本动作技术是经过标准化和理论化处理的单项技术，但在实际竞技对战中，这些单项基本动作技术必须根据情况、局势、对手能力及个人能力进行调整，才可以发挥出更好的作用。制约胜负的因素是多方面、多层次的，而对技术动作的操作与控制，往往是决定技术动作实效性的关键。跆拳道技术训练的主要任务是提高练习者在比赛条件下、无序动作状态中，对动作的调控能力，以及在临场中对比赛情势变化的反应能力。影响跆拳道技术动作发挥实效性的因素也就是决定跆拳道技术运用的因素。除在前面讲到的动作要素、技术要素外，下面几点也应特别予以重视。

由于比赛规则、对手及比赛条件、环境的诸多制约，在众多的跆拳道技术中，能够用于比赛的十分有限。跆拳道练习者应该认识到，跆拳道比赛不同于其他交手对抗性项目。从严格意义上讲，跆拳道比赛的节奏是非均衡性的，真正交手时，节奏快而变化多，你来我往，拳脚飞扬。可大多数情况下，跆拳道是双方练习者的相互对峙，这是由其技术特点决定的。但凡以腿法去攻击对手，所需时间和动作运行路线就会较长，留给对手的反应时间也更充裕，较易进行防守与反击，所以双方都寄希望于对手先发起进攻，自己来反击。因此，抓住稍纵即逝的时机，对比赛双方来说至关重要。依照技战术水平的高低，我们将练习者对时机的认识分为高、中、低三个层次：高水平的练习者善于利用一切机会来创造时机，如设计陷阱让对手上当、使用假动作调动对手、利用对手的疏忽等创造时机并能抓住时机迅速予以攻击；中等水平的练习者善于寻找时机，这类练习者善于观察与判断，总是在琢磨对手的攻防薄弱环节，对手一旦出现破绽，一定会马上抓住机会，迅速攻击，绝不放过；水平较低的练习者则只能等待时机，寄希望于对手的失误与疏忽。我们应该告诫练习者：跆拳道比赛中有效的攻击时机并不多，一旦时机到来，一定要抓住，否则就会为在等待中失去夺取比赛胜利的机会而遗憾。

时机总是在双方不断地运动中反复出现的，当时机到来时，如何选择动作来达到攻击效果的最大值呢？我们知道，任何动作都不是万能的，能够进攻的动作都会招致对手不同程度的反击。比赛中无外乎是几种腿法、拳法之间形成一个互为循环、相互作用而又相互制约的技术整体，从这个技术整体中相生相克而产生不同的风格与特点，赋予跆拳道技术打法的无限技巧。因此，在选择动作上应加深对跆拳道比赛本质规律和特点的认识，从整体上全面解析技术动作间的内在联系与对应关系；要根据临场情势的具体状态，随机应变，选择最简单、最直接、最有效和成功率最高的动作来进行进攻与反击；“人无定势，水无常形”，跆拳道比赛中技术动作没有固定不变的模式，也很难按照赛前预定的技战术程式来进行，一切只能视情势而定，在对手变化的瞬间，抓住时机快速果断地予以击打。

比赛中，双方练习者总是在相峙或不断移动中寻找最佳的进攻与反击的时机，一旦抓住时机，就会从各种技术动作中选择出最适宜的动作和击打方式，以最快的速度予以攻击或反击。那么，击打什么部位最有效、最有价值呢？应选择对手暴露面大、不易防守或来不及防守的部位，或选择击打分值高的部位（如头部）。在选择击打部位时，要充分考虑击打后自己身体所呈现的姿势和与对手的站位，是否有利于对手反击？选择容易造成对手反击的动作，无疑是得不偿失的。动作选择没有唯一性，这是因为当时机出现时，练习者的选择呈现出多样性。可供选择的动作有许多，但最佳的选择只有一个，那就是最直接、最容易、最有价值（得分分值最高）的攻击动作。

在跆拳道技术训练过程中，不同的阶段有不同的规律、特点、层次、目的与任务。整个技术训练过程大致可分为以下三个阶段。

（1）基本技术的训练阶段

在基本技术的训练阶段中，因为没有外部因素的干扰，一切训练均是以自我为中心的重复性训练过程，技术训练的主要任务是规范技术动作，尽可能多地掌握技术动作的种类与数量，提高技术动作质量和熟练程度，形成稳固的运动动力定型。当基本技术趋于成型、稳定之后，完成动作过程中出现的问题，一定要快速去纠正、改正。只有快速解决问题，才能在实战中有所体现。这一阶段的训练具有个人强化技术动作的特点。

（2）技术运用的训练阶段

在技术运用的训练阶段中，技术训练的主要任务是将技术动作上升到运用层次，在技术动作的运用方法与手段上，较少考虑对手的因素，多以组合形式出现，其目的是形成自己独特的技术风格、特点与打法，能够熟练地掌握和运用组合进攻技术、反击技术等。这一阶段的训练具有自我设计攻防技术组合动作和形成技战术意识的特点。

（3）视情应变的训练阶段

在视情应变的训练阶段中，技术训练的主要任务是将自己的技术动作纳入对手动作状态的变化之中，强调技术动作的灵活性、可变性、适应性和实效性。可以认为，此阶段的一切训练都是围绕对手而展开的，以战胜对手为目的。基于此，熟悉、了解对手的实际情况是这一阶段训练需要解决的首要问题，只有充分了解对手的真实现状，训练才有针对性，才能“制人而不制于人”。这一阶段的训练具有以对手为中心的差异性训练特点。

三、竞技跆拳道技术训练方法及要求

（一）竞技跆拳道技术训练方法

竞技跆拳道技术训练涵盖两项主要内容——基本动作技术和应用能力。基本动作技术和应用能力本质上是紧密相关的，不应该被划分成两个独立的领域，要选择合适的方法统一训练。所有的训练都是为了有效对战，这个过程会在符合实战要求的条件下进行，但在不同的环节中，会有各自的训练方法和具体过程。以动作为重点的基本动作技术训练要确保动作的标准、熟练和高质量，而以技术为重点的应用能力训练则专注于在对战中的实际应用。随着重点的变化，训练的内容也会有相应的调整。在以动作为重点的训练中，我们着重强调基本动作技术的正确和规范，而在以技术为重点的训练中，我们更注重动作技术在竞技实战中的具体应用。

跆拳道技术的训练应该按照逐渐深入的顺序进行，具体来说，应该从简单到困难、从部分到整体，从个人练习、模拟练习、对战练习再到实际对战，这样才能逐渐掌握跆拳道技能。

1. 自我练习

在充分了解和熟练掌握动作要领后，多采取原地反复练习来不断强化、巩固正确的动作。面对镜子或队友帮助，边练习边检查，善于运用身体感觉来重点体会动作的运行路线、方向、角度、用力技巧与击打的准确性，以及动作的空间感，对动作的力量、速度暂不进行强调。在练习中要及时发现并纠正错误，特别要防止动作击打前出现预兆，尽量提高动作的隐蔽性；逐步加大练习的强度和密度。通过这种反复练习，不断强化练习者的动作意识，使之形成正确的动力定型。

2. 结合步法练习

在反复加强基础动作练习且熟悉动作标准后，需要与相应的步法结合起来进行单项动作的训练。结合步法练习旨在帮助练习者在运动过程中保持平衡，并提高他们在不同攻击和防守动作之间切换的能力。训练的关键在于培养身体部位之间的默契，使其协同运动，并保持整体上的一致性，从而达到步法和腿部动作的协调。采取用步法移动后再展开攻势的策略，保证所有攻击和防守动作能够顺利地完成，如进攻、移动再进攻等。

3. 空击练习

空击练习是假设想象对手运用某种攻防方法或身体所处状态，从比赛实战需要出发，根据自身实际情况，选编一组或几组进攻与防守反击的打法，进行徒手空击的练习。空击练习不仅能有效地提高和巩固掌握技术动作的熟练程度，还能使神经传导通路（即感觉器官—传入神经—运动中枢—传出神经—肢体运动）得到改善和加强，提高反应能力和动作速度。空击练习能够以技能掌握的水平和训练目标为基础，分阶段、分步骤进行练习。

（1）单项技术空击练习

不断练习一项特定攻守技能动作并搭配步法，以提升技能水平和掌握熟练度。

（2）多项技术空击练习

通过将进攻和防守动作的运用方法相互连接组成系列动作，并进行不断练习，可以提高协调能力并加快动作间的连接和转换速度。

（3）自由技术空击练习

通过想象对手有可能性的多种行动，并采用自由组合技术动作，进行虚拟的攻防训练，以提高技术动作的应用和变化能力。

空击的本质是自我设计假想目标。一是可以自由地选择攻、防、反三种形式，自主地设定这三种形式的配置、组织、转换的实施；二是有利于形成几套符合个人技战术特点的组合技战术动作，最大限度地发挥个人特长，逐步建立完善个人的技战术储备；三是在无干扰的情况下，确保空击练习中的身体整体性、上下协调性及身体重心与运动方向、趋势的一致性，表现出动作的自然、协调、轻松，让人赏心悦目。

进行空击练习应注意“4、3、2、1”。

“4”代表前、后、左、右移动的四个方向。比赛是一个不断移动的过程，攻击中要强化移动的主动性，善于利用空间位置来找寻攻击时机和防守空间（左躲右闪，控制距离）。

“3”代表攻、防、反三种形式的即时转换。无论是进攻还是反击，或者是防守，主动性是前提，必须做到有预案、有准备，攻、防、反运用自如。

“2”代表两个目的。一是整合已掌握的技战术动作组合，在此基础上强化技战术动作质量，完善自身的技战术体系并有所创新。二是通过空击练习储备技战术动作的数量，针对对手的实际情况和水平能力，在不断地筛选、检验、淘汰、细化中，逐步形成符合个人技战术特点的组合技战术动作，直至绝招。

“1”代表一种能力，即临场应变能力。练习者技战术储备越多，并且越善于视情运用，其临场应变能力越强。因此，要不断训练、筛选与强化技战术动作组合。随着训练不断深入与练习者适应比赛的能力逐渐增强，以及比赛经验不断积累，应变能力将日趋提升。

4. 相向空击练习

相向空击练习是指两人间隔一定的距离（以不接触为标准），面对面进行攻防练习的方法。相向空击练习要求双方练习者视对手的反应而做出与之相对应的合理反应。其特点在于双方并无身体接触，因而给双方练习者的技战术动作无限自由发挥的空间，能够大胆地去做自己想要做的动作，特别是一些难度较大或创新的技战术动作，使之能够在这种反复的练习中，不断接受检验而逐步提高。其目的是培养练习者的观察力、判断力，提高练习者辨别和掌控时机的能力，以及快速果断的反应及反击能力。相向空击练习采用的形式可以是一攻一防的练习，可以是互为攻防的练习，也可以根据训练需要而指定或自由进行单个或组合技术动作的进攻、防守、反击的练习。另外，还可以采用一人进攻，众人反击的形式。在众多的反击形式中，练习者可以通过甄别、比较，筛选出若干个适应不同类型技战术特点的反击动作来。采用这种方法来启发练习者拓宽思路、开阔视野，在比较中学会甄别，从而找出符合自己技战术风格特点的攻防方法。无论哪种形式的练习，由于双方身体不接触，因此完成动作的速度、力量要按照比赛实战的标准去要求自己。

相向空击训练的目的在于：一是提高判断能力，也就是要识别对手动作的真假，以及攻击的方向、角度、路线等；二是提高反应能力，作出判断后能够快速反应，及时应对，避免失分；三是提高合理选择能力，能够根据对手的动作快速反击，其反击形式与动作具有多样性、适宜性、准确性和实效性；四是检验效果，即每次练习结束后都要进行评估，检验反击的实效性（是否得分）、存在的问题、是否为最佳方式等。

5. *踢靶练习*

踢靶练习是跆拳道技术训练中的重要方法与手段，是为提高练习者某种技术动作（单个或组合）的运用能力，由教练或队友依照规定的方法给练习者递靶进行反复强化训练的练习方法。踢靶练习要求练习者必须按照出靶的具体情况做出与之相对应的攻防动作，借助于此来提高对各种情势的反应速度并建立稳固的条件反射，直至动作技术完全自动化。按靶的类型，可分为踢击脚靶和护具靶；按练习形式，可分为踢击固定靶和活动靶；按练习要求，可分为技术靶、战术靶和素质靶。不同的类型、不同的练习形式、不同的练习要求都具有不同的目的。

脚靶练习与护具靶练习都具有提高技术动作质量并使之达到自动化的作用，其差别在于两者的距离感。当练习者在踢击这两种靶时，由于对距离的判断总是以较大的物体作为参照物，所以长时间的脚靶或护具靶练习，易造成练习者对距离判断的误差。因此，这两种靶要交替使用，尽可能地减少误差的产生。进行固定靶练习主要是提高技术动作的击打力度和耐久性；进行活动靶练习主要是提高练习者的反应速度、距离感和击打的准确度。技术靶是通过踢靶来体验和规范单个动作或组合技术的练习方法，它可以是原地练习来提高动作质量、击打速度或击打力量；也可以是行进间的移动练习来提高技术动作在运动中的运用能力等。战术靶是根据假设情况有针对性地进行练习的方法，它以培养战术意识、提高战术能力为目的，如以调动对手为目的的练习、以模拟对手为目的的练习等。素质靶则是以提高动作速度、击打力量和专项耐力等为主要目的的练习方法。如单位时间内完成某一动作的数量或一定数量的动作在规定时间内完成的练习（速度靶）、在一定时间内尽全力完成一定数量的踢击练习（力量靶）、较长时间的单个或组合动作踢靶的重复练习（耐力靶）等。

无论是脚靶还是护具靶，踢靶练习都应注意以下几点。一是不要等待，即踢击后站立不动地等待靶的下次出现。完成一次踢击后要立即进入下一轮攻击的准备，通过步法来调整与目标的距离，使身体处于随时待发状态。二是不要紧张，在训练的初级阶段极易出现由于动作熟练程度不够，同时又想尽力展现出踢击的速度与力量，但由于身体的过度紧张而产生极度不协调，影响动作质量和训练效果的情况。要把身体放松，使身体呈现出一个轻松自然的状态。三是不要放弃，即当判断失误时千万不要因自责而放弃、分神，特别是在自由靶、战术靶练习中。没有谁可以绝对地判断正确，失误是难免的，也是客观存在的。当判断失误时，我们必须快速地进行补救、转换，要养成随时防止对手乘虚攻击的习惯。

6．条件实战

条件实战是指有一定条件限制的实战练习方法。条件实践是由基本技术、组合技术向比赛实战运用技术过渡的必由之路；同时也是根据阶段训练内容、任务，以及为提高练习者的某种能力而设置的一种常见的训练手段。例如，为提高一方对横踢的防守技术，规定另一方只能以横踢进攻；为提高一方的后撤反击能力，另一方必须向前攻击等。在这个过程中，还可有目的、有意识地根据练习者的身体条件或技战术特长，培养、提高和巩固他们的得意技，形成绝招等。条件实践具有较强的针对性，对提高各类技战术动作的运用能力有着至关重要的、不可替代的地位和作用，是进行实战训练的基础。

条件实战训练注重的内容包括以下三个方面。一是条件的设计。不同的条件有着不同的训练目的，其任务、形式、方法、手段不尽相同，会产生不同的训练效果。条件实践制定的条件有两类，一类是针对自己的，旨在提高自身形成各类型技战术特点而进行的训练；另一类是模拟对手技战术特点的适应与破解训练。

二是条件的真实性。给予的条件是否真实？是否符合训练目的？是否有助于提升训练效果？与练习者及对手的身体条件、身体能力、技战术风格是否相符？这都要求我们在设计条件时加以筛选、检验，尽可能地符合练习者的实际情况、保证训练双方的能力水平在相同的层次上。三是严格按照条件方案实施训练，但又不拘泥于此，应根据训练进度和评估结果随时调整、视情况更新。

7. 实战练习

实战练习是指严格按照规则的要求，在近似比赛的条件下，练习者之间进行的实际对抗训练的方法。实战是检验练习者一切技战术动作的运用能力及其实效性的唯一标准。它既能全面检验以往各种训练方法的训练成果，又能在实战环境下对练习者在智能、技能、体能、心能等各方面存在的问题进行诊断，为比赛和今后的训练提供真实详尽的第一手资料。从训练方法与手段上来讲，实战练习最能满足一切从实战出发的客观条件，使运动员能够直接感受到实战动态变化的真实情况，并能根据这些变化，构建和完善自己的技战术体系，形成牢固的运动动力定型。每次实战训练结束后，要认真进行全方位的总结与检讨，教练要对练习者进行全面评估，提出不足之处，为今后的训练指明方向。值得注意的是：过多的实战练习，容易使练习者产生运动损伤和厌战的心理障碍，过早地进行实战练习，容易造成技术动作变形，不利于改善动作技术。

不同的训练方法有不同的作用，应根据练习者的实际能力与水平，以及训练的目的、任务、内容，将各种训练方法交替进行且有机结合，科学合理地安排，才能达到预期的训练效果。

（二）竞技跆拳道常见的辅助训练

通过一定的辅助训练，可以大大提高练习者的跆拳道竞技水平。常见的竞技跆拳道辅助训练如下。

1. 组合踢法训练

跆拳道以变化莫测、优美潇洒的腿法著称于世。由于腿的打击距离远、隐蔽性好、攻击威力大，技术高超者能抢攻快发，连环出击，迅速势猛，势不可挡，在发展过程中形成了自身组合腿法的技击技术。跆拳道腿法技术主要包括横踢、下劈踢、双飞踢、后踢、后旋踢、侧踢、推踢、360° 横踢等。它们之间相生、相克、相化，可衍变出三千多种腿法。如今在实战比赛中，单一的攻击技术很难奏效，所以必须有良好的组合技术，根据实战中的不同距离、角度、得分部位，战术上指上打下、声东击西的变化，才能让对手防不胜防。

（1）步法与踢法组合

①上步＋横踢：右脚上步成左实战姿势，紧接着快脚横踢。

②撤步＋横踢：右脚撤步成左实战姿势，紧接着右脚快速横踢。

③后滑步＋后横踢：双脚同时蹬地向后滑步，紧接着左脚快速横踢。

④垫步＋横踢：左脚向前垫步，右脚快速横踢。

⑤垫步＋侧踢：右脚向前垫步，左脚快速侧踢。

⑥交叉步＋侧踢：右脚向后前方交叉垫步，左脚快速提膝侧踢。

⑦上步＋下劈：右脚上步成左实战姿势，紧接着右脚快速下劈。

（2）两个踢法技术组合

①前脚横踢＋后脚高横踢：右脚横踢后形成右实战势，紧接着左脚快速横踢。

②横踢＋下劈踢：右脚横踢后形成右实战姿势，紧接着左脚快速下劈踢。

③直拳＋横踢：左实战姿势站立，左手下格挡，同时左脚快速横踢。

④横踢＋后踢：右实战姿势站立，左脚横踢，右脚也连贯迅速后踢。

⑤横踢＋双飞：右实战姿势站立，左脚先横踢，紧接着连贯双飞踢。

⑥下劈＋双飞：右实战姿势站立，左脚先下劈，紧接着连贯双飞踢。

⑦横踢 +360° 横踢：右实战姿势站立，左脚先横踢，紧接着连贯做 360° 横踢。

（3）多种踢法技术组合

跆拳道同其他技艺一样，经过自由组合，可以衍生出多种踢法技术组合。

2. 脚靶训练

脚靶是一种使用率较高的跆拳道训练工具。脚靶训练是跆拳道练习者必不可少的训练方法之一，有助于提高练习者的技术水平和战术水平。脚靶训练的优点包括：帮助练习者掌握适当的距离感，增强进攻能力，体验击打目标时身体部位及肌肉的感觉，加强技术动作的训练，加强练习者在特定身体素质方面的协调性，增强练习者的特定身体素质、增强练习者的战术意识、提升比赛能力。

（1）脚靶的分类

跆拳道脚靶分为小脚靶和大脚靶两种

①小脚靶。小脚靶分为单叶靶和双叶靶。双叶靶适合初级练习者训练使用，踢中时脚感好、响声大，有利于刺激提高训练情绪。踢双叶靶对技术质量的要求相对较低。单叶靶适合中高级练习者使用，持靶人操作起来更加灵活。如果技术不合理，踢中时就不会发出响声，对练习者的技术要求比较高。小脚靶灵活机动，

比较好控制，可以提高练习者技术的准确性和灵活性，能更好地提高练习者的专项速度、协调能力。

②大脚靶。大脚靶的种类繁多，通常呈长方形状，在尺寸上也有较大的区别。使用大脚靶时，持靶人需要双手拿起。由于尺寸较大，持靶时的姿势变化不如小脚靶那样灵活。针对大脚靶的姿势变化，需要考虑练习者的姿势和步法来进行调整。大脚靶便于练习者使出全部力量踢击，提升他们的技术攻击水平。

（2）常见的脚靶训练方式

①闭合式脚靶练习。闭合式脚靶练习就是练习者所踢击的脚靶目标和形式是固定不变的。闭合式脚靶练习是控制技术的时间与空间和环境因素所形成的脚靶练习手段，多以掌握技术、提高技术的重复训练形式出现。闭合式脚靶练习包括以下内容。

一是固定脚靶位置的练习。练习者踢击固定在一定高度位置（头部位置或躯干位置）、一定距离（两个或几个脚靶之间的距离）位置的脚靶。

二是固定脚靶位置和节奏的练习。无论单个技术还是组合技术，脚靶的位置和练习技术的节奏都不发生变化。

闭合式脚靶练习是一项十分重要的基础训练手段，是练习者必须学习的课程，它有助于练习者基本动作概念的形成和巩固。另外，对于中、高水平的练习者来讲，这种训练可以不断巩固、完善和提高技术动作。

②开放式脚靶。开放式脚靶练习就是减少控制因素，赋予更多变化和不确定性的脚靶训练形式。在开放式脚靶练习中，时间与空间成为随机的变量。开放式脚靶练习是提高跆拳道技术应用能力的重要方法，它可以提高运动员的反应能力、推断能力等，适合中高级练习者训练。开放式脚靶练习一般包括：一是变化目标和位置的练习；二是变化时间节奏的练习；三是时间与空间随机变化的练习。开放式脚靶练习，可以提高练习者在各种情况下熟练运用技术动作的能力，提高技术的实用性。

（3）常见的脚靶训练内容

①技术性脚靶。技术性脚靶是以学习、掌握和巩固技术为主要目的的练习。一般在掌握技术的基础上，在保证技术正确的情况下，体会利用技术攻击目标的身体感觉，逐渐使技术在有目标的情况下，同样能够正确完成。技术性脚靶应以闭合式脚靶练习为主，踢脚靶的技术和脚靶的位置、距离、节奏等因素保持固定。无论是单个技术还是组合技术，都可以通过技术性脚靶练习进行完善和提高。技术性脚靶练习可以更好地体会跆拳道技术要领，体会身体感觉、距离感觉、击中

目标的感觉,从而巩固技术动作，进而达到动作自动化。

②战术性脚靶。战术性脚靶是以学习、掌握、巩固某种战术为目的的练习。一般以亮靶和移动喂靶的形式为主。持靶人按照战术要求进行设计和喂靶。教练（或练习者）要根据跆拳道比赛的战术情景，设计喂靶形式和内容。这种练习是在技术性脚靶练习的基础上，加入对手可能的变化元素进行设计形成的。战术性脚靶包括反应、距离、时机、变化、场地等因素。这种形式的训练可以提高练习者的技术应用能力。战术性脚靶练习可以是闭合式的，对喂靶的形式进行规定；可以是开放式的，选择几个战术形式进行随机变化。

③实战性脚靶。实战性脚靶是采用贴近实战比赛的方式进行喂靶，提高踢靶人的实战能力。实战性脚靶练习是一种开放式脚靶练习。这种练习一般在 10 米 × 10 米的比赛场地进行，感觉实战的节奏、战术的使用和变化，以及体力的分配等，提高实战能力。喂靶者必须认真设计喂靶的内容和形式，不断提高训练效果。

实战性脚靶练习可以模拟不同对手、模拟不同战况，使训练更接近实战比赛。实战性脚靶练习是跆拳道赛前训练中经常采用的方式。

3. 沙袋训练

在跆拳道训练中，常采取有计划、有步骤地进行击打沙袋的练习，来提高练习者的出腿速度、力量和击打准确度等性能。沙袋训练不仅对改进、提高技术动作的质量、掌握击打的时机和距离感、增强腿部力量、锻炼耐力、发展身体的灵敏性和协调性有良好的效果，还对培养练习者吃苦耐劳的精神和顽强的意志品质等也有着非常重要的作用。沙袋训练是跆拳道练习者一项不可缺少的专门性练习，是每个跆拳道练习者都应重视的训练内容。

踢打沙袋时，练习者可在原地进行单个腿法的击打练习，也可在移动中进行各种腿法进攻步法的联合训练，如横踢、双飞、后踢、后旋踢等。另外，还可采取进攻与防守动作相结合的方法，如迎击腿法、闪躲后的还击腿法，以及真假、轻重腿法的结合。

下面介绍五种沙袋训练的方法。

（1）推踢沙袋

测量好人的站位与沙袋的距离，左实战姿势站立，提膝推踢沙袋（可左右势交换推踢沙袋）。

（2）侧踢沙袋

测量好人的站位与沙袋的距离，左实战姿势站立，提膝侧踢沙袋（可左右势交换侧踢沙袋）。

（3）横踢沙袋

测量好人的站位与沙袋的距离，左实战姿势站立，横踢沙袋（可左右脚连贯组合踢击沙袋）。

（4）下劈踢沙袋

测量好人的站位与沙袋的距离，右实战姿势站立，下劈踢击沙袋（可左右势交换下劈踢击沙袋）。

（5）后踢沙袋

测量好人的站位与沙袋的距离，左实战姿势站立，转身右脚后旋踢击沙袋（可左右势交换后踢击沙袋）。

进行沙袋训练时，一定要注重动作的准确性。出腿的速度应先慢后快，重量应先轻后重，并且一定要结合步法进行击打，不能只注重腿法，而忽略步法和全身协调用力的技术要求。在练习击打沙袋的过程中，要不断地摸索掌握沙袋被击后的颤动规律，注意出腿时用力的时间、距离和出腿时的角度，尤其在击打摆腿时更应如此，否则容易受伤。另外，应有目的、有计划地进行击打练习。在练习前，应安排击打组数、每组的时间及要求，并掌握出腿的频率、轻重腿的节奏，还应根据自身的技术特点、体力情况进行安排，以提高练习效果。

（三）竞技跆拳道技术训练要求

竞技跆拳道技术训练的根本目的，就是建立合理规范的动作动力定型，不断提高技术动作的数量和质量，不断提高专项动作的速度、力量和耐力。此外，在比赛双方练习者的方向、距离、角度和姿势状态不断变化的动态条件下，使用技术动作进攻、防守和反击，从内动打抢攻、小动打迎击到大动打反击，从选择战机、选择动作到选择部位等，完成一系列复杂的动作操作过程，并达到准确有效的要求。

在竞技跆拳道技术训练过程中，对手的动作姿势状态是诱导信号，而对自己针对对手的诱导信号所采用的相应方法是一个效应结果。对手的动作在不断地变化中，因此诱导信号具有不可预测性，在对手不可预测的诱导信号出现的瞬间，自己完成这种复杂的动态操作过程，主要依赖于人体生理的第二信号系统的动作条件反射能力。这种动作条件反射能力比建立基本动作的正确动力定型的复杂程度和训练难度要大得多。为了有的放矢地提高技能水平，使练习者尽快掌握和形成这种动态条件的反应能力，达到本能条件反射的水平，训练时必须提出严格的训练要求来规范练习者的行为。

1．细致入手，重在纠错

出现错误，是指练习者的行为违背了技能的要求。虽然，跆拳道练习者在平时训练过程中，面对庞大的技术体系、复杂的操作过程、动态对抗的条件反射，出现动作不规范的错误，以及观察、判断、选择战机、选择动作、选择部位等方面的错误是客观存在的。但是，错误是正确的对立面，不消灭错误就不可能建立正确。正因为如此，在跆拳道的技能训练中，教练决不能对练习者技术和运用上的错误视而不见，练习者对自己存在的问题也决不能放任自流。

跆拳道技能训练的任务，在某种程度上就是要通过减少或消灭练习者出现错误来完成的。错误越少，练习者进攻或反击的成功率越高，正确的条件反射能力建立越快。跆拳道技能训练的过程就是一个减少错误的过程，这如同学生学习写文章一样，在消灭错字和病句中逐渐取得进步。

另外，练习者每出现一次操作动作的错误，不但自己不能得分，而且给对手提供了一次得分的机会。在跆拳道技能训练过程中，尽量减少练习者出现错误可以作为技能训练的一个硬性指标。一旦练习者出现动作规范上的简单错误，教练应该及时地提醒纠正。如果出现观察、判断、选择战机、选择动作、选择部位等较为复杂且不容易纠正的错误，要及时地进行技术原理上的分析或提示，使练习者知其然还要知其所以然，才能提高练习者改正错误的主动性和自觉性。

一般来讲，动作规范性的错误容易改正，因为练习者可以通过本体感受器来进行自我控制和调整。在比赛中需要人体第二信号系统来完成的动作条件反射性的错误，由于受人体第一信号系统动作条件反射能力的干扰，重新建立依靠第二信号系统来完成的动作条件反射能力特别困难。教练应该保持清醒的头脑，克服习惯成自然、视而不见的心态，要有纠正错误不厌其烦的态度，以及练习者不建立正确的动力定型和动作条件反射能力决不罢休的意志。此外，还要在训练方法技巧上加以改善，从细节入手，同时加强运动训练过程的控制与诊断，强化加深练习者第二信号系统动作条件反射的痕迹，直到对某种诱导信号建立正确的效应结果达到自动化的程度之后，某一个错误才有可能消失。

训练中必须值得重视和贯彻落实的是：当基本技术趋于成型、稳定之后，完成动作过程中出现的问题，一定要快速去纠正。只有快速解决问题，才能在实战中有所体现。

2．以练为战，抓漏补空

漏动作，是指战机出现以后没有采取对应措施的行为。根据跆拳道动作与动作之间相生相克的原理，根据练习者在实战中动作姿势状态存在的动作规律，经过比赛实践过程的探索和研究，我们对练习者所有活动的过程，总结出了“内动打抢攻，小动打迎击，大动打反击”的具体行动方案。通过具体行动方案，我们可以得出跆拳道练习者在任何时候都可以进攻，有进攻就有反击的结论。

练习者要想在比赛中达到结论所表述的情况，关键在于教练和练习者对各种动态、各种战机、各种相应对策的理论认识达到一定的深度，同时必须培养出练习者相应的能力，二者缺一不可。

目前，在比赛过程中，练习者为了等熟悉的或有把握的战机出现之后再采取相应的行动，经常会长时间对峙或消极等待，一方面浪费了大量得分的战机，另一方面严重阻碍了跆拳道练习者动作条件反射能力的形成。

在跆拳道技能训练过程中，“不能漏动作”的要求就是针对这一状况提出的。“不能漏动作”要求练习者在任何情况下都要多抓战机、多出动作、多争取得分，主动进攻，果断顽强；要求练习者对每一次出现的战机都要有相应的动作对策，尽快建立动作条件反射的能力。在训练中，“不能漏动作”是多快好省地提高跆拳道技能水平的关键所在。

3. 防守有度，控距慎退

后退，是指对手练习者向前移动或发出进攻时，己方向后移动的行为。“一退三空”，不管对手向前移动或用什么动作进攻，只要在进攻动作发出的瞬间往后移动，不但容易做到而且容易躲过对手的攻击。单从防守的角度来讲，后退是一种有效的防守方法。但是，退防的最大缺点就是浪费了一次“小动打迎击”“大动打反击”的得分机会。由于只后退防守而不争取直接迎击或反击得分，从采用技术的角度来看，与相生相克地选择相应动作进攻或反击的原理是背道而驰的。

后退的实质就是漏动作，但是技能训练已经提出了“不能漏动作”的要求，为什么还要提出“不准后退”的要求呢？根据苏联生理学专家巴甫洛夫对人体生理条件反射第一信号系统和第二信号系统的分类，后退躲闪属于人体的第一信号系统，是天生就具有的动作条件反射能力。只要对手发出进攻动作，练习者本能地就会掌握退防技术。跆拳道技能训练要求“不准后退”的目的，就是要改变退防不得分的落后技术，强化建立需要人体第二信号系统支配的、能够直接得分的复杂动作条件反射的能力，较好地体现跆拳道技术与运用的先进性。

“不准后退”主要是对跆拳道技能训练时的要求，针对的是练习者能够直接使用“小动打迎击”“大动打反击”得分时，不采用迎击或反击动作而采用退防动作的情况。当然，合理的后退防守接反击动作，或者在比赛中为了调整比赛的节奏，调整自己的体力，避开对手的锋芒等，具有技术需要或战术目的闪躲后退，不属于“不准后退”的要求范畴。

第五章　跆拳道专项身体素质训练

跆拳道专项身体素质训练旨在提高与专项成绩有直接关系的专项运动素质，以保证运动员在比赛中运用专项的技术、战术，创造优异的运动成绩。不论是自己进行专项身体素质练习，还是指导别人进行专项身体素质练习必须遵循一定的原则，否则会产生不良的后果，影响训练的进行，甚至导致训练的失败。

第一节　跆拳道专项身体素质训练的重要性和原则

一、跆拳道专项身体素质训练的重要性

体能，即跆拳道练习者的身体素质，是练习者在训练、比赛中身体形态、机体机能、运动素质的体现。体能是多种竞技能力整体结构中的最根本的竞技能力，包括三个主要方面：一是身体形态，包括身高、体重、身体匀称性；二是机体机能，包括人体各系统生理机能和运动能力；三是运动素质，包括速度、力量、耐力等方面的素质。体能是体能能力的外在表现，也是各种体能发展水平的外在表现。在跆拳道运动项目中，速度、力量和耐力三项指标是体能水平评价的核心指标，它们分别发挥着不同的作用，并互相约束、相辅相成。这三项指标中任何一方面发展水准的变化，对整个身体素质都有一定的影响。因此，运动素质是身体素质的外部体现。跆拳道练习者运动素质的提升，不仅需要进行专项训练，还需要科学的测验方式和评价方式，通过运动素质测验，收集与训练相关的信息，然后把测验结果和相应标准加以比较，并且开展综合评价，进而对运动素质的训练与发展加以控制。在综合评价跆拳道运动员的运动素质时，应当做好以下三个方面的工作。

（一）筛选评价指标

对运动素质指标展开评价时，应当选取对专项成绩影响与作用最大的指标，

该项指标的性质特征与结构特征和专项特征大体相同。第一步，提出初选指标；第二步，开展专家调查，进而把初选指标进行经验筛选；第三步，对通过经验筛选的指标开展实际测试，获取基本数据；第四步，采用统计方法确定评价指标。

（二）建立评分量表

首先，抽取特定的样本数量，测试已经确定的评价指标，进而获取建立评分量表所需的原始数据；其次，进行指标的正态检验，计算出各指标的平均数和标准差；最后，采用标准化量表或累进量表的形式，建立各指标的评分量表。

（三）制定评定标准和评定方法

依照评定内容，制定合理的评定标准与评定方法，科学评定跆拳道练习者的运动素质单项与综合发展水平、各项运动素质均衡发展程度、运动素质综合发展水平与专项成绩适应程度，进而找出跆拳道练习者在运动素质发展方面的欠缺部分，找出跆拳道练习者当前状态与发展目标之间的距离，判断运动素质发展水平和专项成绩水平的适应程度，从而对跆拳道训练过程实施更好的监督与控制。

在做好运动素质综合评价机制的基础上，体能训练才能有更科学的效果。跆拳道练习者的身体素质，是指跆拳道练习者的身体机能。它是跆拳道练习者在竞技赛场上，所能充分展现其技战术技能的重要保障。体能训练就是通过多种高效的方式，对练习者的身体产生正面的作用，以达到增强体质、完善形体、提升运动质量的锻炼进程。这与技术、战术、智力、心理训练都有着密不可分的关系。正确的训练是增强技术、战术技能和竞技水平的基础，也是练习者进行训练与竞赛的基础，还是保持稳健心理素质的关键方法，以及增加运动周期的根本保障。在体育训练中，练习者的身体素质训练就是以改善身体素质为主体，从而进一步修正身体形态，增强身体功能。因此，体育项目必须包括力量、速度、灵敏性等的锻炼。

跆拳道运动是一项讲究速度、力量、灵敏的对抗性体育运动，要求练习者有快速移动、攻防转换的能力，因此它对练习者身体素质的要求特别高，突出表现在全面性方面。跆拳道比赛是在练习者之间展开的，为了充分展示跆拳道技术和战术的实际效果，必须有身体素质为基础。没有好的体能基础，就难以充分发挥技术和战术的威力。练习者在比赛过程中所展现出的技战术水平是由其身体素质决定的。在激烈的比赛中，没有充沛的体力，就不能完成比赛任务，也就不能展现出技战术水平。跆拳道是一项以腿法和拳法为主的技战性运动项目，与其他格斗项目不同，跆拳道的技战术性在比赛中得到了充分展示。

比赛规则在一定程度上对练习者的竞技行为起着一定的调节作用，并对战术和战术的发展起着导向作用。在跆拳道中，攻击对手的有效部位数作为胜利和失败的关键标识。在比赛中，练习者总是保持着持续的运动，经常利用腿法、拳法攻击、防御、反击等，在遵循规则和安全第一的情况下，将人体战斗技巧的美感发挥到极致。因此，对跆拳道练习者的身体素质提出了更高的要求，尤其是综合素质。所谓综合，指的是任何一项体能训练可以涵盖的项目，跆拳道都对这一项目有很高的标准。例如，打击要有力道，有力道才能得分并让对手投鼠忌器，甚至一拳就能够胜利；行动要快，有了灵活的进攻和防守，才可以达到“拳打人不知”的效果；一场多回合的比赛，对体力的要求很高，没有好的体能素养，就不能呈现出最佳的战术和战术；击头分值高（按规则：命中头部可得 3 分，转身可获 1 分），要求身体柔韧性好，可将高脚踢至头部；在竞赛场上，攻防转变、闪避和拦截等都需要身手敏捷。

跆拳道运动是一项由多种运动结构类别变异而成的运动，它的身体机能指数可以表现出综合性能。它不但体现了跆拳道的竞技性，而且为进一步发展、提高跆拳道练习者的身体素质奠定了基础。在竞技格斗中，无论是单招还是快速连招，爆发力都是一项必不可少的基本素质。因此，练习者的 ATP−CP 代谢能力一定要强；连续三局，每局 2 分钟的高强度对抗及一天内多回竞赛，要求练习者有较强的乳酸代谢能力；练习者对乳酸耐力的要求很高，既要在规定的时限内，又要高质量地完成动作；比赛中的短时间休息是为了给下次攻击蓄能，在彼此争持间寻求攻击机会的过程中，对有氧代谢的要求更高。在比赛中，速度、耐力、敏捷等要素都可以在比赛过程中体现出来。因此，在训练时，不能偏颇某个要素，而忽略其他要素，要全面了解和考虑多项要素，确保彼此之间的平衡，以长制短，采取适当的训练方法，让它们同时进步，这是在跆拳道训练中需要掌握的关键一环。

二、跆拳道专项身体素质训练的原则

（一）自觉积极性原则

人的自觉积极性是一切工作顺利进行的前提和保障。在跆拳道专项身体素质训练中，也要充分展现人的自觉积极性，充分激发练习者的积极性，才可以实现练习目标。因此，自觉积极性原则在确定训练目标、改善练习状态及刻苦努力等方面都起到了很大的作用，能够让练习者主动思考及开动大脑，将训练的思想转化为实际的训练。

（二）从实际出发原则

要结合自身或队友的实际状况，采取可行、正确的训练方式，确立训练目的，以原来的体质为基础，开展适当运动量的专项身体素质训练。如果对自己的要求太高，项目太多，选用了不恰当的训练方式，或者是不符合实际的运动负荷，都会突破自己或队员的水准和技能，影响训练效果，而且会带来不好的结果，甚至有可能造成重大伤亡。反之，如果锻炼的强度过小，或者要求过少，都无法实现锻炼的目的。因此，在对练习者开展专项身体素质训练之前，必须根据运动员的实际状况，制订出一套科学客观的体能训练方案。

（三）全面发展原则

跆拳道竞技要求的是全面的体能，在开展专项身体素质训练的时候，应本着全面发展的原则，通过多种练习项目、模式，让身体各部位、器官和系统等促进身体各项素养的全面发展。因为在脑的统一指挥下，人的身体是一个有机体，所以身体的各部分和系统的功能、各项素养之间既有紧密的关系，又彼此约束。因此，只有合理的组织和配合，才能使人体的各部位在训练中彼此作用、协同进步，从而达到均衡的目的。另外，在训练过程中，要注重其长处和弱点的分层练习，要本着全面的原则，多锻炼弱点，以实现全面发展。

（四）合理安排运动负荷原则

在训练过程中，是否适当地进行锻炼，对机体的适应性有很大的影响。过度的运动负荷，会对身体产生很大的影响，严重时可能会导致身体无法承受，从而发生意外伤害。锻炼量太少，又无法达到理想的效果。所谓合理安排运动负荷，是指在开展专项身体素质训练时，将自身或队员的体质与训练的项目、目标、特定需要相结合，对运动负荷进行合理的分配，使训练负荷不仅适用人体，还能够对人体有一定的调动作用，从而提升练习者的专项素质。同时，要按照不同的训练层次、训练时期、训练内容合理安排训练与休息的时间，使练习者的身体素质得到大幅度的提高。

（五）具体问题具体对待原则

专项身体素质训练要想取得成效要靠特定的培训才能达到。因此，在训练过程中，必须有针对性地加以处理。在进行专项身体素质训练之前，练习者要做好充足的准备活动；在进行专项身体素质训练之后，要让肌肉得到放松，这样才能让身体有更好的状态。在专项身体素质训练中，要注重礼仪的培养，发扬“以礼始，以礼终”的尚武精神。

第二节　跆拳道的力量、柔韧素质训练

一、跆拳道的力量素质训练

力量素质指的是在运动过程中，肌肉所具有的突破内、外力的力量。跆拳道的力量素质包括：进攻所需的打击力、步伐转移所需的下肢力、多种技术动作转化所需的综合力及对抗力。在跆拳道的练习与竞赛中，练习者要全面发挥多项能力，不能过于简单地训练某一项。如果不能做到这一点，就会对其他力量素质的增强产生影响和限制。由于跆拳道运动具有多个特点，对力量类别的要求也不尽相同，因此，在练习中应尽量不采用单一的练习方式，以确保各项力量素质的平衡发展。

（一）跆拳道的力量素质训练分类

1. 最大力量训练

最大力量是肌肉在对抗不可战胜的力量时所能达到的最大力量，其依赖于神经刺激的力度与频次，以及肌肉的内部调节性、关节角的改变等。跆拳道运动中，最大力量表现为相对力（即运动的打击力）。

（1）最大力量训练的训练方法

可以通过以下两种原理的作用方法来进行最大力量的提升。

①改善神经调节机制，提高肌肉协调能力。

跆拳道比赛按练习者的体重分级进行，增大力量而不增加体重尤为重要。这种训练途径符合跆拳道运动的特点，能够满足跆拳道比赛的要求，即有效地提高最大力量却不增加肌肉体积。训练时可以采用以下几种方法。

A. 肌肉收缩—放松的训练。“文武之道，一张一弛”，练习者在发出动作之后回收的过程中，或者动作间的间歇中（跆拳道比赛中，双方练习者有较多的相对对峙），应尽量使肌肉保持合理的放松，克服较长时间的紧张僵硬状况，在击

打过程中肌体要遵从放松—紧张—放松的原则，这样可以帮助肌肉快速地增补能量；利于神经调节系统做出反应，为接下来的进攻做好准备；有助于减轻对主、副肌的消极作用。这样才能最大力量地发挥出自己的实力。

B. 保持对肌肉刺激强度的训练。在练习中，除熟悉、完善和仿真技战术动作以外，空中打击、踢靶等，同样需重视练习者以最大力量展现每个技能，以此来增强神经系统的积极性，增加肌肉的刺激强度，确保技能的实效，从而达到最大力量的提高。

C. 整体发力的训练。在打击动作的过程中，要尽量激发全身最大的力量，并打破仅有部分肌肉参与的限制。例如，横踢打击的动作步骤是：击打腿蹬地——向前抬膝——同时转髋、扣膝、支撑腿旋转——小腿从屈到伸，这是用髋带动大腿，大腿带动小腿，把全身的力量都集中起来，形成一个击打动作，不能让小腿带动大腿。在这种情况下，无法让整个身体的主动肌、协调肌都参与到动作中来，因此动作就会不流畅，从而削弱力量。与此同时，在出拳的那一刻，要发出一声呐喊，让自己的力量变得更加强大。因此，跆拳道练习者在进行训练时，要注重对整体发力方法与技术的学习与掌握，确保练习的动作都要遵循整体发力的准则，确保能发挥出最大力量。

D. 保持击打合适距离的训练。跆拳道运动中所产生的力度取决于运动的移动距离。在相同肌肉的重量下，移动距离越短，发力越小，移动距离越大。在没有任何征兆的情况下，要使运动的打击力度得到充分发挥，需不断地改变合适的打击距离，才能使攻击产生最大的力量。距离的变化，关键是通过对步伐的运动或是对运动本身的姿势进行调整，使运动达到最大力量。

E. 提高动作击打准确性的训练

跆拳道的动作能够分成三种，分别是起跑、跑、落点。其中，出拳的速度和力度都存在着很大的差别：在运动开始的时候，初始速度很慢，出拳的力度也很小。最大值出现在与撞击点接触的那一刹那；在收招的那一刻，力道是“零”。因此，在练习时应注意使打击部位和打击力度最大的那个点相匹配，这样才能使动作的最大打击力得以发挥。

②增加肌肉的生理横断面。

A. 负荷强度。以最大负荷量的 60%～85% 反复训练，可以促进肌肉的功能化，提高其生理横截面。为避免肌肉纤维过于粗大，对练习者造成伤害或增加心理压力，应依据跆拳道的特性谨慎使用。通常一周可以根据情况安排 1～2 次。

B. 练习的重复次数与组数。可依练习者自身条件及技能，以 4～8 次为一组。

尤其要注意后面几组的训练要保证高质量地完成，这样，才可以增加肌肉的力度，增强肌肉的能量供给，促使肌肉横截面变大。因为在后面几组的训练中，其动作单元已经实现了最大值，而身体机能却在降低，所以这个时候的训练就像是在做极限训练一样。

C. 练习的持续时间。在每一次的练习中，速度减慢、动作流畅、没有停顿，一次练习的时间在 4 秒左右，从而使参与动作的肌纤维增厚，使肌肉横截面扩大。

（2）最大力量训练的组间间歇时间

在肌肉的疲惫感消失后，就可以开始下一组的训练。高质量练习者的间歇时间通常为 2～3 分钟，力量较弱的练习者可增加间歇时间。在休息的时候，练习者可以进行短时间的快动作训练（如 10 米冲刺、5 秒以内的高抬腿等）来加速疲惫的恢复。

（3）最大力量训练的要求

①在最大力量的锻炼中，应该使用克、退两种动力组合进行训练。

②在进行最大力量练习时，不可过多地使用最大负荷：一是最大负荷只能重复 1～2 次，没有 8～12 次那么有效；二是高负荷的训练容易造成身体损伤及心理损伤。

③最大力量训练的项目与方式应与练习者自身条件相适应。将一般的力量训练与有目的的专项力量训练联系起来，要有计划地进行，并且要先做一般的训练。

④最大力量训练要把大肌肉群和小肌肉群的训练统一起来，首先进行大肌肉群的最大力量训练，然后进行小肌肉群的快速力量训练，防止小肌肉群损伤。

⑤跆拳道是一项以重量为基础的击打性运动，要求增大相对力量。因此，在进行最大力量练习的时候，一定要把重点放在管控体重上，更多的是通过改善肌肉内部的协调性来增大最大力量。这样不仅可以提高相对强度，还可以避免由于强度的增加而导致体重的变化。

2. 速度力量训练

速度力量是一种将力量与速度相关联而形成的一种优质力量素养。当练习者用更大的力气和更快的速度来进行运动时，就会展现最大的速度力量。

速度力量水平的高低可用速度力量指数来进行评定和衡量。肌肉负荷与收缩速度的关系是：负荷越大，速度越小，当负荷趋于极大值时，速度趋于极小值；当负荷趋于极小值时，速度趋于极大值。

要想获得最好的训练效果，就必须同时提升最大力量与速度。因此，在进行速度力量训练的时候，必须增进力量与速度之间的关系，才可以更好地满足跆拳道运动的需要。在训练中，不管是以减缓动作速度为主，还是以减轻力量为主、以加快动作速度为主，或者是以加强力量为主，都要把握好训练负荷与动作速度之间的最佳配比。

在跆拳道项目中，力量属性以速度力量为主。竞技跆拳道对速度和力量的要求很高。在这种情况下，肌肉的大小并不重要，重要的是肌肉内部的调节及肌肉的伸缩性。因此，跆拳道速度力量的练习应极大地加强各肌肉在伸缩时的协调性。

（1）速度力量训练的练习强度和练习量的安排

①肌肉工作的方式。发展速度力量主要采用动力性的工作方式，包括克制性的、退让性的等动和超长的工作方式。

②负荷强度的大小。负荷强度可以在较大的范围内波动（30%～100%），应视练习的性质和目的而定。如动作难度较高、参与工作的肌肉较多的速度力量练习，负荷强度可以在最大力量的70%以上；专项动作（如负重的踢击练习）则能够使用最大力量的30%～50%。总而言之，在以爆发力为主的运动训练中，应加大负荷强度，在加大初始力度的时候，可适当降低负荷。

③动作的练习速度。若以增强爆发力为目标，选用亚极限速度；若以加快踢腿的速度为目标，则选用极限速度。如果使用等动训练方式，应尽量在每秒150弧度或更快的速度下进行练习。

④完成单个练习的时间。由于跆拳道运动需要很快的运动速度及中枢神经系统的兴奋性，所以每次时间都不能太久。要做到这一点，既要保证运动的速度，又不能使人感到疲惫，一般一套运动的次数是1～5次或1～6次。每个训练周期为3～4秒或6～8秒。训练的特定时长与训练的特性、强度、水平及训练的组织方式有关。

⑤组间间歇。组间休息必须保证机体工作能力的恢复和非乳酸性氧债的清除。局部肌群投入工作的短时性（3～4秒）练习之间的间歇时间可以在30～40秒；全身性肌肉工作或单个练习的时间较长，间歇时间可在3分钟以内，个别情况可在3～5分钟。在间歇中可视情况做一些适当的放松运动，保证在下一个练习前使身体调节至最佳恢复状态。

⑥一次课练习的组数。练习的组数和重复的次数不宜过多，应根据练习的性质和负荷的大小来确定，应以不降低动作练习速度为原则。负重量大，练习强度大，则重复次数少，反之则多。有人总结当今优秀运动员发展速度力量的训练实践后认为，一次课的练习组数在2～6组内波动。德国的比勒和他的小组则认为，

当负荷强度为30%～50%的紧张练习时，练习的组数为5组。

（2）发展速度力量的常用训练方法

针对跆拳道项目的特质及实际练习，对其进行速度力量的训练，一般采取如下几种方式。

①负重练习法。在跆拳道的练习中，常采用重量负荷与特殊动作组合的方式，以增强速度力量。例如，在负重情况下进行各种踢腿训练、短跑练习等；利用橡皮筋的弹力进行各种踢腿训练；通过杠铃做各种各样的训练等。

A．负荷重量。在开展速度力量负荷训练时，若负荷太重，则会减慢动作的速度；如果负荷太轻，就很难发挥出速度力量的优势。一般是将最大负荷量的40%与专项动作结合起来，使力量与速度协调发展。在训练过程中，应该让练习者尽力确保尽可能快速地完成各项训练。

B．练习的次数和组数。计时练习通常是5～8秒一个周期，做5～10次；计数练习每组通常是10～15次，做5～8组。在确定练习组的数量时，应该根据练习者完成动作训练的速度来决定。如果动作完成的速度没有减慢，就能够适当地增加练习组数；如果动作完成的速度变慢时，练习就应该停下来。

C．组间间歇时间。在训练中，间歇时间是为了恢复肌肉疲劳和中枢神经系统的兴奋性，以便达到最佳状态。间歇时间应该足够充分，但也不宜过长，一般情况下，每组练习后的间歇时间为2～3分钟。这段时间可以让心率和呼吸逐渐平稳下来，肌肉得到足够的休息，以便进行之后的练习。

②徒手练习法。徒手练习法有台阶跳、收腹跳、蛙跳、高抬腿、左右提膝、直腿收腹等，这些练习法的组合，可以根据需求进行调整，以加强不同肌肉群的训练，增强身体的力量、耐力和灵活性。

普通的徒手练习，在训练的时候一般是用计数法，可以依据练习者的实力、目标等情况，在一组中要求15～20个，反复练习3～5次。一种与特定动作相结合的持续、迅速的徒手练习，通常是计时开展训练的，每组训练3～5秒或6～8秒，训练次数可以依据练习者的具体情况进行5～8次。不管是什么训练方式，都要鼓励练习者在训练时尽可能地确保自己能尽快地完成每一组训练。

（3）速度力量训练的要求

①在速度力量的训练中，应将速度、力量的局部与整体的综合训练有机地结合起来。增加整个身体的速度和力量，能够促进局部速度和力量的改善。因此，在运动训练时，还应将单项运动的速度力量训练和综合运动的速度力量训练有效结合起来，推动大肌肉群和小肌肉群的协调配合。

②在训练时提高相对力量，进行重量训练，快速激活肌肉纤维。此外，训练中考虑技术动作的速度，确保执行技术动作时的迅速性和快速反应能力。

③在速度力量的训练中，尤其是与专项练习相结合的时候，要注重动作的效果，保证动作的迅速，并且在训练中发挥出最大实力，达到最理想的效果。

④在速度力量训练中，要结合运动项目的特性，对速度和力量两个影响因子的最佳组合进行优选。总体上来说，有以下三个备选方案。

在不改变运动速度的情况下，加大锻炼的强度，这就是“力量性”速度力量锻炼。

在同样的训练量下加快运动的速度就是所谓的“速度性”速度力量锻炼。

运动负荷与运动速度的同步提升，即所谓的“全面性”速度力量锻炼。将更多的“速度性”运用到跆拳道专项速度力量上来，全方位地加快攻击、防御、打击、步伐等的运动速度。

3. 力量耐力训练

力量耐力是一种在一定时限内完成比赛动作所要求的高强度的肌肉伸缩力。

力量耐力训练受到多种因素的影响，包括以下几个主要方面：①血液循环和呼吸系统的机能。良好的心血管系统能够提供足够的氧气和营养物质给肌肉，同时有效地清除代谢产物，这对于维持长时间高强度运动至关重要。②无氧代谢和氧耗能力。在跆拳道运动中，既需要快速爆发力的动作，也需要持续的力量输出。无氧代谢能力提供了短时间内高强度动作所需的能量，而氧耗能力则为长时间持续运动所需的能量供应提供支持。③意志品质。跆拳道是一项具有高度竞争和挑战性的运动，练习者需要具备坚强的意志品质来面对困难、战胜疲劳。

进行力量耐力训练时，其练习条件应与跆拳道比赛特点相适应的环境氛围接近，采用的训练方法在内外结构上应与比赛技术动作近似，并力求体现出明显的力量特征。例如，多次重复的腿法练习，除动作速度外，应力求表现出高水平的起动力和爆发力；多次重复的组合脚靶（护具靶）或踢沙袋练习，应尽可能地发挥出最大力量和爆发力，提高练习者对反复完成比赛技术动作的相应力量性工作的适应能力。

（1）力量耐力训练的练习强度与量的安排

①负荷强度。在确定训练时的负荷强度时，需要根据每个练习者的个体差异、训练水平等进行评估和调整。最好的做法是逐渐增加负荷，使之处于适当的挑战范围。这样可以确保有效地提高力量耐力，并避免过大或过小的负荷对训练效果的负面影响。在专项力量、耐力训练方面，主要是加强步伐、腿法等的力量耐力

训练，其负荷量稍高于平时的5%～10%；加强综合技术的力量和耐力的锻炼，相当于在比赛中负重超出10%～30%。在一般力量耐力的练习中，以提高最大力量耐力为目的，可以用50%～80%的负重进行反复训练；加快速度，增强力量耐力，可用30%以内的负荷强度反复训练。

②练习的次数与组数。每组练习的次数一般要求达到最高次数，直到练习者因疲劳不能正常完成动作练习为止。根据跆拳道运动实践，我们通常采用计时练习来控制练习量，提高出腿力量耐力的每组练习时间可为30～60秒，重复练习4～6组；空击、组合踢靶、踢击沙袋等发展最大力量耐力的练习时间，可在30秒～2分钟的范围内波动，重复练习5～8组。

③组间间歇时间。训练中的组间间歇时间根据训练的性质、负荷的大小、所用的时间及所使用的肌肉数目而定。若练习的时间较短，需通过数组练习才能达到极限疲劳，组间间歇应在身体未完全恢复的状况下进行。例如，发展腿击动作的肌肉耐力的力量训练，练习持续时间常为30～60秒，间歇时间短于练习时间5～10秒。练习的持续时间较长，并希望每次练习都达到较满意的训练效果，间歇的时间应长到足以使机体恢复至训练的初始水平或接近初始水平。

④练习的速率。在增加一般肌肉耐力的负荷训练中，动作速率要适度，不要过分追求速度，因为过快的速度可能会导致动作技术的准确性和力量输出的降低。适中的动作速率可以确保肌肉得到适当的负荷和刺激，促进肌肉耐力的提高，而在发展专项肌肉耐力能力的练习中，尽可能地与比赛时的动作速率保持一致。这样可以更好地模拟比赛场景，动作速率一致性有助于训练身体在比赛中快速而持久地表现出理想的力量耐力水平。

（2）发展力量耐力的常用训练方法

①专项练习训练法。这种训练法的目的是提高在比赛中担任重点工作强度肌肉群的力量耐力，使其达到更高的水平。在跆拳道专项力量耐力训练中，常采用接近比赛条件的动力性重复练习。这种训练方法模拟比赛中的动作和节奏，以较高的强度和速度进行反复训练。通过这种方式，可以让练习者满足比赛中的要求，如踢脚靶或护具靶、运用各种进攻技术动作踢击沙袋等练习形式。在开展以上训练的过程中，能够采取比较小的负荷，来增强练习者的专项力量耐力。一般情况下，每一种训练方法的训练时长都在30秒～2分钟；如果有需要，能够增加到3～5分钟，或者更久。

②循环训练法。循环训练法是指在一个训练周期内，练习者完成一系列设定的练习或活动，每个练习之间有较短的间歇时间，然后重复这个过程多次。这样

的训练方法可以有效地结合不同类型的训练，从而综合提高练习者的各项能力。在现代循环训练法中，还可以通过改变训练参数，如重量、重复次数、间歇时间等，来制订不同的训练计划。通过这种途径可以针对性地进行力量、协调力等各种能力的训练。

循环训练是增强肌肉耐力的关键方法，并且可以根据多种运动的需求进行个性化的设计。根据国外运动训练专家的建议，两种常见的循环训练方式如下。

第一种方式：高强度间歇循环训练。

高强度间歇循环训练要以最高强度50%～80%的负荷，以10～30次为循环周期。休息间隔应该是发力时长的2～3倍。高强度适用于较短间距高速运动（如游泳、短道速滑等）的肌肉耐力锻炼。

第二种方式：低强度间歇循环训练。

低强度间歇循环训练是在低负荷（30%～50%）下进行较长时间的动作重复练习，练习速度适中或较慢，通过增加动作的次数来实现肌肉耐力的训练效果，这有助于加强肌肉的耐力和控制能力。此外，休息间歇相对较短，以维持较高的训练强度，这种训练方法对于周期性运动项目非常有效，因为这些项目要求维持较长的持续运动（如长跑、长距离游泳、越野滑雪和赛艇等），而不仅仅是短暂的爆发力。

跆拳道作为非周期多元变异结构的交手对抗项目，有其自身固有的特点和要求，一般采用高强度间歇循环训练的方法来提高专项动作肌肉的力量耐力（单个动作或固定组合动作的快速重复练习）。根据比赛需要和练习者的实际情况，有时也采用低强度间歇循环训练的方法（单个动作或自由组合动作的重复练习），来发展全身一般性的肌肉耐力。

制订循环训练计划时，应注意以下问题。

A. 一组循环练习的时间可以根据具体情况来定，如4种练习、6种练习或8种以上练习。整个循环练习的时间通常在20～30分钟，每组循环练习可做3～5次。总的来说，确定循环练习的具体时间安排需要综合考虑练习者的个体特点、运动项目要求及循环练习特点等因素。

B. 循环性训练应分阶段进行，因人而异，适当安排每个“站”的详细内容，慢慢地增加机体负荷。可以通过个性化调整、控制休息时间等来进行训练，重要的是，循环训练应该在专业教练的指导下进行，以确保安全性和训练计划的科学性。

C. 循环训练具有稳定性，让多名练习者一起参加，从而调动练习者练习的积极性。这种集体参与的方式可以带来多方面的好处：激发动力和竞争心态、培养团队合作精神等。当然，团体训练也需要注意管理和指导。教练需要适时地调控训练氛围，避免过度的竞争导致紧张情绪或不良影响，使练习者共同成长和进步。

D. 循环训练应该具有全面性，以实现身体各部位肌肉群的同步发展。通常来说，下肢、上肢、腹部和背部是循环训练中常涉及的主要部位，进行循环训练时，可以结合以上部位的练习动作，增加相应的辅助训练。

E. 训练负荷量的表示可以灵活安排，根据具体情况采用不同的表示方式。通常训练负荷量可以使用确切的时间或次数来表示，同时在进行循环练习时，可以根据具体需求来调整组间间歇和练习时长，以达到最佳的训练效果；满足训练要求，对于训练的进一步调整和个性化进步非常重要。

（3）力量耐力训练的要求

①在发展练习者力量耐力的同时，练习者的心血管系统和呼吸循环系统的机能能力应与之同步得到发展并日益完善。

②在进行专项力量耐力训练时，动作练习的速率要与比赛时的动作速率要求相近似。

③在训练过程中，组间间歇时间的长度应根据不同的训练目标和练习者的状况来调整。确保适当的疲劳积累和力量耐力的训练效果，并结合练习者的反馈和体征来确定合适的组间间歇时间。

④跆拳道比赛中，每场比赛都要求练习者在短时间内多次使用高强度动作，所以绝对力量耐力的提高对于练习者的表现至关重要。因此，应结合跆拳道比赛的规则和特点进行有针对性的训练安排。

⑤在开展力量耐力训练的时候，提升练习者的心理素质和意志品质非常重要。甚至可以说在一定程度上决定了训练效果的成败，还能使练习者更好地适应力量耐力训练，并更好地发挥潜力

（二）跆拳道力量素质训练具体方法与手段

1. 一般力量素质的方法

（1）下肢力量

①跳绳。跳绳包括单脚连跳、双脚连跳、花式等。

组别数量：限制次数、时间。例如，一套动作需做 400～600 下，训练 6～8 个周期；也可以选择连跳 3～5 分钟，做 6～8 个周期。

要求：流畅自在。

②负重连续跳或跳障碍物。两条腿绑沙袋，或者身穿沙衣、肩膀举杠铃做半蹲、深蹲、提踵跳；跳台阶等障碍物；平地梯形跳等。

组别数量：规定时间或次数，依据不同训练任务和要求，练习 6～8 组。

要求：保持上体正直，练习时身体完全舒展。

③负重杠铃深蹲或半蹲。

组别数量：快速训练，以适中的体重（70%～90%），组数为 4～6 组，周期为 4～6 次。

要求：将杠铃反放于肩，挺胸，膝关节朝向前方，身体自然弯曲，下蹲后迅速起身；半蹲的时候，膝盖弯曲，当膝盖与大腿齐平的时候，立刻站起来。

④负重专项技术练习。将沙袋绑在腿上，或者在移除沙袋之前，做后踢、劈腿、前踢等训练，以加快移动速度。

组别数量：10 次为一组，8～10 组，空击每组约为 5 次。

要求：动作规范，起动快捷，力量完整，快打快收。

⑤各种方式的蹲跳。例如，空中交叉跳、各个方向的分腿跳、跳山羊、单足跳等。

组别数量：每组 15～20 次，8～10 组。

要求：尽可能地跳起，保持重心稳定，减少地面接触时间。

（2）躯干力量

躯干各肌群主要发展髂腰肌、腹直肌、腹外斜肌等。

①负重或不负重的仰卧起坐（两头起）。

组别数量：每组 30 次左右，6～8 组。

要求：动作规范，快起慢落。

②固定腿的仰卧起身（一头起）。腿部可垫高、两手可持重物、可左右转体、可大小腿折叠。

组别数量：每组 20～30 次，6～8 组。

要求：动作规范，快起慢落，负重适度。

③俯卧挺身（背肌一头起）。固定腿部，可徒手也可负重练习。

组别数量：每组 20～30 次，6～8 组。

要求：确保动作质量，身体向后上尽可能伸展。

④立卧撑收腹跳。可徒手也可负重练习。

组别数量：每组 15～20 次，6～8 组。

要求：卧撑时双腿同时后伸，屈膝收腹至胸前，快速连贯。

⑤仰卧举腿（直腿或屈腿）。可徒手也可负重练习。直腿：双腿同时起落或左右交叉上下起落；屈腿：呈 30° 斜角做左右蹬腿练习，

组别数量：每组 20～30 次，6～8 组。

要求：双脚悬空，尽可能贴近地面进行。

⑥收腹举腿。悬垂于肋骨，直腿上举双腿。可徒手也可负重练习。

组别数量：每组 10～20 次，6～8 组；视情可增减。

要求：双腿上举过头，大腿贴近胸部，快起慢落。

2. 专项力量素质训练的方法

（1）跆拳道运动中最大力量训练

①静力性力量训练方法。静力性力量训练是一种重要的训练方式，它有助于提高肌肉的最大力量和耐力，同时对于伤后康复也有一定的帮助。这种训练可以增强身体的稳定性，提高肌肉的持久力，并有助于调整姿势和平衡能力。在进行静力性力量训练时，一定要结合科学的训练计划，注意负荷的控制和身体姿势的正确，以确保训练的效果。

②动力性力量训练方法。在进行动力性力量训练时，通常会使用较大的负荷，并尽力克服这些负荷，以增强肌肉的力量。这种训练方法适用于提高肌肉的最大力量和耐力。需要注意的是，这种训练方法应该以较慢的动作速度进行，以确保肌肉能够承受负荷并发挥最大力量。

③极限强度法。极限强度法又称为“保加利亚法”或“阶梯式训练法”，是保加利亚功勋教练阿巴杰耶夫发明的，其训练方法为保加利亚举重队的兴起做出了重要贡献，并产生了显著的效果。极限强度法的练习特征是强调高强度的训练，大多数每天要进行接近或超过个体当天最佳水平的训练。训练计划从递增重量开始，直到个体的最大重量，再递减重量进行一定的组数训练。这种训练方法在全年训练周期具有一定的稳定性。极限强度法可以有效地增强肌肉的力量和耐力，刺激肌肉产生更大的力量输出。

④极端用力法。极端用力法迫使肌群达到极限疲劳状态，激发神经冲动来调动新的运动单位和肌群，有效刺激肌肉的力量和肌肉体积的增长。通过进行大量的重复，使肌肉不断疲劳，实现肌肉力量的全面发展。通过反复进行这样的训练，可以增加肌肉的耐力和力量，并促进肌肉的生长与发展。然而，需要注意的是，这种极端训练方式对身体的负担较大，需要适当的休息和恢复来避免超负荷训练

和过度疲劳。举重运动员经常进行大负荷和高质量的训练，这种训练方法可以增加肌肉的横断面积，这对于提高运动成绩至关重要。值得一提的是，这种训练方法需要结合适当的营养和恢复措施来支持肌肉的生长和修复。练习者需要正确补充足够的蛋白质和营养，以支持肌肉的修复和生长，并注意充分休息和恢复，以避免过度训练和伤害。

跆拳道运动属于开放性、多元变异组合结构的临场对抗交手项目，双方练习者始终处于一个不断运动的过程，总是在频繁地调动、移动、调整中寻找时机。力量训练特别是最大力量训练是跆拳道训练的基础，使之具备充沛的体能，保证其在不断移动中能够快速地打出有力一击。

（2）跆拳道运动中快速力量训练

①上肢力量的训练方法如下。

A. 俯卧撑：屈臂时胸部几乎触底，伸臂时肘关节完全伸直。

组别数量：每组 15～32 次，8～10 组。

要求：确保动作质量，快速连贯。

B. 杠铃屈臂：以肘关节为轴做两臂的屈臂动作，到两肘完全屈收，杠铃横置锁骨部位，再放松伸臂至大腿前。重量 3～5 千克。

组别数量：每组 10～15 次，6～8 组；视情增减。

要求：确保动作质量，保持躯干正直。

C. 卧推杠铃。两臂伸直与肩部同宽，双手正放松屈肘，杠铃至胸前，但不能接触胸部，然后双臂用力上举，至伸直位置。极限重量的 60%～70%。

组别数量：每组 6～10 次，6～8 组，视情增减。

要求：确保安全，动作连贯。

D. 爬绳或爬杆：室内长度约 5 米，锻炼力量的灵活性和耐力性。

组别数量：上下为一组，6～8 组；

要求：确保安全，身体尽量保持平衡，控制摆动幅度。

E. 负重拳空击：各种跆拳道的拳法组合的空击练习。重量 1～2 千克。

组别数量：每组 20～30 秒，8～10 组；

要求：确保动作质量（以拳法规范为标准），快速、有力、连续。

②躯干各肌群的训练方法如下。

A. 仰卧起坐（两头起）：徒手。

组别数量：每组 10 次，6～8 组。

要求：确保动作质量，快速无停滞。

B．仰卧起身（一头起）：徒手。

组别数量：每组 10 次，8～10 组。

要求：确保动作质量，快速连贯，一气呵成。

C．站立负重左右转体，体前屈：肩负杠铃杆。

组别数量：每组 10 次，6～8 组。

要求：身体旋转时保持正直，体前屈时注意腰部不要形成弓形。

D．立卧撑：徒手。

组别数量：每组 8～10 次，6～8 组；

要求：确保动作质量，大腿快速蹬伸与收腹。

E．负重仰卧举腿小腿帮绑沙袋。重量 1 千克。

组别数量：每组 8～10 次，6～8 组；

要求：快速连贯，保持角度。

F．高抬腿：徒手，左右交替。

组别数量：每组 6～10 秒，8～10 组。

要求：快速连贯，身体正直，大腿尽量贴近胸部。

G．左右提膝。徒手，左右交替。

组别数量：每组 6～10 秒，6～8 组。

要求：快速连贯，身体正直，大腿尽量贴近胸部。

③下肢力量的训练方法如下。

A．负重杠铃深蹲或半蹲：极限重量的 30%～50%。

组别数量：每组 8～10 次，5～7 组；

要求：确保安全，重心垂直，快速完成。

B．单脚或双脚十字跳：以十字为中心，前后左右无规律跳动。

组别数量：每组 10～15 次，8～10 组。

要求：身体重心稳定，快速移动。

C．低桩纵跳：低桩或橡皮绳，高度 30～50 厘米，间隔 50 厘米设一桩，单、双腿重复跳跃。

组别数量：20 米为一组，15～20 组。

要求：身体重心稳定，快速越过，触桩重来。

D．台阶跑：徒手、负重皆可，依据训练不同，选择 1、2、4、6 级及以上楼梯；

组别数量：一次往返为一组，5～10 组。

要求：快速、迅捷，充分休息后重复。

E. 沙袋、橡皮条的腿法训练：沙袋 1 千克、小腿绑橡皮条，然后迅速去除负重进行腿法的练习（如前踢、横踢、劈腿侧踢等）。

组别数量：每组为负重 6 次徒手 3 次，10～12 组。

要求：确保动作质量，快速完成腿法踢击练习。

在进行以上动作练习时，还可以结合站点式间歇训练法。站点式间歇训练法是将若干个练习动作（通常为 6～8 个）编为一组，每个练习时间不超过 20 秒，然后间歇 10～20 秒再进行下个动作的练习。如此循环。

要求：首先，要选择简单、能够快速完成的动作，要确保每个动作都是以最快速度完成；其次，严格控制时间，特别是每个动作间的间歇时间，同时保证每个循环练习后充分的休息时间；最后，可以是专项素质的配置，也可以是专项技术动作的配置，如不同腿法的串联。

（3）跆拳道运动中力量耐力训练

在跆拳道项目中，力量耐力训练是以有氧、无氧为主的。

有氧耐力训练以低强度、长时间的运动为主。下面是一些常见的方法。

①保持稳定的心率约为 150 次／分钟，以匀速跑完 4000～12 000 米。

②进行大于 30 分钟的越野跑，选择在公园、山区或其他环境良好的地区进行，确保心率不超过 150 次／分钟，通过改变周围环境来调整情绪，减少疲劳。

③进行 310 分钟的跳绳训练，以增强耐力。在 10 分钟内稳定跳动，但能选择单脚跳或双脚跳。

④在 10 分钟内，通过持续做已熟悉的练习，既锻炼了动作的技巧性，也锻炼了耐力素质。

⑤练习者分别与三位或四位陪练展开车轮战，在限制强度和力量的情况下，每人展开 3 分钟的一轮或两轮的实践训练。

无氧耐力训练是指小负荷、高密度、短间隔的运动方式。下面是一些常见的方法。

①进行 30 米、60 米、100 米短跑。

②跑 400 米和 800 米的练习者需要根据自己的节奏和能力，随时调整速度，称之为变速跑。

③跳马抬膝—左右双脚着地。

④两个人配对进行短时脚靶练习，每组练习时间不超过 10 秒钟。

⑤侧踢 50 组（中、高）。

⑥进行 30 次中高位的横踢动作，左边重复两次，右边重复两次。

⑦采用递减数量的方式进行单腿横踢训练，分别完成 50 次、40 次、30 次、20 次和 10 次，适用于中等和高等难度水平。

⑧采用递减方式进行跳踢练习，分别进行 50 次、40 次、30 次、20 次、10 次。

（4）跆拳道运动中核心力量训练

跆拳道的核心力量训练，就是要营造一种非稳态的外在空间，以锻炼练习者身体的平衡。对跆拳道练习者重心部位进行训练，是要让练习者在运动过程中，保持身体的稳定性。跆拳道是一项特殊的项目，它的动作很多，难度也很大，所以在快速移动中，平衡能力显得格外关键。核心力量训练是逐步进行的，跆拳道练习者的核心力量训练主要是针对核心区域，对浅层大肌肉群及深层小肌肉群，按严格的次序，集中精力进行训练。核心力量训练可分成三个环节：第一环节是核心稳定性锻炼；第二环节是核心力量锻炼；第三环节是核心爆发力锻炼。

跆拳道核心力量训练有两种：一种是徒手训练，另一种是器械训练。

①徒手训练。徒手训练是最基本的方法，常常用于核心力量训练的初阶段，练习者通过这种训练方式可以深入感受核心部位的力量。以下是徒手训练的方法。

A. 仰握起手抱膝举腿。

锻炼的部位包括腹直肌、阔筋膜张肌、髂腰肌、缝腱肌、股直肌。进行 3～4 组，每个组持续 15～20 秒。

B. 仰卧提臀抬腿。

锻炼的部位包括腹直肌、竖脊肌、臀大肌、缝腱肌、股二头肌等。训练 4 个周期，每个周期进行 15 次。

C. 仰卧踢腿。

锻炼的部位包括腹斜肌、臀大肌、三角肌等。左右各做 3～4 次，每次 15～20 个。

D. 侧卧肘关节支撑顶髋。

锻炼的部位包括腹斜肌、竖脊肌、臀大肌等。左右各做 3～4 次，每次 15～20 个。

E. 屈臂侧卧内收腿伸手支撑。

锻炼的部位包括腹内斜肌、短收肌、长收肌、大收肌、股薄肌等。做 3～4 次，每次 15～20 秒。

②器械训练。起初，核心力量训练器材和器械都是由健身和康复领域的力量训练器材演变而来的。因此，它们的器材和用品与传统的力量训练器材不一样，具有自己的特色。核心力量训练使用的设备包含瑞士球、悬挂器械、波速球等。

瑞士球的稳定性较差，在进行核心力量训练时，能够促使肌肉群之间相互协调，共同保持身体平衡。下面重点选用瑞士球来展开力量训练。在核心力量训练的第二环节时，应有计划地加强重要部位的力量，以确保为接下来核心爆发力的训练奠定扎实的基础。以下是器械训练的方法。

A．仰卧两脚拉瑞士球。

锻炼的部位包括背阔肌、竖脊肌、臀中肌、臀大肌、骼腰肌等。做 3～4 次，每次 15～20 个。

B．仰卧单腿压瑞士球交叉腿。

锻炼的部位包括腹外斜肌、臀大肌、背阔肌、竖脊肌、腹直肌等。左右腿交换，3～4 次，每次 15～20 个。

C．侧卧单肘支撑夹球。

锻炼的部位包括腹外斜肌、腹内斜肌、髂腰肌等。左右各做 3～4 次，每次 15～20 秒。

D．俯卧瑞士球单臂单腿支撑。

锻炼的部位包括肱三头肌、竖脊肌、臀大肌等。做 3～4 次，每次 15～20 秒。

E．两腿压球单臂支撑。

锻炼的部位包括斜方肌、竖脊肌、臀大肌等。做 3～4 次，每次 15～20 秒。

第三环节的核心力量训练重视培养核心区域爆发力，以实现专项训练的目标。核心爆发力锻炼的训练方法如下。

①仰卧屈腿夹球转髋。

锻炼的部位包括髂腰肌、臀大肌、臀中肌、臀小肌。做 3～4 次，每次 15～20 个。

②一人抱球另一人对抗。

全身配合施加力量。做 3～4 次，每次 15～20 个。

③单腿弓步滑行。

锻炼的部位包括臀大肌、股直肌。做 3～4 次，每次 15～20 个。

（三）跆拳道力量素质训练中易忽视的问题

1．重下肢轻视上肢

在跆拳道的力量素质训练中，一些教练注重下肢肌肉力量的发展，包括髂腰肌、股四头肌、小腿三头肌等，却忽略了上肢肌肉力量的训练，如肱二头肌、肱三头肌和三角肌等。因此，我们常常观察到一些跆拳道练习者下肢肌肉非常发达、力量十足，而上半身肌肉干枯，力量较弱。在跆拳道实际比赛的过程中，除了重视下肢的力量训练，上肢力量也是非常关键的。因此，需同时注重上肢肌肉的锻炼，只有全面协调地进行训练才可以达到更高的技术水平。

2．重向心轻离心

跆拳道练习者需要掌握向心收缩和离心收缩两种技能。向心收缩可以加快出腿和转移重心的速度。当参加比赛时，尤其是在主动攻击的时候，练习者无法保证每次踢出的动作都能命中对手。如果发生踢空的情况，可立刻用惯性来刹车，并且保持住自己的重心。要克服肢体的惯性和身体重心部位的变化，需要依靠肌肉的离心收缩来实现。在跆拳道运动中，离心肌肉收缩和向心肌肉收缩应该得到同等重视，所以训练时应注意加强离心运动的训练。综合运用启动和制动速度、踢靶训练及空踢训练，并且持续关注制动技能的训练。

3．重主攻腿轻支撑腿

有些教练在训练时过于强调练习者主攻腿的力量训练，而减少了支撑腿的训练，甚至有的教练根本就不开展支撑腿的训练。主攻腿主要做动力性工作，练习者容易理解和掌握它的功能和原理；支撑腿主要做静力性工作，往往被练习者忽略。在主动击打的时候，需要依靠支撑腿来支撑身体重量。在这种情况下，股四头肌需要用力保持膝盖伸直，以保持重心不变；为了提升身体的重心，需要加强小腿三头肌的力量。因此，在训练时必须均衡地增强支撑腿的肌肉力量，不能偏重某一部位。

（四）跆拳道力量素质训练的要求及注意事项

①按照自身力量水平，以及自己对特定技能的学习需求来进行训练，并结合局部力量和整体力量，以及大肌肉群和小肌肉群的训练，以达到更好的效果。

②合理规划和调整运动强度。例如，要达到绝对力量的目标，应运用高负荷、低频次的训练方法；发展速度力量训练需要练习者以最少的时间、最大限度地发挥出最大的力量；发展力量耐力是以较低的强度和较多的次数来训练。重视速度、耐力的发展练习。

③在力量训练过程中，应该与其他类型的训练轮流进行，以避免肌肉僵硬，同时增强肌肉的柔韧性。

④在距离比赛 7～10 天前，不要进行太过剧烈的、针对肌肉群的训练。

⑤注重速度力量为主，同时也要发展相对力量和力量耐力的协调性。

二、跆拳道的柔韧素质训练

柔韧素质指的是身体关节的活动范围、肢体运动幅度，以及肌肉、肌腱、韧带等软组织的伸展能力。在跆拳道赛场上，双方之间的对抗非常激烈，练习者需要变换动作，这需要其具有极强的柔韧性。如果缺乏柔韧素质训练，那么肌肉和韧带会变得非常僵硬，运动时动作的大小也会受到限制，这不但影响了跆拳道技术的进步，也妨碍了力量、速度、协调性的培养。此外，缺乏柔韧素质训练也会增加练习者在训练过程中出现损伤的风险。柔韧性包括通用柔韧性和专门柔韧性两个方面，其是跆拳道运动训练和比赛中非常关键的一种素质。

（一）柔韧素质训练的练习强度与量的安排

1. 练习强度

柔韧素质训练的练习强度体现在练习者在进行肌肉和韧带拉伸时所用的力度和重量。在进行跆拳道练习时，一般以练习者自身的体验为强度的变化指标：在肌肉出现胀痛的时候，可以稍微加大力度或维持一定的力度；如果肌肉出现酸痛，就要降低力度；如果觉得肌肉麻木，就应该停下来。采用负重方式进行柔韧素质训练时，可以用比较大的负重量进行强制性慢动作的伸展，但是不要大于伸展肌肉力量的50%（根据练习者的最大承受能力），当进行负重摆动训练的时候，每个人的负重量都不一样，大概是最大负重的10%。

2. 练习时间与组数量

练习的重复次数、组数和持续时间受多个因素的影响，包括关节特性、选手年龄大小和性别，以及动作的频率、次数。

在一个练习周期中，练习的重复次数一般为10～12次。这是一个常见的范围，可以帮助练习者提高肌肉力量和耐力。摆动动作的练习时长通常为15秒。被动训练中的静力性伸缩，时间是2～3分钟，这样可以增加练习者肌肉的伸展性和柔韧性。对于少年练习者来说，他们的练习量应该比成年练习者少50%～75%，这是因为少年练习者的身体发育和生理特点不同于成年练习者，需要更多的休息和恢复时间，以避免过度练习造成损伤。

3. 动作的练习速度

柔韧素质训练的拉伸快慢，具体取决于个人需求。缓慢的拉伸练习可以按摩对抗肌肉，防止牵张反射的发生，并且更容易让肌肉逐渐适应伸展的力量和范围。相反，急速的拉伸练习呈现出了跆拳道的特性和比赛需求，这种快速的拉伸练习可以模拟比赛或实际运动中需要迅速做出身体动作的情况，还可以帮助练习者提高爆发力、反应速度和肌肉的弹性。

在进行跆拳道的柔韧素质训练时，要将二者有效结合起来，才能更好地提升身体的柔韧性，更好地适应竞技运动的需要。

4. 间歇时间

间歇时间的确定，以保证练习者在完全恢复的条件下进行下一组次的练习为基本原则。间歇中应安排肌肉放松练习，使有关关节得以充分放松。

跆拳道练习者的体能训练，确实是一项全面、复杂、精细的系统工程。在实践中要做到有序地进行训练，使各种身体素质互相促进，形成合力，共同为跆拳道专项技能服务，并不是一件容易的事情。因此，跆拳道练习者各种素质训练的目的要明确，关系要清楚，思路要清晰，方法要得当。其指导思想可定为：以速度素质为中心，以力量、柔韧素质为基础，以耐力素质为保证，发展力量、柔韧素质要为提高速度素质服务。体能训练的一切方法手段要以速度素质为龙头，带动促进其他素质同步增长。

（二）柔韧素质训练的方法

1. 静力拉伸法

静力拉伸法指的是应用慢速动作，将肌肉、韧带等软组织逐渐向一处拉伸，然后暂停动作，保持静止，让软组织始终在拉伸的状态，以达到锻炼的目的。静力拉伸法的主要作用是让软组织有充分的时间进行伸展，从而增强柔韧性。

2. 动力拉伸法

动力拉伸法指的是循序渐进地进行相同的动作，以逐步拉伸软组织。动力拉伸法最显著的特征是进行主动拉伸的时候，肌肉张力变化的高峰值约为静力拉伸的两倍。动力拉伸法能够最大限度地发展柔韧素质，扩大动作伸展幅度。

动力拉伸法和静力拉伸法又可以分为主动训练和被动训练。主动训练是练习者通过自己的努力进行拉伸的，如自我进行各种压腿、劈叉、横叉等维持最大幅度拉伸的静力练习等；负重或不负重的各种踢腿、摆腿等练习。被动训练是借助外力（如队友、器械、体重等）进行压腿、劈叉、横叉的练习；负重压腿、垫高脚部进行负重的劈叉、横叉的练习等。柔韧素质训练常将动力拉伸与静力拉伸、主动训练与被动训练结合起来进行，使拉伸练习有动有静、动静结合；有主动有被动、主动与被动结合，提高柔韧素质训练的质量。

（三）柔韧素质训练的要求

1．柔韧素质训练要与力量素质训练适当结合

柔韧素质训练需与力量素质训练相结合，这不仅旨在保证两者同时增长，更重要的是可以避免或消除两者之间的不良转移。要十分注意柔韧素质性训练后的放松练习，使肌肉练得柔而不软、韧而不僵。

2．柔韧素质训练应以专项要求为准

柔韧素质的最佳发展程度，不能以练习者争取达到骨骼装置确定的最大限度为原则。对跆拳道项目来讲，柔韧素质发展到能够满足专项技术的需要即可。倘若发展过度，则会引起肌肉失去弹性、击打无力的不良后果。

3．柔韧素质训练应当坚持不懈地进行

柔韧性的发展比较容易见效，但一旦停止一段时间的训练，则极易使柔韧素质消退。因此，柔韧素质训练要经常进行，特别是专门柔韧素质训练更需要如此。

（四）跆拳道柔韧素质训练的具体方法与手段

1．正压腿

正压腿主要是用来提高练习者腿部后侧肌肉的柔韧性。

详细方法：在遇到横木或固定高度的物体时，可以站立一条腿，将脚跟放在物体上，同时卷起脚尖；双手放在膝盖处，膝盖伸展直立，背部挺直，然后向前倾斜身体，以完成压力释放的动作。

动作要领：双腿完全伸展；在进行上身向前或向下压振运动的时候，要保持腰背挺直状态。随着压振的进行，范围逐渐增大，直至身体可以弯曲到下巴碰到脚尖。

2．侧压腿

侧压腿可增强腿部内侧肌肉的柔韧性。

详细方法：斜靠在一块高过地面的物体（如横木）上，用一只脚撑起身体重量，另一只脚抬起来，腿跟放在物体上，脚尖弯曲向上；双腿伸展，身体挺直，髋部向前，向横木方向倾斜身体，左右腿轮流练习。

动作要领：身体上半部直立，向侧面倾斜并向下压振。随着振动范围不断增加，髋关节始终面对前方。

3. 后压腿

后压腿可以增强腿部前侧肌肉的灵活性。

详细方法：面向横木或一个高物体，一只腿着地支撑，另一只腿向后抬起，将脚背放在横木上，同时伸展腿和脚背，上半身挺直，髋部朝向前方。然后向后仰并用力压振，随后左右腿轮流训练。

动作要领：将双腿伸直，使支撑腿站立且完全接触地面，挺起胸部、放松髋部、向后倾腰；压振逐渐增强。

4. 盘腿前俯

盘腿前俯：有助于提升髋关节的灵活性及增强腿部后侧肌肉。

详细方法：练习者双腿弯曲，盘腿而坐，两脚相对，双手抓着双足，上身向前倾，用力下压，感受到大腿内侧的韧带伸展到最大程度后，恢复原状，再做同样的动作。

动作要领：保持两脚相对，尽可能地张开髋关节。

5. 仆步压腿

仆步压腿的目的在于提高大腿内侧和髋关节的柔韧性。

详细方法：两腿分开，左脚半跪，整个脚掌落在地面上；右腿屈膝伸展，脚趾向里，尽可能地伸展。之后，上半身不起；将重心从左腿转移到右腿。可以一只手支撑，一只手按住另外一只膝盖，往下按压震动。也可以用双手各抓一只脚，将自己的身体重心向下压，不断改变身体重心的部位

动作要领：在进行压振的过程中，要保持胸部挺起，腰部下沉，慢慢施力，并且在进行左右移动时姿势要低沉，稳健进行。臀部上扬，同时保持胸部挺直，让臀部和腿内侧尽可能地靠近地面。

6. 竖叉

竖叉可以有效锻炼大腿前后侧及髋部的柔韧性。

详细方法：将双腿打开，使之成为一条笔直的线，前腿将脚跟、小腿后侧和大腿后侧的肌肉紧贴地面，脚尖笔直朝上；将后腿的脚部完全贴紧地面，同时让脚尖朝向身体正后方；让髋关节处于正确的位置，与双腿保持垂直状态，臀部贴在地面上。身体保持笔直。进行前屈振动和后屈振动，增强动作难度并增强拉伸效果，动作范围慢慢扩大且增加力量。

动作要领：保持腰背挺直，让髋部下沉并弯曲膝盖；向前弯曲双腿，同时向后伸展脚踝。

7. 横叉

横叉用于训练大腿内侧后部和增强髋关节的柔韧性。

详细方法：双脚分开成一字形，手能够用来支撑；脚跟着地，小腿后侧紧贴地面，脚尖可往外或往内，将髋部完全张开；通过做体前俯卧撑来拉伸大腿后侧肌肉；这个动作也称为上体向左右侧倒，能够增强大腿内侧和后侧肌肉的力量。

动作要领：保持腰背挺直，分开双腿，将重心放于臀部；弯曲膝盖，然后向前俯身倒下。

第三节　跆拳道的速度素质训练

在跆拳道运动中，速度素质指的是练习者迅速完成动作的能力。在实际比赛中，速度素质是不可替代的因素，练习者需要快速的反应速度、敏捷的身手和迅速的动作执行能力。无论是进攻还是防守，练习者都要迅速调整动作，以获取优势并保护自己。此外，练习者的速度能力与智能、技能和体能密切相关。速度是这些因素的核心，许多技术和战术手段都以速度为基础。因此，在跆拳道训练中，注重培养和提高练习者的速度能力是非常关键的。决定跆拳道运动速度的实效性是综合性力量和速度的最高强度水平。表现的强度决定于发展高强度的力量素质（动力性和速度性力量）和速度素质（反应时间、单个动作的时间）及在完成具体动作条件下它们的综合性反应能力。速度能力是决定跆拳道技术、战术动作在比赛中能否自如运用、充分发挥、获得预期效果并最终战胜对手赢得比赛胜利的根本保证。

一、速度的分类

跆拳道比赛对抗紧张激烈、瞬息万变；攻防衔接流畅、转换迅速；动作变化快速敏捷；击打准确有力；攻中有防，防中蕴攻。因此，速度能力的表现具有多变性和复杂性。跆拳道速度表现形式可分为反应速度、动作速度、动作频率和位移速度。

（一）反应速度

反应速度是人体对外界信号刺激所做出的应答能力，它反映了神经冲动在神经系统中的传导速度。跆拳道练习者的反应速度可以分为简单反应速度和复杂反应速度两个方面。简单反应速度是指练习者对动作或信号做出反应的速度，在比赛中，裁判的口令或信号会触发练习者的反应，练习者需要对此做出迅速又准确的反应，以在比赛中抓住机会。复杂反应速度是指练习者对对手动作的改变做出应对动作的速度。比赛中，对手可能会采取快速、移动或变化等战术策略。练习者需迅速观察对手的动作变化，并根据对手的动作做出适当的反应，从而在比赛中更具优势。跆拳道练习者在场上比赛的反应速度主要是复杂反应速度，而且是瞬间选择性反应，要么对来自对手的动作做出闪避、退让或反击，要么中止已经开始了的进攻或防守转入其他的动作方式。此反应过程包括对移动目标的预判性反应和快速选择最适宜的相应动作的反应。

（二）动作速度

练习者进行单个或一组攻防动作所需的时间即动作速度。它揭示了身体在执行动作时的综合速度能力，即跆拳道练习者所展示的快速肢体动作，包括踢腿和出拳。跆拳道比赛追求的是“快中求胜，智出取胜”的竞技精神，着重考验练习者在动作速度方面的表现。不管是主动进攻还是顺势反击，以及进退换位、躲闪攻防都需要练习者具有快速动作的技能。

（三）动作频率

动作频率指的是在一定时间内执行的动作次数。跆拳道练习者所表现出的动作频率不同于周期性项目的单一动作重复，它的表现往往是多个不同动作的组合，如拳法与腿法组合、步法与腿法的组合，要在短时间内充分发挥出最大的动作频率，需要将真实和虚假动作巧妙地结合在一起，并执行一套动作序列。

（四）位移速度

位移速度指单位时间内身体移动距离长短的能力或身体通过一定距离所需时间长短的能力。虽然跆拳道练习者在场上每次位移的距离不长，仅1～2米，但绝对要求快速敏捷，保证在远距离时能够“进得去”，占据有利的攻击位置并迅速发出动作；或者在进攻后、相持状态时能够迅速地“撤出来”，摆脱对手的反击或追击。比赛中，位移是身体整体的多方位的移动，在其他条件不变的情况下，步法与身体整体协调配合是决定位移速度的关键。

二、速度素质训练的练习强度和量的安排

（一）负荷素质强度

在进行速度素质训练时，不论其训练的强度是什么、所做的安排是什么，都

会引起身体的调整。训练的强度要适中，才有助于身体适应并提升速度能力。据运动训练专家博姆帕所说，要想提升速度能力，训练时的强度应保持在次最高强度和最高强度之间。依据普拉托诺夫的理论，在完成短时间的运动时，练习者应以 90%～100% 的最大速度能力为目标，这有助于提升其速度能力。若速度没能满足这一标准，训练的效果将会减弱。

要特别注意：在开展高强度及极限强度的速度性训练的时候，应该挑选那些能够被练习者轻松运用的动作，让他们把全部的精力都放在要做的动作上，而不去想这些动作的准确性。如果不能做到这一点，那么练习者的精力就会先放在动作的技术层次上，这样就会对速度素质训练造成不利的影响，不能实现速度素质训练的目标。

（二）练习时间与组数

反应速度训练及二人合作反应训练的时长无需严格限定，只要练习者处在适当亢奋状态中，训练仍能进行。在运动速度及运动频率方面，从理论上讲，维持最大速度能力的最优训练时长为 5～20 秒。在跆拳道练习中，一般是单腿反复训练、步法和腿法结合训练或随意结合快速训练。在 20～50 秒的速度训练中，练习者仍可以维持极限运动强度及亚极限运动强度的状态。训练组数以维持最大速度性能为原则。如果感到疲倦，无法再维持最大速度，应停下来，换另一种运动项目。

（三）组间间歇

在训练中，无论是高强度多次重复的步法、腿法的快速练习，还是结合专项进行的其他练习（单个动作重复练习或组合动作练习），组间间歇应安排充分的休息，确保练习者得到最佳的恢复。根据练习的强度和练习的目的，跆拳道快速练习的组间休息时间一般为 2～3 分钟，一定要控制好休息时间，间歇时间过短，疲劳未恢复；间歇时间过长，会导致中枢神经系统兴奋性的降低，这两者都会影响下一组的训练效果，无法达到快速练习的目的。

三、速度素质训练的要求

（一）速度素质训练应与专项高度结合

速度素质训练的培养要与练习者的专项运动相结合，对跆拳道练习者要重点培养其视觉反应速度；对运动速度与运动速率需重点提升练习者肌肉运动的综合反应速度。

（二）速度素质训练应在训练课的前半部分进行

在练习者具备充沛精力、强烈竞技欲的状态下，才能对其进行速度素质的培养。因此，速度素质训练应该放在课的前半部分进行。

（三）速度素质训练应采用极限强度

速度素质训练是以极限强度的无氧代谢为主的活动，但是必须以一定的有氧代谢为基础。通过一定的有氧代谢的训练，可以提高体内含氧量及输氧能力，并有利于机体恢复。

（四）防止过早产生速度障碍

“速度瓶颈”是在速度素质达到一定高度时，进一步提高速度就会变得很困难的一种现象。其产生的主客观因素很多，如过早发展绝对速度、基础训练不够、技术动作不合理、训练手段单调片面、心理感觉无新意刺激、负荷过度且恢复不好等。因此，在训练上应注意：首先，优先发展一般耐力，为发展专项速度耐力奠定基础；其次，多采用一些发展速度力量的练习手段，培养练习者在短时间内快速用力的能力；再次，在采用“极限负荷强度”练习时，应特别注意肌肉的放松训练；最后，一旦出现“障碍”，应积极采用外力手段予以突破。

四、跆拳道速度素质训练的具体方法与手段

（一）反应速度训练方法

1. 简单动作反应速度的训练

通过遵循动作技术的规范准则，开展单项或组合的练习，提升简单反应速度，关键是靠练习者掌握动作技能的程度。要想提升跆拳道简单动作反应速度，可以采用以下几种有效的训练方法。

（1）移动目标训练

移动目标训练旨在帮助练习者提升对目标物体的观察力和预判能力，特别是对目标物体转移方向的预测。此外，进行实战模拟练习，可以增强练习者的敏锐力。

（2）摸肩训练

进行摸肩训练时，陪练与练习者协作练习，通过触摸对手的肩部，促使运动快速击打或抵抗。

（3）任意靶训练

在任意靶训练中，教练会手握着脚靶，并且频繁地改变靶子的位置，有时还会突然丢出靶子。练习者需要在靶子位置发生变化时迅速反应，并快速射击靶子。

（4）号令训练

练习者根据指定的视觉或听觉信号，进行预定的单一动作响应。目的是增强练习者的快速反应能力。通常由教练或队友打响信号，促使练习者迅速做出反应。例如，当练习者背对教练的时候，接收到信号后要立即跳起来去冲刺。也可以听取教练或队友的指示来做出相对的反应。例如，听到教练或队友鼓掌的声音后，能快速反应并执行准确动作，如横踢、后踢等；在听到信号之后，快速做前进、后退跑等练习；教练向练习者报靶位号码，练习者按照靶位号码的提示，击打相应的靶位。

2. 复杂动作反应速度的训练

当练习次数增多，练习者的反应能力得到改善后，就可以开始进行复杂动作的反应速度训练。

（1）分解法

分解法指在易执行动作的条件下，加快分解的速度，以提升反应速度。分解法在实际运用时需要配合教练的节奏引导。教练通过掌声、哨音或节奏器鸣响发出速率指令，练习者以尽可能快的速度跟上信号的节奏，完成步法、腿法、拳法的单个或组合动作，努力适应和建立更快的速度节奏。在节奏的运用上，以中速节奏开始，逐步加快节奏直至极限。练习者在练习过程中可以借助发声呐喊来激发斗志，振奋精神，提高神经系统的兴奋性，以抵御疲劳。教练也可在练习中，以语言和行为来刺激、鼓励练习者以最快的速度来完成每一组练习，提高训练效果。

（2）变换法

变换法是指在动作速度练习中有目的地合理变化速度和加速度，或者改变练习条件和要求，并按适当的比例和程序结合在一起的练习方法。其作用在于避免因长时间进行极限强度的重复练习，形成有碍速度能力提高的动力定型和造成“速度缓慢”。如果不适当调整训练方法和训练强度来适应这两种情况，要想速度能力有质的改变会很困难。

所谓的“速度障碍”就是由于在速度练习时反复进行某一动作的练习，通过不断地训练，建立了动作的动态定型，让动作的各项指标处在稳定的状态下，从而在动作方向、速度等时空特性上保持稳定，间接使练习者在不自觉的情况下出现维持原有动作练习速度的现象，阻碍了动作速度的进一步提高。在跆拳道运动的训练实践中，我们针对上述两种情况，通常采用外力训练和结合专项动作变换练习速度的方法来解决。

①外力训练法。外力训练法是借助外部力量来提高动作速度的练习方法。例如，一般性训练中的下坡跑、追逐跑、顺风跑、“领跑”等；还有增加一定负荷的专项动作的练习，如先进行一组负重沙袋的腿法练习，然后去掉负重进行相同腿法练习；利用橡皮筋进行各种腿法练习，再进行无橡皮筋牵拉的腿法练习等，都有助于突破原有的速度定型模式。利用这些辅助的、自然的外部条件，赋予动作加快速度的力量，使动作速度加快，从而改善和提高神经系统的灵活性。

②变换速度法。在一组练习中（单个动作或固定组合动作），把练习时间分成若干段，给每一段赋予不同的练习速度，以新的练习形式来强化对练习者的刺激，给练习者一种新的速度感觉，从而引起练习者生理上和心理上的新变化，使中枢神经系统和神经肌肉协调重新适应新的要求。变换速度法可以改变简单的极限强度训练，让练习者快速地执行技术动作，有助于提升速度能力，是一种目标明确、条理清晰的练习方法。

（3）比赛法

在跆拳道比赛中，攻守双方的竞争极为激烈，反应速度对于完成高难度动作是至关重要的。因此，要加快复杂动作反应速度，最关键的方法是参与实际训练，如邀请赛、对抗赛等，只有在实践中，才能确定所做选择的效果。高水平练习者必须应用教练所制订的训练计划，在实际竞赛中找准进攻时机，从而加快其反应速度，这是必须采取的训练方法。针对跆拳道练习者的复杂反应能力训练，最佳方式是利用实践练习和参加竞赛。在这个过程中，需要面对很多对手，以增加挑战性，增强练习者的应变能力及适应能力，从而加快其反应速度。

（4）空当训练

在实战模拟中，陪练演示得分点，练习者根据场上变化快速打击目标，进行情境训练。

（5）运动感觉法

在跆拳道比赛中，练习者主要靠视觉来判断对手的进攻方向、进攻形式和攻击动作的运行路线、角度等，随之果断确定适宜的攻防动作，快速运用各种步法、格挡、堵截等防守方法来保护自身或以各种动作反击对手，这属于运动技术、战术训练的组成部分，是对抗性项群技术、战术训练的重要内容。运动感觉法的核心是缩短思维过程的选择、判断时间。为此，练习时要特别注意加强“预判”能力的培养，积极捕捉外在刺激可能出现的“隐式信息”，如对手的姿势、面部表情、动作预兆和假动作等，积极训练对付各种变化的相应动作，并尽可能多地使练习者掌握应答动作的种类和数量。在具体实施中，运动感觉法可以分步骤进行。

步骤一：进行协作训练，仔细察看队友发出动作的方法，并推测对方所执行动作的方向、顺序等信息，以此加强自身的“预测能力”，也就是针对隐含信息的判别能力。

步骤二：根据第一步，对另一位队友做出 1～2 个常规的、与之相应的动作。

步骤三：当练习者掌握某一技术动作的反应时，应不断增加新的反应动作练习，以使练习者拥有多种攻防技能，并能在复杂多变的比赛环境中准确地选择有效的应对策略，从而提高其反应和选择能力。

（二）动作速度训练方法

在进行专门练习时，可采用将不同特点的两三个动作或组合连续运用的方法，提高完成不同动作的速率。例如，做左横踢—右横踢—转身左后旋踢组合，接做腾空左前劈腿—右侧踢组合，将原地的、旋转和腾空的动作结合起来，熟练后会提高不同形式动作的单个速率和变化速度，从根本上提高动作的速度。

（1）垂直跳起

从慢跑开始，尽可能地向上跳起，注意膝盖的上抬，一条腿落地后继续从地面跳起。

（2）向外跳跃

向外跳跃与垂直跳跃很相似，只是脚要横向落到正常落地位置的外侧，身体要向外摆，向上，向前。

（3）向内跳跃

向内跳跃和向外跳跃很像，只是脚要横向落到正常落地位置的内侧，身体要向内摆，向上，向前。

（4）提臀练习

从慢跑开始，位置较低的腿要往回抬并离开臀部。位置高的腿不要移动太多，但脚后跟要碰到臀部。

（5）高抬腿练习

膝盖在一个较高位置上，练习者把脚放下再抬起。重点在于脚蹬地并迅速抬起以尽力减少脚与地面的接触。在地面上，要尽力使脚提高到膝盖的高度。升降10次为一组。

（6）下压腿练习

像跨栏一样，腿在身前伸展，练习者运用爆发力下压腿和地面接触。每腿做10次为一组。

（7）非洲舞练习

向前跑时，练习者把腿抬起，小腿向后踢并接触身体，并用手拍一下脚后跟。跑30米为一组。

（8）击脚练习

向前跑时，练习者把脚向内旋转到身体的中线，并在中线时用手拍脚后跟。跑30米为一组。

（9）牵引练习

①长度为6～7米的橡胶带的一端用带子系在练习者的腰部，另一端可以系在另一练习者或其他固定物体上。练习者在拉力下以3/4全速往前跑，直到他们能调整和掌握平衡。

②在拉力的作用下，练习者带着橡胶带向固定物方向跳，每次练习重复4次，两次以3/4全速跳，两次以全速快跑。在另外3次速跑中，练习者每次另加后跳5～8次的练习，以增强拉力和速度。

（10）高速踏车短时快骑练习

（11）在规定时间内完成规定的跆拳道技术动作次数，或者动作次数不变逐步缩短完成动作的时间

单位时间内完成数量越多，效果越好，但一定要保证动作的规格和质量。例如，1分钟或30秒，进行快速跳高抬腿、快速踢腿技术等。

（12）利用负重法进行技术训练

练习时练习者可以穿上沙护腿、沙背心等具有一定重量的辅助器具。重量5～10千克，然后进行各种技术动作的完整练习，熟练后去掉负重，会提高动作的速度。

（三）位移速度训练方法

（1）信号位移训练

陪练与练习者练习时应明确信号所代表的方向。如陪练做向前的手势，练习者应做撤步动作；陪练给出向左的信号，练习者应做向右上步的动作。

（2）综合性位移训练

陪练与练习者配合进行模拟实战。如陪练做上步，练习者做撤步；陪练向左上步，练习者向右上步等。

（3）实战训练

练习者与陪练或队友进行实战训练时，陪练以各种腿法进行攻击，练习者应根据情况迅速作出判断，积极调整步法以便进行反击和防守。

（4）转身加速跑训练

练习者做原地高抬腿动作之后进行高抬腿转身 3～5 圈，立即向前做加速跑动作，也可听信号进行加速。

第四节 跆拳道的灵敏、协调素质训练

灵敏、协调素质是指在各种突然变换的条件下，练习者能迅速、准确、协调、灵活地改变身体运动的空间位置和运动方向，以适应变化着的外部环境的能力，是跆拳道练习者反应速度和动作速度的综合体现。跆拳道比赛要求练习者要具有高度的灵活性才能完成一些高难度动作或组合动作。因此，灵敏、协调素质是协调发挥各个身体素质能力、提高技术动作质量、获得理想的技术效果及创造优异运动成绩的重要条件。

一、影响跆拳道运动员灵敏、协调素质的因素

（一）生理因素

1. 神经过程的灵敏性的提高

灵敏、协调素质的高低决定于大脑皮质综合分析的能力。经过反复练习，技术动作逐渐熟练化、自动化，同时大脑神经过程兴奋和抑制的转化能力加强，这样就有效提高了大脑神经过程的灵活性，从而使练习者在任何环境中都能把技术动作熟练地表现出来。

2. 条件反射形成后的强化

当掌握动作之后，练习者还必须反复练习，不断强化，使之形成“动力定型”，灵敏、协调素质才能不断巩固和提高。如不予强化，暂时神经联系就会中断，条

件反射会消退，灵活性也会降低。

3. 前庭器官的机能增强

人体的内耳中有前庭器官，包括椭圆囊、球囊和半规管，能感受直线加速和减速运动的刺激，以及旋转运动开始和终止时的刺激。因此，利用一些特定动作练习，对发展灵敏、协调素质有所裨益。

（二）年龄、性别

1. 年龄

从幼儿开始学习走路到 6、7 岁，平衡器官得到充分发展；7～12 岁，灵敏、协调素质稳定提高。该年龄段中，进行体育锻炼有利于提高动作频率、反应速度及单个动作速度；13～15 岁为青春期，身高增长较快，灵敏、协调素质相对有所下降，以后随年龄增长又稳定提高，直至成人。

2. 性别

在儿童期，男孩和女孩的灵活性差不多；在青春期，男孩比女孩稍灵活些；在青春期以后，男子的灵敏、协调素质高于女子。女子进入青春期，由于体重增加，有氧能力下降，内分泌系统变化，灵敏、协调素质会一度出现明显的生理性下降趋势。根据这一变化规律，在青春期以前就应加强女子的灵敏、协调素质练习，使之得到充分发展。

（三）疲劳程度

疲劳将导致中枢神经系统灵活性与机体活动能力降低。由于大脑皮质的能源供应不足，从而产生保持性抑制，使肌肉力量不能发挥、反应迟钝、速度下降、动作不协调等，灵敏性显著降低。

（四）情绪

情绪高涨时，灵敏性会提高；情绪低落时，灵敏性会降低。由于比赛因素及其他生理、心理等原因都会导致练习者的情绪发生变化，可能会出现过度兴奋，使中枢神经的兴奋扩散不能集中，造成身体失控；也可能会引起过度抑制、精神不振，导致动作无力和不协调。

（五）运动经验

实践证明，掌握基本技术越多且越熟练，表现出的灵敏、协调素质也越高。

因此，应丰富练习者的运动实践经验，增加身体素质和技战术动作“储备”以促进练习者灵敏、协调素质的提高。

二、跆拳道灵敏、协调素质训练的具体方法与手段

（一）提高灵敏、协调素质的主要手段

①根据教练发出的信号或手势做急跑、急停、各种步法练习及结合标志筒、栏架、踏板等道具进行的相关灵敏练习。

②各种变化方向的追逐性游戏，如贴膏药、转圈抢球、十字变向跑等。

③通过具有针对性的腰、骨盆、髋部的核心力量训练，以提高练习者的运动平衡能力、调节动作的控制能力，不仅有效提高跆拳道练习者的灵敏、协调素质，还可有效预防运动损伤。

④技术组合练习。将不同的技术动作组合在一起，高低结合、纵横结合进行练习，提高练习者的协调及灵敏能力。

（二）一般灵敏、协调素质练习方法

① 15 米往返跑 1 分钟 / 间歇 1 分钟 ×（8～10）组发展蹬腿发力的动作速度、步法移动变换能力。

②翻滚 30 秒 / 间歇 30 秒 × （4～6）组发展背肌、腰腹部肌肉的协调能力和遭重击后身体抗击打平衡能力。

③跳背钻裆 1 分钟 / 间歇 1 分钟 × （4～6）组发展上肢关节、腰腹部肌肉、膝关节抵抗目标的反作用力。

（三）专项灵敏、协调素质练习方法

1. 盯人与摆脱练习

两人面对面站立相距 1～2 米，摆脱者向前跑，盯人者后退跑，前者在跑动中要通过做各种假动作来想办法越过对手，后者则要尽力盯住对手，练习要尽全力。

2. 蛇形绕杆跑

杆数在 15～20 根，杆距 1 米，要求在规定时间内跑到终点。此方法结合专项可以将杆子换成拿脚靶的队友，5 个练习者左右交叉拿 5 种不同跆拳道腿法的脚靶分两列站开，前后左右相隔 1 米，其他练习者在最短时间内有效完成这 5 种

腿法并迅速回到起点。

3. 灵敏循环练习

跆拳道的比赛区一般为 8 米 ×8 米的正方形蓝色垫子，在比赛区域外均铺有至少一块红色或黄色的垫子（保护区）。教练选择 4 个练习者每人拿两个脚靶依次站在最外侧红色或黄色垫子的 4 个角落处的垫子上，随机选择一个角落作为起点，要求练习者顺时针或逆时针以最快速度完成先完成起点的脚靶腿法，再去完成第二个脚靶腿法之前在垫子上先完成教练的规定动作（如前滚翻、匍匐前进、蛙跳、鸭子步等），以此类推直至回到起点。当练习者可顺利完成此项训练时可加大难度，要求规定时间内完成或把 4 个角的固定脚靶改为随机变换脚靶以增强练习者的反应速度及灵敏、协调素质。

4. 悬吊训练法

通过悬吊训练法增强跆拳道练习者核心区域的稳定性及灵敏性。如练习者俯卧双腿悬挂并维持，待稳定后慢慢屈膝，练习 3～4 组，每组 5 次。

5. 软梯训练法

软梯训练作为一种有效地提高练习者灵敏性的训练方法，可按以下原则进行训练：强度以中等或中等偏上为宜，持续时间为 10～20 分钟，1～2 次、2～3 组，每组之间保证练习者完全恢复或基本恢复。要求心率达到 150～180 次 / 分钟，动作完成既轻松又协调。

软梯训练的常用方法如下。

（1）直线方向训练法

直线方向训练法有小步跑、高抬腿、快速垫步前（后）跑、垫步抬腿、两腿伸直跳、内跨步向前交叉腿、内跨步向后跳、两腿前交叉向前（向后）跳、左右碎步往前（向后）跑、刹车跑、剪刀式向前（向后）跳、框内外向前（向后）小步跑、单腿蹬跳、转髋跳、后交叉步单脚前（后）移等。

（2）水平方向训练法

水平方向训练法有交叉分腿平移、平行侧移高抬腿，平行前后侧移步、快速小步平移跑、两腿内外跳平移、框里框外并步侧移、侧向单脚换两脚跳、快速踏框分腿平移、侧向前后跳、臀部扭转侧移跳、侧向跨步跑左（右）腿、卡里奥克舞、分腿垫步横向跑、左腿前交叉垫步跳、侧向前后并步分腿跳、单腿侧向跳、单腿侧向前后跳等三十多种方法。

三、跆拳道练习者灵敏、协调素质训练的注意事项

（1）注重质量而不是数量

质量是跆拳道灵敏素质训练的关键，在灵敏素质训练的过程中要严格按照练习的要求进行，注重训练的质量而不是数量的大小。

（2）负荷量、强度和间歇时间

跆拳道灵敏素质训练的强度一般较大、速度较快，因此次数不宜太多、时间不宜太长。练习强度应依据个人特点和所处训练阶段的不同而有所不同。练习间间歇充分，使机体能够完全恢复或基本完全恢复，但又不能时间过长而使神经兴奋性下降，练习与休息的时间比可安排为 1 ∶ 3。

（3）在进行跆拳道灵敏素质训练之前必须进行充分的热身

将灵敏素质训练安排在课的前半部分或准备活动中进行，此时练习者神经兴奋性高，肌肉未疲劳，练习强度和训练质量能够得到有效保障。每星期安排练习课的次数是根据阶段的不同或具体需要来定制的。在准备期或赛季前可安排 2～3 次／周，在赛前或赛中可安排 1 次／周。

（4）抓住灵敏训练的敏感期

跆拳道灵敏素质训练要根据不同年龄段的灵敏、协调素质发展规律来安排不同的训练比重，6～12 岁提高平稳；11～12 岁是发展灵敏、协调素质的高峰期，在青春期后要注意对灵敏、协调素质的保持和进一步发展。

第五节　跆拳道的耐力素质训练

耐力素质是指人体在长时间活动或抵御神经、肌肉疲劳的能力，是一种重要的基本运动素质。耐力素质对跆拳道运动的影响十分显著。为确保比赛中技术、战术的充分发挥与运用，以及练习者可以坚持到比赛的最后，练习者需要具备充沛的体力和良好的耐力素质。耐力素质的训练，除对肌肉耐力和心血管机能的提高具有高度影响外，还决定着肌肉疲劳后恢复的快慢。耐力素质越好，疲劳后迅速恢复的能力越强，这是跆拳道比赛对练习者保持高强度运动能力不变的特殊要求。

一、耐力素质训练的分类

跆拳道运动员耐力素质训练包含有氧耐力和无氧耐力，以及体力训练。有氧

耐力是指人体在氧供应充足或吸、耗氧量处于平衡情况下克服疲劳的能力。高水平的有氧耐力有助于跆拳道练习者承受大运动量负荷的训练，并在训练中有效地抵抗疲劳，尤其是有益于训练和比赛中间及结束后的快速恢复。恢复得快，练习者再运动或比赛的能力就强，这对跆拳道练习者具有重要的训练和比赛意义（一天多轮次、多场次比赛）。

无氧耐力是指人体在供氧不足并产生氧气的情况下克服疲劳的能力。无氧耐力取决于肌肉保持机能活动水平不变的持续运动能力。无氧耐力训练能有效地提高非乳酸能和乳酸代谢系统的供能能力，提高机体对酸性物质的耐受能力。前者保证了跆拳道技术动作重复高强度运动的工作强度，后者则保证了技术动作不变形。

体力有别于无氧耐力和有氧耐力。无氧耐力和有氧耐力都是以一定的强度持续工作的能力，体力则是在断续、反复的高频变化的强度运动中，保持工作强度不变的运动能力。体力主要取决于心脏的最高机能水平和心脏对高强度运动的适应能力。跆拳道练习者在进行短时、高强度运动时的运动强度，主要取决于肌肉的机能水平，肌肉在高强度的腿法、步法工作后必须尽快恢复，而且要恢复至相当水平，才能保持再次高强度运动时的强度不变。肌肉的恢复主要取决于心脏的最高机能活动水平，并且心脏对高频变化强度运动的适应能力越强，越能使心脏在重复高频变化强度的运动中，保持最高机能活动水平不变，保证高强度的腿法、步法、拳法重复更多的次数。

二、耐力素质训练的练习强度和量的安排

（一）练习强度

发展有氧耐力的练习强度一般控制在最大速度能力的 50%～70%，运动心率可以控制在 140～170 次／分钟。如果运动心率低于 130 次／分钟的负荷刺激，不能有效地发展有氧耐力。

发展无氧耐力的练习强度，通常以练习者最大能力的 90%～95% 为主，也可采用以次最高强度至最高强度的各种负荷强度的交替运用（视情况而有所不同）。

发展体力的练习强度同发展无氧耐力的练习强度基本相同。

（二）持续时间

有氧耐力训练的持续时间变化范围较大，应根据不同的训练阶段、不同的训

练水平和专项训练的需要程度来安排，原则上不少于 20～30 分钟。

高强度、高密度和短间歇的无氧耐力训练，练习的持续时间为 10～30 秒（也可以为 5～8 秒，但应重复较多组数），次最高强度的持续性无氧练习的持续时间为1～3 分钟。

发展体力的周期性练习的持续时间为 6～10 分钟，而发展体力的专项练习的持续时间应以接近比赛时间为原则（3～5 分钟）。

（三）间歇时间

有氧耐力训练的休息间歇时间不宜过长，过长会引起后续训练机能能力的降低。可用心率控制间歇时间，当心率下降到 120 次 / 分钟时，开始下次练习。

高强度的无氧练习，在每组练习之间应安排较长的休息时间（3～5 分钟），以保证经训练堆积的乳酸得以氧化、排出，使练习者在基本恢复时开始下一次练习。

体力训练则应缩短间歇时间，使机体建立起具有跆拳道比赛特征的适应机制。一般为间歇 30～50 秒（接近比赛时的局间休息时间）。

三、耐力素质训练的方法

（一）提高有氧耐力的训练方法

1. 长时间持续训练方法

长时间持续训练方法是指练习者以比较恒定的强度持续不间断地进行长时间练习的方法。在跆拳道训练中一般安排为 20 分钟左右，负荷强度的运动心率指标约为 150 次 / 分钟。用于提高心脏保持机能活动水平不变的持续活动能力，发展练习者有氧代谢系统的供能能力，是发展一般耐力的最有效的运动形式。

2. 短时持续训练方法

短时持续训练方法持续时间为 5～8 分钟，负荷强度的运动心率指标约为 160 次 / 分钟，完成 2～3 组，组间间歇时间充分，用于发展有氧强度状态下的供能能力。例如，以原地跳跃配合全身各部位运用动作的有氧跆搏操、跳绳、结合攻防动作的组合空击等。不仅能有效地提高有氧运动的强度，而且能提高练习者的节奏感、协调性和步法的灵活性。

3. 有氧间歇训练方法

有氧间歇训练方法主要用于发展练习者有氧代谢系统的工作能力。练习的负荷时间为6～10分钟，负荷强度的运动心率指标约为170次／分钟，组数较少，间歇充分，如间歇跑400～1000米。

（二）提高无氧耐力的训练方法

1. 极强性间歇法

例如，60～100米的间歇跑、100～400米的间歇跑和具有专项特点的快速高抬腿、快速左右提膝和快速的连续双飞踢等。负荷时间通常在10～60秒，负荷强度的心率指标可达到180次／分钟。这种方法主要用于提高非乳酸能和乳酸能系统混合供能能力和提高速度耐力。

2. 强化性间歇法

负荷时间通常在60～120秒，负荷强度控制在心率指标170～180次／分钟，练习数组为3～5组，间歇时间不充分，待心率降至130次／分钟，即可进行下一组（次）的练习。例如，将步法、腿法、拳法结合在一起形成自由动作组合来击打沙袋或脚靶的练习。这种方法主要用于发展乳酸能系统的供能能力和提高在无氧供能状态下技术动作的稳定性和实效性。

（三）提高体力的训练方法

1.12 分钟跑

12分钟跑是提高心脏最高机能水平的有效练习，要求在12分钟内达到2800～3000米的距离。随着训练水平的提高，距离逐步增加。

2. 变速跑

变速跑主要用于提高心脏对高强度运动的适应能力。可采用快跑20～40米，接着进入40～60米的慢跑，如此重复6～10次，完成2～3组，组间充分休息或不充分恢复。

3. 模拟比赛的练习

模拟跆拳道每局比赛的时间特征、运动强度变化特征和运动形式特征，将攻防动作组合成不同类型的动作组合，以空击、踢击脚靶或护具靶等为主要形式进行反复的练习，以提高机体对跆拳道比赛供能机制和运动强度等特定条件的适应能力。一般练习3～5分钟，重复3～4组，间歇1～3分钟。也可以采用车轮战的形式，由一人轮战几人进行条件实战或实战比赛，在对抗中发展练习者的比赛所需的体力。

图解

中医养生大全

李爱勇 编著

U0810596

電子工業出版社
Publishing House of Electronics Industry
北京·BEIJING

未经许可，不得以任何方式复制或抄袭本书之部分或全部内容。
版权所有，侵权必究。

图书在版编目（CIP）数据

图解中医养生大全 / 李爱勇编著. -- 北京 : 电子工业出版社, 2025. 3. -- ISBN 978-7-121-49488-8

Ⅰ. R212-64

中国国家版本馆 CIP 数据核字第 2025AU3151 号

责任编辑：张艺凡
印　　刷：天津画中画印刷有限公司
装　　订：天津画中画印刷有限公司
出版发行：电子工业出版社
　　　　　北京市海淀区万寿路 173 信箱　　邮编：100036
开　　本：720×1000　1/16　印张：10　字数：169 千字
版　　次：2025 年 3 月第 1 版
印　　次：2025 年 3 月第 1 次印刷
定　　价：49.80 元

凡所购买电子工业出版社图书有缺损问题，请向购买书店调换。若书店售缺，请与本社发行部联系，联系及邮购电话：（010）88254888，88258888。

质量投诉请发邮件至 zlts@phei.com.cn，盗版侵权举报请发邮件至 dbqq@phei.com.cn。

本书咨询联系方式：（010）68161512，meidipub@phei.com.cn。

目录 Contents

第一章 中医养生的源头活水

第二章 饮食养生：吃对、吃好，不吃药

第三章 中药养生：平民百姓养生恩物

第四章 体质养生：辨清体质好养生

第五章 情志养生：百病生于气，心静神安是良药

第一章

中医养生的源头活水

中医养生源远流长，中医认为人和自然是一个『天人合一』的有机整体，人体要顺应自然规律，顺时而养，才能维持正常的生命活动。即以自然之道，养自然之生，取得人与自然的和谐统一，人才能精神内守、恬淡虚无，从而健康长寿。

中医如何看待生命的本质

生命源于天地日月

生命起源于天地日月，其中主要源于太阳和地球，特别是太阳的火和地球的水，这两种物质为一切生命的发展提供了物质基础。另外，生命还要随着天地中春、夏、秋、冬四时的变化而变化，人体必须顺天地而行、顺四时而养，才能健康长寿，否则就会受到损伤。

中医的生命起源观

中医认为，生命源于天地阴阳的运动变化。当天地未开之时，宇宙一片混沌，阴阳二气相混。随着时间的推移，阴气逐渐下降，凝结而成地，阳气逐渐上升，聚气而成天。因此，自然界才有了春温、夏热、秋凉、冬寒四时的气候变化，这就给生命提供了生长的环境。

精气是生命的核心

人禀受了精气（元气中的精微部分）才得以形成生命形态。精气是生命之核心，这是因为精气是与生俱来的，禀受于先天，为生命的起源物质；精气又是生命的基础，人的生成必从精气始，由精气而生成身形、五脏、皮肉、筋骨、脉络等。关于精和气，我们将在下节进行详细说明。

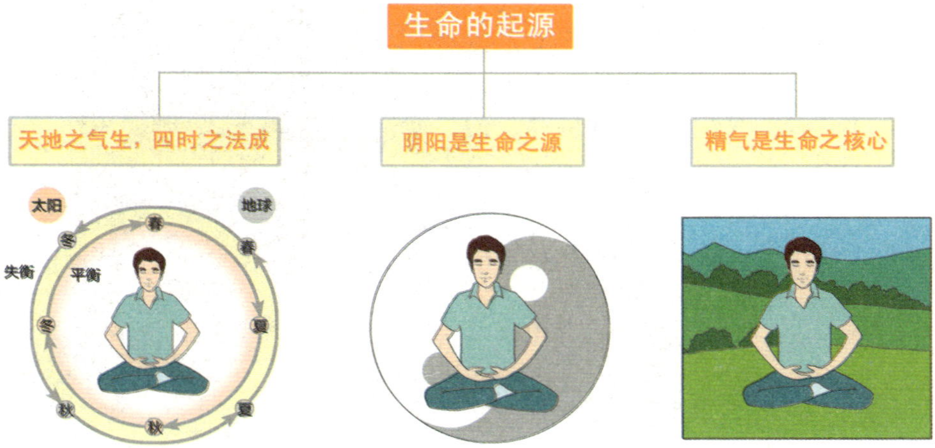

精、气、血、津液：维系生命的四大基本物质

精：维系生命的基础

精分为先天之精和后天之精。先天之精禀受于父母，与生俱来，正如《灵枢·本神》里所说“生之来谓之精”，将来还会被子女继承；后天之精来源于饮食水谷，其分布到身体之中濡养着各脏腑，成为各脏腑正常活动的物质基础。

先天之精储存于肾中，通常被称为肾精，也被称为生殖之精，具有繁衍后代的能力，并与人的生长、发育和衰老密切相关。

当人上了年纪，先天之精随之减少，人体便开始老化，生殖功能也随之衰退。另外，先天之精还可以作为卫气与元气的原料，具有根据需要转化为骨髓、脑髓的功能。

后天之精也被称为脏腑之精，是指水谷精微所化生的营养物质。此精来源于后天，依赖脾胃所化生。它是维持人体生命活动的营养物质，主要分布于五脏六腑、皮毛、筋骨之中，具有滋养、濡润的作用。脏腑之精具有维持人体生长、发育的功能，是人体必需的营养物质。

后天之精的盈亏，直接关系到气血的盛衰、御邪抗病能力的强弱及各脏腑功能的正常发挥。

先天之精与后天之精

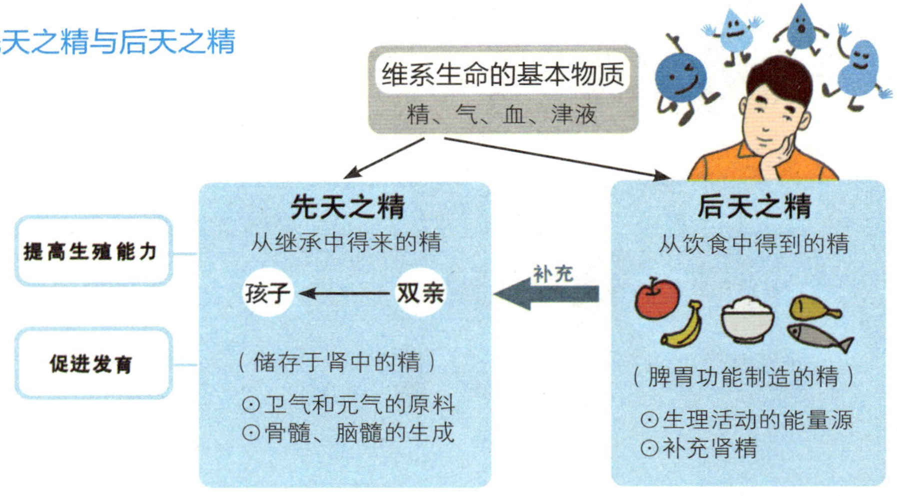

气：维系生命活动的最基本物质

气有推动、温煦、防卫、气化、固摄5种作用。气的问题有气虚、气滞、气逆。

气虚

气虚泛指功能不足、元气虚弱之证，多由劳倦内伤、久病、重病所致。症见倦怠乏力、头晕、语声低微、呼吸气短、动则汗出气喘、舌胖或有齿痕、脉虚无力等。宜补益心、肝、脾、肺、肾之气，在临床上，气虚如伴有某一脏/腑的症状，就可称为该脏/腑的气虚。

气滞

气滞主要是指脏腑、经络之气阻滞不畅，多由饮食、邪气、七情郁结或体弱气虚不运引起。随气滞于不同部位而出现不同症状。气滞于脾，则胀满疼痛，进食减少；气滞于肝，则肝气横逆，胁痛易怒；气滞于肺，则肺气不清，痰多喘咳；气滞于经络，则该经络循行路线的相关部位会疼痛或有运动障碍。气滞严重时甚至会引起血瘀。

气逆

气逆是指气流运行的状态，多由外邪入侵、精神不安定、摄入过量生冷或燥热的食物等所致。

气的功用

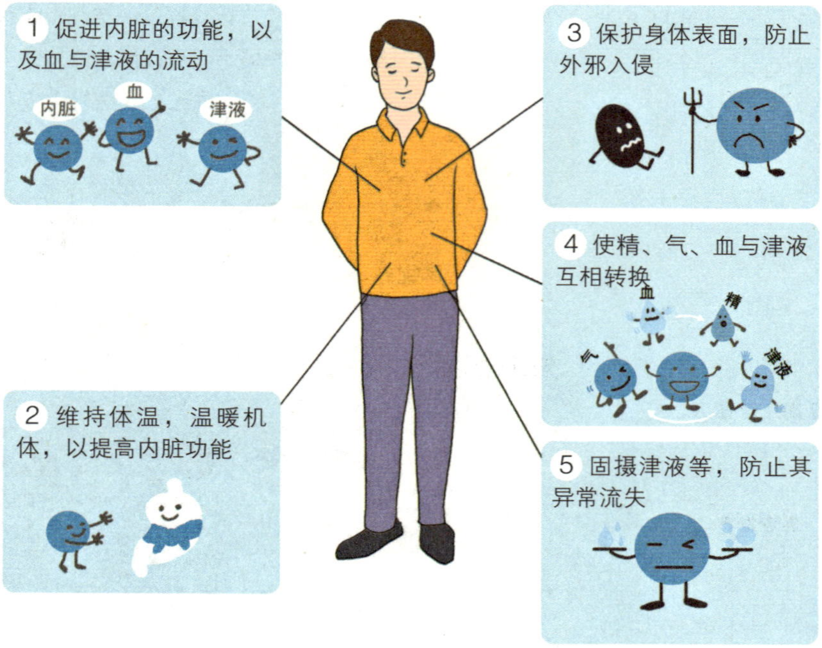

血：强健体质的营养液

血的生成与功能

血是流动于血管中的红色液体。血的原料是脾脏将食物消化所得的营养。血通过心脏被持续送到全身的五脏六腑及皮肤各处。其主要有两个作用。一是营养作用，血在体内流动，濡养五脏六腑，使脏腑的生理功能得以正常发挥。血充实人的身体，则身体健壮，筋骨有力。因此，血是体质强健的重要条件。二是运载作用，“气行则血行”，血由于气的推动才能正常循行，但气又必须依靠血来运载，这就是“血以载气”的运载作用。

与血有关的问题

◎**血虚。**血虚指体内血液亏虚不足，多由生血不足或失血过多所引起。其主要症状为面色苍白、唇舌淡白、头晕眼花、心悸、失眠、手足发麻、脉细无力等。

◎**血热。**血热指血分有热，多由外感热邪、寒邪入里化热或情志太过化火等引起。其主要症状为吐血、鼻出血、咯血、尿血、午后发热、女子月经先期而来等。

◎**血瘀。**血瘀指血流不畅或局部有瘀血停滞所引起的一些证候，多由寒凝、气滞、气虚、外伤等引起，主要症状为疼痛如针刺，痛有定处，拒按，常在夜间加剧。肿块在体表者，色呈青紫；在腹内者，坚硬，按之不移。患处通常出血不止、色泽紫暗、中夹血块。血瘀者，面色黧黑、肌肤干涩、口唇爪甲紫暗、皮下紫斑、肌肤微小血脉丝状如缕、腹部青筋外露或下肢青筋胀痛，大便色黑如柏油。女性常见经闭、舌质紫暗，或见瘀斑瘀点、脉象细涩。

血的生成与传送

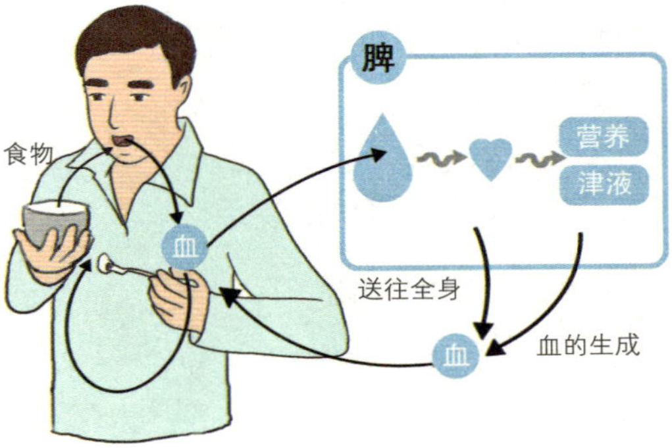

血的功能

使筋肉和骨骼强壮

维持肌肤和头发光泽

安定精神

津液：濡润全身的滋养液

津液的生成和功能

津液是指血液以外的所有液体，是由脾将饮食吸收、气化生成的营养液体。

津液分布于全身，有清、稠之别。津比较清稀，分布于肌肤之间，以温润肌肤；液相对黏浊，分布于关节、脑髓、孔窍等部位，起到濡养身体的作用。

津液还泛指一切体液及代谢产物，如唾液、汗液、泪液、鼻液、涎液等。

另外，津液还能在造血时被当作血的原料来使用。

与津液有关的问题

◎津液不足。津液不足又称津亏、津伤，是指由于津液亏少，全身或某些脏腑、组织、器官失其濡润滋养作用所出现的以燥化为特征的证候。多由脾胃虚弱、运化无力致津液生成减少；或由饮水过少、脏气虚衰致津液生成不足；或由燥热灼伤津液；或由出汗、大吐、大泻及失血等引起津液流失。主要症状为口渴咽干、唇焦而裂，甚则皮肤干枯无泽、大便干燥、舌红少津、脉象细数。

◎痰湿。痰湿多由负责将津液送往身体各处的肺与脾的功能失调所引起，表现为过剩的津液在体内泛滥。湿会吸收周围的热量，因此身体会感到寒冷。湿可分为内湿和外湿。外湿指空气潮湿、环境潮湿，如淋雨、居处潮湿等；内湿是指消化系统运作失宜，对水在体内的流动失控以致津液停聚，或因摄入液体（如酒、生冷饮料等）过多，使体内津液聚停而形成内湿。

津液的功能

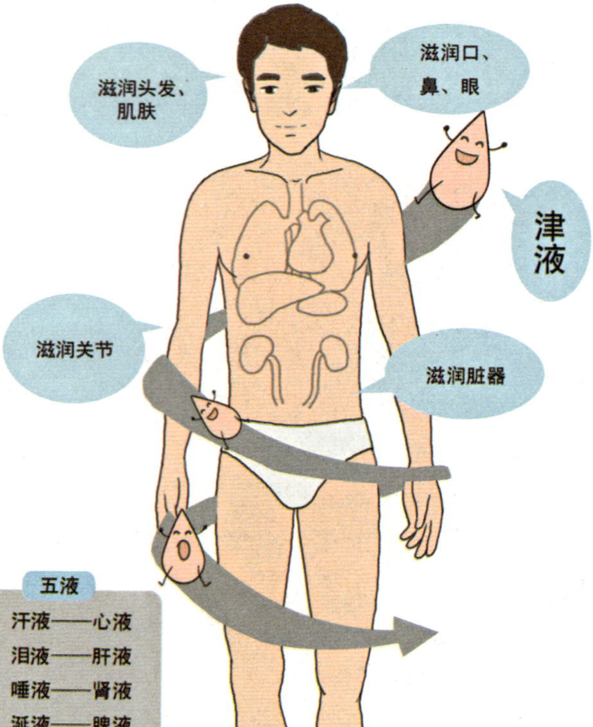

五液	
汗液	心液
泪液	肝液
唾液	肾液
涎液	脾液
鼻液	肺液

人体生命活动的4个本质特征

新陈代谢

中医认为，生命就是生物形体的气化运动，其本质就是将机体内的物质转化为无形的气。

同时，在正常生命条件下，为保持气化与成形的动态平衡，两者总是互为前提，互相转化，这个过程就是新陈代谢。

生长和发育

自然界中的任何生命体都要经历从诞生到死亡的过程。生长是生命体日夜不停地进行新陈代谢活动，促使生命的形态和体积发生变化的过程；发育是有性生殖的生物从受精卵开始，经过胚胎期、幼年期、成年期、老年期，一直到死亡的过程。

本能反应

当生命体受到外界刺激时，会本能地产生反应，这样的反应就属于生命体的本能反应。

生殖和遗传

生殖和遗传是一切生命体的显著特性，以使生物的种族绵延不绝。遗传是生命体维持其稳定性的基础。

生命活动的基本特征

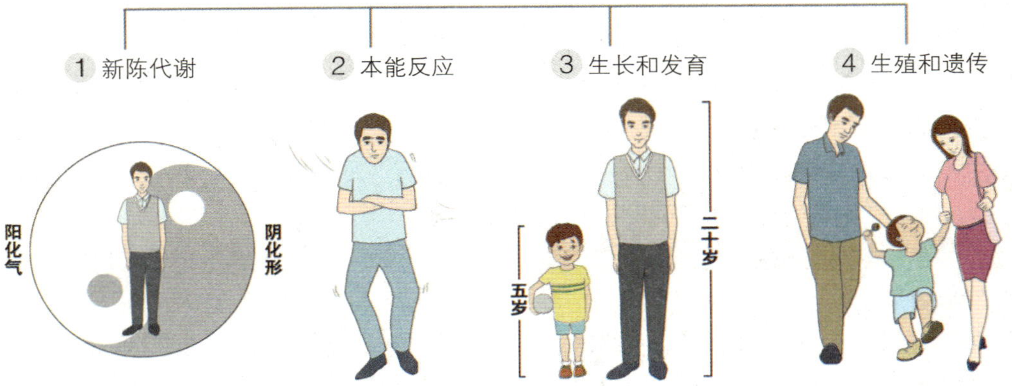

生命的过程就是不断气化的过程

生命体受外界刺激会产生各种反应

任何生命体都要经历诞生、成长、死亡的过程

生殖和遗传使生物的种族绵延不绝

人体生长壮老的自然规律

性别不同，生长规律不同

女性的生长规律

女性大都要经历7个生长转折点。

◎7岁时，女孩子肾气充足，乳齿更换，头发生长开始旺盛。

◎到14岁时，随着生殖器官的发育，女性的乳房、骨盆也都相应地发生变化，月经来潮标志着女性具备了生育的能力。

◎到21岁时，女性的肾气充盈，乳房变得丰满，真牙（智齿）生出，这时牙齿就长全了，骨盆变得很宽阔，身材和生殖器官都适宜怀孕。

◎到28岁时，女性的筋骨强健有力，头发的生长达到最旺盛的时期，此时是女性身体最强壮的阶段，也是女性生育能力的高峰期。

◎到35岁时，女性的气血渐渐衰弱，面部憔悴，脸上开始长皱纹，并伴有脱发现象。

◎到42岁时，女性的面部憔悴无光，整个身体开始日渐萎缩，头发开始由黑变白。

◎到49岁之后，女性任脉、冲脉的气血衰弱，月经断绝，生育能力终止，形体日渐衰老。

男性的生长规律

中医认为，男性以8为基数，生命周期经历8个转折点。

◎8岁时，男孩子肾气充实，头发开始茂盛，乳牙开始更换。

◎到16岁时，男性的肾气旺盛，精气满溢而能外泄，阴阳交合时，便能有子。

◎到24岁时，男性的筋骨强健有力，真牙生长，牙齿全部长齐。

◎到32岁时，男性的身体最强壮，筋骨粗壮，肌肉发达，血气旺盛，最适合生育。

◎到40岁时，男性的肾气开始衰退，性欲开始减弱，牙齿开始松动，并伴有脱发现象。

◎到48岁时，男性的上半身肌肉日渐松弛，面色不似以前，两鬓开始花白。

◎到56岁时，男性的血气不如以前旺盛，神经也不如以前灵敏，筋骨活动不再灵活自如，身体的抵抗力日趋下降。

◎到64岁之后，男性的生育功能便几乎衰竭了，由于肾气衰退，牙齿松动和头发脱落的情况日趋严重，他们会逐渐感受到年老所带来的痛苦。

生育能力不同，生长规律不同

古人认为，从生育能力上可以看出生长规律，如“（女子）二七而天癸至……月事以时下，故有子；（男子）二八肾气盛，天癸至，精气溢泻，阴阳和，故能有子”。这是说女子14岁左右来月事，男子16岁左右有排精，即有了生育能力。

虽说如此，古人却并不提倡此时结婚生子。因为男性破阳太早会伤及精气，女性破阴太早会伤及血脉，从而不容易受孕。此外，女子还易患妇科疾病，男子易患劳疾，甚至中医还提倡“弱男则节色，宜待壮而婚”。

换言之，早婚早育的男女，本身气血筋骨尚未充实，生殖系统尚未发育成熟，过早怀孕自然对优生不利。

古人也不提倡晚育，因为年龄过大后，肾气逐渐衰竭，机体的各项功能逐渐减弱，也不是生育的最佳年龄。可见，肾气与生育能力密切相关。

《黄帝内经》还对年老有子的原因做了探讨。《素问·上古天真论》记载：“帝曰：有其年已老，而有子者，何也？岐伯曰：此其天寿过度，气脉常通，而肾气有余也。此虽有子，男子不过尽八八，女子不过尽七七，而天地之精气皆竭矣。”意指男性最多到64岁，女性最多到49岁，就会肾气衰，天癸竭，失去生育能力，这是一般情况。如果肾气有余，身体健壮，生育能力则会持续。

肾气与生育

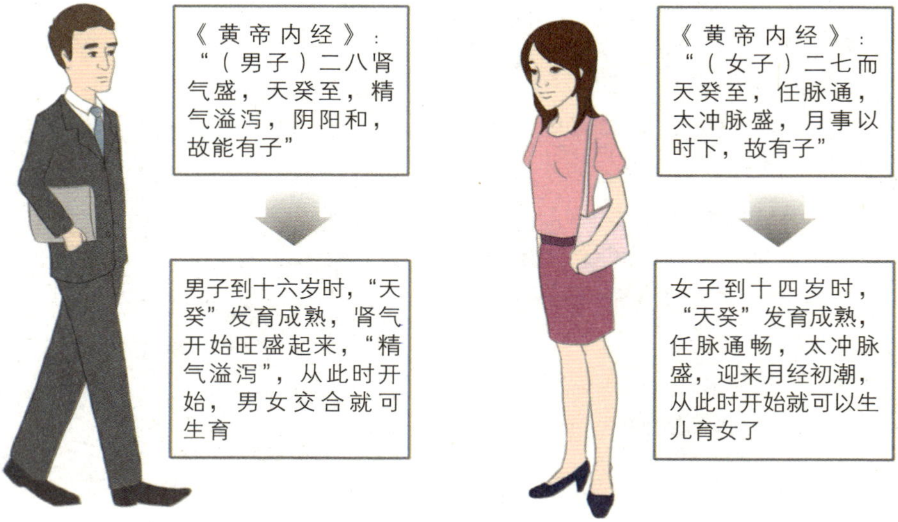

中医谈人体的衰老与早衰

《素问·上古天真论》记载："女子……五七，阳明脉衰，面始焦，发始堕；六七，三阳脉衰于上，面皆焦，发始白；七七，任脉虚，太冲脉衰少，天癸竭，地道不通，故形坏而无子也。"

这里描述的是女子35岁以后，逐渐衰老的过程及其发生的原因；而其衰老的最初变化，是毛发脱落、变白。这与现代医学的认识是完全一致的，即内分泌系统的性腺在老年时萎缩得最为明显。

对于男子衰老的原因、过程、变化，《素问·上古天真论》也有论述。其中，外形改变，是男子衰老时最明显的标志。外形改变常常伴随着一些内脏生理功能的下降和器官储备能力的降低，这与现代医学的认识相一致。

衰老是一种多环节的生物学过程，是机体在退化时期功能下降和紊乱的综合表现。

老年人与青年人相比，最明显的区别就是各器官功能的普遍下降。如果将一个20岁的年轻人的器官功能定为100%，那么，一个70岁的老年人的脑血流量约减少20%，心脏射血量约减少30%，肺活量约减少40%。

衰老是一个逐渐发生的过程

衰老是机体各器官功能普遍逐渐降低的过程。衰老的不只是一两个器官，而是全身几乎所有的器官。例如，当人患肝炎时，不仅肝功能会降低，而且其他器官功能也会受到不同程度的损害。

人在衰老时，人体生理功能的衰退往往是逐渐变化的。最早出现的细微变化，多从形体、外貌上反映出来。常见的是皮肤、毛发的改变；随着年龄的增长，进而是容颜、牙齿及形体的改变。

早衰是什么

人体的衰老是一个逐渐发生的过程，不但不同的人开始衰老的年龄各不相同，而且同一个人的不同器官，其结构和功能退化的时间也不尽相同。

衰老分为生理性衰老和病理性衰老。这里所说的病理性衰老，就是人们所说的早衰了。早衰多由先天禀赋薄弱，后天又不知调养所致。下面对早衰的原因进行详细介绍。

早衰的4个主要原因

饮食过量

科学研究发现，进食过饱后，毛细血管的内皮细胞和脂肪细胞会增殖，并可加速脑动脉粥样硬化，引起大脑早衰。

作息无规律

身体过度劳倦会伤及人体的正气，引起疾病。如有人长期工作超负荷、压力大，又不注意调节，每日晚睡早起，或生活无规律等，那么一旦形成习惯，就会导致早衰。《素问·上古天真论》记载："以妄为常……故半百而衰也。"其非常明确地指出，若把妄作妄为当作正常的生活规律，活到50岁就已显得很衰老了。所谓妄作妄为，是指采用错误的生活方式，如劳伤过度等。

七情太过

俗话说："愁得一夜白了头。"这里的"白了头"，就是《黄帝内经》所说的七情中的忧伤，这是人体在极度忧愁、哀伤的情绪下产生的衰老征象。如果长期饱受精神刺

两种测试早衰程度的方法

范畴	方法一	方法二
测试内容	用爬楼梯来测试早衰程度，以5层楼为限	被测者双手自然下垂，紧贴大腿两侧，闭上眼睛，用一只脚站立，根据其单脚站立稳定不移动的时间，来判断早衰程度
测试标准	◎30岁左右者，一步迈两级台阶，能快速登上5层楼，仍觉得轻松，说明健康状况良好 ◎50岁左右者，能一步一级台阶登上5层楼，中途不休息，不用借助扶手，没有明显的气喘现象，说明健康状况不错	◎30～39岁，男性为9.9秒 ◎40～49岁，男性为8.4秒 ◎50～59岁，男性为7.4秒 ◎60～69岁，男性为5.8秒 说明：女性要比男性推迟10岁来计算时间
备注	不论哪个年龄段的测试者，如果气喘吁吁、心跳加速，说明其体力较差；如果登上2层楼就又累又喘，说明其身体虚弱，已经有早衰的先兆了	站立时间越长，老化程度越慢。未达标者，说明其生理年龄已经高于实际年龄了，需要保养身体，保持心情愉悦

激或突然受到剧烈的精神创伤，当刺激超过人的心理承受能力时，就会引起体内阴阳失衡、气血失调、脏腑经络功能紊乱，从而导致疾病的发生，加速早衰的来临。

疾病损伤

患病后，如果治疗不及时，也会加速人体衰老。因为患病会加重阴阳失衡、失调，加重气血和精神的亏损，甚至导致气散、精竭、神去而死亡。

五大食物致人早衰

饮食不当会引起早衰，那么哪些食物会引起人体早衰呢?

1.腌制品

腌制鱼、肉、菜等食物时，加入的盐容易转化为亚硝酸盐，它在体内酶的催化作用下易生成亚胺类的致癌物质。人吃多了腌制品易使身体早衰，并易患癌症。

● 腌制鱼

2.含铝食品

人体摄铝过多，如每天早晨都吃油条，就会使脑内去甲肾上腺素、多巴胺的含量明显降低，引起神经传导阻滞，造成记忆力衰退，还会直接破坏神经细胞内的遗传物质——脱氧核糖核酸的功能，使人体过早衰老。所以，早餐要少吃油条，尤其是老年人。

● 油条

3.酒精饮料

大量摄入酒精饮料，会导致男性性功能衰退、精子畸形，以及女性月经不调、性欲减退等。

● 白酒

4.烟雾、高温油烟

当炉火、煤烟、香烟、灰尘中的有害气体经呼吸道被吸入肺部，渗透到血液中后，会给人造成极大的危害。尤其是吸烟者，将烟吸入肺部，其中的尼古丁、焦油及一氧化碳等有害物质会损害血管内皮，并引发动脉粥样硬化，致人早衰。

此外，由于食用油在高温下会释放出含有丙烯醛成分的烟雾，人如果长期大量吸入这种物质，就会改变自身的遗传免疫功能，从而出现早衰。

5.水垢

茶具或水具用久后会产生水垢，或者有的饮用水重金属含量超标，如不及时清除干净，这些重金属沉积在体内排不出去，就会引起消化、神经、泌尿、造血等系统功能的病变，造成早衰。

中医谈长寿之道

古代养生家认为，人的一般寿命应当在100～120岁之间，到百岁以后才是自然走向衰老的最终阶段。

折损寿命的四大因素

《黄帝内经》认为，除作息、饮食、锻炼、疾病等外在因素会影响寿命之外，以下内在因素也会影响人的寿命。

禀赋及体质差异

禀赋，主要指遗传因素。体质是指人体在遗传性和获得性的基础上表现出来的功能与形态上相对稳定的固有特性。中医很早就认识到，人的寿命与禀赋、体质强弱有关。

脏腑虚衰

人体作为一个有机整体，以脏腑为中心，通过经络系统的调节来维持生命活动。随着年龄的增长，体质状况将逐渐发生变化，脏腑功能会减弱，表现为抗病力和自我调节力衰退，其中以肾脏衰虚最为明显。肾为一身元气之根，各种生化功能都依赖肾的推动来运作。肾气的盛衰，决定着人的强壮、衰弱及寿命的长短。

另外，脾脏为气血生化之源，负责运化水谷精微，供给人体营养以维持生命活动。脾脏衰虚，不能消化、吸收水谷精微，机体得不到及时补充，就会加速衰老。心脏能协调脏腑，运行血脉，若心气虚衰，会影响血脉功能及神志功能，从而加速衰老。肝脏主疏泄，关系到人体气机的调畅，若气机升降、出入失常，人也会衰老，甚至死亡。

情志失调

精神活动是脏腑功能活动的主宰。中医认为，人只有在情志活动和顺的情况下内脏功能才能平衡、协调，保持身体健康。若情志失调，七情太过或不及，就会引起人体气血不和、阴阳失调、脏腑功能紊乱，从而引起各种病变，导致早衰，影响人的寿命。

精气损伤

精，即阴精，是构成人体和促进人体生长发育的基本物质基础；气，是生命活动的根本和动力，为生化之根。任何损伤精气的内外因素，均能加速人体衰老、缩短寿命。

中医揭秘长寿秘诀

顺应四时而养

中医养生要顺应四时，不能违背自然规律，该冷的时候就冷，该热的时候就热。中医认为，冬不冷，夏不热，迟早要生病。

防病于未起

若不注重预防，长寿是不可能的。《黄帝内经》中所记载的“不治已病治未病”就是在强调预防的重要性。

情志养生

这是养生的一个重要环节。情绪是正常的心理反应，但不可波动过大，情绪巨变说明身体出了状况。著名医学家李杲说：“凡怒念、悲思、恐惧，皆损元气。”《医钞类编》记载：“若日逐攘忧烦，神不守舍，则易于衰老。”说明人不能过分喜怒悲哀，也不能过分忧愁思虑。长寿的秘诀是：勤动脑体不动心。就是说，人要勤活动大脑和身体，要正确对待得失，要全面考虑问题及果断处理问题，无为则无不为。人们应善于自我心理调养，善于化解不良刺激，保持良好心态。

饮食习惯科学合理

饮食养生是指饮食有节、药膳保健、注意饮食卫生、克服饮食偏嗜等饮食习惯。正确的饮食结构应该是以五谷为主、五菜为充，肉果适当。当你特别想吃某种东西的时候，你就去吃，因为那说明你的身体缺乏了某种东西。不要吃反季的食物，而要吃一些时令蔬菜、水果，并按照中国人的饮食习惯来吃。

动静适宜

锻炼身体倡导“形劳而不倦”的锻炼方法。形体的锻炼可使气血流畅，筋骨强劲，肌肉发达结实，脏腑功能健壮。以“动”及“静”，即通过形体锻炼来调节人的精神情志活动，促进人体的身心健康。华佗亦指出：“人体欲得劳动，但不当使极耳。”这都说明要动静适宜，劳逸结合。运动量要适度，循序渐进，持之以恒；不要超强度锻炼，老人尤不宜锻炼过度。

情欲有度

中医认为性生活是人类的本能，是种族延续所必需的。适度的性生活，有利于个人健康，对民族繁衍、社会安定和家庭和睦都有重要意义。中医不主张纵欲，认为房事过度伤肾耗精。《黄帝内经》记载：“若入房过度则伤肾。”放纵情欲，耗精过度就会“半百而衰也”。《千金方》记载：“恣其情欲，则命同朝露也。”

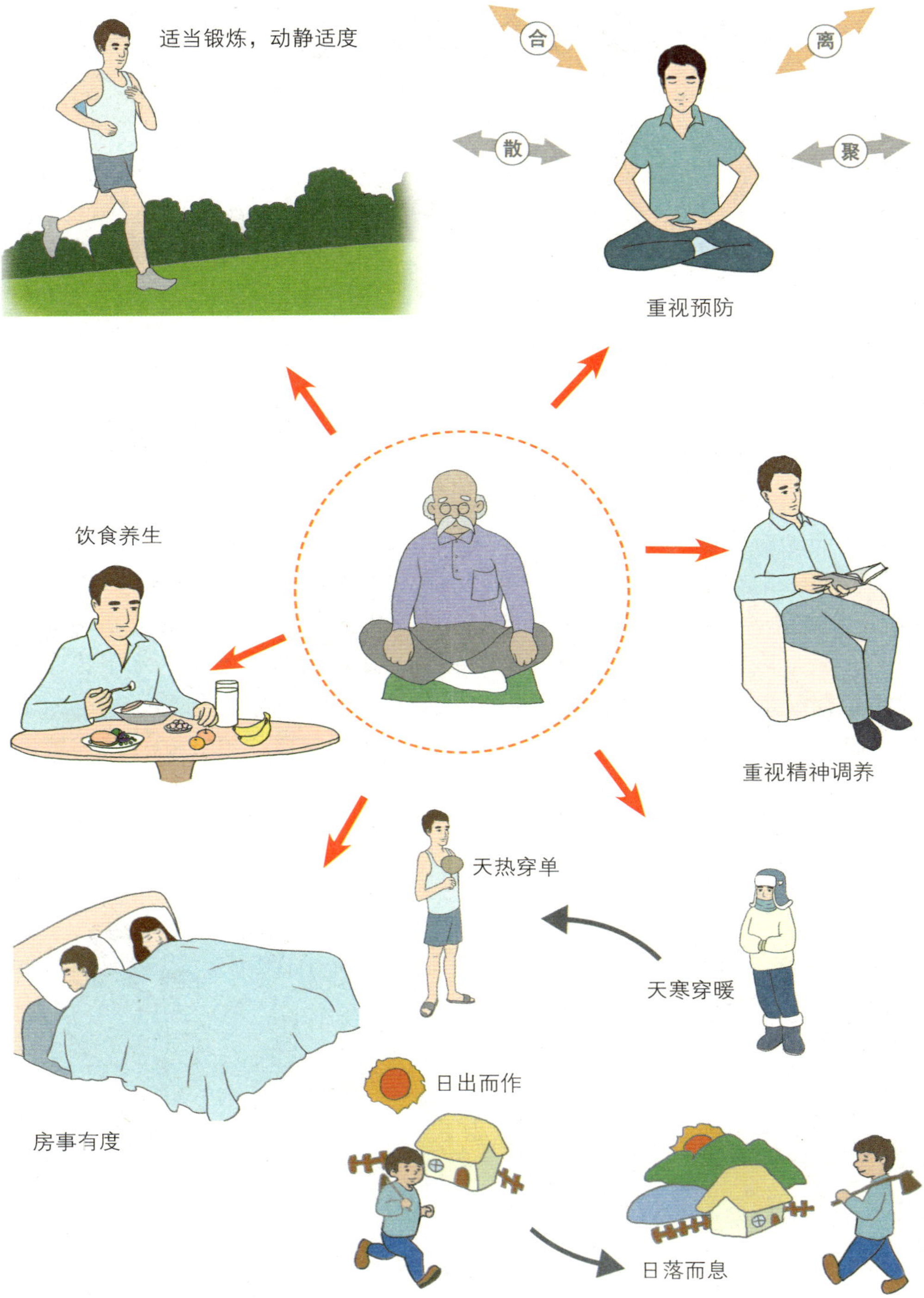
适当锻炼，动静适度
合
离
散
聚
重视预防
饮食养生
重视精神调养
天热穿单
天寒穿暖
房事有度
日出而作
日落而息

中医养生的七大法宝

精、气、神

中医认为，精、气、神是人体生命活动的根本。古代讲究养生者，都非常注重保养精、气、神，如彭祖、孔子、老子等人都把"精、气、神"称为人的"三宝"。因此，保养精、气、神是养生、长寿的主要原则。荀子认为，"养备而动时，则天不能病""养略而动罕，则天不能使之全"。这两句话是说：衣食充足而按时劳作，那么上天也不能使人生病；衣食不足而又懒惰，那么上天也不能使人健康。我们可以将其深度理解为两层意思：首先，要注意精、气、神的物质补充；其次，不可滥耗精、气、神。总之，精、气、神三者之间相互依存、相互助长，它们之间的关系很密切，各自发挥着不同的作用。

精：从广义上说，精包括精、血、津液，是维持人体生命活动的物质基础。一般所说的精是指人体的真阴，具有生殖功能，不但能促进人体的生长发育，而且能抵抗外界各种不良因素的影响，使人免于生病。

气：古人将气看作生命活动的原动力。人体的呼吸吐纳、水谷代谢、营养敷布、血液运行等一切生命活动，无不依赖于气化功能来完成。

精、气、神的作用

正因为如此，古人在长期的生活实践中归纳了许多养气的经验和方法，如“少语言，养气血”“戒色欲，养精气”等。

神：古人很重视人的神，将“神”视为精神、意志、知觉、运动等一切生命活动的最高统帅。它包括魂、魄、意、志、思、虑、智等活动，这些活动能够体现人的健康状况。《黄帝内经》记载：“神充则身强，神衰则身弱，神存则能生，神去则会死。”

补气、养血、辅阴

养气先补血

气和血是构成人体和维持人体生命活动的两大基本物质。气血之间存在着气为血帅、血为气母的关系。气与血，其实是异名同类，只是气为主、血为辅，气为重、血为轻。如果要补气养血的话，应该是补气在先，而养血在后。

首先，血的生化过程离不开气化。饮食物质先转化成水谷精微，然后水谷精微转化成营气和津液，最后营气和津液转化成血液。无论是饮食物质转化成血的过程，还是精转化成血的过程，均需要依靠气的作用。

其次，血液在脉中的循行有赖于气的推动，即所谓“气行则血行，气滞则血瘀”。

最后，气对血液具有统摄作用，使之循行于脉中，而不致外溢。气的统摄作用主要是由脾气来实现的。如脾气虚，不能统血，临床上就会出现各种出血病症，被称为“气不摄血”。

中医保养精气绝招

深呼吸，安静片刻，然后缓缓吸气（中等速度即可），同时放松身心，感觉气吸满后略停1～2秒；随后缓慢呼气，提肛缩肾，如忍大小便一般，将前后阴连同会阴穴一起收缩上提，与此同时，小腹与命门部也一同用力内缩，呼气尽时为1次。稍停1～2秒后又转入吸气过程，同时前后阴、会阴穴、腹部命门亦随之放松。做时，口中产生大量唾液，要随时吞咽下去；阴部、丹田会产生热感，这是真气产生的反应；肠鸣腹响，这是肠胃蠕动加快的反应，可促进消化吸收功能。注意：不可操之过急，贵在坚持；提肛、收肾要缓缓而行，同时要与呼吸配合好。

养阴先藏阳

阴为阳之基，无阴则阳无以化；阳为阴之动力，无阳则阴无以生。阴气一般多生于秋冬之季，所以说养阴最好的时节是秋冬季。然而，要养阴首先要藏阳。那么怎样藏阳呢？比如脾（胃），白天阳气主要用于脾（胃）消化食物，而晚上阳气主要用于滋养脾（胃）。所以说要养生就要懂得养阴，而养阴又首先要藏阳。

● 阴阳学说是一门古老的学说

经络通达

经络畅通的作用

人体是一个庞大而复杂的整体，能够从上到下、从内到外，从五脏六腑到形体官窍配合运转。那么，它们到底是由什么指挥、靠什么联络的呢？中医认为，经络有联系脏腑、沟通内外、运行气血、营养全身、抗御病邪、保卫机体等作用。人体的五脏六腑、四肢百骸、五官九窍、皮肉筋骨等组织器官，之所以能保持相对的协调与统一，完成正常的生理活动，完全是依靠经络系统的联络沟通而实现的。

经络畅通，气血充足，清阳上升，浊阴下降，阴阳调和，正气存内，邪不可干，这是机体正常的生理状态，也是中医所说的“阴平阳秘”。生病就是正常的生理状态遭到破坏、阴阳平衡被打破，如此必然会影响经络。一旦经络的正常功能受到干扰，相关的脏腑也就难逃一劫。

调理经络防百病

两千多年前的《黄帝内经》提倡“圣人不治已病，治未病；不治已乱，治未乱”，可见“未病先防”至关重要。因此，养生除了颐养天年，还有一个更现实的目标就是防病保健。

防病保健最根本、便捷的方法就是调理经络。在一些部位进行针灸、拔罐、刮痧、推拿等都可以通过经络作用于体内。

经络踩背或推拿是循着人体经络的走向进行重点刺激，对经络系统和脏腑功能进行调节疏导，协调阴阳，拨乱反正，清湿热、利水湿、助脾运、活气血，使人体的湿浊排解、气机通畅、阴平阳秘，达到疏通和保健的目的。

五脏六腑的健康密码

详说五脏六腑

藏象与脏腑

藏指人体的内脏，象指内脏表现于外的生理、病理现象。藏象指各个内脏及其生理活动、病理变化表现于外的各种症状。中医学主要就是通过外在“象”（症状）的变化，来研究内脏的实质，掌握内脏的生理活动及其病理变化。

藏象以脏腑为基础。脏腑是内脏的总称，按照生理功能特点，分为五脏、六腑；以五脏为中心，一脏一腑，一阴一阳为表里，由经络相互络属。五脏即心、肝、脾、肺、肾，其共同特点是能贮藏人体生命活动所必需的各种精微物质，如精、气、血、津液等；六腑即胆、胃、小肠、大肠、膀胱、三焦，其共同特点是主管饮食物质的受纳、传导、变化和排泄糟粕。五脏由心气、肝气等气的作用而运作，因此若气不足，将会导致内脏功能的减退。

五脏与六腑协调运作

五脏与六腑不仅各有功能，而且和对应的脏腑互相协调运作。互相对应的脏腑有：肝与胆、心与小肠、脾与胃、肺与大肠、肾与膀胱。六腑中的三焦是元气等气与津液的通路，同时也负责进行气化作用。

每组脏腑都有各自的功能活动，并通过经络、营卫、血气等彼此联络及互相协调平衡以维持生命。

五脏六腑的功能

五脏：心、肝、脾、肺、肾。功能：制造并储存精、气、血、津液。六腑：胆、胃、小肠、大肠、膀胱、三焦。功能：消化吸收。

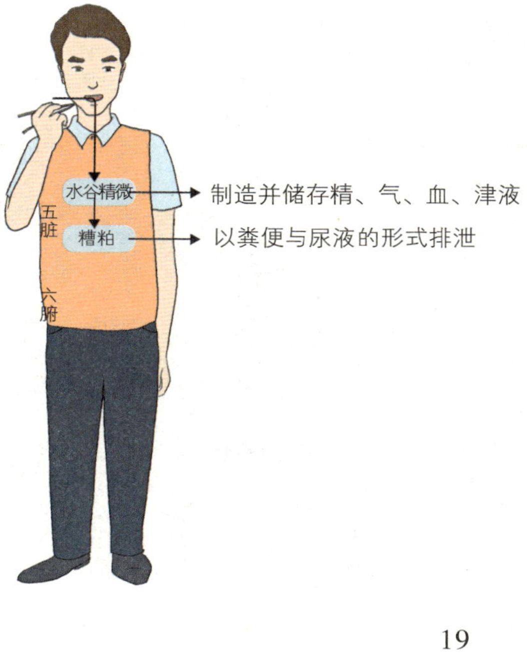

脾与胃的功能和失调问题

脾的功能

◎脾主运化。脾具有将水谷精微传输至全身各脏腑的功能。一是运化水谷，是指脾对饮食物质的消化吸收作用；二是运化水湿，是指脾对津液的吸收和传输，即脾配合其他脏腑，调节、维持人体津液代谢平衡的作用。

◎脾主生血、统血。脾有生血、统摄血液，使之在经脉中运行而不溢于脉外的功能。

胃的功能

◎胃主消化。胃是脾的附属，可以容纳和暂时储存吃进去的食物，食物在胃内进行消化变成食糜后被推送至小肠。

脾与胃的失调问题

◎若脾的功能减退，则会出现味觉迟钝、口腔发甜或发苦等症。

◎若脾搬运水谷精微的功能下降，则会出现食欲不振、全身疲倦、明显消瘦等症。

◎当脾搬运津液的功能不足时，会出现多痰与水肿的症状。脾的功能减退也会影响到胃，使胃的功能减弱。

脾与胃的失调问题

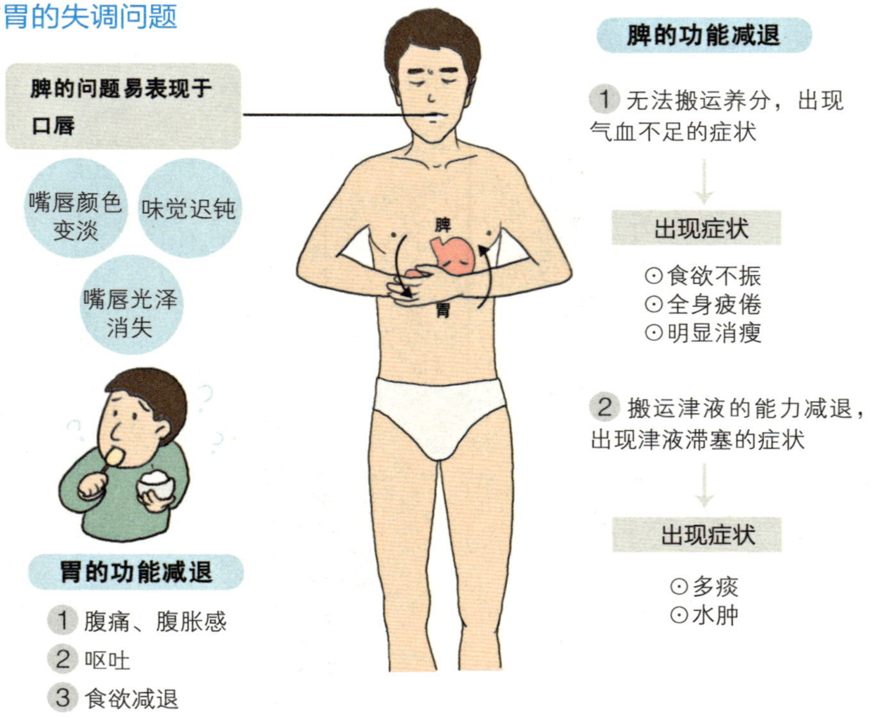

肺与大肠的功能和失调问题

肺的功能

◎肺主呼吸。肺控制着呼气与吸气，并使之有规律。正因为如此，气才能够运行至全身，辅助循环系统，增强全身代谢，即肺主一身之气。

◎肺主宣肃。肺主宣肃是指肺可以向上、向下、向内、向外散布气与津液。肺气的宣发和肃降互相协调，气机的升降出入运动正常进行，则呼吸得以通畅，津液得以正常代谢。若宣发和肃降失调，则会出现胸闷、发汗、恶寒、发热、无汗等症。

大肠的功能

大肠的功能是传化糟粕，即把经过小肠泌别清浊后的食物残渣变化成粪便，传送至大肠末端，经肛门排出体外，并在这一过程中吸收多余的水分。

肺与大肠的失调问题

◎在生理功能方面，肺气肃降下行，有助于糟粕下行。大肠传导正常，糟粕下行，腑气通畅，也有利于肺气的肃降。

◎在病理方面，如果肺气失于肃降，津不下达，可见大便干结难下。反之，如果大肠腑气不通，传导不利，则肺气壅塞而不能下降，就会出现胸闷、咳喘、呼吸困难等症。

肺与大肠的失调问题

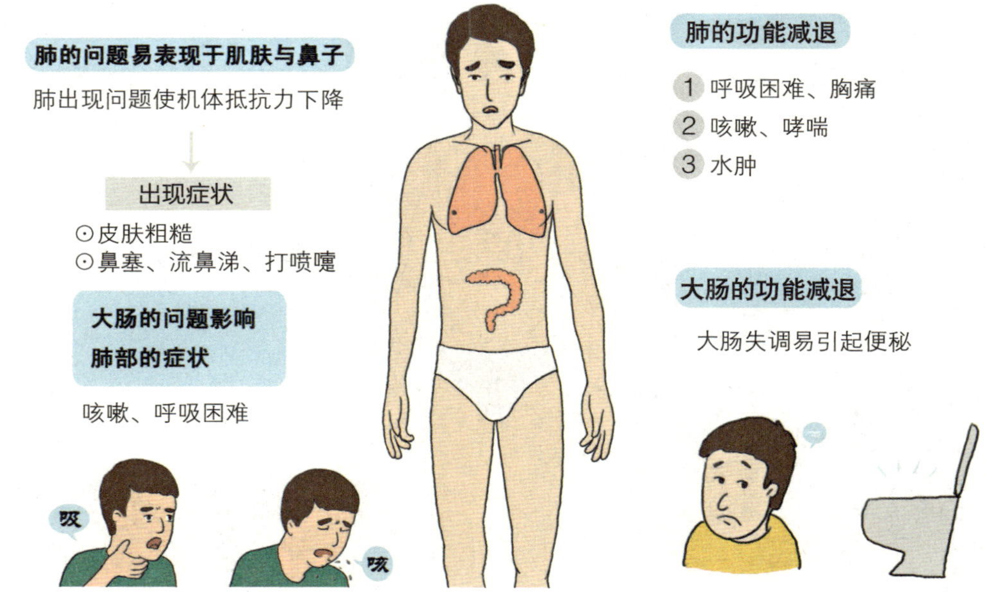

心与小肠的功能和失调问题

心的功能

◎心主血脉。心脏推动血液在经脉内运行。人的心气强健，气血运行通畅，全身的生理功能就正常，表现为面色红润而有光泽，脉搏节律均匀，和缓有力。心的功能减退时，脸、舌头会呈白色；心有瘀血时，脸会呈青紫色，舌头会呈暗紫色，还会出现心悸、失眠、健忘等症。

◎心主神志。心主神志的生理功能正常，则精神振奋，对外界的信息反应灵敏；反之，就会失眠、多梦，或出现反应迟钝、健忘等症。

小肠的功能

小肠有化物而泌别清浊的作用。

心与小肠的失调问题

◎心与小肠失调时，心火炽盛，小肠有热，易出现小便短赤、灼热疼痛，甚至尿血等症。

◎小肠热盛，也可循经脉上炎于心，使心火亢盛，出现心烦舌赤、口舌生疮，以及尿赤热痛等症。

心与小肠的失调问题

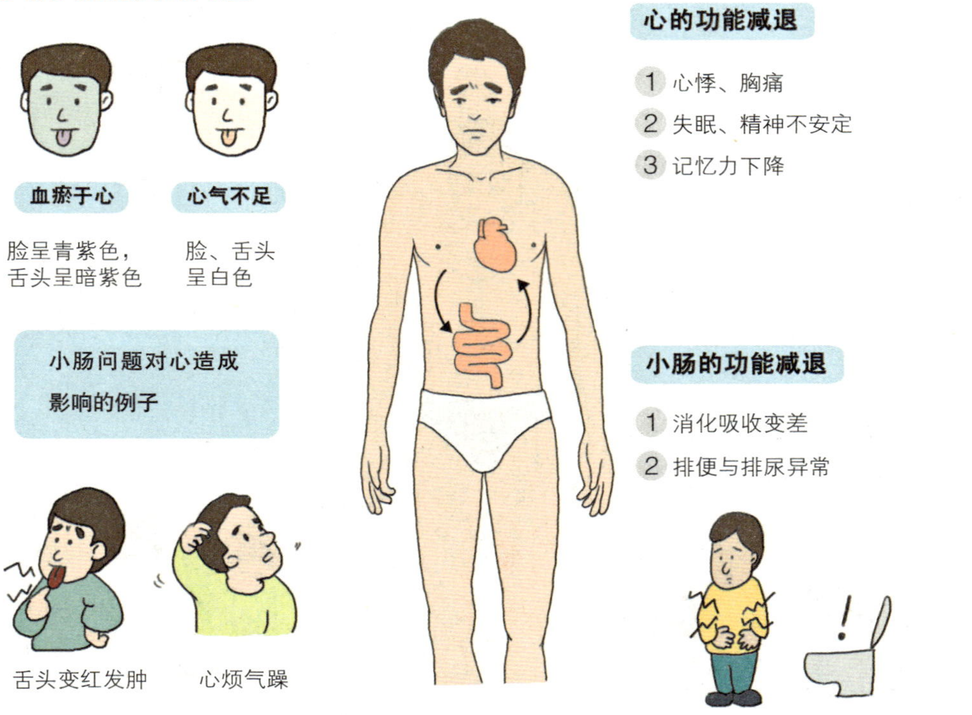

肝与胆的功能和失调问题

肝的功能

◎肝主藏血。当肝正常运作时，气与血会顺畅运行；当肝的藏血功能出现障碍时，会出现头晕、视物模糊等症，或因肝不藏血而导致出血倾向。

◎肝主疏泄。肝有疏通、舒畅的作用，主要体现在两方面：一方面是调节情志。肝喜舒达而恶抑郁，若肝失疏泄，就会出现情志不舒、心情抑郁等；另一方面是调节消化。消化职能主要由脾胃来担当，但肝的疏泄功能是维持脾胃正常消化的重要条件。

◎肝主筋。全身的筋依赖于肝之阴血的滋养，从爪甲的色泽、形态变化可反映肝血的盛衰。

◎肝开窍于目。若肝的阴血不足，就会出现双目干涩、视物模糊或夜盲。

胆的功能

胆的功能是贮藏和排泄胆汁。

肝与胆的失调问题

在消化方面，只有在肝主疏泄功能正常的情况下，胆汁才能顺利生成并适时排入肠腔，帮助消化。如果受其他外界因素的影响，导致肝胆功能失调，就会影响身体健康。此外，肝胆病变会相互影响。

肝与胆的失调问题

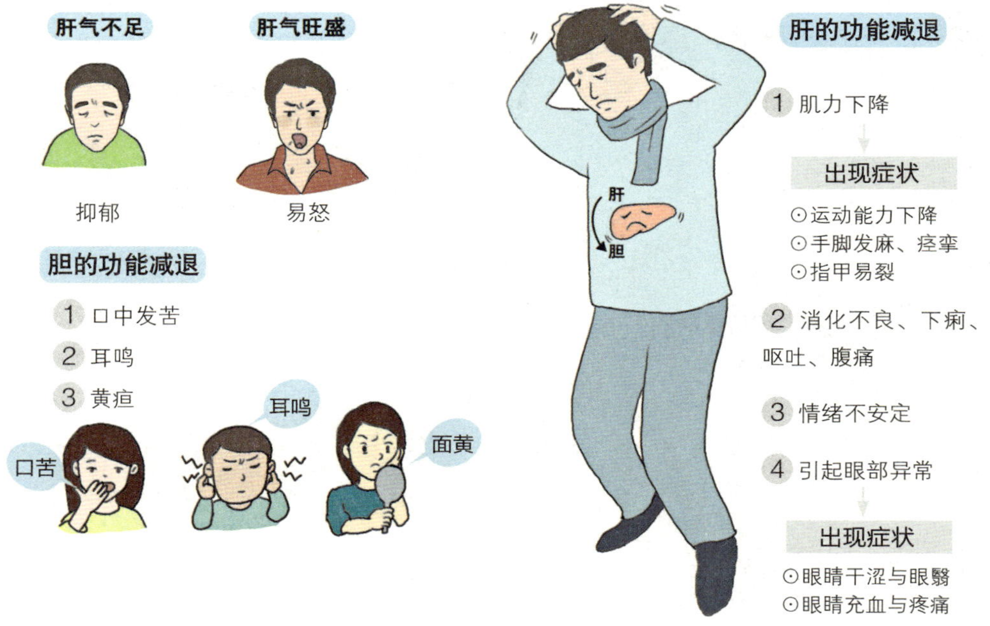

肾与膀胱的功能和失调问题

肾的功能

◎**肾储藏精气。**肾中的精气与成长、发育有关，若精气不足，人体的骨骼、牙齿、毛发等便不能顺利生长、发育。

◎**肾调节津液代谢。**在正常情况下，津液通过胃的受纳、脾的转输、肺的宣降、三焦的决渎（疏通水道）、膀胱的开合等共同作用，走遍全身，多余的水分也能顺利排出；反之，就会出现排尿障碍或尿频。

◎**肾主繁衍。**肾是生命活动的本源，肾火旺则生命力强，精充火旺，阴阳相济，则生化无穷，机体强健。古人养生非常强调养肾，节情欲以保养阴精，使肾精充盈固秘而延年益寿。生殖器官的发育及繁衍后代的过程，均有赖于肾。也就是说，肾精主导着人的生殖功能，对生殖能力起决定作用，可以说它是人类繁衍的根本。如果人的肾精不足或受损，必然引起性功能失调，生殖能力下降甚至消失。

膀胱的功能

膀胱的功能是贮存和排泄尿液。

肾与膀胱的失调问题

肾与膀胱通过经脉相互络属，构成表里关系。肾与膀胱的关系主要表现在水液代谢方面。如果肾的功能失常，就会影响到膀胱。

肾与膀胱的失调问题

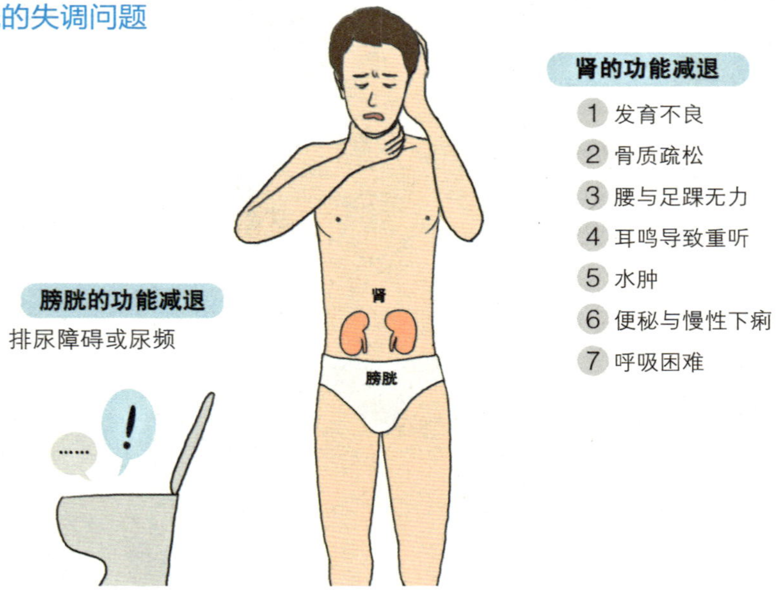

阴阳一调百病消

古人的阴阳学说

阴阳是中国古代的哲学思想，古人认为所有的事物内部都可以分成两个相互对立且相互作用的部分。如一天可以分为白天和晚上；温度可以分为寒和热；事物可以具有功能属性和物质属性等。因此，自然界中相联系的事物或现象中，对立的两面都有截然相反的属性，都可以用“阴阳”来概括。

古人认为，凡是具有温暖、向上、向外、光明、活动、清虚的物质属性，都属于阳的范畴；凡是具有寒冷、向下、向内、黑暗、静止、浑浊的物质属性，都属于阴的范畴。阴阳被古代医家应用于医学领域，用以认识和探讨人体的解剖、生理、病理和疾病的诊断与治疗等问题，并被赋予了特定的医学含义，成为中医学理论体系的重要组成部分。

阴阳学说在人体上的应用

人体的部位、脏腑、经络、形气，都可用阴阳来确定属性。具体地说，人身体里的各部位，根据其不同的生理特点可划分为阴与阳的属性。心、肝、脾、肺、肾这几个内脏，由于它们的功能主要是贮存精气，属于一种静态活动，所以属阴；胃、小肠、大肠、胆、膀胱、三焦，主要功能是传导水谷、代谢产物，是动态活动，因此属阳。人的体表属阳，体内属阴；腹部经常

人体阴阳划分规律

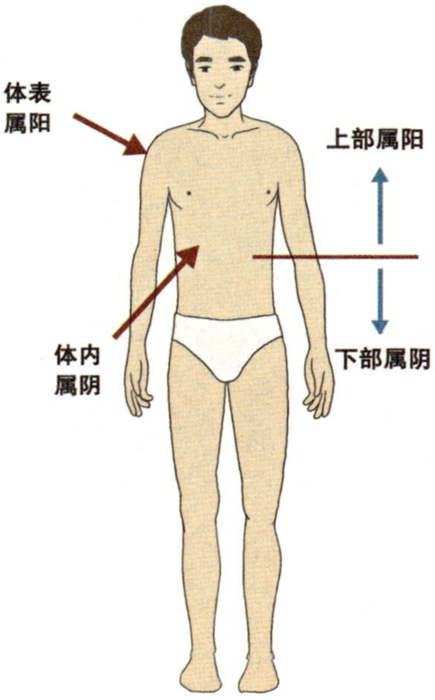

脏腑

阴：五脏——心、肝、脾、肺、肾

阳：六腑——胃、小肠、大肠、胆、膀胱、三焦

经络

手三阳经、手三阴经
足三阳经、足三阴经

血气

气属阳、血属阴

屈曲，因此属阴，背部经常伸展，因此属阳；人体的上部属阳，下部属阴。人身体里阴阳之气的关系，决定着人体的健康状态。

人体阴阳与自然界阴阳相通相应

人体从自然界中摄取阳光、空气、水和各种营养，又向自然界排出代谢的产物。《黄帝内经》认为，人体的阳气，白天主司体表：清晨的时候，阳气开始活跃，并趋向于外；中午时，阳气达到最旺盛的阶段；傍晚时，体表的阳气逐渐虚少，汗孔也开始闭合。所以到了晚上，阳气收敛于内，这时不要扰动筋骨，也不要接近雾露。

这表明人体的阴阳与大自然的阴阳是相通相应的，人体的阴阳随着自然界的阴阳变化而变化，两者之间平和协调。

阴阳相互依存，相互促进

阴阳互根

阴阳互根，是指阴阳双方各以其对立面的存在为自己存在的前提，即阳依阴而存，阴依阳而在，任何一方都不能脱离另一方而单独存在。如上与下、升与降、寒与热、明与暗、兴奋与抑郁等，都是相互依存的阴阳双方。

阳以阴为基，阴以阳为用

明代医学家张介宾曾说：“阳以阴为基，阴以阳为用。”以人体的机能为例，人体的气属阳，血属阴，血与气相互依存，体内血液的循行须借助于气的推动和统摄，即所谓“气为血之帅”，但气的存在，又同样需要血液的运载和营养补充，即所谓“血为气之母”。这就是人体内阴阳互根的体现。

人体内的阴与阳也是相互依存、相互促进的，只有如此，才能保证人体的正常生命活动。如果阴阳双方中的一方消失，有阳而无阴便成了“独阳”，有阴而无阳便成了“孤阴”，这样的事物不可能再生化和存在。以人体来讲，机能活动属阳，营养物质（津液、精、血等）属阴，充足的营养物质能使机能活动旺盛，而机能活动旺盛又能产生更多的营养物质。因此，古人所说“孤阴不生，独阳不长”即是此理。

采集阳气的方法

在日常生活中，人应该怎么采集自然的阳气呢？早晨，我们出门以后，最好面向东方做深呼吸，这样阳气可以从鼻孔和皮肤上的毛孔进入身体；正午，我们在室外活动时，太阳当顶，让日精从百会穴进入身体；傍晚，在日落

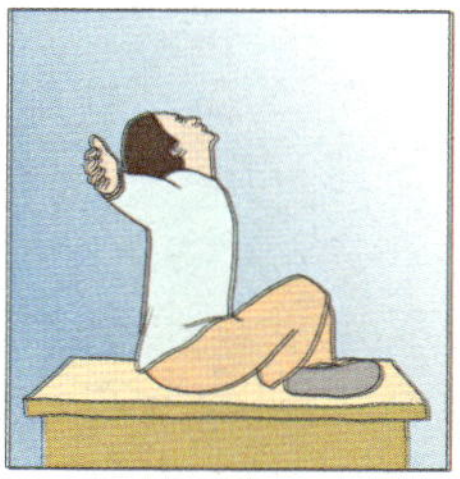

早晨：最好面向东方做深呼吸，这样阳气可以从鼻孔和皮肤上的毛孔进入身体

正午：在室外活动时，让日精从百会穴进入身体

傍晚：也要到室外活动，采集太阳的余热

高处：在山川丘陵的高处，可以面向南方，这样会使阳气更快地进入身体

前，我们也可以去室外采集太阳的余热。当我们去旅行时，在山川丘陵的高处，可以面向南方，这样会使阳气更快地进入身体。

阴阳此消彼长的规律

阴与阳之间的互相转化往往是阴消阳长，或者阳消阴长，而且量变逐渐积累会发生质变。古人将其称为“重阳必阴，重阴必阳”。

例如，在日出后，阳气逐渐增加，到中午时阳气达到最盛，然后逐渐衰退，到傍晚时转为阴；入夜时属于阴，并且阴气逐渐增加，到夜半时阴气最盛，然后逐渐衰退，到黎明时转为阳。这是一种自然规律。

阴消阳长必须在一个限度内，并且在这个限度内要保持一个动态的平衡。

如果一方太过或者不及，就会破坏两者正常的运动关系。这就如同坐在跷跷板上的两个人，体重必须相当，如果一方太重或太轻，就无法再玩下去。

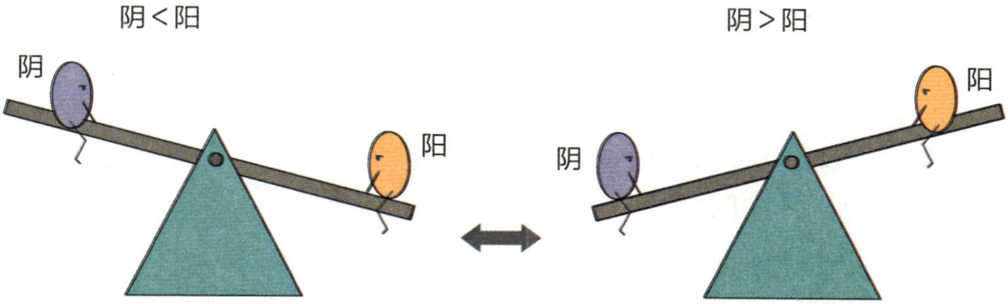

●阴阳就像跷跷板上的两个人，处于一个动态的消长状态

阴阳一平衡，疾病立即消

人体的阴阳平衡就是阴气和阳精的平衡。阴阳如果是平衡的，人的生命力一定会很顽强，生理上健康强壮，机体能吃能睡，气色好；心理上承受力强，心情愉快，精神好。

阴阳平衡，外邪不侵

人体如果阴阳平衡则正气充盈，不论环境有多恶劣，也不论遭受何种挫折，人的应急能力、对不良情况的适应能力都会很强，并且能耐受疲劳，抵抗一般疾病的能力也会很强，所以阴阳平衡是非常重要的。

反之，人体如果阴阳失衡就极易处于亚健康状态，患各种疾病而失去健康。

阳不足的弊端

从中医角度来看，阳不足不仅会使人出现乏力、怕冷、易疲劳等不适症状，还会使人动不起来，不够欢快，生活缺乏激情和活力。

其实，只要仔细留意一下身边那些乏力、易疲劳（或说懒惰）的人就能发现问题，他们不仅更显衰老，而且免疫力差、易患病，连感冒的症状也比一般人要严重得多。

阴不足的弊端

阴不足就会使人长时间处于紧张、激动、兴奋的状态，总是不能很好地放松，睡眠不好。这会导致什么后果呢?

一是会引发泌尿系统疾病，因为人总是处在激动、兴奋状态下，会延长憋尿时间。例如，在奥运会期间，泌尿门诊医务人员奇怪地发现，泌尿系统感染的患者一下子增加了很多，多有尿频、尿急等症。此中道理很简单，这些人都有为了不错过精彩赛事的每一个镜头而长时间憋尿不上厕所的经历。

二是会引发消化系统疾病，如便秘。人如果总是处在压力之下，不能彻底放松自己，肠管就会紧张。有便意，却无法顺利排便，自然就会便秘，便秘又会直接导致肠胃蠕动减慢，造成消化吸收不良。

怎样维持阴阳平衡

大自然的阴阳是平衡的，其通过阴阳气化来体现。而阴阳气化是通过地球的转动，产生昼夜交替和四季轮回来体现的。

人体的阴阳与大自然的阴阳密不可分。如果我们能够遵循大自然的阴阳气化规律平衡阴阳，就可以实现阴阳调和，身体健康。所以，《黄帝内经》便提出春夏养阳、秋冬养阴，维持阴阳平衡的理论。

六淫：来自外界的致病元素

六淫具体是什么

风、寒、暑、湿、燥、火原本是自然界中六种不同的气候变化，在正常情况下，称为“六气”。

六气一般不会导致发病。只有当气候变化异常，六气太过或不及（夏天过分的炎热，冬天特别的寒冷，谓之太过；假若夏天变得寒凉，冬天反而温暖，谓之不及），或非其时而有其气（就是季节气候的异常，如近年来由于全球气候变暖，冬天本该是寒冷的季节，却出现了暖冬），又或气候变化过于急骤时，再加上人体的正气不足，抵抗力下降，六气就容易成为致病因素，伤及人体而引发疾病。

在这种情况下，中医将反常的六气称为“六淫”，又称“六邪”。

风邪为“六淫之首”

认识风邪

自然界的风是一种流动的气流。风为春季的主气，所以风邪多发于春季。

风邪引起的疾病虽以春季为多，但四季都有风，所以，不限于春季，其他季节均可发生。

风邪不仅可以单独致病，它还常和其他邪气一起致病，如风寒、风湿、风燥、风热等，因此风有“百病之长”之称。

风邪的特性和致病特征

◎**轻扬开泄**。风为阳邪，其性轻扬升散，具有升发、向上、向外的特性。所以风邪致病，易伤人上部，易犯肌表、腰部等阳位。风邪袭肺时，会出现鼻塞流涕、咽痒咳嗽等症；风邪上扰头面，则会出现头晕

● 风邪致病所产生的症状

头痛、头项强痛、面肌麻痹、口眼歪斜等症。

◎**善行数变。**以风邪为先导的疾病无论是外感还是内伤，一般都具有发病急、变化多、传变快等特征。善行是指风邪具有易行而无定处的性质，故其致病有病位游移、行无定处的特性。

寒邪最易伤阳

认识寒邪

寒与热是相对的，都是人体对温度的感觉。寒为冬季的主气，人体在气温较低或气温骤降、防寒保温不够的情况下，容易受到寒邪侵入而致病。寒具有阴冷、凝结、阻滞的特性。寒为阴，热为阳。当寒邪侵入人体后，血液就失去了阳气的温煦，就会运行不畅、瘀堵不通。

寒邪的特性和致病特征

◎**寒易伤阳。**寒为阴气的表现，其性属阴，故寒为阴邪。阳气本可以制阴，但阴寒偏盛，则阳气不仅不足以驱除寒邪，反为阴寒所侮，故云“阴盛则寒”“阴盛则阳病”。所以，寒邪最易损伤人体阳气。

◎**寒性凝滞。**凝滞，即凝结阻滞之意。人体气、血、津液的运行，全依赖阳气的温煦推动，才能畅通无阻。寒邪侵入人体，经脉气血失于阳气温煦，易凝结阻滞，涩滞不通，不通则痛，故疼痛是寒邪致病的重要特征。不论是四肢的关节疼痛还是心痛、胃痛、腹痛、头痛等，都与寒有直接的关系。

◎**寒性收引。**寒有收缩、闭塞的作

● 炎热的夏季容易引起大汗

● 贪凉吃过多的生冷瓜果，容易出现呕吐、腹泻、闷热不舒、头晕及头重等症

用。寒性收引是指寒邪具有收引拘急的特性，即“寒则气收”。寒邪侵袭人体，可使气机收敛，腠理闭塞，遇寒后筋脉收缩，整个人就缩作一团，四肢屈伸不利。若寒邪侵袭肌表，汗毛孔遇寒则会关闭、堵塞，不易出汗。

常见的寒证

◎**外寒**。外寒指寒邪由外侵入机体而致病。外感寒邪，伤于肌表，营卫运行不畅，腠理闭阻，就会出现恶寒、发热、无汗、头项强痛、身痛、苔白、脉浮紧的症状，此证宜辛温解表。寒痹指寒邪伤络或筋骨、关节，疼痛较剧，痛有定处，四肢拘急，屈伸不利，得热痛减，遇寒加剧，此时宜温经散寒。

◎**中寒**。寒邪直接伤里，表现为腹痛、腹泻、肠鸣、呕吐清水等，此证宜温中散寒。

◎**内寒**。外来寒邪侵入机体，积久不散，常能损伤人体阳气，导致内寒。其主要表现为畏寒肢冷、气短、唇青、腹胀、便溏、食欲不振、腰脊冷痛、小便频数、男子阳痿、女子带下清稀，此证宜温阳补虚。

暑邪耗气伤津

认识暑邪

在夏季高温时，如果人不能适应，就会生暑病。

暑邪有明显的季节性，主要发生在夏至以后，立秋以前。

暑邪独见于夏令，故有“暑属外邪，并无内暑”之说。暑邪致病有阴阳之分。

在炎夏之日，气温过高，或烈日曝晒过久，又或工作场所闷热而引起的热病，属阳暑；而暑热的季节，过多吃生冷的食物，或贪凉露宿，又或冷浴过久所引起的热病，属阴暑，症状常是呕吐、腹泻、头晕等。总之，夏天受热为阳暑，受寒为阴暑。

暑邪的特性和致病特征

◎**暑性炎热**。暑为夏日炎暑，盛夏的火气，具有酷热的特性，火热属阳，故暑属阳邪。暑邪伤人多表现出一系列阳热症状，如体温高、心烦、失眠、面色红赤、烦躁等，被称为伤暑。

◎**暑性升散，易伤津耗气**。升散，即上升发散之意。升，指暑邪易于上犯头目，内扰心神，易入心经；散，指暑邪为害，易于伤津耗气。

◎**暑为阳邪，阳性升发**。暑邪侵犯人体，多直入气分，致腠理开泄而大汗出。汗多伤津，津液亏损，则出现口渴喜饮、唇干舌燥、尿赤短少等现象。在大量出汗的同时，往往气随津泄而导致气虚，故伤于暑者，常可见气短乏力，甚至突然昏倒、不省人事。

◎**暑多挟湿**。暑季不仅气候炎热，且常多雨而潮湿，热蒸湿动，湿热弥漫空间，人身之所及，呼吸之所受，均不离湿热之气。其临床特征除发热、烦渴等暑热症状外，常兼有四肢困倦、胸闷、呕吐、恶心等症。

常见的暑证

◎**伤暑**。其主要表现为身热多汗、心烦、口渴喜饮、倦怠乏力、脉虚数，属暑伤津气。此证宜清热祛暑，服用清暑益气汤。

◎**中暑**。轻症仅见头晕、恶心等，重症可突然昏倒、不省人事、发热，为暑入阳明。此证宜清暑泄热，服用白虎汤。或见面垢喘喝、冷汗不止、手足厥冷、脉大而虚，为津气欲脱，宜益气敛津，服用生脉散。

湿邪最先伤脾

认识湿邪

湿具有重浊、黏滞、趋下的特性，为长夏主气。大暑、立秋、处暑、白露四个节气，为湿气主令。中医认为，夏秋之交，湿热熏蒸，水汽上腾，湿气最盛，故一年之中长夏多湿病，但四季均可发病，且其伤人缓慢，难以察觉。

湿邪的特性和致病特征

◎**湿为阴邪，易阻气机，损伤阳气**。湿性类水，水属于阴，故湿为阴邪。湿邪侵及人体，留滞于脏腑经络，最易阻滞气机，从而使气机升降失常。

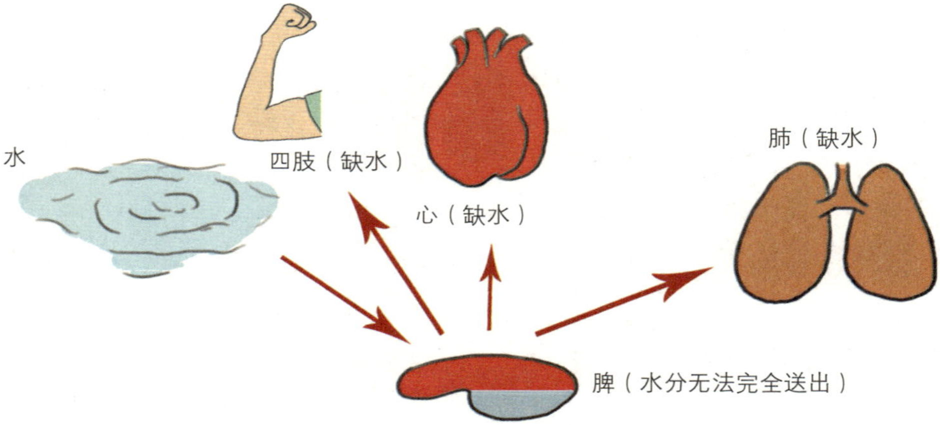

● 脾气虚则体内的火不足，没办法将水送到全身，水分停留在身体内造成内湿

◎**脾喜燥恶湿，湿易伤脾。**脾主运化水湿，且为阴土，喜燥而恶湿，对湿邪又有特殊的易感性，所以脾具有运湿而恶湿的特性。湿邪侵袭人体，必困于脾，使脾阳不振，运化无力，水湿停聚，从而引起泄泻、水肿、小便短少等症。

◎**湿性重浊。**所谓“重”，即沉重、重着之意，故湿邪致病，其临床症状有沉重的特性，如头重身困等；所谓“浊”，即秽浊垢腻之意，故湿邪为患，易出现排泄物和分泌物秽浊不清的现象。主要症状为大便溏泻、下痢脓血黏液、小便浑浊、妇女黄白带下等。

◎**湿性黏滞。**“黏”即黏腻；“滞”即停滞。所谓黏滞是指湿邪致病具有黏腻、停滞的特性。一是症状的黏滞性，即湿病症状多黏滞而不爽，如大便黏腻不爽，小便涩滞不畅；二是病程的缠绵性，因湿性黏滞，蕴蒸不化，胶着难解，故起病缓慢隐袭，病程较长，往往反复发作或缠绵难愈。

◎**湿性趋下。**水性就下，湿类于水，其质重浊，故湿邪有下趋之势，易伤及人体下部。其病多见下部的症状，如水肿多以下肢较为明显。

常见的湿证

湿证可分为外湿和内湿。

◎**外湿。**外湿多为外部因素所致，如淋雨、长时间涉水或者浸泡在水里面而使湿气侵入人体。

◎**内湿。**内湿和脾的运化作用失常有关。脾将我们喝入的水转为各器官所需要的水分，如果脾虚就会造成水湿的停聚，从而致病。

燥邪最易伤肺

认识燥邪

燥邪是与湿邪相反的邪气。人在空气的湿度不够，或在高热下大量出汗，或在严重的上吐下泻或大量出血时易受燥邪侵袭。

当空气过于干燥时，人就容易有咽干、口干的感觉。秋季是一年中最干燥的季节，而从秋分到立冬这段时间，是燥气最盛的时期。因此中医认为，燥为秋季的主气。燥邪又可以分为温燥和凉燥。

上吐下泻易受燥邪侵袭

燥邪的特性和致病特征

燥性干，伤津耗液，故燥病常有口干、鼻燥、皮肤干裂、毛发不荣、干咳、便干、尿少等症。

燥邪易伤肺、胃，因为肺主津液的输布，主呼吸，燥邪必先犯肺；胃为水谷之海，喜润而恶燥，所以也易为燥邪所侵。

常见的燥证

燥邪最易犯肺，伤津耗液，使人发生鼻干咽燥、声嘶干咳、大便干结等燥症。肺主气而司呼吸，与外界大气相通，肺又外合皮毛，开窍于鼻，因而燥邪多从口鼻而入，最易耗伤肺津，影响肺的正常功能。

◎温燥。温燥偏热，见于风热感冒兼有肺燥伤津，常引起发热、恶寒、咽痛。

◎凉燥。凉燥一般偏寒，秋天气候干燥时的风寒感冒、恶寒发热、无汗、头痛鼻塞、口干咽燥等均属凉燥。

◎内燥。热病久而伤津或久病致精血耗伤可形成内燥。其主要症状为口渴咽燥、干咳、毛发干枯不荣、皮肤干燥而粗糙、大便秘结。

秋季防燥小常识

◎多喝开水、淡茶、果汁饮料、豆浆、牛奶等，以养阴润燥，弥补损失的津液。

◎立秋之后，昼夜之间的温差较大，不宜赤膊露体，也不宜穿得太多、太暖，这就是老人们常说的，秋要“冻”。

火邪先扰心神

认识火邪

火具有炎热的特性，旺于夏季，春分、清明、谷雨、立夏四个节气，为火气主令。因夏季主火，故中医认为，火与心气相对应。但是火邪并不像暑邪那样具有明显的季节性，也不受季节气候的限制。

火的分类及致病特征

中医学中的火有生理与病理之分。

◎生理之火。生理之火是一种维持人体正常生命活动所必需的阳气。

● 实火、虚火都可以通过饮食来调理

它蕴藏于脏腑之内，具有温煦生化的作用。这种有益于人体的阳气被称为“少火”，属于正气范畴。

◎**病理之火。**病理之火是指阳盛太过，耗散人体正气的病邪。这种火被称为“壮火”。病理之火又有内火、外火之分。

内火主要由五气转化而来，中医认为，五志也能化火，情志过极也可久郁化火。如“大怒起肝火”“思过起心火”。内火多由脏腑功能紊乱、阴阳气血失调所致。

外火的由来有两种途径：一是感受温热邪气而来；二是由风、寒、暑、湿、燥等外邪转化而来，即中医常说的“五气化火”。

五气之中，只有暑邪纯属外来之火，我们称之为暑热。其余风、寒、湿、燥并非火热之邪，之所以能化而为火，必须具备下面的条件。

第一，郁遏化火。风、寒、湿、燥侵袭人体，必须郁久方能化火。例如，由寒化热，热极生火；温与热结或湿蕴化热，热得湿而愈炽，湿得热而难解，郁而化火；湿蕴化热，湿热极甚而化火。

第二，因人而异，阳盛之体或阴虚体质易于化火。

第三，与邪侵部位有关。例如，邪侵阳明燥土，则易化火；寒邪直中入脾，则化火也难。

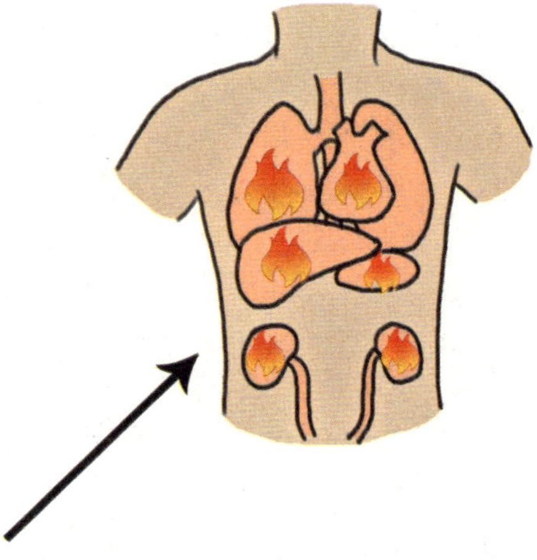

各脏腑内都有“少火”

人体五脏六腑的运作主要靠“少火”提供能量

判断疾病的4种指标：阴阳、表里、寒热、虚实

八纲辨证的实际内容

4种指标掌握病情

诊断身体状态或疾病的方式，除病因与气、血、津液外，中医还有八纲辨证的方法，这是用4种指标掌握疾病性质的方法。

4种指标是指“阴阳”“表里”“寒热”“虚实”。由于身体借由阴阳保持平衡，因此以阴阳为指标观察身体失衡的倾向是最基本的（前文已进行详细介绍，此处不再赘述）。

辨证与辨证的过程

◎辨证。辨证是认识和诊断疾病的主要过程和方法。辨，即辨认、辨别，也即分析；证，即证候，是机体在致病原因和条件的作用下，机体与环境之间，脏腑、经络、气、血、津液之间关系紊乱的综合表现。所以，明确某一证候，是对疾病发展阶段中的病因、病位，邪正斗争的强弱，阴阳的偏盛、偏衰等病理情况的概括。

◎辨证的过程。中医通过望、闻、问、切4诊（具体内容见后文）搜集症状，对体征等资料进行综合、归纳、分析、推理、判断，辨明其内在联系，以脏腑、经络、气、血、津液、病因等理论及各种病变相互之间的关系为依据，从而认识疾病，做出正确的诊断。

辨证和论治

这是中医在临床上实施治疗的两个具体而重要的环节。两者相互联系，不可分割。辨证是认识疾病，论治是针对病症采取相应的治

八纲辨证的实际内容

疗手段和方法。

通过表与里判断病邪的位置

表里是指病变部位深浅和病情轻重。表是指接近身体表面的部分，皮毛、肌肤和浅表的经络属表，而脏腑、血脉、骨髓及体内的经络属里。

从体外侵入的病邪会从体表侵入，引起种种症状，如咽喉疼痛、鼻塞、咳嗽、恶寒、发热等。由于症状是发生在体表的，故诊断为表证。所以，趁病邪还在体表时加以治疗，即可轻松痊愈。

如不及时治疗，则病邪会侵入体内，引起诸如食欲不振、呕吐、有痰剧烈咳嗽等症。若因为高烧导致口干舌燥、便秘，则代表脏腑受到侵袭，此时，可诊断为里证。

简单地说，凡是不属于表证的一切证候都属于里证。比如常见的便秘、胃痛、失眠等所反映的证候，都属于里证。由于里证涉及人体内的各脏腑组织，所以，里证的范围是很广泛的。

表证的特点

表证具有起病急、病程短、病位浅和病情轻的特点。常见于外感热病的初期，如上呼吸道感染、急性传染病及其他感染性疾病的初起阶段。

里证的特点

里证与表证是相对而言的，是指病位深于内（脏腑、气血、骨髓等）的证候。

里证的致病原因，一般有三种情况：一是表证进一步发展，表邪不解，内传入里，侵犯脏腑而成；

表证与里证

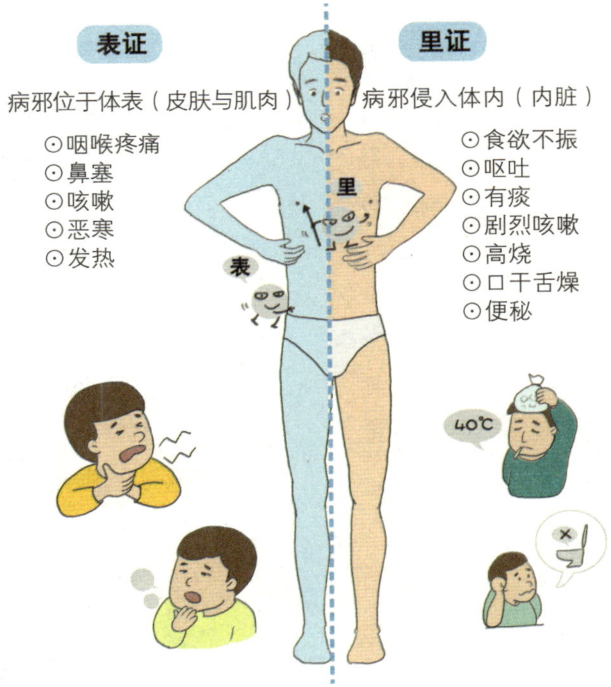

二是外邪直接侵入内脏而发病，如腹部受凉或过食生冷食物等原因所致的里寒证；三是内伤七情、劳倦、饮食等因素，直接引起脏腑功能障碍而成，如肝病的眩晕、胁痛，心病的气短、心悸，肺病的咳嗽、气喘，脾病的腹胀、泄泻，肾病的腰痛、尿闭等。

通过寒与热分析病邪的性质

当人体保持正常的体温时，身体的血、津液与温暖身体的阳气保持在平衡的状态。但是当人生病时，原本的平衡就被打破。此时，若冷却身体的作用较强，就为寒证；温暖身体的作用较强，就为热证。

中医通过这种方法来判断疾病的大体性质。因此，要判断疾病为寒证或热证，可从症状着手。

寒证的特点

寒证主要由阳虚阴盛、病人寒化所致。其主要症状为畏寒、形寒肢冷、口不渴或喜热饮、面色白、咳白色痰、腹痛喜暖、大便稀溏、小便清长、舌质淡、苔白、脉沉迟。

热证的特点

热证主要由阳热偏盛所致。其主要症状为发热、不恶寒、烦躁不安、口渴喜冷饮、面红目赤、咳痰黄稠、腹痛喜凉、大便燥结、小便短赤、舌质红、苔黄、脉数。

寒证与热证

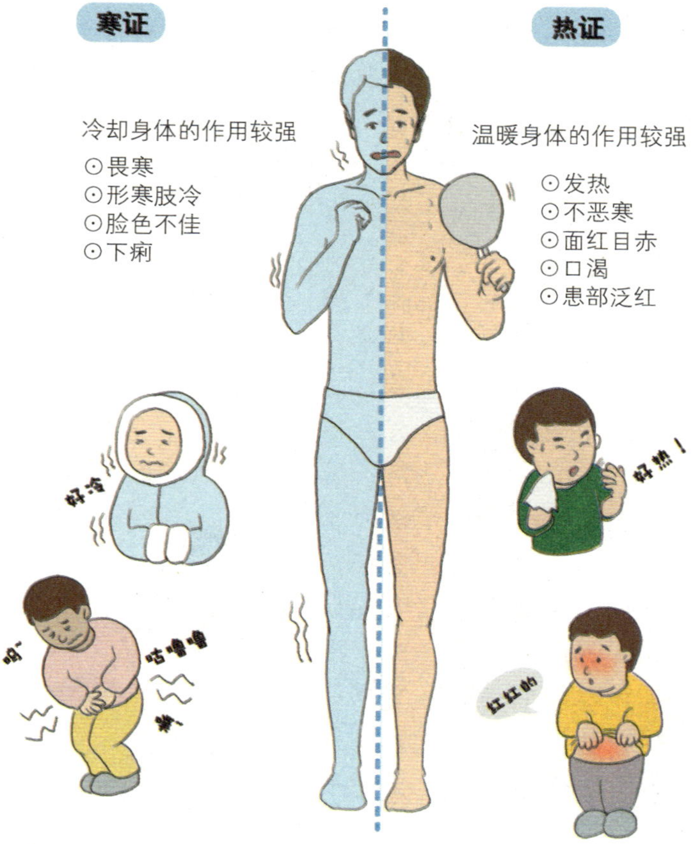

通过虚与实判断病邪的轻重

凡是人体正气不足，抗病力比较弱的证候，都可称为虚证。这类证候在大失血或者患慢性病的患者身上最容易见到。

此时人体的抗病力下降，生理功能减退，而病邪嚣张，人体的正气仍然比较充足，邪正斗争激烈的病证就叫作实证。例如，周围的人都没有感冒，你却感冒了，多半属虚证；而平时不太容易生病的人得了流行性感冒，即为实证。

对于虚证的治疗方法，首先要尽快恢复身体的正气；若为实证，则必须确认致病的原因，再进行下一步的治疗。

虚证的特点

虚证主要是由先天不足，后天失养，久病耗损正气所致。

虚证的主要症状为面色无华、神倦乏力、声低、气短、食少、便溏、舌上无苔、脉虚无力等。虚证又有虚寒和虚热的区别。

实证的特点

实证主要是由于外邪侵入人体，内脏功能失调，痰饮、水湿、瘀血等堆积不化所致。

实证的主要症状为面赤、气粗、腹胀痛拒按、大便秘结、小便不利、舌质老敛、苔厚、脉实等。

实证又有实寒和实热之分，但一般以实热最为常见。

虚证和实证的主要鉴别方法

虚证和实证主要根据患者的体质、病程、精神状态及脉象等来辨别。

一般病程长、体质弱、精神萎靡、声息低微、痛处喜按、脉无力者为虚；病程短、体质强壮、精神亢奋、声高气粗、痛处拒按、脉有力者为实。

虚证与实证

虚证

由于正气（免疫力）不足，即使病邪微弱也会致病

⊙常常感冒
⊙症状虽轻却容易慢性化、长期化
⊙治疗时首先需要恢复正气

实证

虽然正气势力正常，但病邪势力更强，导致患病

⊙健康者感染流行性感冒
⊙症状既急且猛，但恢复也快
⊙须确认病邪种类，迅速排除

望、闻、问、切巧诊病

中医总结了4种论断疾病的方法，即望、闻、问、切。望诊是借眼睛来观察的诊疗方式，观察患者的脸色、舌头等全身各部位；闻诊就是通过听觉和嗅觉，来收集、辨别患者的声音和气味的变化；问诊则是听取患者自述发病经过，还有自觉症状；切诊包括切脉和按诊，是切按患者的脉搏和触按患者的皮肤、手、腹部、四肢及其他部位以诊断疾病的方法。

◎望诊：观察脸色与舌头的状态。 望诊主要包括面诊和舌诊两部分内容。望诊又分望神、望形态、望五官等。

◎闻诊：借由声音、呼吸和气味来诊断。 闻诊包括闻声音和嗅气味，如果患者语声低弱、少气懒言，一般多为虚证。

◎问诊：通过询问来收集患者的各种信息。 问诊包括问一般情况、生活史、起病原因、现在症状、家族病史和既往病史等。

◎切诊：通过诊手腕的脉搏来了解病情。 切诊最常见的为切脉，切脉甚至成为中医的特征。中医通过诊脉可以了解患者全身气血的情况。

借望、闻、问、切进行诊疗

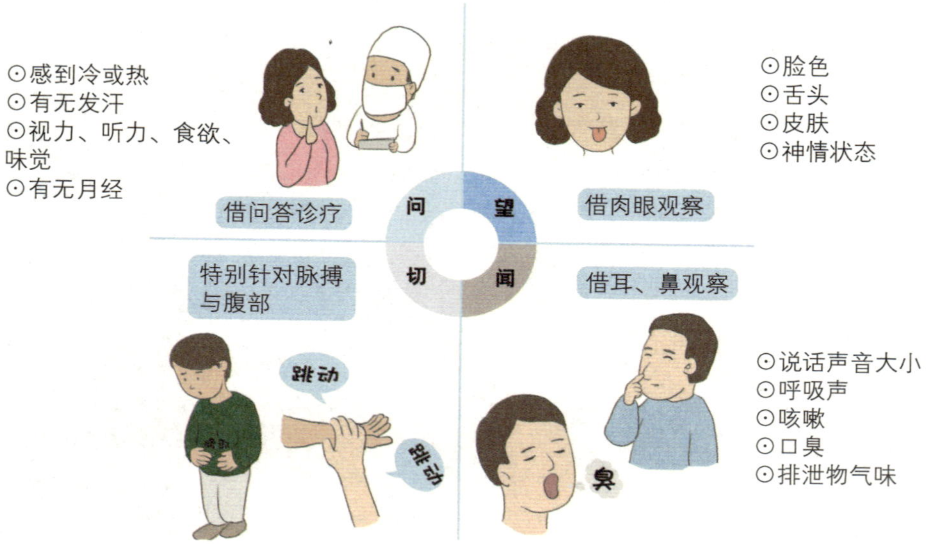

第二章

饮食养生：吃对、吃好，不吃药

现代人基本上已经不再为温饱而发愁，而是更关注怎样吃好。其实，吃好更要吃对，中医饮食养生主张『以食治之，食疗不愈，然后命药。』在内容上包括顺时而养、注意饮食与五脏的关系等，旨在让人们通过简单的一日三餐，达到健康防病的目的。

养生首推食补

食物是最好的“药物”

食物是人体摄取营养、维持生命活动必不可少的物质，也是健康长寿的保证。

人体摄入食物后，会将食物化生成气、血、津液以维持人体正常的生命活动。《灵枢·五味》中记载：“故谷不入，半日则气衰，一日则气少矣。”因此，食养是精、气、神的物质基础。而中医养生所提倡的食养归根结底就是要保养精、气、神。《寿亲养老新书》认为，“主身者神，养气者精，益精者气，资气者食”，强调了食物是精、气、神的营养基础，只有机体营养充盛，精、气才会充足，神志才能健旺。

另外，中医还推崇“药补不如食补”，这是因为我们治病的药物大都具有偏性，所以药物是不能随便乱吃的，而食物大多具有平和之性，只要科学合理地搭配食物，就能达到补益精气的养生作用。

《黄帝内经》的配膳原则

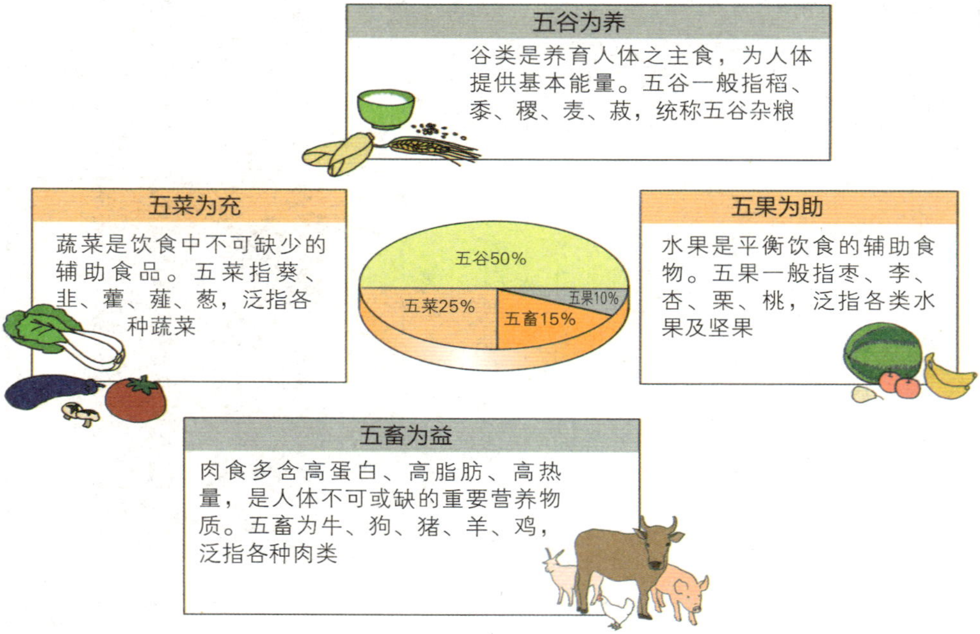

中医非常重视“治未病”。其中重要的一条，就是加强饮食的滋养作用，因为饮食对人体的滋养作用本身就是对人体的一种重要的保健预防。《黄帝内经》也认为，人只有合理安排饮食，机体所需营养才能得到保证，五脏功能才能旺盛，此即正气充盛，邪气就不会侵袭使人致病。

其实，很多食物本身都是药食两用食物，既有食物的作用，又有祛病的功能。例如，薏苡仁可以祛湿热；山药健脾益胃，有助于消化；油菜消肿化瘀；栗子对老年人的腰腿痛有非常好的食疗作用等。在古代，食医是最高级别的医生。所以，用纯天然的食物来养生、防病、祛病，胜过吃药。

食物五味滋养五脏

中医认为，食物有五味，即酸、苦、甘、辛、咸。其味道不同，作用也就不同。《黄帝内经》中介绍了五味与五脏的对应关系，即“酸入肝，苦入心，甘入脾，辛入肺，咸入肾”。五脏各主其味，食物进入哪一个脏腑就会对其产生滋养作用。

酸补肝

肝虚血枯者宜食酸味食物，如橙子、橘子、橄榄、柠檬、苹果、梅子、枇杷、葡萄、杧果、石榴、醋等，它们都有开胃、收敛、固涩的作用，可抑制汗与尿等液体的排出。但患脾脏疾病者应忌食。

苦清心

心火较重者宜食苦菜、牛蒡、款冬、苦瓜、圆白菜、百合、银杏等苦味食物，它们都有泻下、清热、燥湿、健脾、补肾、强筋健骨的作用，可将多余的热与水分排出，对高烧、便秘、胃下垂的患者也有效。但患肺脏疾病者应忌食。

甘（甜）补脾

脾虚者宜食甘味食物，如葡萄、豆腐、牛肉、西红柿、茄子、蘑菇、胡萝卜、土豆、黄瓜、冬瓜、南瓜、藕、梨、桃、香蕉、西瓜、鸡肉、蜂蜜等，它们都有补益、缓急、和胃、生津等作用，可以起到滋养、强壮及缓和痛楚的作用，对疲劳及胃痛也有效。

辛（辣）养肺

肺虚有寒者，有感冒等表证及气血阻滞者宜食有辛味的食物，如生姜、胡椒、辣椒、葱、蒜、洋葱、韭菜、花椒等，它们都具有促进气血流通、打通滞塞处的作用。但患肝脏疾病者应忌食。

咸滋肾

肾虚者宜食咸味食物，如酱油、黑木耳、苋菜、紫菜、海带、海参、螃蟹、火腿等，它们都具有补肾的作用，同时还具有软坚散结的作用，对便秘有很好的疗效。但患心脏疾病者应忌食。

吃对才能助病消

病愈初期，要以清淡为主

大病初愈时，正是人体正气虚弱的时候，这是由于脏腑之气衰微，脾胃运化能力较差，无力运化吸收精微物质，如给予大量膏脂厚味，会加重脾胃的负担，使脾胃进一步受损，不仅无法补养机体，还会使正气难以恢复。

而且此时邪气刚刚衰弱，人体尚未完全康复，如正气再次受损，则疾病又起，且较先前会更重。这就是中医所说的食复之证。

因此，中医强调，在大病初愈之时，不应进食肥甘厚味，应以清淡为主，少量摄取滋补之品予以调养，才能起到缓慢调理的作用，使正气微微生发，身体逐渐康复。

谨记不同疾病的饮食禁忌

五味与五行相配，不同脏腑之气有其不同的生理功能，不同的生理功能与不同的食物和药物发生联系，这些也是中医食养的基础。中医食养从这种联系出发，确立了不同疾病的饮食禁忌，为人们疾病治疗与康复阶段的饮食禁忌提供了原则和范例。所以，人们在实际生活中，应遵照而行。

五味调和才能健康

五味偏嗜的害处

《黄帝内经》明确指出："谨和五味，骨正筋柔，气血以流，腠理以密，如是则骨气以精，谨道如法，长有天命。"说明五味调和得当是身体健康、延年益寿的重要条件。

中医认为："味过于酸，肝气以津，脾气乃绝；味过于咸，大骨气劳，短肌，心气抑；味过于甘，心气喘满，色黑，肾气不衡；味过于苦，脾气不濡，胃气乃厚；味过于辛，筋脉沮弛，精神乃央。"翻译为白话文就是说，酸味的食物吃多了，会使肌肉失去光泽、变粗变硬，甚至口唇翻起；咸味的食物吃多了，会使流动在血脉中的血瘀滞，甚至改变颜色；甜味的食物吃多了，会使骨骼疼痛、头发脱落；苦味的食物吃多了，会使皮肤枯槁、毛发脱落；辣味的食物吃多了，会引起筋脉拘挛、爪甲干枯不荣。

饮食是我们赖以生存的基本条件，是五脏精气的源头。但如果人们只由着自己的喜好而偏嗜饮食，食物就会成为损伤五脏精气的重要原因。如嗜食辛辣者，多生痈疽疮疡或痔漏；过喜甜食者多致糖尿病；只吃蔬菜不吃或少吃肉类者，性格比较温和，然而身体却比较虚弱，缺乏气力。

张仲景在《金匮要略》中指出："所食之味，有与病相宜，有与身为害。若得宜，则益体，害则成疾。"因此我们平日的饮食一定要注意"谨和五味"，不要偏嗜，唯有如此，才能维持身体各脏腑之间的平衡，否则就会有害。与此同时，还要根据自己的身体情况，选择身体所需性味的食物，使骨、筋、气、血、腠理强盛。

咸	辛	甘	苦	酸
滋养人体水液、通泄大小便、软坚散结	祛除外感病邪、促进气血流通、打通滞塞处	滋养、强壮、缓和痛楚	排出热与水分	抑制汗与尿的排出

调节肾	调节肺	调节脾	调节心	调节肝
酱油、海带、黑木耳等	洋葱、蒜、韭菜等	胡萝卜、豆腐、牛肉等	牛蒡、款冬等	柠檬、苹果、梅子等

四季食养方案

春季

春季为阳气初升之时，人体的阳气在逐渐生发，食补应以平补为原则，切忌食用一切温热补品，以免春季气温上升，加重身体内热，损伤人体正气。

适合在春季食用的食物有猪瘦肉、鸡蛋、红枣等，这些食物既可改善体质，又可补充体力。

另外，像荞麦、香菜、芹菜、白萝卜、油菜、香椿叶、樱桃、韭菜、西芹、山药、菠菜、葱、姜、蒜等食物也非常适合在春季食用。

夏季

茄子

夏季的阳气更盛，食补应以清补为主。

健脾、祛暑、化湿的食物是夏季最好的选择，如祛痰湿的食物有西瓜等瓜类，绿豆、赤小豆等豆类，燕麦等五谷类；降火清热的食物有小黄瓜、茄子、西红柿、苦瓜等。其他如猪瘦肉、鳝鱼、海带、菠菜、土豆、葱、芹菜、毛豆、花生、草莓、香蕉、桃子等食物也适合在夏季食用。

秋季

秋季，气候由热转寒，阳气在慢慢收敛，阴气渐生，此时的气候变化最易伤津液，人的身体反应主要表现为口干舌燥、咽喉疼痛、肺热咳嗽等。所以，食补应以清热生津、养阴润肺的食物为佳。

适合在秋季食用的食物有鸭肉、圆白菜、茄子、藕、黄豆芽、白萝卜、百合、红薯、芋头、冬瓜、南瓜、丝瓜、油菜、菠菜、蘑菇、红枣、柑橘、栗子、苹果、枇杷、橙子、梨、枸杞子等。

冬季

冬季万物凋零，人体的阳气也变得内藏，同时低温会加速体内维生素的代谢。因此，适合在冬季食用的有羊肉、鸡肉、韭菜、核桃、龙眼肉、小米等温性食物。新鲜蔬菜、水果可补充人体缺乏的维生素，也适合在冬季食用。

另外，高钙食物如豆制品、虾米、牛奶等也适合在冬季食用。

虾米

养生食谱重点推荐

香蕉百合银耳汤

材料 干银耳15克，鲜百合120克，香蕉2根，枸杞子5克，冰糖100克。

做法

❶将干银耳泡水1小时，去掉老蒂及杂质后撕成小朵，加水4杯，入蒸笼蒸半小时取出备用。

❷将鲜百合拨开洗净，去老蒂；香蕉洗净去皮，切为0.3厘米宽的小片。

❸将所有材料一起放入炖盅中，入蒸笼蒸半小时即可。

食疗作用 香蕉有润肠通便、润肺止咳、清热解毒、助消化和滋补的作用，因此，此汤具有养阴润肺、生津整肠的作用，非常适合秋季食用。

肉丝炒茼蒿

材料 茼蒿段400克，猪肉丝60克，盐、酱油、料酒、葱片、姜末、水淀粉、高汤各适量。

做法

❶将茼蒿段入沸水氽烫一下，沥干水分；猪肉丝用少许酱油、料酒、水淀粉抓一下。

❷在锅内放植物油烧热，先放入葱片、姜末煸出香味，再放入肉丝，炒至肉丝变色，然后放入酱油、盐、料酒及少许高汤（或清水）翻炒几下，最后放入茼蒿段炒匀，倒入水淀粉勾芡即可。

食疗作用 茼蒿具有降血压、补脑等作用，适合高血压患者春季食补。

芋头炖牛肉

材料 牛肉400克，芋头150克，盐、料酒、味精、葱段、姜片、大料、桂皮、花椒各适量。

做法

❶将牛肉切成块，在沸水锅里氽烫，出水后，用凉水洗净血沫；将芋头洗净，去皮，切成块。

❷将煮锅置火上，加入适量清水，放入牛肉块，并将葱段、姜片、大料、桂皮、花椒（用纱布包上）放入，大火烧开后，改小火。

❸当牛肉煮至九成熟时，先放入盐、料酒调味，再把芋头块放入锅内，炖至牛肉块酥烂时，取出料包，加味精搅匀，即可食用。

食疗作用 芋头健脾强胃、滋补身

体，与健脾益胃的牛肉搭配食用，对脾胃虚弱、食欲不振有预防和改善的作用，同时还可防止皮肤老化，对肌肤有美容的功效，适合春季食用。

韭菜炒鸭肠

材 料 鸭肠250克，韭菜150克，辣椒半个，姜3片，蒜3瓣，盐半小匙，蚝油、白糖各少许，料酒3大匙，香油1小匙。

做 法

❶ 将鸭肠洗净切段，氽烫冲凉备用；韭菜洗净切段；姜片切丝；蒜拍碎；辣椒洗净切段。

❷ 将油锅烧热，将蒜末、辣椒段炒香，再加入韭菜段，与盐、蚝油、白糖、料酒用大火翻炒。

❸ 待韭菜段软化后加入姜丝、鸭肠段拌匀，并滴入香油，熄火盛出。

厨房妙招

春季是韭菜品质最佳的时候，晚秋的稍次，夏季的最差。

滋阴枸杞汤

材 料 枸杞子、红枣、莲子、蜂蜜各10克，山药30克。

做 法

❶ 将莲子去心，蒸10分钟。

❷ 放入枸杞子、红枣、山药，加水2000毫升，用大火煮沸后改为小火煮50分钟，加蜂蜜，即可饮用。

食疗作用 此汤可辅助改善脾胃虚弱引起的食少倦怠无力、面色无华、心烦不寐、大便秘结等症，特别适合冬季补身。

香菇扒菜心

材 料 香菇50克，油菜心300克，盐、高汤、蚝油、酱油、白糖、水淀粉、香油各适量。

做 法

❶ 将油菜心洗净沥干，放入加有少量盐的开水中氽烫至熟，捞出过凉，沥干，摆盘中；水发香菇洗净，沥干水分。

❷ 将油锅烧热，香菇煎香，放入盐、高汤、蚝油、酱油、白糖，小火烧15分钟。

❸ 待汤汁快收干时，用水淀粉勾芡，淋香油，炒匀，盛入盘中油菜心上即可。

食疗作用 此菜肴具有润肠通便、健脾益气的功效，可辅助改善便秘、食欲不振等，四季食用皆宜。

香杧鸡丝冻

材 料 鸡肉200克，杧果、大李子各1个，琼脂10克，糖、盐、玉米淀粉各适量。

做 法

❶ 将鸡肉洗净，放入糖、盐、玉米淀粉拌匀，腌约10分钟后，放入沸水中

汆烫至熟，盛出晾凉后切丝。

❷ 将杧果取果肉切长条；李子洗净切薄片；琼脂浸软，除去杂质，切碎。

❸ 将锅中放适量水煮沸，放入琼脂小火煮溶；玻璃器皿刷上油，放入杧果条，倒入1/3琼脂；待凝固后放入鸡丝，再倒入1/3琼脂；待凝固后放入李子片，倒入余下琼脂，放入冰柜冰冻，吃时切块。

厨房妙招

鸡肉为夏季食补佳品。其烹调方式不同，需要选购的部位就不同。鸡背肉、鸡胸肉比较滑软，可用于需要切片、切粒或切丝的菜肴。

黄豆芽沙丁鱼

材料 嫩黄豆芽50克，沙丁鱼罐头500克，姜丝10克，料酒2大匙，盐、高汤、鸡精、酱油各适量。

做法

❶ 将黄豆芽洗净，放入沸水中汆烫，沥干备用。

❷ 在锅中加适量高汤、料酒、鸡精、酱油、盐，搅匀煮开，将沙丁鱼罐头连汤倒入锅中，加入黄豆芽、姜丝，焖煮15分钟即可食用。

食疗作用 此汤具有补脑、益五脏、降低胆固醇的功效，对预防心肌梗死、动脉粥样硬化有很好的作用，对秋季长期站立工作的人群也非常有益。

红扒猪蹄

材料 猪蹄500克，葱段、姜丝、卤料、盐、酱油、味精、料酒、糖、老抽各适量。

做法

❶ 将猪蹄除净毛根，用开水煮去血水，捞出后投入冷水中。

❷ 加入卤料、料酒、糖，大火烧开，转小火焖煮至熟烂，取出拆骨。

❸ 将猪蹄抹匀老抽，晾干，放入油锅煎炸皮面，待糖色固定即可。

❹ 另起油锅将葱段、姜丝爆香后，投入猪蹄，放入料酒、糖，加水没过材料，再加适量盐、酱油、味精，烧开收汁，最后将猪蹄托出放入大盘内，余汁浇在上面即可。

食疗作用 猪蹄中含有大量的胶原蛋白，它在烹调过程中可转化成明胶。明胶能改善机体生理功能和皮肤组织细胞的储水功能，是秋季女士的美容佳品。

十大降糖止渴经典食物

名称	性味归经	功效
玉米	性平，味甘，归胃、大肠经	调中开胃，益肺宁心，延缓衰老。可缓解小便不通、膀胱结石等症
黑米	性平，味甘，归脾、胃经	滋阴补肾，健脾暖肝，明目活血，止渴除烦，调理肠胃。可预防并缓解糖尿病并发症
荞麦	性寒，味甘、微酸，归脾、胃、大肠经	降压，止血。可预防并缓解高血压、毛细血管脆弱性出血、卒中（中风）、视网膜出血等症
黄豆芽	性寒，味甘，归脾、大肠经	清热明目、补气养血，可防止牙龈出血、控制餐后血糖上升，防治维生素B_2缺乏症、动脉硬化、老年高血压、心血管硬化等症
菠菜	性平，味甘，归大肠、胃、肝、小肠经	滋阴补血，通利五脏，可预防高血压、糖尿病、便秘等症
西葫芦	性平，味甘，归脾、胃经	可促进人体内胰岛素分泌，调节血糖
洋葱	性温，味辛、甘，归肺经	提神健体，散瘀解毒，并可促进胰岛素分泌，防治高血压、高脂血症、糖尿病、腹泻、痢疾等症
魔芋	性寒，味辛、苦，有毒，归肺、脾、肝经	化痰散积，适用于痰嗽、积滞；行瘀消肿，适用于跌打损伤、经闭、痈肿、疔疮、丹毒、水火烫伤等症。可控制餐后血糖升高
黄鳝	性温，味甘，归肝、脾、肾经	温阳健脾，补益气血，祛风通络，滋补肝肾，强筋骨，止血。降糖效果显著
猕猴桃	性寒，味甘、酸，归肾、胃、肝经	调中理气，调节糖代谢，生津润燥，解热除烦。适用于消化不良、食欲不振、呕吐等症

养生食谱重点推荐

魔芋炖黄豆

材料 黄豆、魔芋丁各20克，白萝卜丁、芦笋丁各10克，酱油、酒醋、米酒、菊糖各适量。

做法 将黄豆浸泡1小时；将所有食材主料混合，加入酱油、酒醋、米酒、菊糖拌匀，然后放入锅中小火煮3小时即可。

食疗作用 此道菜利水止渴、降血脂、降血糖。

菠菜洋葱牛肋骨汤

材料 菠菜段50克，牛筋150克，带肉牛肋骨300克，洋葱1个，枸杞子、胡椒粉各少许，盐适量。

做法

❶将牛肋骨、牛筋洗净，牛肋骨切块，牛筋切成长条；洋葱对切成4大瓣。

❷在汤锅中加入清水，烧沸后放入牛肋骨、牛筋、洋葱和枸杞子，待再次烧沸后将炉火调小，再煮40分钟，放入菠菜段，菠菜烫熟即可熄火。

❸加盐调味，撒上少许胡椒粉来提增香气即可。

食疗作用 此道菜具有通利五脏、清热解毒、降血糖、防感冒的作用。此外，对肠胃病、高血压、高脂血症也有改善作用。

肉丝黄豆芽

材料 黄豆芽400克，猪里脊150克，鸡蛋1个（取蛋清），姜末、葱花、盐、白糖、蚝油、淀粉、香油、胡椒粉、醋、料酒、酱油、青椒丝、红椒丝各适量。

做法

❶将部分酱油、淀粉，以及蚝油、与蛋清调匀，制成腌料备用；将盐、白糖、蚝油、胡椒粉与剩余的酱油、淀粉，以及香油拌匀，制成芡汁备用。

❷将黄豆芽去根洗净；猪里脊洗净切丝，加入腌料腌10分钟。

❸将油锅烧热，放入猪里脊丝煸炒片刻，加入黄豆芽、姜末、料酒、醋炒匀，倒入芡汁勾芡。

❹最后放入葱花、青椒丝、红椒丝炒匀即可。

食疗作用 此道菜具有清热利湿、控制餐后血糖上升的作用，对脾胃湿热、大便秘结、高血压、糖尿病、高脂血症有食疗作用。

荞麦疙瘩汤

材料 荞麦面200克，胡萝卜块、牛蒡、葱花、冬瓜块、料酒、酱油各适量。

做法

❶在锅内加水，再加胡萝卜块、牛蒡、葱花、冬瓜块一起煮，快煮开的时候，加料酒、酱油调味。

❷把荞麦面加水调稀后，用汤匙拨入汤中，煮开，撒葱花即可。

食疗作用 此汤可降低血糖，适用于糖尿病诸症。

菠菜鸡蛋

材料 菠菜300克，鸡蛋3个，盐、料酒、葱末、姜末、味精、香油各适量。

做法

❶将菠菜洗净后切成3～4厘米长的段，放入开水中烫一下，捞出后用凉水浸一下备用。

❷将鸡蛋在碗中打散加盐，将炒锅置于大火上，倒油烧热后，倒入打散的鸡蛋炒熟，盛出备用。

❸将炒锅再烧热，放油，放入葱末、姜末爆香，烹入料酒，加入菠菜段、盐，煸炒至菠菜断生，然后放入炒好的鸡蛋，翻炒均匀，加味精、香油炒匀即可。

食疗作用 菠菜中含有大量的抗氧化剂，如维生素E，有益于糖尿病患者。

荞麦猪肉馄饨

材料 猪瘦肉100克，荞麦面300克，葱花5克，姜末3克，盐2克，酱油5毫升，香油10毫升。

做法

❶将荞麦面用清水和成面团，擀成面片。

❷将猪瘦肉洗净剁成肉末，与葱花、姜末搅匀，加入盐、酱油、香油，制成肉馅。

❸用备好的面片包上肉馅制成数个馄饨坯，并将馄饨坯放入沸水中煮熟即可。

食疗作用 此主食滋阴清热、生津补虚，适用于热证津伤型糖尿病患者。注意：湿热痰滞者不宜多食。

玉米排骨汤

材料 嫩玉米1个，猪排骨块250克，葱段、姜片各适量，盐少许。

做法

❶将玉米去皮、去须，切成小段。

❷在砂锅内放入水，将猪排骨块、葱段、姜片一起放入锅中，用大火煮沸后，撇去浮沫，再放入玉米段，一同煲制。

❸煲熟后去掉葱段和姜片，放少许盐调味即可。

食疗作用 此汤调中开胃。

菠菜拌双椒

材料 鲜菠菜100克，青椒、红椒各1个，橄榄油1大匙，盐、黑胡椒粉各少许。

做法

❶将青椒、红椒去子，切粗条；菠菜洗净切段，分别汆烫，捞出沥干水分。

❷将上一步做法中的材料加橄榄油、盐与黑胡椒粉拌匀即可食用。

食疗作用 此道菜降压、降糖、降脂，适用于糖尿病、高血压、高脂血症患者。

荞麦牛肉蒸饺

材料 荞麦面400克，牛肉200克，萝卜500克，盐、味精、香油、胡椒粉各适量。

做法

❶将萝卜洗净，切去顶、根，剁成碎末；牛肉剔去筋膜，洗净，剁成肉蓉，放入盆中，加入盐和适量水，边加水边顺着一个方向搅动，拌成稠糊状。放入萝卜末、香油、味精、胡椒粉，搅拌均匀即成为馅料。

❷将荞麦面放入盆中，加入开水烫面，拌匀晾凉，和成面团，揉匀揉透，盖上湿布，饧面片刻，在案板上再稍揉几下，搓成长条，揪成大小均匀的面剂儿，压扁面剂儿，擀成中间稍厚的圆形面皮。

❸将馅料包入面皮里，包成月牙形饺子生坯，然后放入笼屉中，用大火蒸熟即可。做主食用。

食疗作用 此道主食适用于糖尿病诸症。

玉米面窝头

材料 玉米面300克，黄豆面、面粉各50克，鸡蛋1个，青椒、红椒、泡打粉、酵母粉、吉士粉、菊糖各适量，虾酱1小匙。

做法

❶红椒、青椒均洗净切末。

❷将玉米面、黄豆面、面粉、泡打粉、酵母粉、吉士粉加水、油、菊糖和匀制成面团，稍饧30分钟，做成面剂儿，揉匀，用手搓成中空的圆锥形，即窝头，蒸8分钟至熟，摆盘。

❸把油锅烧热，将鸡蛋炒散，再加青红椒末、虾酱炒匀，炒好装碗后再摆入盘中，食用时将其填入窝头中空处即可。

食疗作用 玉米面含有较高的纤维素，可加速肠胃蠕动，是预防大肠癌的重要食物。长期食用有健脑、降压、降脂、促进血液循环等作用。

十大降脂降压经典食物

名称	性味归经	功效
土豆	性平，味甘，归胃、大肠经	土豆中含有降血压的成分，即类似转换酶的物质，具有转换酶抑制剂类降压药的功效，可使周围血管舒张，血压下降
茄子	性凉，味甘，归胃、脾、大肠经	茄子所含的维生素P具有降低毛细血管脆性、防止出血、降低血中胆固醇浓度和降血压的作用
芹菜	性凉，味甘、辛、微苦，归肺、胃、肝经	清热解毒，防止便秘，平衡血压，预防动脉粥样硬化
芋头	性平，味甘、辛，归肠、胃经	芋头含钾比香蕉高一倍，钾能促使体内过剩的钠排出体外，降低血钠含量，从而降低血压
香菇	性平，味甘，归肝、胃经	香菇中含有嘌呤、胆碱、酪氨酸、氧化酶及某些核酸物质，能起到降血压、降胆固醇、降血脂的作用
西红柿	性微寒，味酸、甘，归肝、脾、胃经	西红柿中的维生素P有降低毛细血管通透性、防止其破裂的作用，可有效预防血管硬化
香蕉	性寒，味甘，归脾、胃、大肠经	养胃抑菌，降压降糖，可改善热病伤津、烦渴喜饮、便秘等症
苹果	性凉，味甘、酸，归脾、胃、心经	生津止渴、润肺除烦、健脾益胃、养心益气、润肠、止泻、解暑，能起到降低血胆固醇及降血压的作用
梨	性寒，味甘，归肺、胃、心经	清心润肺、健脾，可促进食欲、利尿通便、醒酒、解毒、降血压
银耳	性平，味甘、淡，归肺、胃、肾经	补肺益气，养阴润燥，可改善病后体虚、肺虚久咳、痰中带血、高血压、血管硬化等症

养生食谱重点推荐

西芹茄子瘦肉汤

材料 猪瘦肉200克，新鲜西芹、茄子各150克，红枣4枚，姜片、盐各适量。

做法

❶ 将西芹洗净，切段；茄子洗净，切块；红枣洗净，去核；猪瘦肉洗净，切片。

❷ 在瓦煲内放入适量水煲滚，放入西芹段、茄子块、红枣、猪瘦肉片、姜片煮沸，改中火煮约1小时，加盐调味即可。

食疗作用 试验研究表明，芹菜茎是降血压的首选食材，可有效地改善因高血压引起的并发症，不但能软化血管，还是神经衰弱患者的最佳食品。

莲子银耳猪心汤

材料 猪心1副，莲子20克，太子参、银耳、龙眼肉各少许，盐1小匙。

做法

❶ 将猪心洗净切片，莲子去心洗净，太子参、银耳、龙眼肉分别洗净。

❷ 把上步做法中的全部材料放入锅内，加适量清水，大火煮沸后，小火煲2小时，放盐调味即可。

食疗作用 现代营养学研究发现，银耳多糖，有抗血栓形成的功能，可保护心血管。所以本汤适合高血压、动脉粥样硬化、高脂血症患者食用。

香菇贡丸汤

材料 香菇末100克，猪肉馅300克，胡萝卜片、油菜心各50克，料酒、盐、淀粉、姜片、葱姜水、高汤、味精各适量。

做法

❶ 将油菜心洗净，对剖成两半。

❷ 将猪肉馅剁细放入碗中，加入料酒、盐、淀粉、葱姜水、香菇末搅拌至有弹性，用手揉成香菇肉丸备用。

❸ 锅内放高汤煮沸，放入香菇肉丸、胡萝卜片、姜片同煮。

❹ 待肉丸浮起时，加入油菜心、盐、味精略煮，待油菜心断生，捞出即可。

食疗作用 香菇中含有的多肽、嘌呤可降低胆固醇，而其所含的酪酸氧化酶有降低血压的功效，所以，此汤对高血压、高脂血症患者有益。

芹菜叶土豆汤

材料 土豆条300克，芹菜叶100克，葱花、姜末、盐、鸡精、高汤各适量，香油少许。

做法

❶ 把油锅烧热，放入葱花、姜末爆香，再放入土豆条、芹菜叶翻炒片刻，倒入高汤。

❷ 待大火烧沸后，加入盐、鸡精、香油调味即可。

厨房妙招

土豆以形状丰满、表面无伤痕或皱纹者为佳，不可挑选外皮呈现绿色或发芽的土豆。

牛肉炒芹菜

材料 芹菜250克，牛肉100克，酱油、淀粉各5克，豆瓣酱15克，葡萄酒10克，盐1克。

做法

❶ 先将牛肉顶刀切成薄片，再改刀切成细丝，放入碗中，加入酱油、葡萄酒及淀粉抓匀，使牛肉丝上浆。

❷ 将芹菜洗净，切成3厘米长的段。

❸ 在炒锅内放入植物油，油热后，放入上浆牛肉丝，大火煸炒，等肉色变白后，将其拨在锅边，锅中心倒入豆瓣酱煸炒，再放入芹菜段、盐，炒几下后与牛肉丝合炒至熟，即可出锅装盘。

食疗作用 芹菜性凉、降压，牛肉健脾养胃，因此，此道菜适合高血压患者食用。

香蕉橘子汁

材料 香蕉1根，新鲜橘子1个，蜂蜜适量。

做法

❶ 先将香蕉去皮并捣烂成泥，橘子洗净捣烂取汁。

❷ 将橘子汁混入香蕉泥中，再加入蜂蜜调匀即可饮用。

食疗作用 本汁具有清热解毒、润肠通便、止咳化痰之功效，特别适用于高血压患者虚火上炎、大便秘结、痰多咳嗽等病症。

香蕉粥

材料 香蕉1根，大米100克，冰糖适量。

做法

❶先将香蕉去皮，切成小丁块状；大米淘洗干净，以清水浸泡1小时后捞出沥干。

❷将锅放火上，倒入适量清水，加入大米，用大火煮沸。

❸加入香蕉丁、冰糖，改小火熬30分钟即可。

食疗作用 香蕉含钾量丰富，可平衡钠的不良作用，并可促进细胞和组织生长，因此，此粥可改善高血压引起的症状。

马兰头香菇拌海带

材料 马兰头200克，海带100克，香油30克，红糖（或白糖）15克，香菇、蒜泥、盐、醋、味精各适量。

做法

❶将马兰头（全草）拣杂洗净，放入沸水中氽至色泽泛青、柔软时捞出沥干水分。

❷将海带先用温水浸泡2小时，待变软后，洗净泥沙，用沸水氽10分钟，然后切成小块状或丝状。

❸将香菇洗净，用沸水氽10分钟，捞出，切块。

❹将马兰头与海带、香菇一起置于盆内，放入蒜泥、盐和醋搅匀；5分钟后淋上香油，撒上味精和红糖，拌匀即可。

食疗作用 此道菜具有清肝泄热、调心养血的功效，适用于肝肾阴虚、肝阳上亢的高血压患者食用。

香菇栗子炒蚕豆

材料 蚕豆500克，香菇300克（泡发），栗子、胡萝卜块、盐、料酒、味精、胡椒粉、水淀粉、奶汤各适量。

做法

❶将蚕豆、栗子剥壳洗净，用热油炸透；香菇切成如蚕豆般大小的丁。

❷将炒锅置火上，倒入适量奶汤，放入蚕豆、栗子、胡萝卜块和香菇丁，加入盐、料酒、味精、胡椒粉煨几分钟，用水淀粉勾芡即可。

食疗作用 此道菜具有止血、降血压、利湿的功效，适用于高血压兼见痔疮、便血、水肿等患者食用。

●香菇

十大健脾益胃经典食物

名称	性味归经	功效
大米	性平，味甘，归脾、胃、肺经	健脾养胃，止渴除烦，固肠止泻。可缓解肠胃不和、暑热吐泻、小便不畅
糯米	性温，味甘，归脾、胃、肺经	糯米有“脾之果”之称，不仅营养滋补，容易消化吸收，且可养胃气、补脾益肺
锅巴	性温，味甘、苦，归脾、胃、大肠经	补气，运脾，消食。可缓解脾虚不运、饮食不香，或食不消化、脾虚久泻等症
莲子	性平，味甘、涩，归脾、肾、心经	补脾止泻，益肾涩精，养心安神。可改善脾虚久泻、遗精带下、心悸、失眠等症
菱角	性凉，味甘，归脾、胃经	清肺除烦，健脾益胃。古人认为多吃菱角可以补五脏、除百病兼“轻身”
白扁豆	性平，味甘、淡，归脾、胃经	有补脾胃、和中化湿、消暑解毒的功效。可改善脾胃虚弱、泄泻、呕吐、暑湿内蕴、脘腹胀痛等症
牛肉	性温，味甘，归脾、胃经	补脾胃，益气血，强筋骨。可改善虚损消瘦、腰膝酸软、脾虚食少、水肿等症
牛肚	性温，味甘，归脾、胃经	补虚，益脾胃。适宜于病后虚羸、气血不足、营养不良、脾胃薄弱之人
鲈鱼	性平，味甘、淡，归脾、胃、肝、肾经	健脾，补气，益肾，安胎。可缓解脾胃不适等症
樱桃	性温，味甘、酸，归脾、肾经	祛风除湿，健脾和胃等。可缓解病后体虚气弱、心悸、气短、倦怠、食少等症

养生食谱重点推荐

五香牛肉

材料 牛肉片500克，姜片、葱丁、料酒、酱油、白糖、盐、桂皮、五香粉各适量。

做法

❶在锅内放入少量的油，油热后放入姜片和葱丁爆锅，放入牛肉片两面煎一下，然后烹入料酒、酱油、白糖、五香粉。

❷倒清水加桂皮焖煮20～30分钟，放入盐，待肉熟透即可。

食疗作用 本道菜具有健脾和胃、增进食欲的作用。

臊子鱼

材料 鲈鱼1条，五花肉100克，姜片、蒜片、葱段、泡辣椒、高汤、辣椒酱、盐、料酒、葱姜汁、味精、白糖、香油各适量。

做法

❶将鲈鱼处理后洗净，在鱼身两侧各剞几刀，用盐、料酒、葱姜汁腌渍入味；五花肉洗净切成小粒，在锅中炒成肉臊子；泡辣椒切段。

❷当油锅烧至六成热时，放入鱼炸至金黄色，控净油捞出。

❸在锅内留余油，放入辣椒酱、姜片、蒜片、泡辣椒段、葱段煸香，倒入高汤，放入肉臊子和鱼，烹入料酒，煮沸，放盐、味精、白糖，转小火烧至鱼肉成熟，淋上香油即可。

食疗作用 鲈鱼具有补肝肾、益脾胃、化痰止咳的功效，此道菜对肝肾不足者有很好的补益作用，还可改善胎动不安、产后少乳等症。

莲子百合瘦肉汤

材料 莲子50克，鲜百合100克，猪瘦肉块250克，绿豆、姜片、葱花、料酒、盐、味精各适量。

做法

❶将莲子去心，洗净；百合洗净，掰开；绿豆洗净，煮至半熟。

❷将莲子、百合、绿豆、姜片、猪瘦肉块一并放入瓦罐中，加入适量的清水，再倒入料酒，大火烧沸后，改用小火慢煲，2小时后，放入味精、盐，撒上葱花即可。

食疗作用 本汤中的莲子、百合既是药物又是食物，前者能调补脾肾，后者可润肺宁心，能辅助治疗虚热、调节神经功能。

黄瓜芦荟大米粥

材料 芦荟丁15克，黄瓜丁50克，大米150克，白糖1大匙，枸杞子少许。

做法

❶将大米淘洗干净。

❷将芦荟丁、大米、黄瓜丁同放锅内，加入清水500毫升，置大火上烧沸，再用小火煮35分钟，加入白糖搅匀，撒枸杞子即可。

食疗作用 此道菜具有健脾益胃、美白肌肤、清脂瘦身的作用。

糯米藕圆

材料 莲藕500克，糯米、白糖各适量。

做法

❶将藕去皮，洗净，放入锅中煮，待煮至烂熟时捞起，捣烂如泥。

❷将糯米淘干净，煮成烂米饭，捣黏成粑，拌入藕泥，做成丸子。

❸在锅中加油，待油烧至五成热时，放入丸子炸至金黄色，捞起，沥干油分。

❹在锅中加白糖水，煮沸后，将炸好的丸子加入糖水中，用小火煨煮片刻，待糖水收干时起锅即可。

食疗作用 此道菜具有健脾开胃、增进食欲的功效，适用于纳呆食少、食欲不振等病症。

清蒸鲈鱼

材料 鲈鱼1条，火腿、香菇、鸡汤、姜片、葱丝、盐、酱油、料酒、香菜各适量。

做法

❶将鲈鱼处理后洗净放入蒸盘中；将火腿切片码在鱼身上；香菇用温水泡发，去蒂，切片，也码在鱼身及周围处；将姜片、葱丝放入盛有鱼的蒸盘中，再倒入盐、酱油、料酒。

❷将香菜择洗干净，切段备用。

❸把盛有鱼的蒸盘放入笼屉中，大火蒸8～10分钟，待鱼熟后立即取出，拣出姜片、葱丝。

❹将鸡汤烧沸后，浇到鱼身上，饰以香菜段即可。

食疗作用 此道菜具有补中益气、滋阴养血、健脾开胃、增进食欲、产后催乳等功效。

香烹鲈鱼

材料 鲈鱼1条，豆豉末半大匙，葱末、姜末、青椒末、红椒末、盐各适量。

做法

❶将鲈鱼洗净，鱼身两面斜剞一字花刀，入热油锅中过油，捞出控油，摆入盘中。

❷将油锅烧热，炒香豆豉，加葱末、姜末、青椒末、红椒末炒香，加盐调味，浇在鱼身上即可。

食疗作用 此道菜具有补益肝肾、健脾益胃、化痰止咳的作用，对肝肾不足者有很好的补益作用。

煨牛里脊

材料 牛里脊500克，芹菜、胡萝卜各150克，红辣椒2个，蒜苗1根，姜20克，酱油、牛油1大匙，料酒、鲜鸡精各1小匙，白糖、香油各半小匙，花椒粉1/4小匙。

做法

❶将芹菜去叶，洗净，切段；胡萝卜去皮，洗净，切丝；红辣椒去蒂及子，洗净，切片；蒜苗洗净切段；姜洗净，切片。

❷将牛里脊肉洗净，切粗条，放入碗中加入适量酱油、料酒、鲜鸡精拌匀，腌10分钟后捞出。

❸在锅中放入1大匙牛油烧热，爆香红辣椒片、蒜苗片及姜片，加入牛肉条以小火慢慢煸炒至牛肉条呈深褐色，倒入酱油、白糖、香油、花椒粉及3大匙水，烧至汤汁略收，最后加入芹菜段及胡萝卜丝煮熟即可盛盘。

食疗作用 此道菜对脾胃虚者，或者精神疲倦、疲乏无力、食欲不振、食后困倦或食后腹胀者均有很好的改善功效。

锅巴鹅片

材料 鲜鹅脯肉150克，大米锅巴200克，葱1根，姜1块，蒜2瓣，盐1小匙，水淀粉2大匙，干辣椒段、料酒、醋、酱油各1大匙，白糖2小匙，胡椒粉、鸡精各少许。

做法

❶将鹅脯肉洗净去皮，切成薄片，放入碗内，加入盐、料酒、水淀粉拌匀。

❷将葱、姜、蒜均洗净切片，锅巴掰成容易入口的小块。

❸在锅内放油烧至五成热，放入鹅片炒散至熟，加入姜片、蒜片、葱片、干辣椒段炒香，放入热水、盐、醋、酱油、白糖、胡椒粉、鸡精烧沸，用水淀粉勾芡，起锅倒入碗内备用。

❹另起锅，加油烧热，放入锅巴块炸酥，捞出放盘内，将上一步中做好的鹅片芡料浇在锅巴上即可。

食疗作用 大米锅巴具有补脾、养胃、强壮、滋养的功效，最适宜病后调理身体者食用。

十大益肠排毒经典食物

名称	性味归经	功效
高粱米	性温，味甘、涩，归脾、胃、肺经	高粱米是高纤维食品，常吃有利于人体排毒
黄豆	性平，味甘，归脾、胃、大肠经	黄豆煮汤饮，可补脾益气、清热解毒。可缓解胃中积热、水胀肿毒、小便不利等症
豌豆	性平，味甘，归脾、胃经	补脾止泻，益肾涩精，养心安神。可改善脾虚久泻、遗精带下、心悸、失眠等症
白菜	性平，味甘，归胃经	清热解毒，可防止便秘、养颜护肤、防癌抗癌
空心菜	性寒，味甘，归大肠、小肠、胃经	解毒，凉血利尿。适用于维生素B_2缺乏症、糖尿病等症
猪肠	性微寒，味甘，归大肠经	润肠去燥，治血痢脏毒
兔肉	性寒，味甘，归脾、肝、大肠经	补中益气，凉血解毒，清热止渴，利大肠
核桃	性温，味甘、涩，归肾、肝、肺经	润肠，补肾固精，温肺定喘，益气养血，滋养强壮。可缓解日久咳喘、阳痿、遗精、尿频、便秘等症
松子	性微温，味甘，归肝、肺、大肠经	养液，熄风，润肺，滑肠。可改善风痹、头眩、燥咳、吐血、便秘等症
桃	性温，味甘、酸，归肺、大肠经	生津，润肠，活血，消积。可改善老年体虚、津伤肠燥、便秘等症

养生食谱重点推荐

肉末空心菜

材料 空心菜300克，猪肉馅、泡椒、葱、姜、蒜、盐、酱油、鸡精、香油各适量。

做法

❶ 将空心菜洗净切段，过油后捞出沥干；泡椒切段；姜、蒜切片；葱切末。

❷ 用热油锅炒散猪肉馅，放入泡椒段、姜片、蒜片煸炒，加水、盐、酱油、空心菜段，以小火收汁，加入鸡精调味，撒入葱末、淋入香油即可。

食疗作用 此道菜营养丰富，有增进食欲、促进胃肠蠕动、通便解毒的作用。

蒜辣肥肠

材料 猪肥肠500克，红辣椒1个，蒜苗、葱各1根，姜15克，花椒粉、八角粉各1小匙，酱油、料酒各2大匙，砂糖1大匙，胡椒粉半小匙，水淀粉半大匙。

做法

❶ 将蒜苗和红辣椒洗净，斜切成段；葱洗净，切段；姜洗净，一半切片，一半切丝；肥肠洗净放入锅内，加入葱段、姜片、花椒粉、八角粉及少量酱油、水，煮约10分钟，捞起沥干，切段。

❷ 另起锅，倒入半大匙油烧热，爆香蒜苗段、红辣椒段和姜丝，放入肥肠、酱油、料酒、砂糖、胡椒粉和水一起烧煮至肥肠熟透，再加入水淀粉勾芡均匀即可盛盘。

食疗作用 本品具有润燥、补虚、止渴止血的功效，也适合肠胃不好者调养食用。但其含胆固醇含量高，中老年人应少吃。

绿茶小白菜

材料 小白菜2棵，绿茶5克，鲜海带丝100克，枸杞子、葱段、姜片、盐、胡椒粉、高汤各适量。

做法

❶ 将小白菜洗净，根部剞十字花刀，略汆烫过凉处理；绿茶用开水冲泡一遍，取第二遍绿茶水；鲜海带丝洗净汆烫；枸杞子用冷水提前泡好。

❷ 将油锅烧热，葱段、姜片炝锅，放入小白菜煸炒均匀，再加盐、胡椒粉、高汤调味；海带丝汆烫熟后用漏勺捞出放入盘中，上边摆放好小白菜。

❸将原汤撇净浮沫，捞出葱段、姜片，倒入泡好的绿茶水，调好味道，投入枸杞子，浇淋到盘中菜上即可。

食疗作用 小白菜不仅能润肠通便、抗癌养颜，还能改善肺热咳嗽。

鱼腥草蒸猪大肠

材料 猪大肠200克，鱼腥草150克，盐适量。

做法 将鱼腥草塞入大肠内，用线系紧，加入盐适量，隔水蒸熟即可。

食疗作用 此道菜清热解毒、润肠通便，适用于肠燥便秘、热结腹痛等症。

黑木耳什锦菜

材料 黑木耳、白菜各100克，平菇30克，胡萝卜、青椒各10克，葱丝、姜丝、蒜片、盐、鸡精各适量。

做法

❶将白菜、胡萝卜、青椒分别洗净切片，黑木耳用水泡开后洗净，与平菇分别用手撕成小块。

❷在锅内倒油烧热，煸香葱丝、姜丝、蒜片，依次加入白菜片、平菇块、黑木耳块、胡萝卜片、青椒片炒熟。

❸加入盐、鸡精调味即可。

食疗作用 黑木耳具有吸附体内杂质，并将其排出体外的作用，因此，此道菜可排毒解毒、清胃涤肠。

猪肚拌白菜丝

材料 猪肚200克，白菜150克，香菜5克，葱丝3克，姜丝2克，盐1克，酱油5毫升，米醋3毫升，味精、香油各适量。

做法

❶先将猪肚用盐、米醋腌渍15～20分钟，随后将猪肚洗净，置入淡盐水中煮沸，撇去油脂后，再次置入沸水中煮至熟透后，切成丝。

❷将白菜洗净，切成细丝，与肚丝、葱丝、姜丝、香菜、盐、味精、酱油一同搅拌均匀，淋上香油即可。

食疗作用 此道菜可通利肠胃、消食养胃，可改善食欲不振、大小便不通畅等症。

豆腐肉丸汤

材料 兔肉200克，洋葱末、豆腐丁、料酒、盐、胡椒粉、蛋液、干淀粉、蒜蓉、猪油各适量。

做 法

❶将兔肉洗净剁成肉末，加猪油和洋葱末略炒，再加料酒、盐、胡椒粉、蛋液、干淀粉拌成肉蓉，做成小丸子，用温油煎黄。

❷在油热后爆香蒜蓉，放入豆腐丁加适量水煮沸，加入小丸子，再焖煮3分钟起锅即可。

食疗作用 此汤可滋养五脏、润滑肌肤、清热解毒、生津止渴、助长发育。

香菇核桃仁

材 料 干香菇、核桃仁各100克，姜、香油、盐、味精、酱油、料酒、素汤各适量。

做 法

❶将干香菇放入温水浸泡后，去蒂，用清水洗净，切成片；姜切末。

❷将炒锅置火上，放油烧至四成热，放入核桃仁炸酥，出锅倒入漏勺控净油。

❸在锅内留少许底油，加入姜末爆香，放入香菇片煸炒，加入素汤、料酒、酱油、盐、味精烧沸，放入核桃仁，改用小火煨片刻，再用大火收稠汤汁，淋入香油，出锅装盘即可。

食疗作用 此道菜有润肠、补肾、固精的作用。此外，核桃仁含有较多的蛋白质，以及人体必需的不饱和脂肪酸和卵磷脂、脑磷脂，这些成分皆为大脑组织细胞代谢的重要物质，能滋养脑细胞，增强脑功能，所以，此道菜还有延缓脑功能衰退的作用。

白萝卜煲排骨

材 料 白萝卜块400克，猪排骨块250克，葱段、姜块、盐、料酒、鸡精、胡椒粉各适量，鲜汤1500克。

做 法

❶将白萝卜块洗净；猪排骨块洗净，入沸水中汆烫，捞出，冲净，沥干。

❷在锅中倒入鲜汤，放入葱段、姜块、白萝卜块、猪排骨块，略煮5分钟左右，再加入盐、料酒、鸡精、胡椒粉，大火烧沸后，撇去浮沫，转小火炖煮2小时，挑去葱段、姜块即可。

厨房妙招

如果您不习惯白萝卜的辛辣味，可以事先将白萝卜切块，放入沸水中汆烫一下，捞出，沥干，再烹煮即可。

十大止咳祛痰经典食物

名称	性味归经	功效
白萝卜	性平，味甘、辛，归肺、脾经	下气消食，除痰润肺，解毒生津。可用于咳嗽、肚胀等症
猴头菇	性平，味甘，归胃、脾经	养胃，健脾，安神，益于肠胃、保肝护肝、抗癌
猪肉	性微寒，味甘、咸，归脾、胃、肾经	滋养脏腑，滑润肌肤，补中益气，滋阴润燥。可改善热病伤津、燥咳、干咳、便秘等症
猪肉皮	性微寒，味甘、咸，归胃经	养血止血，养阴润肺。可用于止咳、美容、安胎
猪肺	性平，味甘，归肺经	滋阴养肺。可辅助治疗肺阴亏虚、咳嗽痰少且日久不愈、咯血气短等症
海蜇	性平，味咸，归肺、肝、肾经	清热，化痰，消积，润肠。可用于降血压、安胎
橙子	性微凉，味甘、酸，归胃、肺经	生津止渴，宽胸益气，开胃止呕。可用于食欲不振、胸腹胀满作痛，以及消瘿、解酒、解鱼蟹毒
山橘	性平，味甘、酸，归肺、胃经	化痰止渴，理气解郁。可用于止咳、化痰
杏	性温，味甘、酸，归肺、心经	止咳定喘，生津止渴。可用于胃阴不足引起的口渴咽干
牛奶	性微寒，味甘，归心、肺、胃经	补气血，益肺胃，生津润肠。可用于久病体虚、气血不足、营养不良、便秘等症

养生食谱重点推荐

白玉瑶柱汤

材料 白萝卜1根，干贝8克，鸡骨架2个，盐1小匙，香菇粉半小匙。

做法

❶ 将白萝卜削去外皮，以挖器挖成小丸状备用；干贝以清水浸泡2小时，再入蒸锅蒸软，撕成丝状备用。

❷ 将鸡骨架汆烫去血水，洗净后放入锅中，加水没过材料，煮约30分钟后将鸡骨挑除。

❸ 将白萝卜丸放入鸡汤中煮20分钟，放入干贝丝、盐、香菇粉继续煮10分钟即可。

食疗作用 此汤品具有润肺理气、滋补身体的作用。

白萝卜百合粥

材料 大米240克，白萝卜250克，百合150克，盐、味精各2克。

做法

❶ 将白萝卜去皮，切块；百合去皮，洗净，切瓣，汆烫，捞出备用。

❷ 将大米洗净，浸泡1小时，捞出，与适量水入锅，以大火煮沸，再放入萝卜块，转小火煮约30分钟，放入盐、味精及百合，煮至汤汁黏稠即可。

食疗作用 此粥具有润肺止咳、清心安神的功效。

石斛猪肺汤

材料 石斛、沙参、料酒各10克，猪肺块300克，盐5克，葱段适量，姜2片，胡椒粉2克，猪骨汤1000克。

做法

❶ 将沙参泡软、切片；石斛切段；猪肺块洗净，汆烫。

❷ 将汤锅内放入猪骨汤，投入石斛段、猪肺块、沙参片，加盐、料酒、葱段、姜片、胡椒粉调味，煲50分钟左右至熟即可。

食疗作用 此汤适合肺阴亏虚、咳嗽痰少者服用。

山药猪皮粥

材料 山药、薏苡仁（浸泡至软）各

60克，熟猪肉皮50克，盐适量。

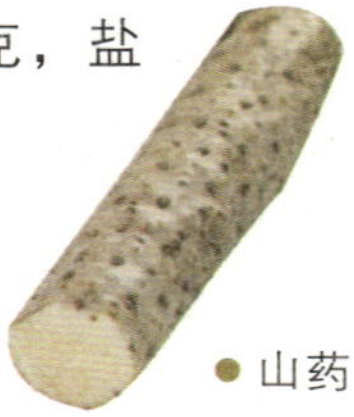

● 山药

做法

❶ 将山药、薏苡仁捣成粗粒，放入锅内，加适量水，用小火煮至烂熟成粥。

❷ 将熟猪肉皮切碎，加入已煮好的粥内，加入适量盐即可。

食疗作用 此粥可滋养脾肺、止咳祛痰，适用于肺阴亏虚、食欲不振、虚劳咳嗽，并能辅助治疗一切阴虚之证。

香蕉牛奶饮

材料 香蕉2根，牛奶250毫升。

做法 将香蕉与牛奶一起放入榨汁机榨汁。

食疗作用 此饮具有补气血、益肺胃的功效，适合临睡前1小时饮用，有催眠作用。

● 香蕉

葱油萝卜丝

材料 白萝卜丝500克，香菇、新鲜橘子皮各50克，青葱5根，盐适量。

做法

❶ 将白萝卜丝放入碗中，加入部分盐，抓揉腌渍片刻。

❷ 将香菇用沸水泡发，洗净，切成丝；新鲜橘子皮洗净切丝；青葱切成葱花，撒在萝卜丝上。

❸ 将炒锅置火上，放油烧至八成热，舀1小勺油浇在萝卜丝上；锅留底油，烧热后放入香菇丝、橘皮丝，煸炒均匀后倒在萝卜丝上，加盐拌匀即可。

食疗作用 此道菜肴可增进食欲、止咳祛痰，提高免疫力。

蛋炒猪皮丝

材料 猪皮100克，鸡蛋黄150克，韭菜、猪油（炼制）各30克，料酒、葱、姜各5克，盐3克，味精2克，碱少许。

做法

❶ 将韭菜择洗干净，切成3厘米长的段，备用。

❷ 将姜、葱洗净，切丝。

❸ 将猪皮洗净，切成丝；炒锅放在旺火上，倒入花生油，待六成热时，将猪皮丝放入，用漏勺翻匀，猪皮丝涨起即捞入凉水盆里。

❹ 在锅中添入开水，放少许碱，将

猪皮丝放入，煮10分钟左右；待水凉后，用手反复搓洗，换2~3次温水，挤除异味和碱味，猪皮丝微白，捏着有弹性即可；将发好的猪皮丝搌干水分。

❺取一个大碗，放入鸡蛋黄，加适量盐、味精、料酒，放入猪皮丝搅拌均匀。

❻将炒锅置中火上，倒入熟猪油，待油六成热时放入蛋黄猪皮丝，用筷子翻炒均匀，投入葱丝、姜丝和韭菜段，再加入些熟猪油，翻炒均匀，盛盘上桌即可。

食疗作用 南北朝药学家陶弘景认为，猪肉皮具有缓解咽喉痛、消除胸闷心烦等药用价值。

鸡蛋

砂锅萝卜牛腩

材料 牛腩块400克，胡萝卜块、白萝卜块各200克，红辣椒丝20克，葱花、姜末、蒜末、白糖3小匙，醋2小匙，酱油5大匙，料酒、胡椒粉各适量。

做法

❶将牛腩块汆烫去血水。

❷将油锅烧热，爆香葱花、姜末、蒜末，放入牛腩块、胡萝卜块、白萝卜块，拌炒数下。

❸放入红辣椒丝及材料中的调料，烧至有香味后，加水盖过牛腩块，盖锅焖烧约45分钟即可。

食疗作用 本道菜具有健脾养胃、祛痰润肺的作用。

桑杏炖猪肺

材料 猪肺50克，桑叶、南杏、北杏各2克，盐、姜片、葱花、蜜枣各适量。

做法

❶清洗猪肺时，先用清水对着肺管冲洗一下，冲至发胀后放出水，如此重复几次。

❷用油及姜片、葱花爆香猪肺，爆至水干捞起；将桑叶、南杏、北杏、猪肺、姜片、蜜枣一同倒进炖盅内，待煮好后加入盐调味即可。

食疗作用 此道菜疏风清热、清肝明目、止咳平喘、润肠通便、补肺养肺，适用于肝火上炎引起的目赤肿痛、肺虚咳嗽、鼻塞、流涕、痰多等症。

桑叶

十大利水祛湿经典食物

名称	性味归经	功效
大麦	性凉，味甘，归脾、肾经	健脾消食，清热利水。可用于食滞泄泻、小便淋痛、烫伤、水肿等症
黑豆	性平，味甘，归脾、肾经	祛风除热，调中下气，解毒利尿，祛湿利水，补肾养血。可用于黄疸浮肿、风湿痹病、关节不利等症
冬瓜	性微寒，味甘、淡，归肺、大肠、小肠、膀胱经	利水渗湿。可用于心胸烦热、小便不利、水肿腹胀、动脉硬化、高血压等症
莴笋	性凉，味苦、甘，归大肠、胃经	利五脏，通经脉，清胃热，清热利尿。可用于与肠胃、泌尿系统相关的疾病
黄瓜	性凉，味甘，归脾、胃、肺经	清热，利水解毒。可养颜美肤，可用于咽喉肿痛、火眼、烫伤、吐泻等症
黄花菜	性凉，味甘，归肝、肾经	清热利湿，解毒，通乳。可用于湿热胃痛、湿热泄泻等症
鸭肉	性平，味甘、微咸，归脾、肺、肾经	滋阴养胃，利水消肿，补血行水，养胃生津。可用于与肠胃、泌尿系统相关的疾病
鲫鱼	性平，味甘，归脾、胃、大肠经	补脾开胃，通乳，除湿利水，活血通络。可用于与肠胃、泌尿系统相关的疾病
海带	性寒，味咸，归肝、胃、肾经	软坚化痰，祛湿止痒，理气润肠，利尿消肿。可用于与肠胃、泌尿系统相关的疾病
西瓜	性寒，味甘，归心、胃、膀胱经	清热解暑，除烦止渴，利小便。可缓解暑热痒夏、小便不利、咽喉疼痛、口舌生疮、风火牙痛等症

养生食谱重点推荐

凉拌黄瓜

材料 黄瓜250克，香油、酱油、蒜末、葱白、盐各适量。

做法 将黄瓜洗净，切成细丝，盛入盘中，浇上其他材料拌匀即可。

食疗作用 此道菜清热止渴、解毒利水，可降低血糖、血脂、血压，还可防皱、减肥、抗肿瘤等。

虾仁炒冬瓜

材料 虾30克，冬瓜条300克，香油1小匙，香菜、盐、高汤各适量。

做法

❶将虾去壳，挑去虾线洗净，沥干。

❷起汤锅，倒入虾、冬瓜条，高汤煮至冬瓜条熟后捞出。

❸炒锅内放入少许油，放入虾和冬瓜条略炒，加入盐调味后盛入盘内，淋上香油，撒上香菜即可。

食疗作用 此道菜具有利水消肿、瘦身减肥、润肺美白的功效。

黑芝麻黑豆泥鳅汤

材料 黑豆、黑芝麻各30克，泥鳅250克，枸杞子、盐、鸡精各适量。

做法

❶将黑豆、黑芝麻洗净备用；泥鳅放入冷水锅内，加盖煮沸，然后取出洗净，沥干水分后下油锅煎黄，铲起备用。

❷把泥鳅、黑豆、黑芝麻、枸杞子一同放入锅内，加适量清水，大火煮沸后，再用小火续炖至黑豆烂熟，放入盐、鸡精调味即可。

食疗作用 此汤适用于盗汗、晕眩、头痛、水肿、阴虚烦热等症。

干贝桃仁冬瓜汤

材料 冬瓜块500克，干贝80克，桃仁20克，山楂30克，蒜、葡萄酒、盐、味精各适量。

做法

❶将干贝洗净，放入碗内，加入葡萄酒、蒜，放入蒸笼中蒸1小时。

❷将桃仁去皮衣，放入清水中浸泡2小时；山楂洗净用清水浸泡2小时。

❸将干贝、冬瓜块、桃仁、山楂一同放入瓦罐中，加足量的水，投入盐、味精，小火炖2小时即可。

食疗作用 此汤有利尿消肿、清热解毒、清胃降火及消炎的功效。

肉末鱼豆腐

材料 豆腐400克，鱼蓉150克，鸡蛋3个（取蛋清），鸭肉末50克，香菇末25克，葱花、姜末、盐、味精、豆瓣酱、料酒、酱油、鲜汤、香油、水淀粉各适量。

做法

❶ 将豆腐压成细蓉泥，加入鱼蓉、鸡蛋清、盐、味精、姜末搅拌均匀，铺在抹过油的平盘上，用中火蒸熟，切成2厘米方丁。

❷ 将油锅烧热，将鸭肉末炒散，豆瓣酱炒酥，加入料酒、香菇末、鲜汤、酱油、味精、豆腐丁烧开后，用水淀粉勾芡收汁，放入葱花，淋香油装盘即可。

食疗作用 此道菜有除湿利水、活血通络的功效。另外，鱼肉脂肪多由不饱和脂肪酸组成，尤其是海鱼，不饱和脂肪酸高达70%～80%，具有降血脂、改善凝血机制、减少血栓形成等作用。

银杏全鸭

材料 银杏50克，鸭1只，姜片、葱段、清汤、料酒、盐、味精、胡椒粉、水淀粉、猪油各适量。

做法

❶ 将银杏去壳，以沸水煮熟后捞出，去皮膜，切去两头，去心，放入油锅内炸一下，捞出备用。

❷ 将鸭去头去爪，处理干净，以部分盐、胡椒粉、料酒将鸭身内外抹匀，放入盆内，加姜片、葱段、胡椒粉，上笼屉蒸约1小时取出，去骨取肉，与银杏一同上笼蒸30分钟至鸭肉软烂即可。

❸ 在炒锅内加清汤、料酒、盐、味精、胡椒粉，以水淀粉少许勾芡，放入猪油少许，鸭肉蘸汁食用。

食疗作用 鸭肉滋阴养胃、利水消肿、定喘止咳。此道菜适用于咳嗽水肿、哮喘痰多等症。

海带炒黑木耳

材料 水发黑木耳200克，水发海带100克，盐、味精各1克，姜3片，葱花、蒜片各5克。

做法

❶ 将海带、黑木耳洗净，切丝；炒

锅中加入油，烧至七成热时，放入葱花、姜片、蒜片煸炒至香。

❷ 放入黑木耳、海带，当翻炒至九成熟时，加入盐、味精调味即可。

食疗作用 此道菜具有软坚化痰、祛湿止痒、清热利水的功效。

黑木耳莴笋里脊丝

材料 猪里脊肉200克，黑木耳、莴笋各50克，青椒、红椒少许，盐、味精各适量，香油少许。

做法

❶ 将猪里脊肉切丝，用沸水氽烫至熟。

❷ 将莴笋、黑木耳、青椒、红椒洗净，切丝，用沸水稍氽烫一下。

❸ 将上述步骤中的全部材料用盐、味精拌匀，淋少许香油即可。

食疗作用 黑木耳是上好的润肺清污食品，莴笋有预防便秘、除湿的功效，用这两种蔬菜与高蛋白、低脂肪的猪里脊肉相配，并用凉拌的方法制作，既好吃又健康，能充分达到营养、排污、减肥三重功效。

绿豆海带汤

材料 绿豆150克，海带、薏苡仁各60克，冰糖适量。

做法

❶ 将海带洗净，切丝，与绿豆、薏苡仁同入锅中煮至绿豆开花后，转小火煮至烂熟。

❷ 放入冰糖调味，再煮两沸即可。

食疗作用 此汤清热利湿、健脾开胃，适用于暑热烦闷、食欲不振、水湿肿满、小便不利、甲状腺肿大等症。

莴笋炒山药

材料 山药、莴笋各250克，胡萝卜50克，盐、鸡精各1小匙，胡椒粉、白醋各适量。

做法

❶ 将山药、莴笋、胡萝卜洗净去皮，切长条，氽烫后捞出沥干水分。

❷ 将油锅烧热，放山药条、莴笋条、胡萝卜条炒至断生，再放入盐、胡椒粉炒匀，出锅前放入鸡精炒匀，烹入白醋调味即可。

厨房妙招

“莴笋炒山药”中的山药可以换成莲藕，两者都有脆爽的口感，不过山药的口感更佳。山药还可以换成紫甘蓝，这样会使彩色更鲜艳。

十大清热解毒经典食物

名称	性味归经	功效
绿豆	性寒，味甘，归心、肝、胃经	清热解毒，消暑止泻。可用于痈肿疮毒、暑热烦渴、药食中毒等症
赤小豆	性微寒，味甘、酸，归心、小肠、脾经	除热毒，散恶血，消胀满，利小便。可用于痈肿脓血、下腹胀满、小便不利等症
蚕豆	性平，味甘，归脾、胃经	益气健脾，利湿消肿，止血降压，涩精止带。可用于中气不足、倦怠少食、高血压等症
丝瓜	性凉，味甘，归肺、肝、胃、大肠经	清热化痰，凉血解毒，解暑除烦，通经活络。可用于身热口渴、痰喘咳嗽、肠风痔漏等症
苦瓜	性寒，味苦，归脾、心、肺经	清热祛火，解毒明目，补气益精，止渴消暑。有增强食欲、解丹火毒气、泻六经实火、防癌等功效
苋菜	性微寒，味甘，归大肠、小肠经	清利湿热，清肝解毒，凉血散瘀，通利二便。可用于便秘、暑热等症
竹笋	性寒，味甘，归胃、大肠经	开胃健脾，宽胸利眼，通肠排便，开膈豁痰，消油腻，解酒毒。可用于食欲不振、胃口不开等症
茭白	性寒，味甘，归肝、脾、肺经	解热毒，除烦渴，利二便。可用于暑湿、腹痛、烦渴等症
荸荠	性寒，味甘，归胃、肺、肝经	清热，化痰，消积。有清热化痰、开胃消食等功效
黑木耳	性平，味甘，归肺、脾、肝、大肠经	清肺益气，补血活血，凉血止血。有抗血凝、抗血栓、降血脂等功效

养生食谱重点推荐

苦瓜排骨汤

材料 猪排骨块500克，苦瓜、料酒各适量，盐1小匙。

做法

❶ 猪排骨块入沸水汆烫，除血水，另用清水加料酒放入炖盅，蒸20分钟。

❷ 将苦瓜洗净剖开，去子，切大块，放入炖盅中再蒸20分钟至瓜熟软即可。

❸ 盛出加盐调味即可。

食疗作用 苦瓜中含有铬和类似胰岛素的物质，有明显的降血糖作用。它能促进糖分分解，改善体内的脂肪平衡，是糖尿病患者理想的食疗食物。另外苦瓜中还含有一种独特的生理活性蛋白质和丰富的B族维生素，经常食用能提高人体免疫功能，可防癌、抗癌。苦瓜中的苦味成分——奎宁，能抑制过度兴奋的体温调节中枢，起到增进食欲、消暑解热的作用。

● 苦瓜

白萝卜山药绿豆汤

材料 绿豆100克，山药片150克，白萝卜丝250克，盐适量。

做法 将绿豆淘净，与白萝卜丝、山药片一并放入砂锅中，加适量水，煮熟成糊状，加盐调味即可。

食疗作用 此汤有生津润燥、健脾止漏、利尿解毒的功效。

葱炒黑木耳

材料 水发黑木耳、猪肉末、葱各100克，青辣椒、红辣椒、姜、蚝油、盐、酱油、味精、水淀粉各适量。

做法

❶ 将水发黑木耳洗净去杂质及老根，撕成片，入沸水中汆烫，沥干；青、红辣椒洗净去子，切碎；葱、姜均洗净切片。

❷ 将油锅烧热，投入姜片、葱片、猪肉末炒香，加酱油、盐、黑木耳、蚝油翻炒片刻，再放入味精，用水淀粉勾芡，撒入青、红辣椒末即可。

食疗作用 此道菜具有滋润强壮、清肺益气的功效。

荸荠炒肉片

材料 荸荠、猪瘦肉各150克，花生

油50毫升，洋葱30克，盐、味精、豆豉各适量。

做法

❶ 将荸荠去皮洗净，切成薄片；猪瘦肉洗净，切成小薄片；洋葱洗净，切成丝。

❷ 将油锅烧至六成热，同时倒入猪瘦肉片与荸荠片，用大火翻炒数遍，放入洋葱丝，待洋葱丝散出特殊香味后，加盐、味精调味。

❸ 将豆豉用少许清水泡一下，连水一起放入菜锅内，待豆豉水沸，再稍煮即可。

食疗作用 此道菜具有生津润燥、清泻肝热、利导小便的功效，是高血压合并糖尿病患者的理想佳肴。

黑木耳拌黄瓜

材料 水发黑木耳、盐各适量，香菜、黄瓜、葱白各1根，蒜5瓣，醋、辣椒油各2大匙，红椒丝、香油、花椒油各少许。

做法

❶ 将水发黑木耳洗净，去杂质及老根，撕成小片，入沸水中汆烫，沥干；黄瓜去皮，切4瓣，去瓜瓤，拍破切厚片。

❷ 将蒜切末，香菜切段，葱白切丝。

❸ 将处理好的黄瓜和水发黑木耳放入碗中，加入材料中提到的调料，放入葱丝、香菜段、蒜末拌匀，撒红椒丝点缀即可。

食疗作用 此道菜清热生津、健美减肥，适用于单纯性肥胖症。

苦瓜藕丝

材料 苦瓜200克，藕丝150克，红椒丝、南瓜丝各50克，姜丝、盐、味精、白糖各适量，醋少许。

做法

❶ 将苦瓜去子、切丝。

❷ 在锅内放水烧沸，倒入苦瓜丝、藕丝、红椒丝、南瓜丝，加入少许醋，汆烫至断生，备用。

❸ 将油锅烧热，放入姜丝炒香，倒入藕丝、苦瓜丝、红椒丝、南瓜丝，加入盐、味精、白糖，翻炒均匀即可。

食疗作用 本品具有清热解毒、滋阴生津、健脾开胃的功效。

鱼肚鲜虾苦瓜汤

材料 鲜虾4只，猪瘦肉150克，发好的鱼肚300克，山药30克，苦瓜100克，盐适量。

做法

❶将鲜虾去须，除虾线，洗净；苦瓜去瓤，洗净，切段，备用。

❷将猪瘦肉洗净切块，放入沸水中汆烫去血水，捞出；鱼肚用咸水冲净切段；山药洗净切块备用。

❸向锅内注入适量的清水，将鱼肚段、猪瘦肉、山药块一同放入锅内，大火煮20分钟，然后放入苦瓜段小火慢煲，40分钟后放入鲜虾，直至鲜虾变为深红色以后，再以盐调味即可。

食疗作用 此汤具有解毒、补气益精、止渴消暑的功效。另外，鱼肚性平，味甘、咸，归肾、肝经，中医认为，其具有益肺、补心、消痰、滋阴补阳等功效。但是虚火喉痛、感冒未愈者不宜食用。

赤小豆荸荠煲乌鸡

材料 赤小豆50克，乌鸡半只，荸荠、姜、葱、高汤、料酒、胡椒粉、红枣、盐、味精各适量。

做法

❶将赤小豆用温水泡透；乌鸡处理干净，切成块；荸荠、姜去皮切片；葱切段。

❷在锅内烧水，待水开时，投入乌鸡块，用中火煮3分钟至血水尽时，捞起冲净。

❸在砂锅中放入赤小豆、乌鸡块、红枣、荸荠片、姜片，再注入高汤、料酒、胡椒粉，加盖，用中火煲开，再改小火煲2小时，调入盐、味精，继续煲15分钟，撒上葱段即可。

食疗作用 此汤具有健脾益胃、利尿消肿、补虚补血的功效，适合脾胃不和、月经不调者食用。

西瓜翠衣汤

材料 西瓜皮200克，赤小豆25克，冬瓜皮100克。

做法

❶将西瓜皮、冬瓜皮洗净，切块；赤小豆泡水发开。

❷将上一步中处理好的材料都放入砂锅，加适量清水，用大火煮沸后改用小火煮30分钟，滤渣取汁当茶饮。

食疗作用 赤小豆中含有较多的皂角苷，可刺激肠道功能。另外，其所含的膳食纤维能促进胃肠蠕动，加快粪便的排出速度，避免毒素在体内大量堆积。

● 西瓜

三丝绿豆芽

材料 新鲜绿豆芽200克，胡萝卜丝、黄瓜皮丝各50克，香菇丝100克，葱丝、姜丝、盐、料酒、味精、花椒油各适量。

做法

❶ 将绿豆芽掐去两头洗净，沥干水分。

❷ 将油锅烧热，放入葱丝、姜丝炒香，快速放入绿豆芽、香菇丝、胡萝卜丝、黄瓜皮丝，不断翻炒。

❸ 加入料酒、盐、味精翻炒均匀，待食材全部软熟时淋入花椒油即可。

食疗作用 绿豆芽是绿豆浸水后发出的嫩芽，具有清暑热、解诸毒、利尿消肿的功效。

黑木耳炒荸荠

材料 黑木耳3朵，荸荠6个，丝瓜1根，葱末少许，盐适量。

做法

❶ 将黑木耳用清水泡发，去掉根部和杂质，撕成小朵；荸荠去皮洗净，切成片；丝瓜去皮去瓤，洗净切成片。

❷ 将油锅烧热，放入葱末爆香，加入丝瓜片翻炒，再放入荸荠片和黑木耳翻炒几下，加盐调味即可。

食疗作用 本品具有清热解毒、祛湿除热、润肺止血的功效。

茭白双椒炒鸡肉

材料 茭白1根，鸡胸肉1块，青椒、红椒各1个，料酒、生抽各1大匙，盐半小匙，鸡蛋2个（取蛋清），白糖1小匙，鸡精少许。

做法

❶ 将茭白去掉外层厚皮，洗净后切成小丁；青椒、红椒去蒂、子后洗净，切成小丁；鸡胸肉洗净后切成粒，调入料酒、盐、色拉油和蛋清搅拌均匀，腌10分钟。

❷ 当油锅烧至八成热时，倒入鸡胸肉粒，快速炒散。

❸ 待鸡胸肉变成白色后，倒入茭白丁及青椒丁、红椒丁，再调入生抽、白糖和盐，翻炒2分钟，加入鸡精即可。

食疗作用 本品具有凉血止血、消肿定痛、解热毒、除烦渴的功效。

第三章 中药养生：平民百姓养生恩物

中药是中医用以防治疾病的主要武器。几千年来，中药以其相对温和、安全、较小的毒副作用深受人们的喜爱和信赖。但是，大家在使用中药养生时，需充分掌握、了解中药材的相关知识，必要时还应向医生咨询，这样才能发挥中药的最大疗效。

中药的四大特性

在使用中药之前，应先了解各种药材的性味、归经、升降浮沉等特性，然后针对自己的体质来选择药材治病，这样才能使药材发挥最大的药效，达到治病养生的目的。

四性

四性，就是药物的药性，可分为寒、凉、温、热4种，另外还有寒热偏性不明显的平性。

寒凉与温热是相对立的两种药性，寒性、凉性的药材多具有清热泻火、利尿通便、化痰开窍的作用；温性、热性的药材一般都具有温里散寒、补火助阳、温经通络的功效，适用于寒性病症。

四性是由药材作用于人体后所发生的不同反应归纳出来的，如治疗寒证的药材属温热性，治疗时依据“热者寒之、寒者热之”的用药原则来治疗疾病。

甘草

四性作用表

四性	属性	作用原理	适合体质	代表药材
寒	阴	清热泻火，消除热证	适合热性体质，或热、实证患者使用	大黄、板蓝根、黄连、生地黄、夏枯草
凉	阴	降火清热，减轻热证	适合热性体质，或热、实证患者使用	西洋参、女贞子、薄荷、蝉蜕
温	阳	祛寒补虚、健脾和胃、强化身体机能	适合寒性体质，或寒、虚证患者使用	紫苏叶、杜仲、黄芪、当归、人参、川芎
热	阳	消除寒证	适合寒性体质，或寒、虚证患者使用	肉桂、炮附子

五味

五味就是辛、甘、酸、苦、咸5种味道，主要由味觉器官辨别，还包括淡味与涩味。不过，淡味常附于甘味，涩味多附于酸味，一般仍称为五味。

中药不同的味有不同的功能，详细说明如下表所示。

五味作用表

五味	对应脏腑	作用原理	代表药材	注意事项
辛	肺	可发散风寒、活血行气、促进血液循环与新陈代谢	紫苏子、肉桂、陈皮、薄荷	多用容易导致火气过大、便秘、痔疮等
甘	脾	可补益气血、调和脾胃、缓和药性，并能补养身体、消除肌肉疲劳	红枣、人参、薏苡仁、甘草	多用容易生痰、伤齿，腹胀者宜慎用
酸	肝	可收敛固涩、止汗生津、促进食欲、帮助消化、增强肝脏功能	芡实、莲子、五味子	多用容易使筋骨受损，并使消化功能错乱，感冒者不宜使用
苦	心	可清热解毒、降火燥湿、消除烦躁、解毒活血、利尿通便	黄连、杏仁、大黄、黄芩	多用容易造成消化不良、呕吐、腹泻、口干舌燥，便秘者宜慎用
咸	肾	可软坚散结、润燥通便，并有温补肝肾的功效	瓦楞子、牡蛎、海藻、芒硝	多用易导致高血压、肾脏与心血管疾病

归经

中医认为，疾病是脏腑或经络发病的表现，而药材可以在人体的哪条经络及其所属脏腑产生作用，即被认为归哪条经。归经是从药物的治疗效果辨证总结出来的。

认识药材的归经，可以帮助我们正确使用药材，快速治疗疾病。

前人在使用药材的过程中发现，某种药材常常对某一个或数个脏腑经络有特殊的功效，而对其他的经络则没有显著的作用。但中药材往往不单归一经，例如，党参归肺、脾经，即党参既能补肺气，也能补脾气；甘草、附子能通行十二经。

此外，还有一些中药，不仅归某个脏腑经络，还有引导其他药材进入别经的作用，称为“引经药”。引经药能增强药物对经络和脏腑的治疗效果，例如，怀牛膝能引药下行，因此，治疗下肢痹症时，常以怀牛膝作为引经药；桂枝为心经的引经药，能引药归心经，使疗效提高，用于辅助治疗胸闷、心悸。

归经理论是中医用药的原则之一，例如，黄连主入心经，能泻心火、除心烦而安心神。而脏腑经络互相关联、互相影响，运用归经时也应一并考虑，例如，患有肺病，且有脾胃虚弱症状者，除使用归肺经的中药之外，还应加用调理脾胃的药物，才能真正对症下药，使脾胃功能正常，从而促进肺病痊愈。

● 黄连

升降浮沉

升降浮沉的含义

药性升降浮沉的理论，形成于金元时期，当时很强调药性升降浮沉与四时气候的对应关系。张元素的《医学启源》记载：“风升生，热浮长，湿化成，燥降收，寒沉藏。”药物的升降浮沉，反映其作用的趋向性。

◎升。升是上升、提升的意思，指能治病势下陷的药。

◎降。降是下降的意思，指能治病势上逆的药。

◎浮。浮是发散的意思，指能治病位在表的药。

◎沉。沉是收敛泄利的意思，指能治病位在里的药。

当中药材进入人体后，产生升提举陷、下降平逆、上行发散、下行泄利等不同作用，可以调整病势下陷或上逆之偏。

人体的病势，通常有上、下、表、里的区别，同时还有向上、向下、向外、向内4种病势的变化：

◎向上，如呕吐、咳嗽、气喘等。

◎向下，如腹泻、脱肛、女性阴道不正常出血等。

◎向外，如盗汗、自汗等。

◎向内，如头痛、怕冷、梦遗等。

升降浮沉的作用

升降浮沉与药物的性味、质地相关。所以病在上、在表者，如外感风寒，应该使用升浮性药材，如生姜；而病在下、在里者，如便秘，应该使用沉降性药材，如大黄。

中药的配伍应用

根据病情的不同需要和药物的不同特点，有选择地将两种及两种以上的中药配合在一起使用，叫作配伍。

在远古时期，治疗疾病一般都是采用单味药物的形式，后来由于药物品种日趋增多，人们对药物的特点不断明确，对疾病的认识逐渐深化，再加上疾病复杂等原因，中药的使用也就由简到繁，出现了多种药物配合使用的形式。配伍用药的规律被人们逐渐掌握后，既能照顾到复杂的病情，又能增进疗效，减少毒副作用。因此，中药常常配伍使用。

中药配伍的两大原因

综合多种病症的需要

人们所患的各种疾病一般是由多种病邪及病因所致，而且患病以后的表现也各不相同，常常是许多病征综合在一起，如感冒的人除了有怕冷、发热症状，还伴有头痛、嗓子痛、流鼻涕等症；患肺结核的人除了有咳嗽胸痛、体虚症状，还伴有低热、夜间出汗、颧红、痰中带血等症。

中医注重整体观，讲究辨证论治、综合诊治，因此，在治疗疾病时，不仅要治标，还需要治本。所以中医需要将不同的药物配合在一起使用，从而起到良好的作用。

例如，熟地黄和六味地黄丸，其中熟地黄是治疗肾阴亏虚的首选药物，六味地黄丸则由熟地黄、山茱萸、山药、泽泻、牡丹皮和茯苓6味药材组成，主要用于辅助治疗由肾阴亏虚、虚火上炎引起的肾虚病症。肾虚患者通常会服用熟地黄，但是单用熟地黄很难达到全面治愈疾病的目的，而六味地黄丸能起到更好的治疗作用。

不同中药及不同药性的需要

每种中药都有自己的性味和归经，其药效、作用也不同。有的药物能补气，有的药物能泻下，有的药物能理气，有的药物能解表等。即使是同一类药物，它们作用的脏腑、归经也不尽相同。比如补气类的药物，有些能补肝，有些能补肾，有些则肝肾同补。又比如黄芩、黄连、黄柏同是清热泻火之药，但黄芩味苦性寒，偏于清上焦火；黄连味苦性寒，偏于清中焦火；黄柏味苦性寒，偏于清下焦火。

中药配伍的两大作用

不同的药物配合使用，有些可以增进原有的疗效，有些可以相互抵消或削弱原有的疗效；有些可以产生毒副作用，有些可以降低或消除毒副作用。

增进疗效

例如，麻黄常常配伍桂枝，以增进发汗解表、祛风散寒的疗效；知母配伍贝母，可以增进养阴润肺、化痰止咳的疗效。这种同类药物配伍应用的例证，构成了复方用药的配伍核心，是中药配伍应用的主要形式之一。

另外，在药物配伍使用时，以一种药物为主药，另一种药物为辅药，两药合用，可以增进主药的疗效。例如，黄芪配茯苓可缓解脾虚水肿，黄芪为健脾益气、利尿消肿的主药，茯苓淡渗利湿，可增进黄芪益气利尿的疗效；枸杞子配菊花可缓解目暗昏花，枸杞子为补肾益精、养肝明目的主药，菊花清肝泻火，兼能益阴明目，可以增进枸杞子补虚明目的疗效。这类功效不同的药物配伍，一主一辅，相辅相成，使主药的治病疗效更加显著。

降低毒副作用

两种药物配伍使用，有时是为了达到降低或消除其中一味药物的毒副作用。例如，半夏配伍生姜使用，半夏有一定的毒性，可使人咽痛音哑，而生姜可以抑制半夏的毒性，半夏用生姜炮制后成了姜半夏，毒副作用就大大降低了；甘遂配伍红枣使用，红枣可抑制甘遂峻下逐水、耗伤正气的毒副作用；常山配伍陈皮使用，陈皮可以缓和常山引起的恶心、呕吐症状。

这类药物配伍多用于具有较强毒副作用的药物，以保证安全用药，也可用于有毒中药的炮制及中毒解救。

● 中药配伍讲究多，所以在购买中药时必须先咨询中医，再到指定的地点（如中药店）购买

中药的煎煮常识

砂锅：煎煮中药的首选容器

煎药器具以砂锅为最好，因为砂锅的材质稳定，不会与药材成分发生化学反应。

许多中药里都含有鞣酸，当它遇到金属类的容器，如铁锅、铜锅时，由于铁或铜的化学性质不稳定，易氧化，在煎煮药材时会与中药所含的化学成分发生反应而变成不溶于水的沉淀物，导致药材的有效成分不易被人体吸收，从而影响疗效。

另外，砂锅传热均匀缓和，用小火久煎，水分也不易散失。这也是砂锅自古沿用至今的原因之一。此外，也可选用搪瓷锅、不锈钢锅。

煎药时的用水学问

煎药用水必须无异味、洁净澄清，含矿物质及杂质少。一般可用纯净水或自来水，用水量以将药材适当压实后，液面淹没过药材约2厘米为宜。质地坚硬、黏稠或需久煎的药材，其用水量可比一般药材的用水量略多；质地疏松、煎煮时间较短的药材，其用水量为液面淹没药材即可。多数药材宜用冷水浸泡，一般药材可浸泡30分钟左右，以种子、果实为主的药材可浸泡1小时。夏天气温高，浸泡时间不宜过长，以免腐败变质。

煎药的火候、时间、次数

煎一般药材时宜先大火后小火，即未沸前用大火，沸后用小火保持微沸状态，以免药汁溢出或过快熬干。

火候和时间的控制，主要取决于不同药材的性质和质地，例如，解表类药材及芳香类药材，一般用大火迅速煮沸后，改用小火维持10～15分钟即可，以避免久煮而致香气挥散，药性损失；而滋补类药材则宜在煮沸后，再用小火维持30～40分钟，使有效成分充分溶出；像贝壳及化石等多数矿物药材则宜用更长的时间煎煮。

通常一剂药需煎两次，补益药宜煎3次。因为煎药时药材的有效成分首先会溶解入药材内部组织的水液中，再扩散到药材外部的水液中。当药材内外溶液的浓度达到平衡时，因渗透压平衡，有效成分就不再溶出了。这时，只有将药液滤出，重新加水煎煮，有效成分才能继续溶出。

服药时间与禁忌

服药时间有讲究

中药的疗效除了和药物质地、煎煮方法及是否对证有关，还与服药时间有关。不同中药治疗的疾病不同，服用的时间也不同。古代中医十分注重中药的服用时间，认为在不同的时间服药，中药的疗效会相差很大。因此，了解服药时间方面的知识，有助于我们根据病情，合理地选择服药时间，以发挥中药的最佳疗效。

服用中药的时间取决于具体的病情和中药的性质。汤剂一般每日服1剂，煎两次分服，两次间隔时间为4～6小时。临床服用时可根据病情适量增减。

至于饭前还是饭后服药，要依据不同的疾病和中药而定。一般来说，病位在胸膈以上者，如眩晕、头痛、目疾、咽痛等宜饭后服；病位在胸腹以下者，如胃、肝、肾等脏腑疾病，宜饭前服用。没有明确规定的，大多数中药都在饭后服用，特殊中药应注意特殊的服药时间。

大部分中药应温服，发汗药须热服以助药力，而清热药最好放凉后服用。

服药时的5个禁忌

服用中药时，一般要注意以下5个禁忌。

不要用茶水送服

茶叶内含有鞣酸，如果用茶水服药，鞣酸就会和中药中的蛋白质、生物碱或重金属盐等成分起化学反应而发生沉淀，从而影响中药疗效。

例如，贫血患者会常服铁剂，而茶叶中的鞣酸遇到铁，会生成沉淀物“鞣酸铁”，不但会使中药失去疗效，还会刺激胃肠道，引起不适。

另外，茶叶能阻止人体对蛋白质等营养物质的吸收，因此在服用滋补类中药时，也不能同时服用浓茶。

茶叶中含有的咖啡因、茶碱、可可碱等成分，具有强心、利尿、刺激胃酸分泌及兴奋高级神经中枢等作用，所以在吃镇静、催眠类中药前后都不宜喝茶，更不能用茶水送服这些中药。

忌吃生冷、油腻食物

服中药煎剂及丸药时，应忌吃生冷、油腻的食物。因为生冷的食物可刺激胃肠，影响胃肠对中药的吸收，油腻的食物不易消化和吸收，会降低中药疗效，所以，在生病期间最好不要食用这些食物。

服药时，要慎吃6类“发物”

老人常常说生病了不要吃“发物”，所谓“发物”是指患了某种疾病者，在治疗期间不宜食用的食物，即能诱发疾患的食物。

中医将发物分为6类：一为发热之物，如韭菜、姜、花椒、羊肉、狗肉等；二为发风之物，如虾、蟹、椿芽等；三为发湿之物，如麦芽糖、糯米、醪糟、米酒等；四为发冷积之物，如梨、柿子及各种生冷之品；五为发动血之物，如辣椒、胡椒等；六为发滞气之物，如土豆、莲子及各类豆制品。

对发物是否需要忌口的问题，需依照中医的“辨证论忌”。

如果是阳虚体质，形体虚寒，大便溏薄，胃痛喜温，四肢发冷，则西瓜、雪梨、香蕉等凉性食物为忌口食物；如果是热性体质，面目红赤，发热口渴，失眠心烦，痔疮下血，则生姜、胡椒、白酒、蒜等热性食物为忌口食物。患有荨麻疹、各种皮炎、湿疹、酒渣鼻、痤疮者，一切具有刺激性的食物都可能成为发物，应该忌口；患有哮喘病者，在哮喘发作期间，蛋、牛奶、鱼虾等高蛋白食物是加重病情的发物。

不同疾病需要不同忌口

◎患有消化道疾病，如肝炎、慢性胃肠炎的患者在服用健脾和胃的药物时，要忌吃蒜，因为蒜中含有的蒜素能刺激胃肠黏膜，使黏膜充血，所服的中药就不能有效地发挥其治疗作用。

◎患有水肿病者，要少吃食盐。

◎患有因气滞而引起的胸闷、腹胀者，不宜食用豆类和红薯，因为这些食物容易引起胀气。

不同中药也需要不同忌口

有些中药本身有明确的忌口食物，常见情况如下表所示。

不同中药忌口表

服用药物	忌口食物
人参	萝卜
常山	葱
鳖甲	苋菜
地黄	葱、蒜和萝卜
何首乌	葱、蒜和萝卜
荆芥	鱼、虾、蟹
天冬	鲤鱼
白术	蒜、桃、李
茯苓	醋
薄荷	鳖肉
甘草	猪肉
黄连	猪肉
桔梗	猪肉
乌梅	猪肉

十大补血养血经典中药

名称	性味归经	作用	适应证
当归	性温，味甘、辛，归肝、心、脾经	补血活血、调经止痛、润肠通便	血虚、面色发黄、头晕眼花、心慌失眠等
阿胶	性平，味甘，归肺、肝、肾经	补血止血、滋阴润燥、安胎	血虚萎黄、头晕眼花、心慌、吐血、便血等
丹参	性微寒，味苦，归心、心包、肝经	清心除烦、养血安神、活血调经	血瘀所致月经不调、热痹疼痛、心烦不眠等
红枣	性温，味甘，归脾、胃、心经	补气健脾、养血安神、缓和药性	血虚引起的面黄、头晕、眼花，脾胃虚弱引起的体倦、乏力、食少等
白芍	性微寒，味苦、酸，归肝、脾经	养血敛阴、柔肝止痛	阴虚血亏引起的月经不调、痛经、面色苍白等
何首乌	性微温，味苦、甘、涩，归肝、肾经	益精血、补肝肾、乌须发	血虚头晕、健忘失眠、疲倦乏力、须发早白、腰酸遗精等
熟地黄	性微温，味甘，归肝、肾经	补血滋阴、益精填髓	血虚萎黄、头晕眼花、心慌失眠、头晕耳鸣，须发早白、月经不调等
龙眼肉	性温，味甘，归心、脾经	补益心脾、养血安神	气血不足引起的心慌、失眠、健忘、乏力或久病体衰等
鸡血藤	性温，味苦、微甘，归肝、肾经	补血行血、舒筋活络	血虚经闭、月经不调或血瘀、手足麻木等
桑葚	性微寒，味甘、酸，归肝、肾经	滋阴养血、生津润燥	肝肾亏虚、阴血不足引起的头晕、眼花、耳鸣、失眠、须发早白、腰膝酸软等

养生药膳重点推荐

当归生姜羊肉汤

材 料 当归片适量，羊肉块200克，白萝卜块400克，姜5片，料酒1小匙，胡椒粉、枸杞子、盐各少许。

做 法

❶ 将羊肉块加水，用大火煮尽血水后倒出，洗净血水备用。

❷ 在炖盅内加入除盐、胡椒粉外的所有材料，注入适量清水，加盖，炖约2.5小时，调入盐、胡椒粉即可。

食疗作用 此汤是益气养血、补益虚损的最佳选择。

归参鳝鱼羹

材 料 鳝鱼500克，当归、党参各15克，料酒、葱段、姜片、蒜、味精、盐、酱油各适量。

做 法

❶ 将鳝鱼剖脊背后，去骨、内脏、头、尾，切块备用。

❷ 将当归、党参装入纱布袋内扎口，与鳝鱼块同入锅内，放入料酒、葱段、姜片、蒜、盐、酱油，加水适量；先用大火烧沸，撇去浮沫，再用小火煎熬1小时，捞出药袋，加入味精即可。早晚各服1次。

食疗作用 本品补益气血，多用于气血不足、久病体弱、体倦无力、面黄肌瘦等症。

归枣茶

材 料 当归10克，去核红枣10枚。

做 法 将以上材料加适量水煎煮30分钟，吃枣饮汁，每日2次。

食疗作用 此茶适用于妇女血虚、月经不调、面色苍白或暗黄、心神不宁、失眠等症。

熟地人参汤

材 料 熟地黄、人参、白术、当归、白芍、川芎、白茯苓各9克，甘草5克，姜3片，红枣5枚。

做 法 将以上材料洗净，用水煎煮30分钟。

食疗作用 此汤适用于气血两虚引起的面色苍白、头晕眼花、气短乏力、饮食减少等症。熟地黄也可与枸杞子、菊花、山茱萸配伍，用于辅助治疗精血亏虚、头晕目眩、须发早白。

阿胶酒

材料 阿胶250克，黄酒30毫升。

做法 将阿胶与黄酒放一起隔水蒸2～3小时，全部溶化后服用，每日服用1～2次，每次2匙。

食疗作用 此酒适用于虚弱贫血、产后贫血、吐血、便血、子宫出血等血虚证。

地黄枣仁猪心煲

材料 猪心1个，酸枣仁15克，生地黄、熟地黄各30克，远志6克，盐、味精各适量。

做法

❶ 将猪心剖开，用温水洗净，备用。

❷ 将酸枣仁、生地黄、熟地黄、远志分别清洗干净，一同放入干净纱布包内，扎好纱布包口，放入清水中浸泡1小时。

❸ 将猪心放入瓦罐中，把纱布包和所浸之水一并倒入瓦罐，大火煮沸后，改用小火慢煲，1小时后，拣出药袋，加盐、味精，继续煮3分钟即可。

食疗作用 此汤可辅助治疗血虚引起的面色发黄、苍白及头晕眼花。

阿胶鸡蛋粥

材料 鸡蛋5个，阿胶30克，糯米100克，盐、熟猪油各适量。

做法

❶ 将鸡蛋打入洗净的碗内，用筷子顺着一个方向搅散，备用。

❷ 将糯米淘洗干净，用清水浸泡1小时，备用。

❸ 在锅内放入适量清水，大火烧开后，加入糯米，待再沸，改用小火熬煮至粥成，放入阿胶，淋入鸡蛋，搅匀，煮沸2～3分钟后加入熟猪油、盐，再次煮沸即可。

食疗作用 此粥养血补血，为女性补血的保健佳品，特别适用于体虚的女性。

栗子龙眼肉粥

材料 龙眼肉15克，栗子10颗，大米50克。

做法

❶ 将栗子去皮，把大米洗净。

❷ 将各材料加适量水用大火煮沸后，再改用小火煮至熟烂即可。

食疗作用 此粥适用于精血不足、心慌失眠、腰膝酸软等症。

龙眼红枣粥

材料 龙眼肉30枚，红枣10枚，大米100克，红糖适量。

做法 将红枣泡发后去核洗净；大米、龙眼肉洗净，与红枣一同加适量水煮粥，最后加入红糖即可。早晚各服1次。

食疗作用 此粥补血、养心、益智，适用于老年人气血不足者。

首乌肝片

材料 猪肝片250克，何首乌20克，水发黑木耳75克，芹菜心50克，葱花、蒜片、姜丝、料酒、酱油、盐、味精、水淀粉、鸡汤、香油、醋各适量，香油少许。

做法

1. 水煎何首乌，取汁20克；将黑木耳泡发后，洗净撕小片；将芹菜心洗净，汆烫捞出备用。
2. 将水发黑木耳、芹菜心、葱花、蒜片、姜丝、料酒、酱油、盐、味精、醋、水淀粉及何首乌煎汁同放入大碗内，加少量鸡汤拌匀成芡汁。
3. 将油锅烧至六成热，放入猪肝片、料酒，大火炒透后倒入漏勺。
4. 当炒锅中的底油烧至九成热时，将猪肝片再回锅，将芡汁倒入，搅匀，翻炒片刻，淋少许香油即可。

食疗作用 本品适用于肝肾亏虚、精血不足引起的头昏眼花、视力减退、须发早白、腰腿疲软等症。

中医验方

方1 西洋参龙眼肉汁：益气养心

西洋参12克，龙眼肉60克。两者加水，入炖盅，隔水蒸30分钟，加适量白糖，饮汤，每次服用1汤匙，每日2次。适用于气血两虚、心慌气短、失眠健忘、自汗盗汗等症。

方2 百合归芍汁：止咳化痰

熟地黄、生地黄、当归、麦冬各9克，百合12克，甘草、桔梗、白芍、川贝母、玄参各3克，将所有药材加适量水煎服。适用于肺肾阴亏引起的咳嗽气喘、痰中带血、咽喉燥痛、头晕目眩、午后潮热等症。

方3 首乌蛋：补肾养血

何首乌60克，鸡蛋2个。将何首乌先用冷水浸泡15分钟，然后取出与鸡蛋加水同煮，待鸡蛋煮熟后取出，剥去蛋壳，再煮3分钟，吃蛋喝汤，每日1次。适用于血虚体弱、未老先衰、脱发、遗精等症。

何首乌

十大补中益气经典中药

名称	性味归经	作用	适应证
人参	性微温，味甘、微苦，归脾、肺、心经	大补元气、复脉固脱、补脾益肺	体虚欲脱、肢冷脉微、脾虚食少、便溏等
饴糖	性温，味甘，归脾、肺、胃经	缓中补虚、生津润燥	肺燥咳嗽、口渴、咽痛、里急腹痛、吐血、便秘等
西洋参	性凉，味微苦，归脾、心、肺、肾经	补气养阴、清热生津	气虚阴亏、内热、咳喘痰血、虚热烦倦等
党参	性平，味甘，归脾、肺经	补中益气、生津养血	中气不足引起的体虚疲倦、食少，肺气亏虚引起的语声低微、气短咳喘等
黄芪	性微温，味甘，归脾、肺经	补气升阳、益卫固表、托疮生肌	脾气虚弱引起的气短乏力、食欲不振、大便稀薄等
白术	性温，味苦、甘，归脾、胃经	补气健脾、燥湿利水、止汗	脾气虚弱引起的食欲不振、疲劳乏力、腹胀、大便稀薄等
甘草	性平，味甘，归心、肺、脾、胃经	补脾益气、清热解毒、润肺止咳	脾胃虚弱、倦怠无力、食欲不振、心气不足、心慌、脉律不齐等
山药	性平，味甘，归脾、肺、肾经	益气养阴、补脾肺肾	脾胃虚弱引起的食少、乏力、大便稀薄、妇女带下等
白扁豆	性平，味甘、淡，归脾、胃经	健脾化湿、消暑解毒	脾虚湿盛引起的食欲不振、白带过多等
蜂蜜	性平，味甘，归肺、脾、胃、大肠经	补中缓急、润肺止咳、解毒、通便	肺虚引起的燥咳或咽干口燥，脾胃虚寒引起的腹痛、食少等

养生药膳重点推荐

山药当归牡蛎煲

材料 牡蛎、冬笋净肉各100克，鲜山药250克，当归30克，姜片、葡萄酒、盐各适量。

做法

❶牡蛎取肉，用温水洗净，加葡萄酒腌渍10分钟。

❷将鲜山药去皮，洗净，切成薄片；笋肉洗净，切成与山药片大小一致的薄片；当归放入清水中浸泡1小时。

❸将山药片、笋肉片一并放入瓦罐中，将当归连同所浸之水一并倒入，再放入姜片、盐，用中火煲1小时后，放入牡蛎，中火继续煲15分钟即可。

食疗作用 此汤有益气养阴的功效。

参枣汤

材料 红枣5枚，人参片10克，冰糖适量。

做法

❶将红枣洗净，和人参片一起放在小锅内，加水1杯，用小火焖煮1小时。

❷加入冰糖待溶化即可。

食疗作用 此汤可益气、补虚、润心肺、生津补血、养颜、抗老化。

人参山药汤

材料 人参10克，山药75克，红枣10枚，猪瘦肉50克，盐适量。

做法

❶人参洗净，放入锅中，加适量清水上火煎熬，去渣留汁备用。

❷将除人参外的所有食材主料加适量水用大火煮沸后，改用小火再煮15分钟，加入煎好的参汁和盐稍煮即可。每日早晨空腹服用。

食疗作用 此汤益气养血、美容养颜，适用于气虚引起的面色暗黄、皮肤干燥等症。

扁豆消暑粥

材料 白扁豆250克，葡萄干、山楂糕各15克，白糖适量。

做法 将白扁豆用淘米水浸泡去皮，加适量水煮熟，再加白糖稍煮，撒上山楂糕、葡萄干。每日3次，空腹服用。

● 白扁豆

食疗作用 此粥健脾止泻、消暑，适用于脾胃虚弱型腹泻、呕吐、食欲不振等症。

白术茯苓炖羊肚

材料 羊肚250克，白术、茯苓各10克，蜜枣2枚，生姜、料酒、盐、鸡精各适量。

做法 将以上食材主料加沸水，炖至熟烂，滤药渣，加入适量盐、鸡精、料酒即可。

食疗作用 此汤益气补肺、宁心安神，适用于不思饮食、盗汗、泄泻等症。

黄芪牛肉粥

材料 新鲜牛肉、大米各100克，黄芪10克，葱花、盐、鸡精、胡椒粉各适量。

做法

❶将牛肉洗净，切小块；大米洗净。

❷将牛肉块、大米、黄芪加适量水煮熟，再放入葱花、盐、鸡精、胡椒粉调味。每日2次，温服。

食疗作用 此粥益气血、健脾胃，适用于贫血、体弱怕冷者。

黄芪乌鸡汤

材料 乌骨鸡500克，黄芪30～50克。

做法 将乌骨鸡洗净，斩小块，与黄芪放入锅中，加适量水，炖熟，喝汤食肉。

食疗作用 此汤补脾益气、滋阴养血，适用于妇女月经不调、痛经等症。

莲参猪心汤

材料 猪心1个，龙眼肉15克，莲子60克，人参30克，姜、料酒、盐各适量。

做法

❶将猪心去油洗净；莲子去心洗净；人参洗净；龙眼肉洗净；姜洗净去皮，切片，备用。

❷把猪心放入开水中汆烫，加入料酒除腥味，捞出备用。

❸将全部食材主料一同放入砂锅中，加入适量的清水，大火煮沸后，改小火煲2小时，最后用盐调味即可。

食疗作用 此汤补气安神、止惊悸，能使人精力旺盛。

参茸回春酒

材料 人参、当归各15克，熟地黄、黄精、生首乌、锁阳各20克，龙眼肉30枚，鹿茸5克，黄芪30克，枸杞子

50克，优质白酒1000毫升。

做 法

❶将以上食材主料浸入优质白酒中，密封，常振荡。

❷10～15日后即可饮用。每日临睡前饮20毫升左右。

食疗作用 此酒温暖命门、益气养精血、润肠通便，适用于严重贫血、白细胞减少、基础代谢率低下、老年习惯性便秘、老年皮肤瘙痒及神经衰弱等症。

黄芪人参益气粥

材 料 黄芪30克，人参10克，白茯苓、桑白皮各15克，生姜6克，红枣5枚，小米半杯。

做 法

❶将黄芪、人参、白茯苓、桑白皮、生姜加适量水煎汤，煎好后去渣取汁，备用。

❷将上一步骤制成的药汁与小米、红枣一同放入锅中煮成粥即可。

食疗作用 此粥适用于脾气虚弱、便溏泄泻、气短乏力者，此外，对皮肤干燥脱屑、趾甲干燥肥厚、面色萎黄、消瘦乏力、心悸气短者也有很好的疗效。

中医验方

方1 山药荷叶汁：补益肝肾，滋润血脉，降血压

新鲜山药丁60克，决明子15克，鲜荷叶30克。将荷叶放入纱布袋中，与决明子水煎15分钟，再放入山药丁，小火煮10分钟，滤渣留汁。药汁分成2份，分为早晚服用。适用于肝火上炎型高血压。

方2 参苓白术散：益气健脾，渗湿止泻

人参、茯苓、炒白术、山药、炒白扁豆、莲子、炒薏苡仁、砂仁、桔梗、甘草等同用。适用于食欲不振、消化不良、腹胀、肠鸣、腹泻、形体消瘦、四肢乏力等症。

方3 黄芪归芎水：缓解痛经

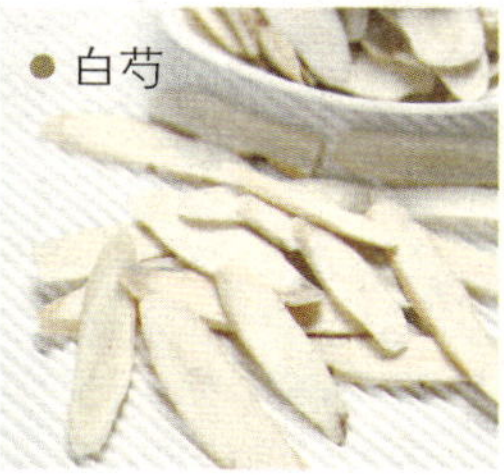

●白芍

白芍、当归、川芎、熟地黄、白术、杜仲、黄芪各15克，麦芽糖适量，煮水泡脚。泡脚之前先用热气熏脚底，再开始泡脚，每次泡脚30分钟，持续3个月。上述中药可反复煎煮几次。适用于气亏血虚所致经期或经后小腹隐隐作痛、月经量少等症。

十大固精壮阳经典中药

名称	性味归经	作用	适应证
鹿茸	性温，味甘、咸，归肝、肾经	壮肾阳、益精血、强筋骨	肾阳不足、精血亏虚引起的阳痿、遗精、滑泄、腰脊冷痛等
杜仲	性温，味甘、微辛，归肝、肾经	补肝肾、强筋骨	肝肾不足引起的腰膝酸软、下肢痿软、阳痿等
肉苁蓉	性温，味甘、咸，归肾、大肠经	补肾阳、益精血	肾阳虚衰引起的筋骨痿软、健忘失聪、阳痿不育等
冬虫夏草	性温，味甘，归肺、肾经	益肾壮阳、补肺平喘	肾阳虚衰引起的腰膝酸软、遗精、滑泄、耳鸣耳聋等
淫羊藿	性温，味辛、甘，归肝、肾经	补肾壮阳、祛风除湿	肾阳虚衰引起的腰膝酸软、夜尿频多、阳痿遗精、滑泄等
蛤蚧	性平，味咸，归肾经	助肾阳、补肺气、益精血	肾阳不足、精血亏虚引起的阳痿、早泄等
海狗肾	性热，味咸，归肾经	温肾壮阳、填精补髓	肾阳虚衰引起的阳痿、遗精、腰膝酸软等
山茱萸	性微温，味酸、涩，归肝、肾经	补益肝肾、涩精固脱	眩晕耳鸣、腰膝酸痛、遗尿、尿频、崩漏带下、大汗虚脱等
菟丝子	性平，味辛、甘，归肝、肾、脾经	滋补肝肾、固精缩尿	阳痿遗精、尿有余沥、遗尿、尿频、腰膝酸软、肾虚胎漏等
紫河车	性温，味甘、咸，归肺、肝、肾经	温肾补精、益气养血	肾气亏虚引起的睾丸发育不全等所致的不孕不育

养生药膳重点推荐

虫草枸杞羊肉汤

材 料 山药片30克，冬虫夏草20克，羊肉片500克，枸杞子15克，生姜、蜜枣各适量。

做 法 将以上材料先用大火煮沸，再改用小火炖熟。

食疗作用 此汤调补肝肾、益精壮阳，适用于肝肾亏虚引起的宫冷不孕、精少不育、子宫发育不良、阳痿、早泄等症。外感发热、湿热内蕴者不宜服用。

肉苁蓉粥

材 料 肉苁蓉15克，大米50克。

做 法 将肉苁蓉、大米加适量水煮粥。

食疗作用 此粥补肾益精、固本养颜，适用于肾阳不足、精血亏损引起的面色暗黑、面部色素沉着有色斑或遗精、阳痿等症。

鹿茸炖鱼肚

材 料 鱼肚15克（泡发），鹿茸1小片，黄酒1盅，红糖适量。

做 法

❶将以上材料用小火炖稠，至鱼肚熟即可。

❷鹿茸片可再炖一次后嚼食。

食疗作用 本品温肾壮阳，适用于肾阳虚衰引起的阳痿、遗精、早泄、不育、四肢不温、夜尿频多、腰脊酸软、赤白带下等症。

鹿茸鸡汤

材 料 鹿茸片10克，鸡肉丝100克，红枣5枚，盐、味精各适量。

做 法 将鹿茸片与鸡肉丝、红枣炖汤，待熟时加盐、味精调味即可。

食疗作用 此汤壮肾阳、益精血，特别适用于男子腰肾虚冷、脚膝无力、梦交等症。

肉苁蓉拌肉

材 料 韭菜子、肉苁蓉、补骨脂各6克，猪肉块、嫩豆各150克，水淀粉、盐、鸡精、葱段、姜片各适量，辣椒油少许。

做 法

❶将韭菜子、肉苁蓉、补骨脂水煎，过滤留汁。

❷将猪肉块洗净，入油锅稍炒，再放入药汁，加嫩豆，用水淀粉勾芡，再加盐、鸡精、葱段、姜片和少许辣椒油即可。

食疗作用 本品温肾壮阳，适用于妇女黄体不健和男子少精所致的不孕。

淫羊藿酒

材料 淫羊藿50克，米酒250毫升。

做法 将淫羊藿用纱布包好，放在米酒中，密封，每日振摇1次，7日后每周振摇1次，15日后饮用，每次服用30毫升，每日2次。

食疗作用 此酒补肾壮阳、祛风除湿，适用于肾阳虚衰引起的男子阳痿、早泄、风湿痹痛、四肢拘挛、麻木不仁等症。

二仙羊肉汤

材料 淫羊藿10克，仙茅5克，羊肉片、龙眼肉、盐各适量。

做法 将淫羊藿、仙茅用纱布包好，锅中加羊肉片、龙眼肉、适量水，用大火煮沸后，再改用小火煮3小时，加盐调味即可。每日服用1～3次。

食疗作用 此汤温肾壮阳，适用于男子更年期肾阳虚引起的性欲淡漠、面目或四肢水肿、烘热汗出、汗后恶寒、食少、尿频等症。

河车鸡汤

材料 刚会啼鸣的公鸡1只，何首乌50克，熟地黄30克，紫河车15克，红枣10枚。

做法 将何首乌、熟地黄、紫河车、红枣放入鸡腹内，炖2小时。每日睡前喝汤吃肉，连服4日。

食疗作用 此汤可辅助治疗男子阳痿。如出现口干、心烦、自觉发热，则停药2日。

杜仲独活酒

材料 杜仲50克，独活20克，怀牛膝、附子各25克，淫羊藿30克，白酒2000毫升。

做法 将杜仲、独活、怀牛膝、淫羊藿、附子研碎，放入白酒中，加盖密封，每隔3日摇晃1次，15日后饮用，每次服用15～20毫升，每日1次。

食疗作用 此酒补肝肾、强筋骨，适用于肝肾不足引起的四肢厥冷、腰膝无力、筋骨萎软、周身疼痛等症。但是，附子有毒，服此酒前应咨询医生。

鹿茸什锦粥

材料 粳米100克，水发海参20克，大虾10克，鹿茸片、水发干贝、火腿丁各5克，水发口蘑、冬笋、盐、味精、水淀粉、料酒、鸡油各适量。

做法

❶ 把海参、大虾洗净切丁，氽烫，沥干；冬笋、口蘑洗净切丁。

❷ 在锅内放适量水，放入粳米，煮至米粒开花，加入盐、料酒，放入大虾丁、海参丁、干贝、火腿丁、口蘑丁、冬笋丁烧开，再放入味精、鹿茸片，用水淀粉勾芡，淋上鸡油即可。

食疗作用 此粥壮阳益精。

杜仲羊肉粥

材料 杜仲10克，肉苁蓉7.5克，羊肉片50克，大米25克，葱片、姜片、盐各适量。

做法

❶ 将杜仲、肉苁蓉水煎，过滤留汁。

❷ 放入羊肉片，煮熟后放入大米，待粥熟时加入适量葱片、姜片、盐调味即可，每日服用2次。

食疗作用 此粥温肾阳、强筋骨，适用于怕冷、四肢不温、腰膝酸冷、夜尿增多、阳痿不举、遗精、早泄、男女不育不孕等症。

中医验方

方1　鹿茸末：滋补精血

鹿茸50克。将鹿茸研细末，每次服1克，空腹时用米汤送服。适用于精血亏竭、面黑、耳聋、眼花、腰痛等症。

方2　鹿茸参水：益气养心

鹿茸、红参各3克。将两者共研细末，再用丹参15克，红枣10枚加水煎汤送服。适用于老年人心跳缓慢、头晕、气短、乏力等症。

方3　蛤蚧酒：助肾阳，益精血

鹿茸

蛤蚧1对，白酒1000毫升（酒精度：50%vol以上）。将蛤蚧去头、足、鳞，切块，浸泡于白酒中，密封，60日后饮用，每次饮10毫升，每日2次。适用于肾虚腰痛、精少阳痿等症。

十大滋阴补阴经典中药

名称	性味归经	作用	适应证
枸杞子	性平，味甘，归肝、肾、肺经	滋阴补血、益精明目	目昏、眩晕、耳鸣、腰膝酸软等
桑葚	性寒，味甘、酸，归肝、肾经	滋阴补血、生津润燥	肝肾亏虚、阴血不足引起的头晕、眼花、耳鸣、腰膝酸软等
百合	性微寒，味甘，归肺、心、胃经	养阴润肺、清心安神	肺阴虚引起的干咳无痰、咳嗽日久、痰中带血，或阴虚内热引起的心烦失眠、神经衰弱等
天冬	性大寒，味甘、苦，归肺、肾经	清肺降火、滋阴润燥	燥咳、干咳无痰、痰少而黏、痰中带血等
麦冬	性微寒，味甘、微苦，归肺、胃、心经	养阴润肺、益胃生津	心阴虚或热病后引起的心烦失眠、咽干口渴、大便干燥等
黑芝麻	性平，味甘，归肝、肾、大肠经	补肝肾、益精血	头晕眼花、须发早白等
石斛	性微寒，味甘、微苦，归胃、肺、肾经	养胃生津、滋阴除热	口干舌燥、大便秘结等
玄参	性微寒，味苦、咸，归肺、胃、肾经	清热凉血、滋阴泻火、解毒散结	身热、心烦口渴、发斑神昏等
鳖甲	性微寒，味咸，归肝、肾经	滋阴潜阳、软坚散结	潮热盗汗、低热不退等
生地黄	性寒，味甘、苦，归心、肝、肾经	清热凉血、养阴生津	热病后期伤阴引起的舌红口干、烦渴多饮、阴虚内热等

养生药膳重点推荐

天冬黑豆粥

材料 天冬、黑芝麻、黑豆、青豆各30克，糯米50克，冰糖适量。

做法

❶将以上食材主料洗净，煮粥。

❷待粥将熟时，加入冰糖，再稍煮片刻即可。每日2次，连服1周。

食疗作用 此粥益肝补肾、滋阴补气，适用于头晕目眩、目暗耳鸣、发白枯落、面色早枯等症。

天冬萝卜汤

材料 白萝卜300克，火腿肠片150克，天冬15克，鸡汤500克，葱花、盐、味精、胡椒粉各适量。

做法

❶将天冬切成2～3毫米厚的片，用约2杯水，以中火煎至1杯量时，用纱布滤渣，留汁。

❷白萝卜洗净切丝。

❸在锅内放入鸡汤、火腿肠片，煮沸后，将白萝卜丝及煮好的天冬药汁加入，盖锅煮沸后，加盐、葱花、胡椒粉、味精调味即可。

食疗作用 此汤具有止咳祛痰、补血养肾的功效。

枸杞炒肉丝

材料 猪瘦肉500克，枸杞子、笋片各100克，盐、白糖、酱油、料酒、鸡精各适量。

做法

❶将猪瘦肉洗净切丝，放入热油锅中，稍炒，再加笋片、盐、白糖、酱油、料酒、鸡精同炒片刻。

❷最后加入枸杞子炒熟即可。

食疗作用 本品滋阴补肾、明目健身，适用于体虚乏力、肾虚、视物模糊等症。

石斛兔肝汤

材料 兔肝片50克，石斛、杭菊花、草决明各10克，盐、鸡精各适量。

做法 把石斛、杭菊花、草决明用纱布包好，与兔肝片加入适量水同煮；待熟后，取出药包，加入盐、鸡精调味即可。

食疗作用 此汤养肝明目、滋阴清热，适用于肝肾亏虚引起的头晕眼花、咽干舌燥、目赤肿痛等症。

百合荸荠雪梨羹

材料 百合、荸荠各30克，雪梨1个，冰糖、藕粉汁各适量。

做法 将百合、荸荠洗净捣烂；雪梨洗净去核，切小块；三者加适量水炖熟后加冰糖、藕粉汁。每日服用1次，连服10~15日。

食疗作用 本品适用于阴虚内热型慢性支气管炎。忌用铁锅炖煮，服用期间忌食辛辣肥腻之物。

百合枣仁汤

材料 生、熟酸枣仁各15克，新鲜百合50克。

做法 将生、熟酸枣仁水煎，去渣留汁；用药汁煮新鲜百合。每日1剂，分为早晚2次服用。

食疗作用 此汤具有补阴、清心安神的作用，适用于阴虚引起的失眠、心悸等症。

天冬炖猪肝

材料 天冬25克，生地黄50克，陈皮1块，鲜菊花10朵，猪肝片、猪瘦肉片各150克，酱油、盐、味精各适量。

做法

❶ 将猪肝片、猪瘦肉片用酱油、盐腌渍15分钟。

❷ 将天冬、生地黄、陈皮用水浸泡后，水煎30分钟，再加入腌渍好的猪肝片、猪瘦肉片、鲜菊花，待熟后，加入味精调味即可。

食疗作用 本品养肝舒肝，适用于肝血不足、肝气郁结引起的视物不清、心烦失眠、口干口苦、毛发不泽或白发早衰等症。

枸杞子酒

材料 枸杞子30~60克（泡发，洗净），白酒500毫升。

做法 把枸杞子放入白酒中，浸泡15日。每次饮5~10毫升，每日服用2次。

食疗作用 此酒可辅助治疗阳痿，适用于阳痿及其伴有的眼花、腰膝酸软等症。

黑芝麻蒸饭

材料 黑芝麻、芋头、大米各100克。

做法 将大米洗净，加水蒸饭，待将熟时，再将黑芝麻和芋头放于米饭上蒸熟。每日分为3次食用。

食疗作用 本品可增强记忆力。

麦冬粥

材料 麦冬、枸杞子各15克，大米50克，冰糖适量。

做法 将麦冬、枸杞子、大米、冰糖加适量水煮粥，早晚食用。

食疗作用 此粥润肺止咳，适用于肺燥干咳无痰等症。

虫草鳖汤

材料 鳖1只，冬虫夏草10克，红枣10枚，料酒、盐、葱片、姜片、蒜片、鸡汤各适量。

做法

❶ 将鳖去内脏，割开四肢，剥去腿油，放入汤碗中。

❷ 放入冬虫夏草、红枣、料酒、盐、葱片、姜片、蒜片、鸡汤，隔水蒸2小时，除去葱片、姜片，喝汤食肉。

食疗作用 此汤抗疲劳，适用于阴虚引起的腰膝软弱等症。

中医验方

方1　枸杞生地液：滋阴补肾，养肝明目

枸杞子250克，生地黄300克，白酒1500毫升。把枸杞子与生地黄洗净、捣碎，置于净瓶中，用酒浸泡，密封。15日后开启，过滤，去渣留汁备用。每次饮10～20毫升，每日2次，空腹温饮。适用于阳痿、遗精、烦热头晕等症。

方2　石斛石决明水：治肝火上炎型高血压

石斛、桑寄生各15克，石决明30克，草决明10克。先水煎石斛、石决明，再加入桑寄生、草决明继续用水煎服，每日1剂，分为2次服用。

方3　石斛木瓜汁：补肝肾，舒筋脉

石斛、牛膝、木瓜各15克，枸杞子30克，菟丝子10克。五味药用水煎服，每日1剂。适用于肝肾不足、阴血虚弱引起的步履无力、腰膝酸痛等症。

方4　桑葚膏：治阴虚肺热咳嗽

桑葚（黑紫色）200克，加水熬膏装瓶。喝时温水冲服，每次服用2汤匙，每日2次。适用于女性产后或血虚体弱者食用。

十大清热解毒经典中药

名称	性味归经	作用	适应证
金银花	性寒，味甘，归肺、胃、心经	疏散风热、清热解毒	风热感冒、咽喉肿痛、肺炎、热毒血痢、痈肿疔疮、丹毒、温病发热等
板蓝根	性寒，味苦，归心、胃经	清热解毒、凉血利咽	热毒发斑、大头瘟疫、丹毒、痈肿等
野菊花	性微寒，味苦、辛，归肺、肝经	疏风清热、解毒消肿	风热感冒、咽喉肿痛、目赤肿痛、风火头痛、鼻炎、支气管炎等
连翘	性微寒，味苦，归肺、心、胆经	清热解毒、消痈散结、疏散风热	外感风热、瘟病初起，或热毒蕴结引起的疮毒痈肿、瘰疬结核等
蒲公英	性寒，味苦、甘，归肝、胃经	清热解毒、利湿通淋	痈肿疔毒、乳痈初起等
冬瓜皮	性微寒，味甘，归肺、小肠经	清热解毒、利水消肿	热性水肿
鱼腥草	性微寒，味辛，归肺、膀胱、大肠经	清热解毒、消痈排脓	肺炎、急/慢性支气管炎、肠炎、尿路感染等
穿心莲	性寒，味苦，归肺、心、大肠、膀胱经	清热解毒、燥湿消肿	外感风热、温病初起、肺热咳嗽、咽喉肿痛等
熊胆	性寒，味苦，归肝、胆、心经	清热解毒、熄风止痉、清肝明目	热毒蕴结所致之疮痈肿痛、痔疮肿痛、咽喉肿痛等
白花蛇舌草	性寒，味微苦、甘，归胃、大肠、小肠经	清热解毒、消痈抗癌	痈肿疮毒、咽喉肿痛等

养生药膳重点推荐

鱼腥草薏苡仁鸡蛋羹

材料　薏苡仁90克，甜杏仁30克，红枣5枚，鲜鱼腥草100克，鸡蛋4个（取蛋清），蜂蜜适量。

做法

❶将薏苡仁、甜杏仁、红枣加适量水先用大火煮沸，再改用小火煮1小时。

❷加入鲜鱼腥草，再煮30分钟，去渣留汁，冲入蛋清、蜂蜜适量，拌匀即可。

食疗作用　本品清肺热、排脓毒，适用于湿热壅滞型肺脓肿、肺结核、肺气肿、支气管扩张、慢性支气管炎、前列腺炎和尿路感染等症。

鱼腥草拌莴笋

材料　莴笋丝500克，鲜鱼腥草100克，盐、味精、香油各适量。

做法　将莴笋丝用盐腌渍，加入鲜鱼腥草，再放入盐、味精、香油拌匀即可。

食疗作用　本品清热解毒、利湿排脓，适用于尿路感染、肺脓肿等症。

连翘大米粥

材料　鲜金银花30～50克（干品15～30克），大米20克，连翘10克，冰糖适量。

做法　先煎鲜金银花、连翘，去渣留汁，再将大米洗净加水煮粥，待粥将熟时，加入药汁共煮至熟，最后加入冰糖调味即可。每日分2～3次服完。

食疗作用　此粥清热解毒。

金银花粥

材料　金银花30克，大米适量。

做法　将金银花水煎，去渣留汁，加入大米煮粥。

食疗作用　此粥清热解毒，适用于各种热毒疮疡、咽喉肿痛、风热感冒等症。

鱼腥草绿豆汤

材料　绿豆50克，猪肚块200克，鱼腥草30克，姜片、葱段、盐各适量。

做法　将绿豆、猪肚块炖熟，加入鱼腥草、姜片、葱段、盐适量，稍煮即可。

食疗作用　此汤清热解毒、滋补脾胃、利尿消肿，适用于中毒性肝炎。

蒲公英泥鳅汤

材料 泥鳅肉120克，蒲公英、金银花各30克，盐、味精各适量。

做法 将泥鳅肉、蒲公英、金银花加适量水大火煮沸，再用小火煮至肉熟，加盐、味精调味即可。

食疗作用 此汤清热解毒、养肝利胆，适用于急性胆管感染、肝胆湿热性胆囊炎。

中医验方

方1　穿心莲胶囊：治疗脓包疮

穿心莲胶囊2～3粒，内服，每日3次。或用穿心莲胶囊内的颗粒配成浓度为20%的擦剂，每日用无毒纱布擦涂数次，直到痊愈。

方2　鱼腥草雪梨汁：润肺止咳，化痰散结

雪梨块200克，鲜鱼腥草250克，冰糖适量。先将鲜鱼腥草加水煎煮，去渣留汁，再加入雪梨块、冰糖，炖至梨烂即可。适用于肺胃实热证。

方3　板蓝根甘草汁：治红眼病

板蓝根（或大青叶）30克，生栀子9克，生甘草6克，水煎服，连服5日。

方4　板蓝根液：治单纯性疱疹性口炎

板蓝根50克，制成60毫升煎液，一次饮用60毫升，每日3次，儿童酌减。

方5　熊胆眼药水：治鼻窦炎

用熊胆眼药水滴鼻，每次3～5滴，保留约5分钟，每日早、中、晚各滴1次。

方6　连翘银花汁：治带状疱疹

大青叶9克，连翘、金银花、茯苓皮、马齿苋各15克，薏苡仁20克，丹参、贯众、柴胡、黄芩、延胡索各10克，甘草6克。将所有中药材加适量水煎煮，去渣留汁。每日1剂，分2次内服。药渣煎水也可用于外洗。

方7　蒲公英猪肠汤：治痢疾、泄泻

鲜蒲公英100克，鲜败酱草50克，猪肠250克，三者加适量水，大火煮沸后，改小火煮至肉熟，加盐调味。

方8　车前草蒲公英汁：治老年尿道炎

鲜车前草、鲜蒲公英各500克。两者分别用温水浸泡10分钟，切段，捣烂，用纱布包裹，绞压取汁，分为早晚2次服用。适用于老年性阴道炎证属湿热下注者。

车前草

第四章

体质养生：辨清体质好养生

体质就是人的身体质量。人们受先天禀赋、年龄因素、性别差异、饮食因素、劳逸所伤、情态因素、地理因素等多种因素的影响，而导致了不同的个体差异。中医认为，对于不同体质者，应采用不同的养生方法，才能取得事半功倍的效果。

平和体质养生

养生原则

精神方面： 平和体质者应根据不同年龄阶段的心理特征，采用相应的手段和方法来调养情志。

起居方面： 平和体质者要顺应人体的生物钟来调理起居，有规律地安排学习、工作、休息，避免养成熬夜等不良生活习惯。起居调养要顺应季节变化，结合个人的具体情况来安排适合自己生理需要的作息制度，使身体的生理功能保持在稳定平衡的状态，这样才能更好地适应生活和工作。

运动方面： 平和体质者对运动要积极主动，循序渐进。运动量应根据身体情况，适可而止，切不可过量。

饮食方面： 平和体质者在饮食上要注意荤素搭配，品种多样化。合理进食谷类、肉类、蛋类、奶类、豆类、蔬菜类、水果类等各类食物，避免食物品种单调或重复搭配。

● 饮食品种要多样化

平和体质特征	
形成原因	先天充足，后天养生，保健合理
主要表现	面色、肤色润泽，头发稠密有度、有光泽，目光有神，不易疲劳，精力充沛，睡眠、食欲良好，二便正常，思维敏捷，反应灵敏
外形特征	体形匀称、健壮、胖瘦适中
心理特征	性格开朗、随和
适应能力	对自然环境和社会环境的适应能力较强
易发病症	不易生病，病后痊愈快

养生食谱重点推荐

玉米炒鸡蛋

材料 玉米粒罐头半罐，鸡蛋3个，火腿4片，葱2根，淀粉半大匙，盐适量。

做法

❶ 将玉米粒洗净，沥干水分；鸡蛋打散，加入部分盐及淀粉搅匀；火腿切丁；葱洗净，切段、花。

❷ 将油锅烧热，放入蛋液炒至凝固盛出。

❸ 另起油锅，放入葱段炒香；放入玉米粒和火腿丁炒香；加入鸡蛋、盐、淀粉及少许水炒匀，盛入盘内，撒入葱花点缀即可。

食疗作用 本品是益气养血、补益虚损的最佳选择。

豉香牡蛎

材料 牡蛎300克，豆豉、葱丝、姜末、蒜末、酱油各1大匙，白糖、米酒各少许，盐、水淀粉适量。

做法

❶ 将牡蛎先用盐抓洗干净，沥干水分，备用。

❷ 将油锅烧热，放入豆豉、姜末、蒜末爆香；加入牡蛎及酱油、白糖、米酒翻炒熟；淋上水淀粉勾芡，撒上葱丝增香即可。

食疗作用 此道菜对肠胃病、动脉硬化有一定的食疗作用。

银杏蟹腿

材料 蟹腿300克，青甜椒、红甜椒、黄甜椒各100克，熟银杏、蒜、姜片、葱段各50克，蚝油、酒、糖各1小匙，白胡椒粉半小匙。

做法

❶ 将蟹腿洗净，锅中入适量水烧开，放入姜片、葱段及蟹腿汆烫3分钟，捞起，沥干备用。

❷ 将青甜椒、红甜椒及黄甜椒洗净，去子，切片；蒜去皮，切末。

❸ 在锅中放入1小匙油烧热，爆香蒜，加入其他材料一起炒拌均匀即可。

食疗作用 本品具有除热止渴、散血通经、强壮筋骨的功效，适宜炎热的夏季食用。

阳虚体质养生

养生原则

精神方面：阳虚体质者常常情绪不佳，惧怕与外界交往，或无缘无故觉得内心悲伤。此种体质者应保持沉静内敛，学会自我排遣不良情绪，多与人交流和倾诉，多参加团体活动，以改变心境，提高心理素质。

起居方面：阳虚体质者适应气候的能力差，多喜暖怕寒。因此，阳虚体质者应注意采集自然界的阳气来培补自身的阳气。阳虚体质者适宜住坐北朝南的房子，不宜在室外露宿或在温差变化大的地方睡眠。夏季时，阳虚体质者注意不要大汗伤阳，尽量避免大力劳作。

运动方面：中医认为，“动则生阳”，运动对阳虚体质者很重要。因此，阳虚体质者可选择一些舒缓柔和的运动，但要避免出汗过多，具体项目可因体力强弱而定，并且春夏季节适当多去户外锻炼。阳虚体质者也可自行按摩，以补肾助阳，缓解阳虚体质造成的腰酸背痛。

饮食方面：阳虚体质者应少吃寒性食物，即使在盛夏也不要多吃寒凉之品。冰镇的饮料、果汁和水果也要适当少吃，如柑橘、柚子、香蕉、西瓜、甜瓜、柿子、甘蔗等。宜适当多吃一些甘温的食物，以温补脾肾阳气为主，如羊肉、猪肚、猪肉、鸡肉、鳝鱼、虾、胡萝卜、山药、龙眼肉、核桃、香菜、辣椒等，这些食物可补五脏、添精髓、强壮体质。

阳虚体质特征	
形成原因	先天不足，后天失养。如父母体弱，年长受孕，早产，年老阳衰
主要表现	平素怕冷，冬天耐受不了寒冷，手足不温，喜欢吃热的食物，睡眠偏多，舌淡胖嫩，有齿痕，毛发易落，多汗，小便清长、大便稀溏
外形特征	多白胖，肌肉不健壮
心理特征	性格多沉静，内向
适应能力	耐夏不耐冬，易感寒湿之邪
易发病症	发病多为寒证，或感邪从寒化，易感痰饮、肿胀、泄泻、阳痿、腰酸背痛

阳虚体质按摩操

1.取坐位，腰部挺直，双手握拳，自下而上，滚动按摩腰部，反复10～15次，同时头部配合，前俯后仰地活动。然后双手握拳，手心向外，用手背轻叩腰部，左右各叩30次。

2.腰部挺直，双手掌心相对摩擦发热，然后双手五指并拢，掌心向内，由上向下缓慢揉搓左右腰部，至发热为宜（图①）。

3.双手对搓发热后，重叠放于腰椎正中，用力由上而下推搓25～30次，至皮肤产生温热感为宜（图②）。

4.双手反叉腰，拇指在前，其余四指置腰椎两侧处，用指腹由外向内抓擦皮肤，左右各抓30次（图③）。

5.双手叉腰，拇指按于腰眼处，用力挤压（图④），并旋转揉按，先顺时针、后逆时针，各30圈。

6.按摩者用双手小鱼际沿被按摩者的脊背督脉及脊柱旁进行反复推擦，反复20次（图⑤）。

7.按摩者用双手拇指指腹按揉被按摩者的腰眼、肾俞、大肠俞等穴，力度适中，每穴每次按揉3分钟。

8.按摩者用双手拇指指腹分别按压被按摩者的双侧委中穴，每次按揉2分钟，至感觉酸胀为宜（图⑥）。

9.按摩者用双手按压被按摩者的膝部，被按摩者尽力向前俯压，以胸部尽量压向膝部（图⑦）。

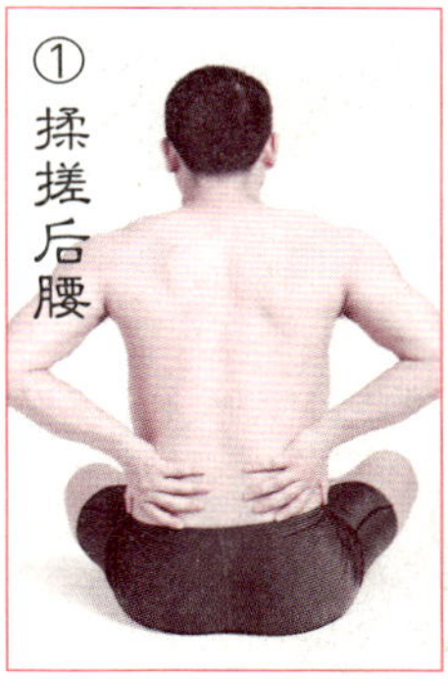
①揉搓后腰

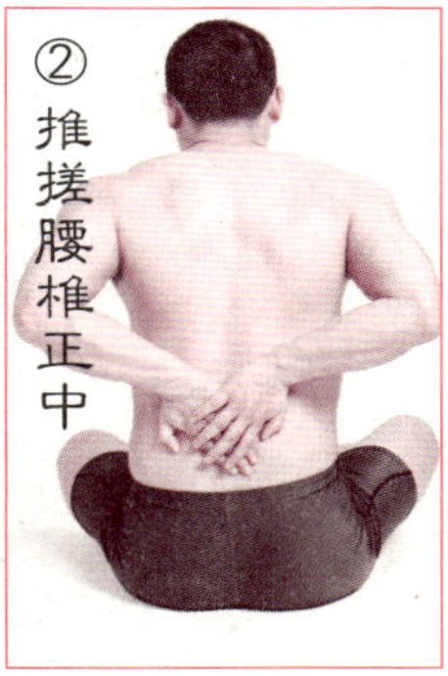
②推搓腰椎正中

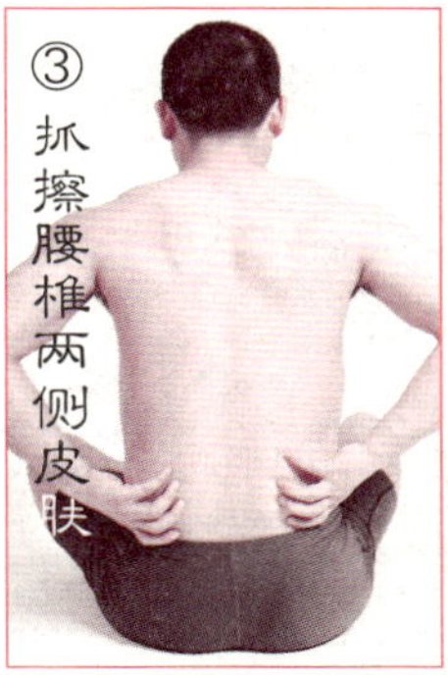
③抓擦腰椎两侧皮肤

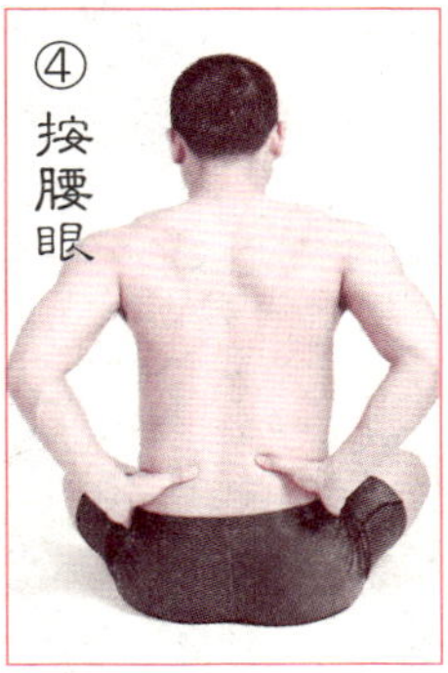
④按腰眼

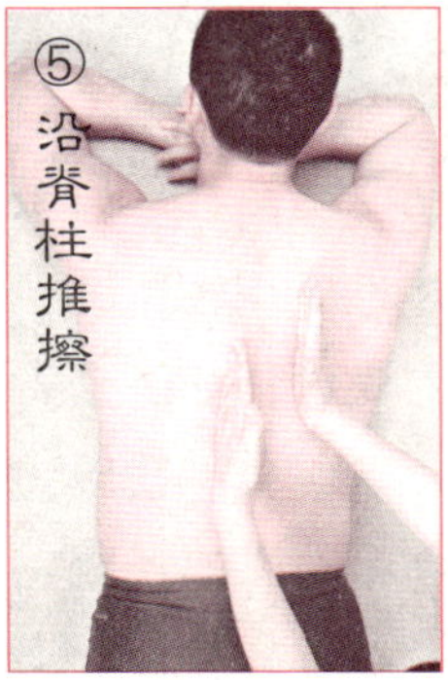
⑤沿脊柱推擦

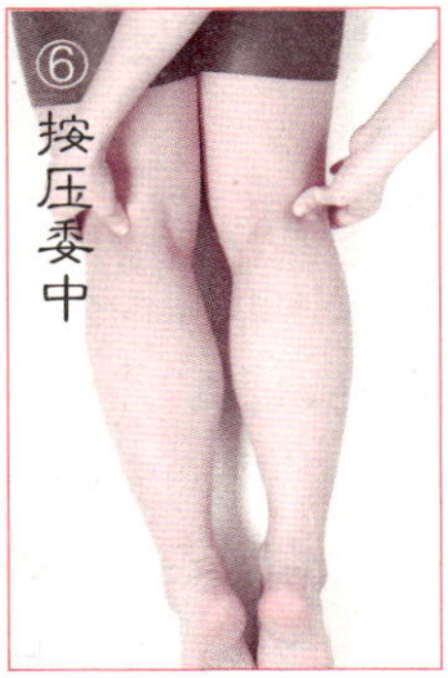
⑥按压委中

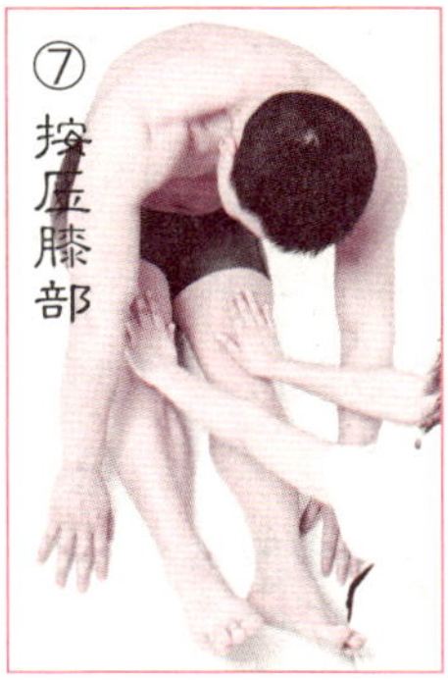
⑦按压膝部

养生食谱重点推荐

栗子烧鸡

材料 白条鸡400克，栗子肉100克，葱花、姜片、盐、料酒、酱油、白糖各适量，高汤100克，香油少许。

做法

❶ 将白条鸡洗净，切块，用盐、料酒腌渍10分钟；栗子肉洗净，沥干。

❷ 将油锅烧热，放入鸡块，炸至金黄色，捞出；再放入栗子肉，炸熟捞出。

❸ 锅内留底油加热，放入姜片爆香，放入鸡块；倒入酱油、盐、料酒、白糖、高汤，大火烧沸后，改小火焖至八成熟；放入栗子肉，焖至熟烂后，加香油调味，撒葱花即可。

食疗作用 人到老年，由于阳气渐渐衰退，不仅会出现腰膝酸软、四肢疼痛，还会出现牙齿松动、脱落。这些都是肾气不足的表现，食用栗子可有效改善以上症状。

山药草鱼

材料 净草鱼肉片300克，山药片100克，泡发黑木耳50克，鸡蛋1个（取蛋清），葱丝、姜丝、蒜片、盐、料酒、干淀粉、水淀粉、白糖各适量。

做法

❶ 将净草鱼肉片用姜丝、料酒、蛋清、干淀粉和盐腌渍10分钟后，放入油锅中炸黄。

❷ 用油锅爆香葱丝、姜丝、蒜片，放入所有食材主料翻炒，加盐、白糖调味，水淀粉勾芡即可。

厨房妙招

购买山药时，以山药表皮无伤痕、无异常斑点、颜色均匀、有光泽且形状完整为佳。

孜然羊肉

材料 羊肉片300克，笋片50克，鸡蛋液30克，料酒、盐、白糖、味精、辣椒粉、水淀粉、香油、孜然、高汤各适量。

做 法

❶ 将羊肉片放入碗里，加鸡蛋液、水淀粉、辣椒粉抓匀，入油锅炸透，放入笋片，一起倒出。

❷ 锅内留余油加热，放入辣椒粉、盐、白糖、味精、料酒、孜然、高汤；倒入羊肉片、笋片炒熟，水淀粉勾芡，淋上香油即可。

食疗作用 本品具有益气补虚、祛寒暖身的功效，是冬令滋补之佳品。

香辣山药

材 料 山药条600克，香菜50克，辣椒末20克，糖1小匙，酱油1大匙，胡椒粉半小匙，五香粉1/4小匙，三合粉200克。

做 法

❶ 山药条蘸上三合粉，锅中放入适量油，用大火烧热，将山药条炸至金黄色后捞出，控净油备用。

❷ 再将锅中油用大火烧热，快速将香菜炸酥，排入盘中。

❸ 在锅中留1小匙油，放入糖、酱油、胡椒粉、五香粉拌匀后，加入适量水，转小火慢慢熬煮2~3分钟。

❹ 放入炸好的山药条、辣椒末拌均匀，盛出放入已排好香菜的盘中。

食疗作用 本品具有补脾养胃、补肺益肾的功效。

家常炒山药

材 料 新鲜山药300克，胡萝卜片、黑木耳片各5克，葱末、姜末、盐各适量。

做 法

❶ 将新鲜山药洗净，切片，放入沸水中汆烫，捞出。

❷ 将油锅烧热，放入葱末、姜末爆香，再放入山药片、胡萝卜片、黑木耳片翻炒至熟，最后加盐调味即可。

食疗作用 本道菜具有益胃补肾、聪耳明目、调和五脏的作用。

气虚体质养生

养生原则

精神方面：脾为气血生化之源，思则气结，过思伤脾。因此，气虚体质者应避免过于繁重的脑力工作，以免耗气。肺主一身之气，悲则气消，悲忧伤肺，所以气虚体质者不宜过悲。气虚体质者应培养豁达乐观的生活态度，保持良好的心情和平和的心态，在精神方面应去除杂念。

起居方面：气虚体质者夏季应适当午睡，起居应规律，避免熬夜或过度劳累，保持充足睡眠，平时注意保暖。

运动方面：气虚体质者不宜做剧烈运动，以防耗气，可以做如散步、慢跑、太极拳、瑜伽等偏和缓的运动，并且要持之以恒。

饮食方面：脾主运化，为气血生化之源，膳食原则就是“益气”。在饮食调养上气虚体质者可选用具有健脾益气作用的食物，如山药、大米、黄豆、白扁豆、鸡肉、牛肉、羊肉、猪血、南瓜、香菇、红枣、蜂蜜、糯米、小米、龙眼肉等，而生萝卜、空心菜等有耗气之弊的蔬菜应尽量少吃。气虚体质者饮食不宜过于滋腻，宜吃一些易于消化的食物，并且要少吃多餐，避免给本已虚弱的内脏太大压力。

● 香菇

气虚体质特征	
形成原因	先天不足，后天失养。如父母体弱，早产，喂养不当，偏食、厌食，病后气亏、年老气虚等
主要表现	稍有运动就气喘吁吁，平时喜欢安静，不爱说话，语音低弱，容易疲劳、出汗，舌体胖嫩、有齿痕，面色萎黄或淡白，目光少神，口淡无味，唇色淡白，毛发不泽，头晕，健忘，大便不成形或便秘，小便正常或偏多
外形特征	形体胖瘦均有，肌肉松软不实
心理特征	性格内向，情绪不稳定，胆小，不喜欢冒险
适应能力	寒热耐受力差，尤其不耐风寒，不耐疲劳
易发病症	易患感冒，病后迁延不愈，易患内脏下垂、虚劳病

养生食谱重点推荐

红枣枸杞鸡肉煲

材料 红枣10枚，枸杞子30克，净子鸡500克，料酒1大匙，盐、姜各适量。

做法

❶将红枣洗净；枸杞子用清水浸软；姜洗净，去皮，切丝。

❷把净子鸡与红枣、枸杞子、姜丝一同放入锅中，大火煮沸，然后将适量的料酒倒入锅中，小火炖1小时，至鸡肉烂熟后，用盐调味即可。

食疗作用 中医认为，鸡肉有温中益气、补虚填精的功效；而枸杞子在补气方面，也发挥了重要作用。因此，本品对营养不良、血亏、虚弱者有很好的食疗功效。

当归羊肉汤

材料 羊肉200克，白萝卜1根，当归、盐各适量，姜1块，枸杞子、胡椒粉各少许，料酒1小匙。

做法

❶将羊肉洗净，切小块；当归洗净切片；姜去皮切片；白萝卜去皮切块。

❷用大火将羊肉煮尽血水，倒出，洗净备用。

❸在炖盅中加入羊肉块、白萝卜块、当归片、姜片、枸杞子，注入适量清水、料酒，加盖，用大火炖约2.5小时，调入盐、胡椒粉即可。

食疗作用 羊肉滋阴补虚，姜活血化瘀，当归补血活血。因此，本汤是益气养血、补益虚损的最佳选择。

苁蓉羊肉粥

材料 肉苁蓉10～15克，精羊肉、大米各60克，盐少许，葱白段50克，姜3片。

做法

❶分别将肉苁蓉、精羊肉洗净后切丝；用砂锅煎肉苁蓉，去渣留汁。

❷将羊肉丝、大米放入肉苁蓉汁中同煮，待煮沸后，加入盐、葱白段、姜片，煮为稀粥。

食疗作用 肉苁蓉对肾阳虚衰、精血亏损、阳痿、遗精、女性不孕、肠燥便秘等症有良好的食疗作用，羊肉可滋阴补虚，再加上大米可补气养肠胃。因此，此粥非常适合气虚体质者食用，常食对身体有良好的调理作用。

痰湿体质养生

养生原则

精神方面： 痰湿体质者容易精神疲惫乏力，要多参加社会活动、集体文娱活动，合理安排休闲、度假活动。另外，还要培养广泛的兴趣爱好，多听轻松、欢快、优美的音乐，避免久坐。

起居方面： 痰湿体质者以湿浊偏盛为特征，湿性重浊，易阻滞气机，遏伤阳气。因此，痰湿体质者的居住环境宜干燥，避免潮湿。此外，在阴雨季节，痰湿体质者要注意腰部及四肢保暖，避免淋雨或穿湿衣，避免在湿地久待久坐。嗜睡者应逐渐减少睡眠时间，多进行户外活动，享受日光浴，借助自然界之力宣通人体之阳气。在穿衣方面，痰湿体质者应穿宽松的衣物，衣物的面料以棉、麻、丝等透气散湿的天然纤维为主，这样有利于汗液蒸发、祛除体内湿气。

运动方面： 痰湿体质者不要过于安逸，贪恋床榻，要根据自己的情况长期进行体育锻炼，如散步、慢跑、打球、游泳、武术、舞蹈等。运动时间宜选在14:00—16:00阳气较盛之时，应做较长时间的有氧运动锻炼。

饮食方面： 痰湿体质者应少吃肥肉、甜、黏、油腻的食物，应该多吃蔬菜、水果，尤其是宣肺、益肾、通利三焦、健脾、除湿、化痰的食物。痰湿体质者最忌暴饮暴食和进食速度过快，也不宜过度饮酒或吃得过饱。

痰湿体质特征	
形成原因	先天遗传，或后天饮食不节，过食肥甘之物
主要表现	苔白腻，口中发甜，面色黄胖而暗，面部皮肤油脂多，眼睑微水肿，易困倦，舌体胖大，身重不爽，脉滑，大便正常或便稀，小便不多微浑浊
外形特征	肥胖，腹部肥满松软
心理特征	性格偏温和，处事稳重，为人谦和、达观、善于忍耐
适应能力	对潮湿环境适应能力差
易发病症	易患冠心病、卒中、糖尿病

养生食谱重点推荐

鲫鱼川贝汤

材料　鲫鱼200克，豆腐块、胡萝卜片、川贝母、胡椒粉、姜丝、陈皮、盐各适量。

做法

❶ 将鲫鱼去鳞、除内脏、洗净；将川贝母、胡椒粉、姜丝、陈皮放入鱼腹中，封口。

❷ 将鲫鱼、豆腐块、胡萝卜片放入锅内，加适量清水，用盐调味，中火煮熟后，将鱼腹中的材料取出即可。

食疗作用　本汤具有清热化痰、滋阴润肺的功效，可用于肺热咳嗽、干咳少痰、咳痰带血等症。

香菇蒸鲤鱼

材料　鲤鱼1条，冬笋、火腿肉、香菇、姜、冬瓜皮、盐、料酒、味精各适量。

做法

❶ 将鲤鱼去鳞及内脏，洗净；冬笋、火腿肉切薄片；香菇切丁；姜、冬瓜皮切细丝。

❷ 将上述材料一起放入鱼腹中，并加入盐、料酒、味精，蒸熟即可。

食疗作用　此肴具有消肿利水、健脾益气的功效，可辅助治疗脾虚湿肿、体弱倦怠等症。

芽菜煸芸豆

材料　芸豆350克，牛肉末（或猪肉末）50克，芽菜、干辣椒段各30克，姜末、蒜末各少许，豆瓣酱、盐各1小匙，鸡精半小匙，酱油、花椒、花椒油各适量。

做法

❶ 将芸豆去两头筋，折成两段，洗净后沥干水分，放入八成热的油中煸香至水分出尽，捞出控净油；豆瓣酱用刀剁碎末；芽菜洗净，沥干水分，切碎末。

❷ 将油锅烧热，牛肉末炒散至熟。

❸ 另起油锅烧至七成热，爆香干辣椒段、豆瓣酱、花椒、姜末、蒜末、花椒油、芽菜末；放入芸豆段、牛肉末翻炒；放入酱油、鸡精、盐炒匀，出锅装盘即可。

食疗作用　本品具有健脾化湿、消暑解毒的功效，可用于脾虚湿盛引起的大便溏泻。

湿热体质养生

养生原则

精神方面：湿热体质者应防止七情太过，注意控制自己的情绪，学习和掌握一些释放不良情绪的科学方法来化解或释放不良情绪，如可经常练习深呼吸，将气息深吸至小腹。

起居方面：湿热体质者应避免居住在低洼潮湿的地方，居住环境宜干燥、清洁通风。不要长期熬夜，或过度疲劳。要保持二便通畅，防止湿热郁聚。湿热体质者特别容易皮肤感染，最好穿天然纤维、棉麻、丝绸等质地的衣物，不要穿紧身的内衣。

运动方面：湿热体质者阳气偏盛，适合做强度大、运动量大的锻炼，以消耗体内多余的热量，排泄多余的水分，达到清热除湿的目的，因此可选择中长跑、游泳、武术等运动项目。湿热体质者在运动锻炼时应注意舒展筋骨关节，增加身体的柔软度，因为筋骨关节僵硬、涩滞，不利于肝胆的疏泄，还会加重烦躁、紧张、焦虑等情绪。

饮食方面：湿热体质者的饮食应以清淡为主，多吃有清热利湿功效的食物，如赤小豆、绿豆、圆白菜、黄瓜、薏苡仁、苦瓜、冬笋、藕、豆腐、莴笋等甘寒的食物；少吃羊肉、韭菜、姜、辣椒、胡椒、花椒等甘温滋腻及火锅、烹炸的食物；忌吃辛烈燥热、大热大补的食物和饮品。

温热体质特征	
形成原因	先天不足，久居湿地，喜吃油腻、甘甜的食物，长期饮酒，湿热内蕴
主要表现	面部和鼻尖总是油光发亮，易生痤疮、粉刺、酒糟鼻，舌质偏红，苔黄腻，常感到口苦、口干，身重困倦，心烦倦怠，眼筋红赤。女性带下常色黄，男性阴囊潮湿
外形特征	体形偏胖或苍瘦
心理特征	急躁易怒
适应能力	对湿环境或气温偏高的环境，尤其是夏末秋初时的湿热气候较难适应
易发病症	易患疮疖、黄疸、湿疹等症

远离湿疹居家调养法

减轻湿疹的按摩操

湿疹是湿热体质者常出现的问题，任何年龄段、任何部位都可发病。

湿疹表现为皮肤瘙痒剧烈，红斑层出不穷，或易生水疱，且溃烂流水。

1.端坐，用拇指指腹按压头顶的百会穴3分钟，用力要稍重（图①）。

2.按摩者用拇指指腹分别按压被按摩者的大椎（图②）、天柱、肩井等穴，每穴3分钟，时间不宜过长，力度要稍重，以被按摩者稍感酸胀为度。

3.按摩者用刷子分别刷被按摩者的阳池（图③）、合谷、曲池、足三里等穴各1分钟，力度要稍重，以被按摩者稍感酸胀为度。

4.按摩者用拇指指腹分别按揉被按摩者的太溪、三阴交、阴陵泉等穴各2分钟，力度稍重，以被按摩者稍感酸胀为度。

5.按摩者单手食指、中指、无名指合拢摩擦被按摩者的涌泉穴，至被按摩者稍感脚心发热即可（图④）。

6.被按摩者俯卧，按摩者用掌根沿被按摩者的背后督脉走行方向反复用力摩擦30次，至被按摩者皮肤发红发热即可。

减轻湿疹的7个简易偏方

◎**白鲜皮汤洗法。**将马齿苋、白鲜皮、木槿皮一起煎成汤，然后用此汤洗患处，每日3次。

◎**绿豆粉敷法。**将蜂蜜、绿豆粉、冰片和醋一起调成糊状后放在中间有孔的油纸上，将其直接敷于患处。

◎**地榆敷法。**将适量地榆用水煎煮，用纱布浸满药液湿敷于患处。

◎**车前草汤洗法。**取车前草适量，将其放入沸水中煎煮，煮沸后将车前草取出，将汁液晾凉，直接清洗患处即可。

◎**桃叶浴法。**将桃叶装入棉布袋水煎5分钟，然后将其汁液直接倒入浴缸中进行沐浴即可。

◎**枇杷叶浴法。**将枇杷叶洗净，小火烤其表面，然后将其直接敷在患处，并每处反复按压10次。

◎**蒲黄法。**蒲黄研末，将粉直接撒在湿疹处，外用纱布包扎，以免粉末散落。

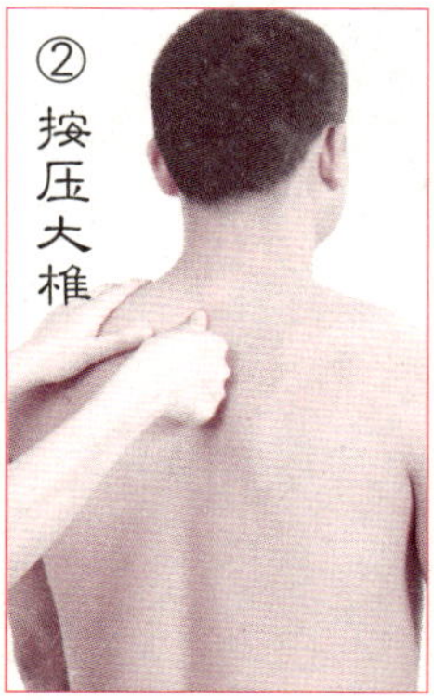

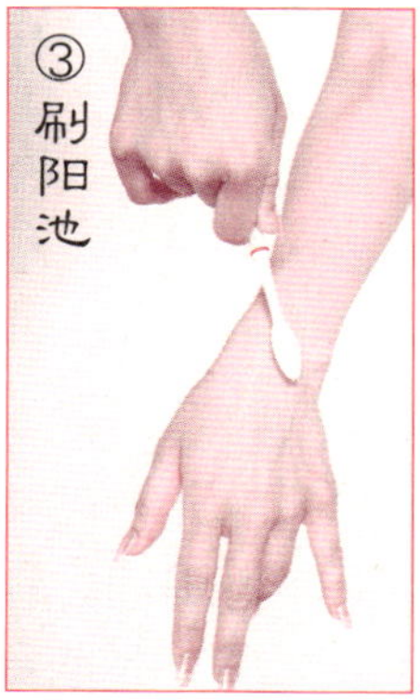

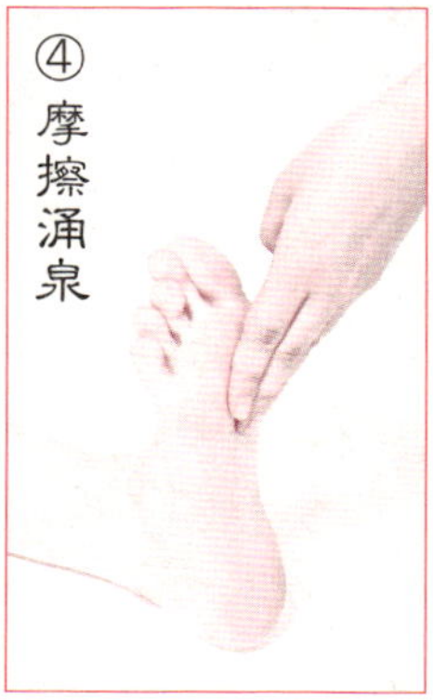

养生食谱重点推荐

胡萝卜冬笋炒肉

材料 猪肉200克，胡萝卜、冬笋各100克，西红柿1个，豆腐干、虾仁、腰果、松仁、青椒丁各少许，豆芽、海鲜酱、生抽、豆瓣酱各2小匙，盐1小匙，红油（或辣椒油）、鸡精各适量。

做法

❶将所有食材主料洗净，猪肉、胡萝卜、冬笋、豆腐干、西红柿均切丁，放入滚水中氽烫。

❷将海鲜酱、生抽、豆瓣酱、盐、红油、鸡精调匀成味汁。

❸将豆芽铺在盘底。把油锅烧热，放入其他食材主料翻炒，然后调入味汁炒匀，盛出，放在豆芽上即可。

食疗作用 本品具有益气养阴、清热利湿的作用。这道菜荤素搭配，食材多样，可以补充多重营养。如果再加入紫甘蓝，这道菜就有了叶类蔬菜，而且菜品颜色会更加鲜亮夺目。

绿豆薏苡仁粥

材料 绿豆50克，薏苡仁30克，大米100克，冰糖适量。

做法 将绿豆、薏苡仁、大米洗净，加水煮粥，待熟后再加入冰糖，拌匀即可。

食疗作用 本品具有清热、祛湿、解暑的功效。

茯苓贝梨汤

材料 茯苓15克，川贝母10克，梨1000克，蜂蜜、冰糖各适量。

做法

❶将茯苓洗净，切成小方块；川贝母去杂洗净；梨洗净，去蒂，切成丁。

❷将茯苓、川贝母放入锅中，加入适量水，用中火煮熟；加入梨、蜂蜜、冰糖，煮至梨熟，出锅即可。

食疗作用 本品为民间清热、润肺、止咳的食疗良方，具有清热生津、润肺化痰、止咳平喘的功效。

赤小豆紫米汤

材料 赤小豆、紫米各20克，蜂蜜适量。

做法 将赤小豆、紫米分别洗净，浸泡过夜，将浸泡的水倒掉，加入新水，以小火煮至熟透即可。食用时可加入适量蜂蜜。

食疗作用 本品可用于缓解小便不利、水肿、脚气等症。

杏仁汁

材料 杏仁50克，牛奶、白糖各适量。

做法

❶ 用热水把杏仁泡涨，剥掉外衣，剁碎，放入大容器内，加入凉水磨成极细的浓汁，再用细纱布滤过，弃掉渣子。

❷ 取钢精锅，倒入杏仁浆，加入牛奶、白糖，用大火煮开即可。

食疗作用 本品具有消暑解热的功效，且凉甜爽口，适合夏季饮用。

醋熘藕片

材料 鲜藕300克，醋2大匙，花椒1小匙，香油、高汤、盐、白糖各少许。

做法

❶ 将鲜藕去皮洗净，切成片。

❷ 在锅内加油烧热，放入花椒，炸出香味后，加入藕片略炒，烹入醋，加入少许高汤、盐、白糖翻炒均匀，淋上香油，起锅即可。

食疗作用 本品具有利水通气、生津滋润、强身健体的功效。需要提醒的是，炒制的时候，花椒要炸出香味，糖、醋的比例可根据个人口味掌握。

火腿炒莴笋

材料 莴笋丁150克，青鱼50克，火腿200克，青椒1个，葱末、姜末、盐、料酒、水淀粉、淀粉、白糖、胡椒粉各适量。

做法

❶ 将青鱼去掉皮，鱼肉切丁；葱末、姜末、盐、料酒放入小碗中，搅拌均匀，倒入鱼肉丁拌匀，腌渍2分钟。

❷ 将火腿蒸10分钟，切成丁；莴笋丁上撒入少量盐，腌渍3分钟；青椒切成圈，码盘。

❸ 将油锅烧热，鱼肉丁蘸匀淀粉下锅，炸至颜色微白后关火，起锅沥油。

❹ 在锅中留底油烧热，将葱末、姜末煸香，依次放入莴笋丁、火腿丁，翻炒几下后再放入鱼肉丁，加少许白糖和胡椒粉，用水淀粉勾芡即可。

食疗作用 本品具有清热、顺气、化痰的功效。

阴虚体质养生

养生原则

精神方面：阴虚体质者大多性情急躁，容易心烦发怒，这是阴虚火旺、火扰神明之故。因此，此种体质者要善于调养自己的情志，加强自我修养，少参加争胜负的文娱活动，闲暇时间多听听悠扬的音乐，对于调整情绪、睡眠十分有利。

起居方面：阴虚体质者要注意“秋冬养阴”的调养原则，居住环境宜安静，应选择安静、坐南朝北的房子；保证充足的睡眠，以藏养阴气；工作紧张、熬夜、剧烈运动、高温酷暑等则能加重阴虚体质，故应尽量避免；在冬季尤其要节制房事，以保肾精。

运动方面：阴虚体质者适合做有氧运动，譬如太极拳、太极剑等动静结合的传统健身项目。阴虚体质者也可练习气功，因为气功对人体内分泌有双向调节功能，还能促进脾胃运化，增加体液的生成，有利于改善阴虚体质。阴虚体质者应避免在炎热的夏天，或闷热的环境中做运动量大的锻炼，这样会导致出汗过多，损伤阴液，不利于体质的调养。

饮食方面：阴虚体质饮食调理的原则是滋阴潜阳。阴虚体质者应多食甘寒性凉的食物，如芝麻、糯米、绿豆、蛤蜊、墨鱼、鸭肉、猪皮、牛肚、牛奶、甘蔗、银耳、红枣、桃子、蜂蜜等，这些食物都有滋补机体阴精的功效。而韭菜、葱、姜、蒜等性温燥烈之品，应尽量少食。

阴虚体质特征	
形成原因	先天不足，后天失养，或纵欲伤精，或积劳阴亏，或曾患出血性疾病
主要表现	经常感觉身体、手脚心发热，眼睛干涩，视物模糊，面色潮红，心中烦躁，口鼻咽喉干燥，喜冷饮，皮肤偏干，易生皱纹，眩晕耳鸣，睡眠质量差，脉细数
外形特征	形体瘦长
心理特征	性情急躁，外向好动，活泼
适应能力	耐冬不耐夏，不耐受暑、热、燥邪
易发病症	易出现虚劳、失精、不寐、便秘等症

预防、改善便秘的按摩操

1.双手重叠，掌心按于脐部，以肚脐为中心推摩腹部，范围逐渐扩大。注意推摩时力度要适中，先按顺时针方向按50圈，然后轻拍腹部15下（图①）。

2.用单手掌心按顺时针方向按揉神阙穴，每次按揉5分钟，至腹部肠鸣、产生排气感和便意为宜（图②）。

3.先用按摩棒按压承山穴，每次1分钟，再拿捏承山穴周围的腓肠肌30次（图③、图④）。口臭者加按足三里穴1分钟，腹冷痛者加按三阴交穴1分钟。

4.被按摩者取仰卧位，按摩者用单手掌心顺时针推摩其小腹部，每次按揉5分钟。

5.按摩者用拇指指腹按揉被按摩者的中脘、关元、天枢、大巨、巨阙等穴。按揉时力度要适中，每穴每次按揉2分钟。

6.按摩肚脐。取坐位或立位，右手手掌放于脐上，左手掌放于右手背上，在小腹部按顺时针方向揉动，揉5分钟，然后按逆时针方向再揉5分钟，共揉10分钟。每日早晚各做1次，连续做两周。

7.用拇指指腹按揉天枢穴、中脘穴，按揉时不要太用力，轻一些即可。每穴每次按揉2分钟（图⑤）。

8.按摩者用拇指指腹按揉被按摩者的手三里、三阴交、足三里等穴，注意按揉时用力要稍重。每穴每次按揉5分钟，至被按摩者感觉酸胀为宜（图⑥）。

9.按摩者在被按摩者的腰骶部做上下快速摩擦动作，至被按摩者感觉温热为宜（图⑦）。

10.被按摩者俯卧，按摩者用拇指指腹按揉被按摩者的双侧脾俞、胃俞、肝俞、大肠俞、肾俞等穴。每穴每次按揉5分钟，至被按摩者感觉酸胀为宜（图⑧）。

11.按摩位于手掌面手腕处尺侧的神门穴，然后以一手摩擦另一手的小指，对顽固性便秘疗效显著。

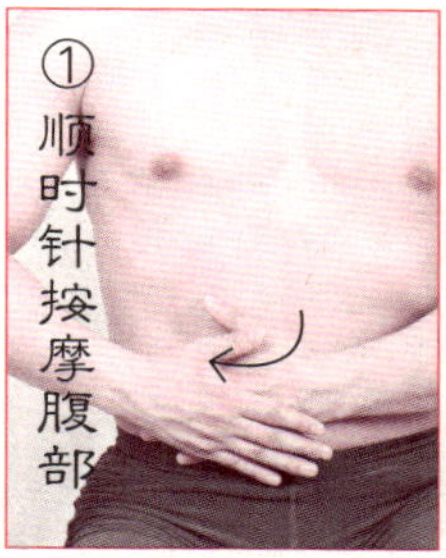

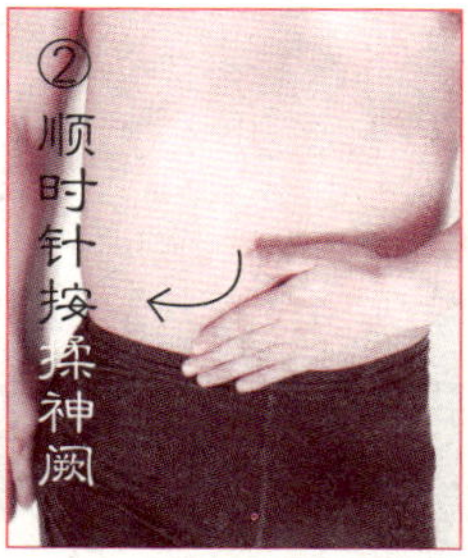

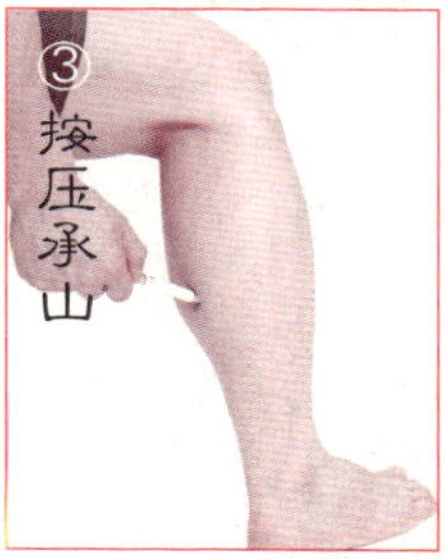

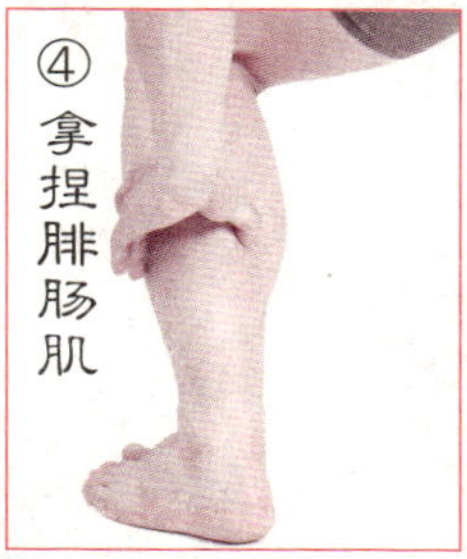

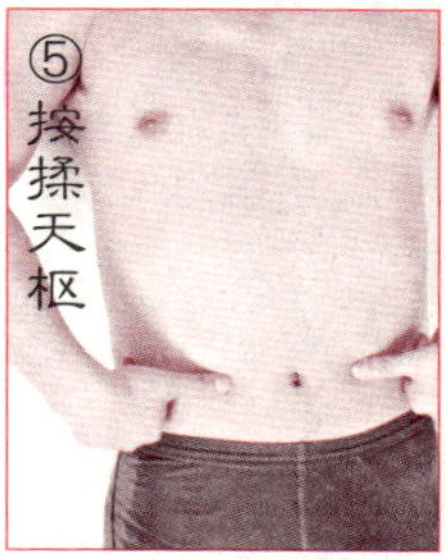

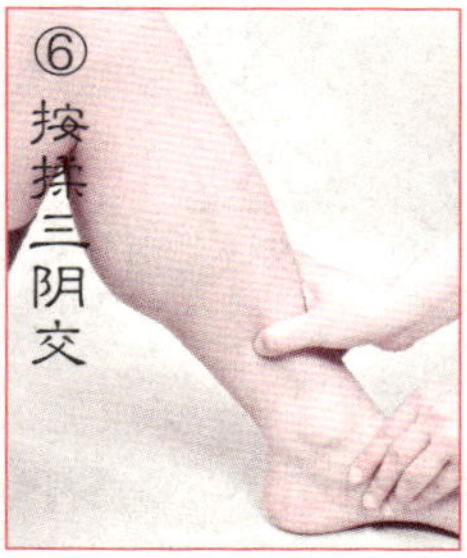

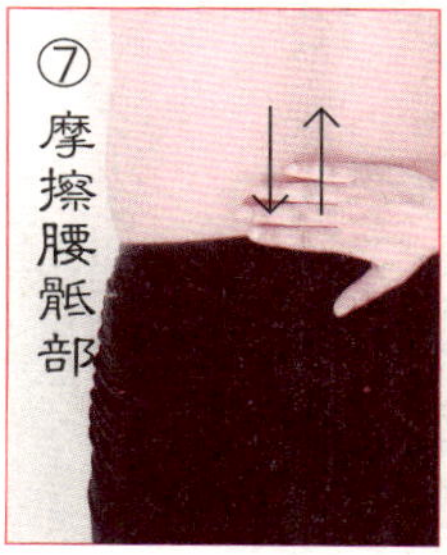

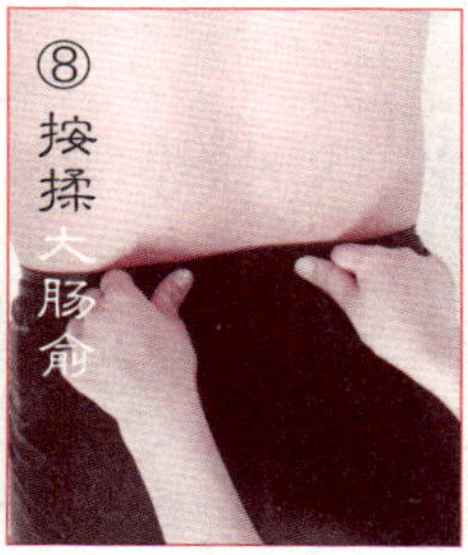

养生食谱重点推荐

女贞子酒

材料 女贞子250克，烧酒750克。

做法 将女贞子捣碎，浸于烧酒中，浸5天后即可饮用。每次饮用20毫升，每日2次。

食疗作用 本品具有滋阴补肾、乌须黑发的功效，可以改善阴虚内热、头昏目眩、腰膝酸软、须发早白等症。

黑木耳红枣粥

材料 大米100克，黑木耳15克，红枣8克，冰糖10克。

做法

❶ 将大米淘洗干净，用冷水浸泡1小时，捞出并沥干水分。

❷ 将黑木耳放入冷水中泡发，择去蒂，除去杂质，撕成瓣状。

❸ 将红枣洗净并去核。

❹ 在锅中加入约1000毫升冷水，将大米放入，用大火烧沸，放入黑木耳、红枣，改用小火熬煮约45分钟。

❺ 等黑木耳、红枣熟烂，大米成粥后，加入冰糖调味，再稍焖片刻即可。

食疗作用 本品具有补肾阴虚的功效。

蜂蜜蒸百合

材料 百合120克，蜂蜜30克。

做法 将百合与蜂蜜搅拌均匀，蒸至熟软。

食疗作用 本品具有补肺润燥、清热除烦的功效。适用于肺热烦闷或燥热咳嗽、咽喉干痛等症。

红枣炖猪肘

材料 猪肘1000克，冰糖150克，猪骨3块，红枣100克。

做法

❶ 将猪肘去毛洗净；红枣洗净；冰糖30克炒成深黄色糖汁。

❷ 在砂锅底放入猪骨，倒入1500克水烧开，再放入猪肘，再次烧开水，撇去浮沫。将红枣、冰糖汁及其余冰糖放入，用小火慢慢煨，待猪肘软烂、汤汁黏稠时，即可出锅。

食疗作用 本品具有补脾益胃、滋阴养血的功效，适用于脾胃虚弱、阴虚血虚、血小板减少等症。

剁椒蛤蜊炒宽粉

材料 蛤蜊150克，宽粉100克，剁椒末、白酒各1大匙，蒜末1小匙，高汤1碗，奶油各适量，白糖、盐、葱花各少许。

做法

❶将油锅烧热，加入蒜末，用中火慢慢炒香；将蛤蜊放入锅中炒香，淋入白酒、白糖和高汤，盖上锅盖，煮至蛤蜊开口。

❷加入奶油拌匀，用盐调味煮沸。

❸放入宽粉，大火拌炒入味，最后加剁椒末炒匀，撒葱花即可。

食疗作用 本品具有滋阴、利尿化痰、软坚散结的功效。需要提醒的是，阳虚体质和脾胃虚寒腹痛、泻泄者忌用。

爆墨鱼花

材料 墨鱼肉350克，牛奶50克，蒜末、水淀粉、料酒各1大匙，盐1小匙，高汤适量，味精少许。

做法

❶将墨鱼肉剖开，刮净两面软膜，在上面刻刀花，再切成边长2.5厘米左右的方块。

❷把牛奶、盐、味精、料酒、水淀粉、高汤、蒜末放入碗内，调匀成芡汁。

❸将锅内的油烧至六七成热，放入墨鱼块，见鱼肉卷起，拨散，捞出，控净油。

❹在锅内留少许油，倒回墨鱼卷，开大火，将调味芡汁烹入，迅速翻炒，当芡汁包匀墨鱼卷时出锅装盘即可。

食疗作用 本品非常适宜阴虚体质、贫血、女性血虚经闭及带下者食用。

南乳烧墨鱼

材料 墨鱼500克，葱末、葱段、姜片、南乳汁、汤鲜酱、白糖、盐、味精、鸡精、红曲米、料酒各适量。

做法

❶将墨鱼去内脏、黑膜，洗净后放入沸水中汆烫，再浸入冷水中冷却。

❷将油锅烧热，爆香姜片、葱段，加入墨鱼翻炒；加入南乳汁、汤鲜酱、白糖、红曲米、料酒烧入味，收浓汁；起锅前加盐、味精、鸡精调味，盛盘撒上葱末即可。

食疗作用 本品具有养血、通经的功效，适宜阴虚体质者食用，也是女性朋友的保健食品。怀孕或哺乳期的女性应多买些墨鱼来吃，能够安胎、利产、催乳。

血瘀体质养生

养生原则

精神方面：血瘀体质者要培养乐观、开朗的性格与情绪，因为精神愉快有利于气血的运行；反之，苦闷、忧郁则会加重血瘀倾向。此种体质者应该多参加集体活动、娱乐活动，作息时间也要有规律，保证充足的睡眠。

起居方面：血瘀体质者的居住环境不宜凉，且女性在月经期要避免剧烈活动和接触冷水。

运动方面：血瘀体质者适合练习一些有益于促进气血运行的运动项目，如气功、五禽戏及各种舞蹈、徒手健身操等，以达到改善体质的目的。血瘀体质者不宜做强度大、负荷大的体育锻炼，而应做中小负荷、多次数的锻炼，如步行健身法能够促进全身气血运行，振奋阳气。

饮食方面：血瘀体质者宜选用具有活血化瘀功效的食物，如黑豆、黄豆、山楂、西蓝花、黑木耳、洋葱、香菇、茄子、油菜、玫瑰花、番木瓜、海参、红糖、黄酒、葡萄酒等。对非饮酒禁忌者来说，适量地饮用葡萄酒，对促进血液循环，帮助活血化瘀有益。凡是具有阻碍血液运行作用的食物都应忌食，如乌梅、苦瓜、柿子、李子、石榴、花生米等。高脂肪、高胆固醇的食物也不可多食，如蛋黄、奶酪等。

血瘀体质特征	
形成原因	先天禀赋不足，后天损伤，忧郁气滞，久病入络
主要表现	平时常见面色晦暗，皮肤偏暗或有色素沉着，容易出现瘀斑、疼痛症状，口唇暗淡或发紫，舌头颜色较深而且有瘀点或片状瘀斑，舌下静脉曲张，眼眶暗黑，头发容易脱落，肌肤偏干，有出血倾向，女性还多见痛经、闭经、崩漏或经血中多凝血块
外形特征	多见于瘦人
心理特征	心情常不愉快，容易烦躁，容易生气
适应能力	不耐受风邪、寒邪，对刮风及寒冷天气不适应
易发病症	身体容易出现出血的病症，或容易出现肿块，易患卒中、心脏病

养生食谱重点推荐

鱼香茄子

材料 圆茄子2个，猪肉100克，荸荠75克，葱、姜各适量，辣椒1个，黑木耳、香油各少许，高汤2小碗，料酒、酱油各1大匙，水淀粉1小匙，味精、白糖、胡椒粉、醋各半小匙。

做法

❶将所有食材主料洗净；姜、辣椒、黑木耳、荸荠均切末；葱切花；圆茄子切滚刀块泡入清水中；猪肉剁碎。

❷在油锅烧至六成热时，将茄子块稍炸捞起；用少许热油将肉末炒熟；爆香姜末、辣椒末、黑木耳末、荸荠末；放入高汤、料酒、酱油、茄子块快速翻炒1分钟；加入味精、白糖、胡椒粉、醋调味。

❸用少许水淀粉勾芡，淋入香油，撒上葱花即可。

食疗作用 本品可用于通经络、行血脉、舒筋骨。

海鲜疙瘩汤

材料 虾仁、蟹肉棒各50克，西红柿、鸡蛋皮丝、面粉、葱末、盐、香油各适量。

做法

❶将虾仁洗净，去净泥肠，切成两段备用；蟹肉棒剥去外皮，切小段备用；西红柿去皮洗净，切块备用。

❷在面粉中加适量水，调成疙瘩状。

❸在锅内放水煮沸，加入调好的面疙瘩、西红柿、盐同煮2分钟。

❹加入虾仁、蟹肉棒煮熟，放入鸡蛋皮丝，淋入香油即可。

食疗作用 本品具有养筋活血、通经络的作用，可用于瘀血、损伤。

笋丝蟹肉汤

材料 蟹肉100克，豆腐50克，芦笋、蛋清、香菇、虾仁、鲜汤、姜丝、米醋、胡椒粉、料酒、盐、味精、水淀粉各适量。

做法

❶将芦笋去皮洗净，切丝；香菇浸软，择洗干净，切丝；豆腐切丝；蛋清打匀。

❷将油锅烧热，放入蟹肉、豆腐丝、芦笋丝、香菇丝、虾仁、料酒，翻炒片刻后倒入鲜汤，大火煮沸；放入姜丝、盐、味精、胡椒粉，搅拌均匀后倒入水淀粉勾芡；淋入蛋清，加入米醋，搅匀后即可。

食疗作用 本品具有清热、活血化瘀的功效，可预防高血压、心脏病、动脉粥样硬化。

海鲜翡翠豆腐

材料 虾仁200克，豆腐1块，青椒、红椒各半个，豆豉1大匙，酱油1小匙，姜末、盐、菠菜汁、味精、鸡精、蛋清各适量。

做法

❶ 将豆豉切末；青椒、红椒均洗净，切末；豆腐洗净，切丁；虾仁去虾线，氽烫，捞出过凉水，沥干水分，放入蛋清中拌匀，加盐、菠菜汁，入锅炒至定型，装盘。

❷ 另起油锅烧热，放入豆豉末、姜末、青椒末、红椒末、豆腐丁，加盐、味精、鸡精、酱油炒熟，装入盛虾仁的盘中即可。

食疗作用 本品具有活血解毒、消肿止痛的作用，适用于血瘀体质者。

山楂决明红枣汤

材料 山楂20克，决明子15克，红枣50克，冰糖适量。

做法

❶ 将山楂、决明子分别洗净；红枣去核，洗净。

❷ 把山楂、决明子、红枣一同放入锅内，倒入适量的清水，用大火煮沸，改成小火慢煲1小时后用冰糖调味即可。

食疗作用 本品具有开胃消食、化滞消积、化痰行气、扩张血管、增加冠状动脉血流量、降低胆固醇、软化血管、降血脂的功效，适合便秘者、高血压者、高脂血症者常服。

洋葱炒鸡柳

材料 鸡胸肉1块，洋葱1个，辣椒2个，葱1根，料酒1大匙，酱油2大匙，盐、白糖各半小匙。

做法

❶ 将鸡胸肉洗净，去皮，切条状；洋葱洗净切片；辣椒洗净，去子，切小段；葱洗净，切段。

❷ 把油锅烧热，爆香洋葱片和辣椒段；放入鸡肉条、料酒、酱油、盐、白糖同炒；放入葱段，翻炒均匀即可盛出。

食疗作用 本品具有降脂减糖、活血化瘀的功效。

虾皮紫菜鸽蛋汤

材料 豌豆苗50克，紫菜15克，鸽蛋5个，醋、虾皮各2大匙，高汤2大碗，味精2小匙，香油、葱花、盐各适量。

做法

❶将豌豆苗、紫菜洗净，放入大碗中，撒上虾皮和葱花，放入醋、味精、盐、香油。

❷将鸽蛋煮熟后去皮，放入大碗内。

❸在锅内放高汤烧沸，倒入大碗中，用筷子搅匀即可。

食疗作用 本品可清除产妇体内瘀血，同时，还具有补肾益气的作用。

西蓝花猪肉煲

材料 猪腱肉400克，蜜柚2个，胡萝卜2根，西蓝花30克，洋葱丁、白糖少许，盐适量，鸡精半小匙。

做法

❶将猪腱肉洗净切块；蜜柚去皮切块；胡萝卜去皮洗净切段；西蓝花洗净掰成小朵，备用。

❷在油锅烧热后，放入洋葱丁、猪腱肉，翻炒上色后，加入适量的清水；在大火烧沸后，放入西蓝花、蜜柚块、胡萝卜段，继续煮30分钟，放入盐、鸡精、白糖调味即可。

食疗作用 西蓝花被称作“血管的清理剂”，可有效防止血小板凝固、促进血液循环。因此，本品具有健脾消食、活血化瘀的功效。

红焖海参

材料 海参（泡发）400克，净小油菜心40克，姜块、葱段、蒜、甘草片、盐、味精、酱油、水淀粉、红豉油、料酒、香油、老汤各适量。

做法

❶将海参洗净，切块，放入锅内，加入适量清水、葱段、姜块、盐、料酒，汆烫5分钟后捞出，沥干。

❷将油锅烧热，加入甘草片、小油菜心、酱油、蒜、红豉油和老汤煮30分钟，捞出杂质，制成酱汁；加入海参块，转小火焖1小时，加盐、味精调味，用水淀粉勾芡，淋入香油即可。

食疗作用 本道菜具有活血化瘀的作用。

气郁体质养生

养生原则

精神方面：气郁体质者有不良情绪时应与亲人朋友多沟通，及时宣泄；多看轻松活泼的影视作品和书籍，多听轻松开朗的音乐。

起居方面：气郁体质者居住环境应宽敞、明亮、通风，避免过于拥挤阴暗，因为良好的居住环境可以帮助其舒畅情志。此外，气郁体质者平时应穿宽松的衣服，避免穿紧身衣裤。

运动方面：体育锻炼可以调理气机、舒畅情志，气郁体质者应尽量增加户外活动或团队活动，因为文体、娱乐、游戏可促进人际交流，分散气郁体质者的注意力，提高兴趣，达到理顺气机的作用。气郁体质者还可以适当参加下棋、打牌、跳舞、气功、瑜伽等活动，而且不要单独一人做运动，而要和多人一起做，这样有助于帮助此类体质者舒畅情志。

饮食方面：气郁体质者宜选用具有理气解郁、调理脾胃功能的食物，如大麦、荞麦、高粱、小米、刀豆、蘑菇、豆豉、柑橘、佛手、茴香、萝卜、洋葱、丝瓜、菊花、玫瑰花、茉莉花、月季花等。气郁体质者可以少量饮酒，以畅通血脉，提高情绪，其中葡萄酒最为适宜。另外，气郁体质者不可多食冰冷食品，如雪糕、冰激凌、冷饮等。

洋葱

气郁体质特征	
形成原因	先天遗传，受惊吓，忧郁思虑多
主要表现	常常烦闷不乐，胸胁有胀满的感觉，动不动就叹气，嗳气打嗝，或者喉间有异物感（既吞不下去又吐不出来的感觉），睡眠较差，食欲减退，心悸胆怯，健忘，痰多，大便干
外形特征	一般形体偏瘦
心理特征	性格内向，情绪不稳定，忧郁脆弱，敏感多疑
适应能力	对精神刺激的适应能力较差，不喜欢阴雨天气
易发病症	易出现郁证、脏躁、失眠、梅核气、惊恐等症

养心安神的按摩操

1.用双手拇指指腹按揉太阳穴，每次按揉2分钟（图①），然后沿两侧颞部，由前向后进行按摩。

2.双目自然闭合，将双手食指屈曲，拇指按在太阳穴上，以食指内侧屈曲面，由正中印堂穴沿眉毛向两侧分抹。分抹时力度要适中，可反复做30次或适当增加次数，每日2次（图②）。

3.用双手拇指指腹按揉风池、气海、关元、合谷等穴，每穴每次按揉2分钟。

4.将双手五指分开成爪形，由前发际向后发际抹动，如十指梳头状，反复10次，也可用木梳代替手指。

5.按摩者用单手食指、中指、无名指并拢摩擦被按摩者的涌泉穴，至其脚心发热为度。若被按摩者有头晕、耳鸣等症，可摩擦至100次。

6.用手掌根部轻轻按压头顶百会穴，每次按揉5分钟（图③）。

7.被按摩者取坐位，全身放松，按摩者双手握拳，用拇指关节沿被按摩者的脊柱旁两横指处，自上而下慢慢地进行推按，反复10次（图④）。

8.按摩者用单手掌心，先按顺时针方向按摩被按摩者的腹部5圈，再按逆时针方向按摩5圈（图⑤）。

9.将双手叠放在腹部，用手掌大鱼际轻轻按揉中脘穴，每次2分钟。

10.用掌心按揉前额及头维穴、百会穴，每穴每次按揉2分钟（图⑥）。

11.用双手拇指指腹按揉被按摩者的印堂穴，按揉时力度要适中，每次按揉3分钟。

12.按摩者用双手拇指指腹，从被按摩者的眉头推至两侧眉梢后的太阳穴，反复4次（图⑦）。

13.拿捏颈部与肩头连线的正中央以及周围大筋处，每次按揉10分钟。也可请家人代为按摩（图⑧）。

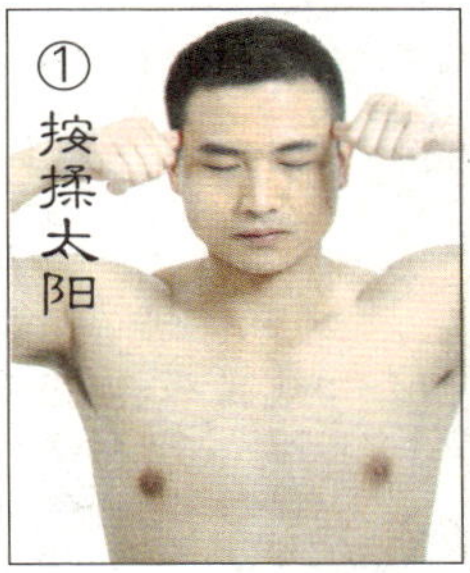
①按揉太阳

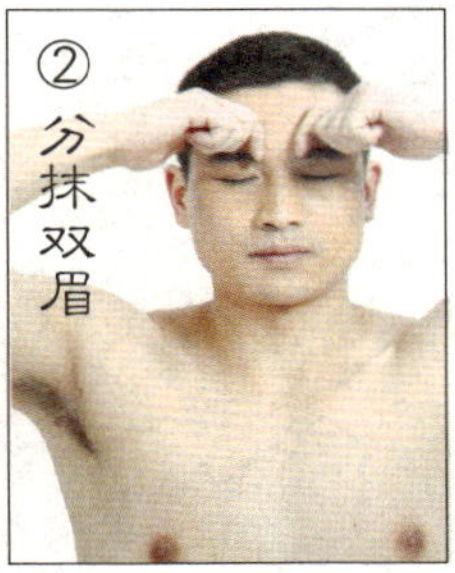
②分抹双眉

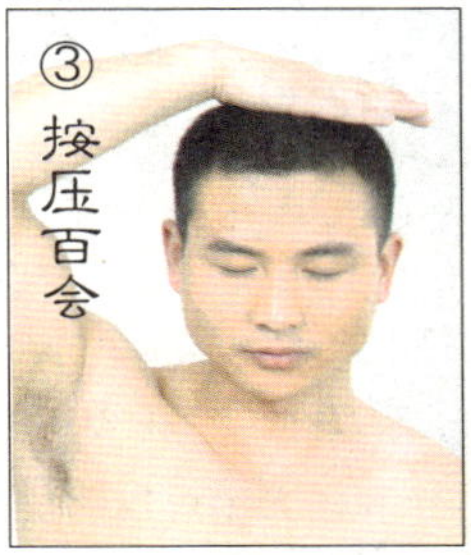
③按压百会

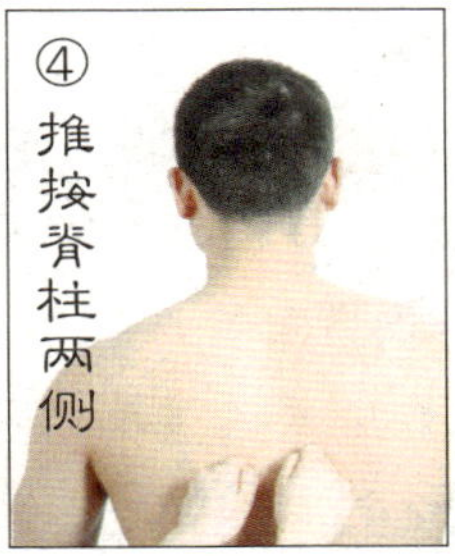
④推按脊柱两侧

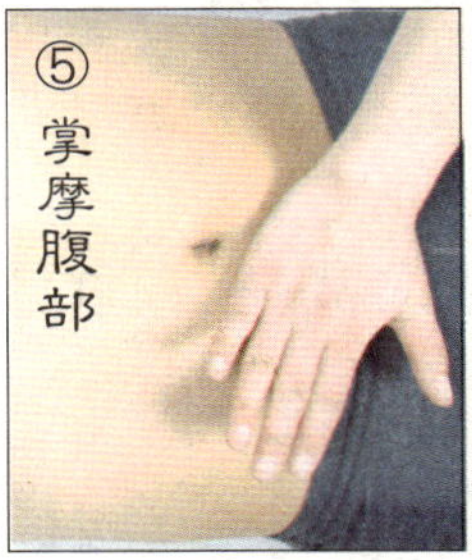
⑤掌摩腹部

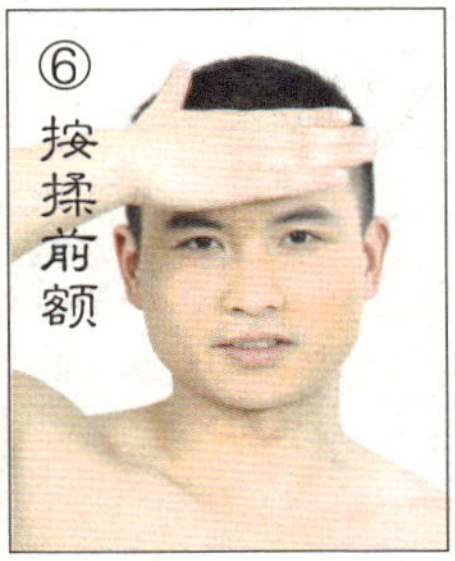
⑥按揉前额

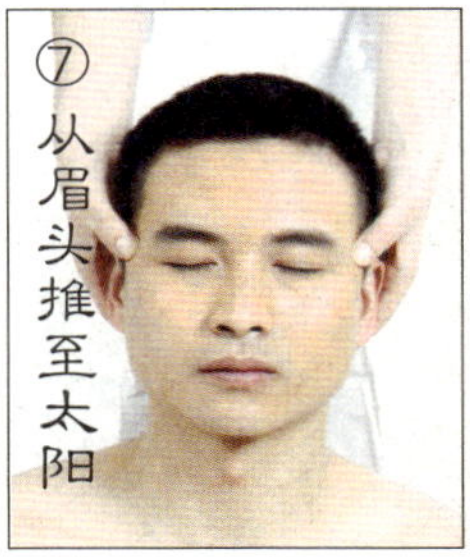
⑦从眉头推至太阳

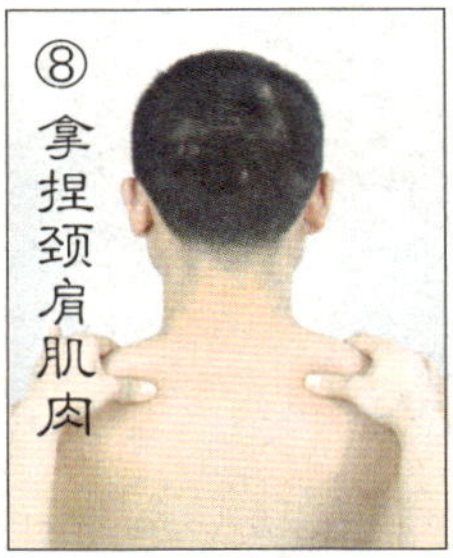
⑧拿捏颈肩肌肉

养生食谱重点推荐

小米萝卜粥

材料 胡萝卜丁、小米、枸杞子、盐、味精、香油各适量。

做法

❶ 把小米淘洗干净，备用。

❷ 在锅内加入适量的水，放入小米煮粥；待粥八成熟时，加入胡萝卜丁、枸杞子；继续煮至粥熟，放入盐、味精、香油，搅拌均匀即可。

食疗作用 本品具有清热解渴、健胃除湿、和胃安眠等功效。

菊花鸡肝汤

材料 银耳15克，菊花10克，茉莉花24朵，鸡肝100克，料酒少许，姜汁、盐各适量。

● 菊花

做法

❶ 将银耳泡发洗净，撕成小片；菊花、茉莉花用温水洗净；鸡肝洗净切薄片备用。

❷ 将水烧沸，放入料酒、姜汁、盐，随后放入银耳及鸡肝片，再次将水烧沸，撇去浮沫，待鸡肝片熟后，撒入菊花、茉莉花稍沸即可。

食疗作用 本品具有理气解郁、健脾宁心的功效。

五谷杂粮粥

材料 糙米、小米、燕麦、黑糯米、荞麦各50克，枸杞子、盐各适量。

做法

❶ 将5种杂粮分别洗净；糙米、小米、燕麦浸泡1小时，黑糯米浸泡2小时，荞麦浸泡4小时。

❷ 在锅内放入浸泡好的5种杂粮，加适量水，用大火煮开后，改小火煮至松软，之后加入枸杞子，食用时根据口味加入适量盐。

食疗作用 本品具有健脾益肾、养心安神、清热解渴、和胃安眠的功效。

● 燕麦

洋葱炒猪肝

材料 猪肝、洋葱片各250克，葱末、姜末、酱油、盐、味精、料酒、花椒粉、淀粉、水淀粉、香油各适量。

做法

❶将猪肝切片，加入少许盐、味精、料酒调味，加入淀粉搅拌均匀，放入热油中，滑散滑透。

❷另起油锅烧热，将葱末、姜末炝锅，先放入洋葱片、花椒粉、盐、味精、酱油翻炒一下，再加入猪肝片速炒，最后用水淀粉勾芡，淋香油即可。

食疗作用 本品具有促进肠道蠕动、顺气的功效。

鲜香丝瓜段

材料 金银花10克，蒲公英、甘草各5克，丝瓜1根，干贝1粒，葱段少许，盐、香油各1小匙。

做法

❶在金银花、蒲公英、甘草中加入1杯水，在大火烧开后，以小火熬约10分钟，去渣留两大匙药汁备用。

❷将丝瓜去皮切长条块；干贝用半杯水蒸熟后切成细丝，蒸干贝的汤汁备用。

❸把油锅烧热，先放入葱段和干贝丝爆香后，再放入丝瓜块稍炒，最后倒入药汁和干贝汁，待丝瓜块烂熟后加盐和香油调味即可。

食疗作用 本品具有清热、化痰、顺气的功效，可以用来辅助治疗痰热咳嗽。

凉拌佛手瓜

材料 佛手200克，泡椒少许，荷兰豆50克，盐、鸡精、香油各适量。

做法

❶将佛手用清水洗干净，切成均匀的细丝；泡椒去子切丝；荷兰豆洗净，切细丝，备用。

❷将佛手丝、荷兰豆丝、泡椒丝放入沸水中汆烫一下，然后用冷水过凉，沥干水分。

❸放入盐、鸡精拌匀，淋上香油，过30分钟后装盘即可。

食疗作用 本品具有健胃止呕、化痰止咳的功效，可用于消化不良、舌苔厚腻、胸闷气胀、呕吐、咳嗽及神经性胃痛等。

特禀体质养生

养生原则

精神方面：总体来说，特禀体质者应该保持平和愉快的心态，积极参加社交活动，避免劳累，保证充足的睡眠。

起居方面：室内装修后特禀体质者不宜立即搬进居住，应打开窗户，保持空气流通，让油漆、甲醛等化学物质的气味挥发干净后再搬入；春季时，空气中的花粉多，应减少室外活动时间；不宜养宠物，以免对皮毛过敏；应保持充足的睡眠；应对自己的过敏原有一定的了解，避免诱发过敏或加重原有的疾病。

运动方面：总体原则是量力而行，不宜劳累。

饮食方面：特禀体质者饮食宜清淡，避免食用各种致敏食物，以减少发病机会；饮食宜均衡，粗细搭配适当，荤素配伍合理，多吃益气固表的食物，如牛奶、冬笋、胡萝卜、百合、木瓜、黄瓜、豇豆、猪心等食物；应忌食生冷、辛辣、肥甘油腻及各种发物，如鱼、虾、蟹、辣椒、肥猪肉、浓茶、咖啡等，以免引发宿疾。

● 木瓜

特禀体质特征	
形成原因	先天遗传，后天调养失当，或环境变化、药物因素所致
主要表现	常常有先天性、家族性的特征
外形特征	没有特殊的形体特征
心理特征	因情况不同而各有差异
适应能力	适应能力差，如过敏体质者容易在特定的季节中旧病发作
易发病症	易发生药物过敏或花粉症。本身患有遗传性疾病如血友病、唐氏综合征，以及胎传性疾病如五迟（立迟、行迟、语迟、发迟、齿迟）、五软（头项软、口软、手软、足软、肌肉软）、解颅、胎惊、胎肥、胎痫、胎弱等

养生食谱重点推荐

百合杏仁粥

材料 百合1大匙，杏仁2小匙，糯米、白糖、枸杞子各少许。

做法

❶ 将糯米洗净，加适量水，放入锅中，用大火煮沸，再转成小火煮至半熟。

❷ 将百合、杏仁、白糖加入锅中，煮至粥熟，撒枸杞子即可。

食疗作用 本品具有润肺止咳、清心安神的作用，适用于干咳劳嗽、病后虚弱等症。

鲜奶胡萝卜条

材料 胡萝卜条300克，青豆50克，牛油、盐、面粉、牛奶、胡椒粉各适量。

做法

❶ 将胡萝卜条放入水中，加牛油、盐，煮软；将青豆用沸水汆烫至熟。

❷ 把牛油倒入锅中加热，放入面粉炒出香味，加牛奶搅拌均匀，放入盐、胡椒粉煮成白汁。

❸ 将胡萝卜条、青豆放入白汁中，翻炒入味即可。

食疗作用 本品具有健脾益胃、促进消化吸收的功效，可用于肠胃病、泌尿系统疾病。此外，对婴幼儿的成长发育也很有好处。

山药黑木耳炒莴笋

材料 莴笋片250克，黑木耳（泡发）、山药片各50克，葱丝、醋、白糖、盐各适量。

做法

❶ 将黑木耳洗净，撕小朵；黑木耳和山药片分别放入沸水锅中汆烫，捞出。

❷ 将油锅烧热，先放入葱丝爆香，再放入莴笋片、黑木耳、山药片翻炒至熟，最后加盐、白糖、醋调味即可。

食疗作用 本道菜具有益气固表、调理肠胃的作用。

木瓜鸡片

材料 鸡胸肉250克，木瓜50克，芦笋25克，蛋清、盐各适量，水淀粉2大匙，胡椒粉1小匙，鸡精少许。

做法

❶将木瓜去皮、子，洗净切片；芦笋去皮及老根，洗净切片，放入沸水锅中汆烫，捞出沥干。

❷将鸡胸肉洗净切片，加入适量盐、水淀粉、胡椒粉、蛋清抓拌均匀，腌渍10分钟左右。

❸在锅内放油烧热，放入鸡胸肉片滑炒至色白，加入木瓜片、芦笋片和盐、鸡精，炒匀至入味即可。

食疗作用 本品具有利水祛湿、健脾和胃、润肠通便的功效。

肉片黄瓜汤

材料 猪瘦肉片150克，黄瓜半条，柳松菇100克，姜1片，料酒1小匙，盐、白胡椒粉、葱段各少许。

做法

❶将所有食材主料洗净；黄瓜去子后切块状。

❷用油炒香姜片与黄瓜块、柳松菇，加入料酒与适量水烧开，煮15分钟后撇去油沫。

❸放入盐、白胡椒粉煮2分钟，放入猪瘦肉片与葱段，待汤烧开即可。

食疗作用 本品具有化解炎症、利水化湿的作用。

蒜苗炒猪心

材料 猪心1个，蒜苗1根，料酒、酱油、水淀粉各1大匙，白糖、醋各1小匙，味精少许，蒜片、葱末、盐各适量。

做法

❶将猪心洗净，去尽下部筋络部分，剖开，洗去瘀血，切成厚片，在肉面切十字刀纹，再切成小块，放在碗内加盐、水淀粉拌匀上浆；蒜苗洗净斜切成片。

❷将油锅烧热，把猪心块放入锅中炒至变色，捞出控净油。

❸在原锅中留少许油，放入葱末和蒜片煸炒；加入料酒、酱油、白糖、味精及少许水，用水淀粉勾芡；倒入猪心块，拌和均匀，淋入醋和少许熟油，颠翻片刻；放入蒜苗片、盐调味即可。

食疗作用 本品具有健脾益气、化湿的功效。

第五章

情志养生：百病生于气，心静神安是良药

中医认为，心主喜，肝主怒，脾主思，肺主悲，肾主恐。可见，情志养生与人体的五脏六腑密切相关。人如果负面情绪过度，就会导致内脏功能失调而引发疾病。所以，如果您想要健康长寿，就要调节情志，保持心平气和，所谓百病皆生于气，心静神安才是良药。

情志失调伤五脏

五志与五脏

五志是什么

五志是指喜、怒、思、悲、恐5种情志的变动。《黄帝内经》认为，情志的变动和五脏的机能密切相关，心志为喜，肝志为怒，脾志为思，肺志为悲，肾志为恐。

五志分别归属于心、肝、脾、肺、肾五脏，五脏又分别主脉、筋、肉、皮毛和骨五体，五志与五体均为五脏功能活动的外在表现。

五志与五脏密切相关

人体的情志活动与脏腑气血有着密切的关系。情志活动是以五脏、精、气、血为物质基础的，而脏腑内在气血的变化也会影响到情志的变化。

五志的活动要在心神的统摄下才能正常地进行。《灵枢·口问》记载："悲哀愁忧则心动，心动则五脏六腑皆摇。"充分说明了心神对五志的统摄作用，五志从心而发之后，不同的情志会影响到与之相应的内脏。

在正常的情况下，五志引起的情绪反应一般不会使人发病。但是，五志太过就会损伤相应的内脏，从而引发疾病。《黄帝内经》五志致病的观点，对两千年来历代中医学家们都有深刻的影响。金代李东垣就曾指出："凡怒、忿、悲、思、恐、惧，皆损元气。"

例如，在心情爽朗、开怀大笑时，人会有心胸舒畅的感觉；在生气、愤怒时，人就会感到两胁不舒畅、隐隐作痛；在伤心、悲哀而哭泣时，人会觉得憋气，甚至喘息、咳嗽；在焦虑、思索时，人会不思饮食、食之无味；在恐惧、害怕时，人会瑟瑟发抖、浑身发冷。因此，在生活、工作、学习中，人们需要注重情志养生，懂得调养心神。

五志太过的四大危害

正常的五志对五脏功能无不良影响，但五志太过就会伤及五脏的相关功能，使各脏的气血运行出现异常，进而影响五脏所主的五体功能，表现于五体之上就会出现筋脉失养、面色无华、肌肉枯萎、齿摇发脱等虚损之象，影响人的容貌和健康。

在两种情况下，五志太过可致病：一种情况是，在短时间内人的情绪变化过大，过于激烈，甚至无法控制，就会很快致病；另一种情况是，人的某种情绪持续时间太长而无法化解，也会致病。五志太过对人身体的危害具体如下。

损伤气机

气机，是气运动的根本形式，人体内脏腑、经络、气、血、津液的功能活动及相互联系，都有赖于气机的升降出入。而情志太过，就会扰乱人体气机，导致气机升降失常，使气机郁滞，运行不畅。另外，“缓”“乱”“消”也是气的运行障碍。

许多疾病的发生皆与情志刺激引起的气机失常有关，如老年人突然大喜或大悲，就有可能发生猝死。

损伤脏腑

《灵枢·百病始生》记载：“喜怒不节则伤脏。”这说明情志不加节制会损伤脏腑功能。因为人的五脏六腑是相互关联的，所以一情太过并非只伤一个脏腑，可同时存在“一情伤几脏”或“几情伤一脏”的情况。例如，人在思虑过度时，脾的消化吸收功能就会受影响，同样悲、忧太过也能影响脾，导致食欲不振；又如大喜会伤心，而由于“心为五脏六腑之大主”，如果心受伤，人体各个脏腑的功能就都会受到损伤。

● 《灵枢·百病始生》：“喜怒不节则伤脏。”

损伤精血

《素问·举痛论》记载：“怒则气逆，甚则呕血及飧泄。”意思是说暴怒可致血随气逆，因为气有引导血的功能，气逆时，就会发生呕血，或完谷不化的泄泻。

《灵枢·本神》也有记载：“恐惧而不解则伤精，精时自下。”“精时自下”即恐惧太过，五脏所藏之阴精失去统摄，耗散不止。

此外，过分思虑，既会耗伤心血，又会影响食欲，造成气血生化不足，使精血亏损。

损伤阴阳

情志过激，可损伤阴阳。《灵枢·口问》记载：“大惊卒恐，则血气分离，阴阳破败。”这里的阴阳破败，就是指阴阳失调。而人体的生命活动需要保持阴阳平衡，正所谓“阴平阳秘，精神乃治；阴阳离决，精气乃绝”。

在现实生活中，由于情志过激所引起的疾病时有发生。例如，有人在打麻将时因为摸到好牌乐极而死；有人在痛失亲人之后，郁郁而亡，这些都是五志太过对人体的影响。所以，我们要学会驾驭五志，只有良好地控制、调节情绪，才不至于引发疾病。

调节情志可保养五脏

《黄帝内经》中有“形神合一”为养生大道的说法，并给出了从自我调节的角度去达到形神合一的诸多方法，去塑造和维持一个积极向上、健康稳定的心理状态，以适应生存环境。

● 情志活动属于人类的正常生理现象，适度的情志活动能使五脏调和。情志生于五脏，所以调节情志就能保护身心，形神兼养

《黄帝内经》还指出要尽可能避免各种不良刺激对人体的影响，使身心始终处于和谐、健康的状态。

情志养生

每个人都有这样的体会，好像身体内存在一种神奇的力量，当它正常活动时，人的头脑就能保持清醒，可以冷静理智地处理问题，并且情绪高涨，干劲十足，使学习和工作效率都大大提高；当这种力量活动异常时，人可能会不理智、走极端，甚至做出令人后悔的事情，也可能会无精打采、郁郁寡欢，进而严重影响学习和工作效率。这种神奇的力量被中医称为情志，就是现代医学所称的精神活动。

情志养生，也叫心理养生，现代西医学称之为心理保健。它通过对认知理念和具体生活实践的调节，来增强人的心理负荷力，使人与环境和社会保持高度的和谐统一。健康的情志表现为稳定的成熟心态和旺盛的生命活力。

情志养生的急迫性

飞速发展的现代社会令人们的生活节奏不断加快，与之而来的，就是工作、生存压力不断地增加。而越是技术实力强、文明程度高的地区，出现心理问题的人就越多，有的人常常处于精神极度紧张、濒临崩溃的边缘。由压力所导致的亚健康，就与人的情志活动密切相关。因此，有专家把这个时代称之为“情绪负重的非常时代”。

中医认为，情志养生应是现代人保持健康的第一步。

五脏对情志的影响

情志是脏腑气血阴阳活动在精神方面的外在表现，一旦脏腑气血阴阳失调，就会产生异常的情志变化。

心对情志的影响

心在志为喜，喜是心情愉快的情绪表现。

心主血藏神，心有推动血液运行的作用，而血是神志活动的物质基础，只有心与血共同作用，人体才会有精神、意识、思维等生命活动。如果心被伤，导致血瘀凝滞，就会影响人的思维、精神等活动。

肝对情志的影响

肝在志为怒，怒为肝的情绪反应。肝主疏泄，藏血藏魂，具有贮藏和调节血流量、疏通全身气机的作用。

如果肝的功能正常，人体气机畅通，则情志舒畅、心情开朗、情绪良好；如果肝失疏泄，肝气郁结，人就会变得心情不舒、郁郁不乐、多愁善感；如果肝气亢奋，人就会变得急躁、易怒、焦虑。

反之，这些情绪又会伤肝，如果过怒就会引起肝气上逆，而肝气上逆又是产生怒的生理和病理的基础。

脾对情志的影响

脾在志为思，思是正常的思维活动。但想得太多，就为虑，正如《灵枢·本神》中记载：“因志而存变谓之思，因思而远慕谓之虑。”脾主运化，可将水谷化生为精气，这是产生思的物质和生理基础，如果脾的功能受损，则会影响气机的升降出入，进而影响人的思考。

肺对情志的影响

肺在志为忧，正常的悲伤、忧虑都属于正常的情绪活动。肺主一身之气，并推动气在身体内发挥应有的作用，这是产生悲、忧的生理基础。如肺的功能不足时，人就易于产生悲、忧的情志变化。

肾对情志的影响

肾在志为恐，恐即害怕、畏惧，是人体对某些事物惧怕的一种精神状态。肾、心、肝、胆、胃均是产生恐的生理和病理的基础，尤其是肾、心的作用最大。如果肾的功能受损，人就会容易惊恐。

七情太过可致病

七情是什么

七情

喜、怒、忧、思、悲、恐、惊这7种情志所反映的是机体的精神状态，为一般人受到外界刺激后产生的正常情绪反应。

中医认为，人的七情是人体脏腑功能活动的外在表现，因此，可以把七情归属于五脏。

七情既然是人对外在事物表现出的正常反应，那么在正常情况下就不会使人生病，但如果人突然受到强烈的精神刺激，如失恋、地震、失去亲人或亲人久别重逢等，就会产生一些极端的情绪，如悲痛、狂喜、盛怒等，而这些极端的情绪就很可能会致病。

与六淫不同的是，六淫必须由口鼻及体表侵入人体，而七情是直接作用于相关的脏腑而致病的。所以，中医把病因分为外感六淫和内伤七情。

七情对气血的影响

气血是人体生命活动的物质基础，气有温煦、推动的作用，属于一种能量；血有濡养的作用，偏于物质。当人的外表可以看到情绪变化时，内脏的气血运化也会有相应的变化。

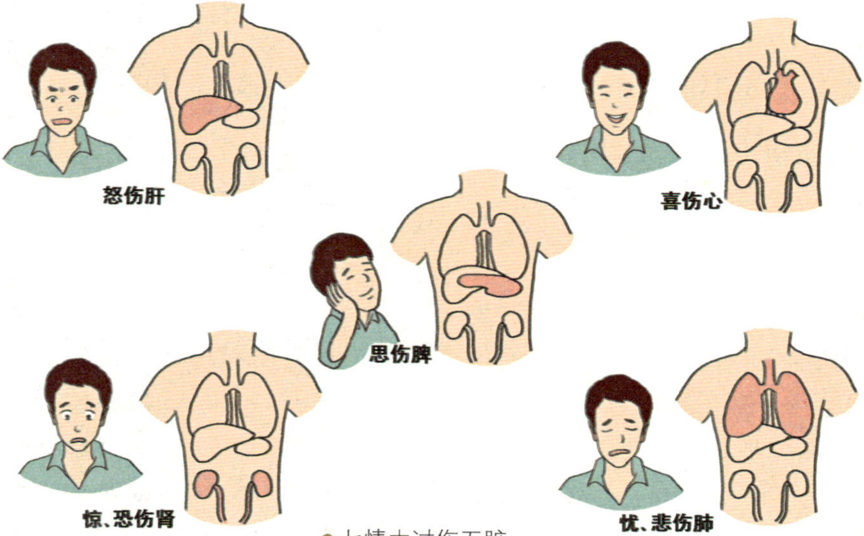

七情太过伤五脏

七情致病的9个特性

与精神刺激有关

七情属于精神性的致病因素，所致疾病和明显的精神刺激有关，当人的情绪不稳定时，还会使病情加重。如高血压病患者突然愤怒，导致血压直线上升而引发脑出血。

直接伤及内脏

七情过于激烈会影响脏腑的功能活动，进而产生病理变化。其中，心主血而藏神，肝藏血而主疏泄，脾主运化居中焦，此三脏为气血生化之源。因此，情志所伤以心、肝、脾三脏气血失调最为常见。

人在过度惊喜时，会导致心神不安、心悸、失眠；长期思虑过度会伤脾，使人出现腹胀、食欲不振等问题。

影响脏腑气机

七情致病会导致脏腑气机失常，如果脏腑的生理活动不正常，就会使人体的气血运行紊乱。

喜则气缓

正常情况下，喜能缓解紧张情绪，但过喜会使心气迟缓，“心藏神”的作用失常，从而使人注意力不集中，出现神不守舍的情形。

怒则气上

暴怒会伤肝，使肝气疏泄功能过度运作，造成肝气上逆，血随气升，引发疾病。

思则气结

思虑太过或过度的精神疲劳，会使人脾气郁结，影响脾主运化的功能，出现消化不良等症。

悲则气消

过度的悲伤和忧虑都会耗伤肺气，使人的肺气消减，出现呼吸短促、咳嗽等症。

恐则气下

长期恐惧会导致肾气受伤，人若过于恐惧，则会影响肾功能，使气陷于下，可伴有遗精、二便失常的症状。

惊则气乱

肾的封藏作用可以辅助“心藏神”的作用，强烈的惊吓会使心、肾的气机紊乱，使人出现精神错乱、心悸等症。

七情太过导致的疾病

喜

中医认为“过喜伤心”，过喜会导致气缓，即心气涣散，血运无力、瘀滞。

过喜会引发高血压、心肌梗死、卒中、窒息、流产、气胸、失眠等症。

突发太过的喜，或者为某事某物而长时间喜乐不停，一旦超过了人体所能调节的限度，喜就成了一种致病因素，严重者甚至会因过喜而丧命。

怒

怒，是指人的意愿或活动遭到挫折而产生的一种粗暴情绪。暴怒或怒气太盛，常会有暴跳如雷、伤杀人畜、毁坏物品等行为表现。

现代医学研究发现，发怒会使人的交感神经兴奋，并释放大量的茶酚胺，引发心跳加速、血压升高、呼吸加快、脑血管和冠状动脉痉挛等症。

长期发怒还会降低或抑制机体的免疫力，易引发肺癌、乳腺癌和食管癌等。愤怒也会影响腺体的分泌，如处于哺育期的女性过怒，会导致乳汁分泌量减少或乳汁成分改变。

当然，若是轻度发怒，则会有利于抒发压抑的情绪，有益于身体健康。

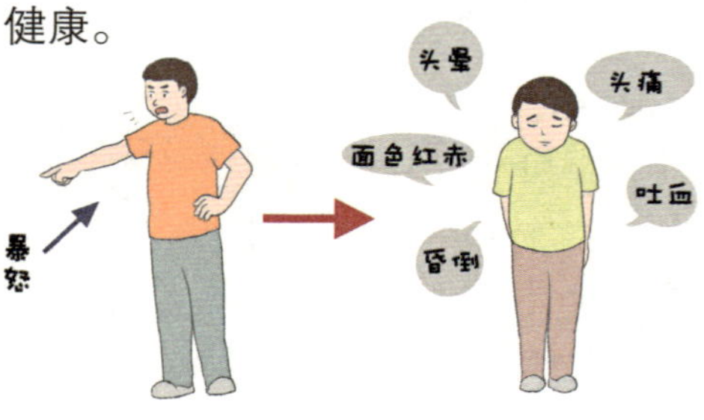

● 暴怒会使肝气上逆，产生头晕、面色红赤等症状

忧

忧，即忧郁、担心、苦闷，是人们对某些不顺心、不愉快的事情产生的一种情绪反应，如总是高兴不起来，甚至悲伤恸哭、气怯神弱。忧会使人闷闷不乐、愁眉苦脸、少言寡语、忧郁寡欢、意志消沉、独坐叹息、精神萎靡。过忧还会致人患病，如脱发、头发早白、失眠、消化性溃疡、月经不调、不孕症、阳痿、遗精、癌症、抑郁症等。

思

思，是指人的精神高度集中于思考、谋虑的一种情绪。思虑过度也会导致多种病症，尤其最易伤脾，脾运化失职，则食欲大减，饮食不化，故中医有“思虑伤脾”之说。

思虑过度、情绪紧张一旦超过机体承受的限度，就会使激素分泌过多，这些激素会对身体的健康起破坏作用，使人出现消化性溃疡、溃疡性结肠炎、心脏病、高血压、甲亢、失眠、偏头痛及精神功能障碍等症。

长期从事脑力劳动的人或大脑长期高度紧张的人，易患心脑血管疾病和消化道溃疡，这和中医的“思虑损伤心脾”的理论是一致的。

悲

悲，即悲伤、悲痛、悲哀，人感到非常难过和伤心，一旦伤心到极点便会变成沮丧和绝望。若悲哀太甚，可致使心肺郁结、意志消沉。正如《黄帝内经》中记载的“悲则气消。”长时间过度悲哀，可使人头晕乏力、心神不宁、心灰意冷、悲痛欲绝，甚至还会引起昏厥或突然死亡。

此外，容易悲伤者，更容易患癌症或其他疑难病症。

恐

《黄帝内经》认为，恐惧过度会消耗肾气，使精气下陷而不能上升，升降失调则会引发大小便失禁、遗精、滑泄等症，严重时还会产生精神错乱、癫病或痉厥。

惊

惊指突然遇到意外或突发事件时，心理上骤然紧张的情绪。受惊后轻则颜面失色、目瞪口呆、冷汗渗出、肢体运动失灵或手中持物失落，重则神飞魂荡、神昏僵仆、二便失禁等。

调养七情的12个方法

过喜的调养

◎**多点忧患意识。**多看看与别人的差距，不存非分之想，不图非分之欲。

◎**不要得意忘形。**以安定平静的心情对待自己所取得的成绩、所获得的财物、所荣获的名誉等，顺其自然，不要得意忘形，以免乐极生悲。

过怒的调养

◎**学会泄怒。**心有不平之事，应设法宣泄掉，以免悲愤进一步加剧。

◎**学会移怒。**可以在愤怒时，强制自己去做一些平时感兴趣的事。

过忧的调养

◎**移情山水。**大自然的奇山秀水，可以使人心胸开阔，令人心情舒畅。

◎**以喜胜忧。**不妨去想一些令自己快乐、幸福的事情。

过思的调养

◎**有张有弛。**经常参加一些有益于身心健康的社交活动和文体活动，广交朋友，促膝谈心，交流情感。

◎**增加见闻。**多向他人请教，避免使自己陷入“过思”之中。

◎**学会倾诉。**学会表达自己的想法，从而释放压力。

过悲的调养

◎**当哭则哭。**哭是人们不可缺少的感情发泄法和养生法。

◎**化悲痛为力量。**对于痛哭不止或痛不欲生者，要以思止哭，进而化悲痛为力量。

过惊、过恐的调养

◎**学会避恐。**患有高血压、冠心病、失眠等疾病者，应注意避免各种恐怖因素，如不要看恐怖电影、深夜不要出门等。

养心安神的9个方法

各种情绪的产生都离不开环境。避免接触强烈的环境刺激，有时是很有必要的，但最好的方法是学会情绪的积极转移，即通过自我疏导，从主观上改变刺激所造成的影响，从而使不良情绪变为积极情绪。

积极暗示法

用语言暗示自己，例如，“这没有什么”“一切都会过去”“我很棒”“我很开心”等，自己给自己鼓励。不出声的语言，也能给人以强烈的暗示，进而达到情绪调控的目的。

培养读书的兴趣

如果一个人天生好静，那么可以读一些内容轻松愉快、妙趣横生的小说和刊物，这样就可以舒体宽怀、消忧排愁、怡养心神，对人的身心健康非常有益。

转移注意力

当感觉自己特别痛苦的时候，或者在自觉症状出现和变得强烈时，请将注意力和念头转移到自己喜欢的事情上，不去想病症的苦痛或各种烦恼。例如，当强迫症状出现时，要努力去做自己曾经喜欢的事情，或者想想高兴的事情，以转移注意力。

适当运动

当自己苦闷、烦恼，或情绪激动想与别人争吵时，最好的方法是去参加体育锻炼。

还可参加适当的体力劳动，用肌肉的紧张来缓解、消除精神的紧张。例如，擦玻璃、扫楼梯等有意义的活动，就可以很好地消除烦闷。

专注一件事

心理学家发现，忧愁难解、精神崩溃等症主要是由于人对很多事情有太大的精神压力所致。

要减轻自己的精神负担，就不要多想，只专注于眼前需要做的事，这样可以有效缓解心理压力，避免身心俱疲。

●读书能令人心平气和

出游散心

当人心情不快、痛苦难解时，可以去开阔的广场上散心，或在绿树成荫的林荫大道上漫步，或到环境优美、空气清新的地方钓鱼。

置身于绚丽多彩的自然美景之中，陶醉在蓝天白云、碧波荡漾、花香鸟语的大自然怀抱里，人就会被大自然所同化，使心情变得豁然开朗，让一切忧愁和烦恼都随之消散。

还可以安排一场短期的旅游，陌生的环境会暂时吸引人的注意力，让人忘记心中不愉快的事情。

选自己喜欢的娱乐活动

当人遇到烦恼而郁闷不结时，不妨去听听音乐、跳跳舞、唱唱歌，借以松弛一下绷紧的神经，或者观赏一场幽默的相声、哑剧、滑稽电影等。

总之，人们可根据自己的兴趣爱好，选取自己喜爱的娱乐活动。

帮助别人

帮助别人不但可以使自己忘却烦恼，而且可以肯定自己的存在价值，还可以获得珍贵的友谊，使人生不再感到孤单。

遇事戒怒

遇事一定要冷静，不要暴怒，人只有冷静下来，才能积极思考、想出对策，圆满地解决问题。否则，怒会伤肝，生气只会伤害自己。

超然处世

超然处世是老子、庄子提出的处世态度，即视荣辱若一。后世把面对得失而毫不动心的处世态度称为宠辱不惊。其实，这就是要人在面对重大变故时，保持稳定的心理状态。过度的心理反应带给人的身体伤害是非常大的。

去一处环境优美、空气清新的地方钓鱼，可以缓解忧愁

减压养生

据统计，目前75%的疾病与人的心理压力有关。不仅如此，处于巨大压力下的患者，病情会持续加重，十分影响治疗效果。可以说，压力严重影响着人体的健康。

压力导致的疾病

当一个人面临的外界压力或自身压力过大，而且无法化解时，对生活的信念和态度就会随之改变，如不能及时有效地应对或正确地处理，就会加重身心额外的负担，削弱机体的抵抗力，使相关组织器官出现病理性改变，最终导致多种身心疾病的发生，具体如下。

◎**消化系统**。胃及十二指肠溃疡，溃疡性结肠炎，肠易激综合征，神经性厌食，神经性呕吐。

◎**心血管系统**。原发性高血压，冠心病，心肌梗死，心律失常，心脏神经症。

◎**呼吸系统**。支气管哮喘，过度换气综合征。

◎**皮肤系统**。神经性皮炎，荨麻疹，瘙痒症，湿疹，斑秃，银屑病，多汗症。

◎**内分泌系统**。甲状腺功能亢进，突眼性甲状腺肿，糖尿病，低血糖，肥胖症，更年期综合征。

◎**神经系统**。紧张性头痛，偏头痛，抽搐，痉挛，痉挛性斜颈，自主神经功能失调。

◎**泌尿与生殖系统**。遗尿症，月经失调，经前紧张综合征，功能性子宫出血，性冷淡，不孕症。

◎**骨骼肌肉系统**。类风湿性关节炎，颈臂综合征，腰背部肌肉疼痛。

◎**其他**。癌症，术后肠粘连，口腔炎，口臭等。

减压的4个有效方法

交流减压法

交流减压法是指通过谈话聊天的方式进行宣泄。一个人遇到不顺心的事，受到挫折，甚至遭到不幸，如失恋分手、投资失败、苦学无果或下岗失业等，当心理压力过大时，首先要冷静下来，控制一下自己的情绪，然后找到自己信赖的、头脑冷静的人（可以是父母、领导、配偶、挚友、老师、同事等），向他们倾诉自己的烦恼。俗话说“旁观者清”，从亲友的开导、劝告和安慰中得到力量和支持，心理压力就会随之减少。

● 找亲朋好友进行交流是减压的好办法，压力过大的朋友不妨试一下

自言自语减压法

自言自语减压法是一种消除紧张的有效方法。

当一个人坐在某处旁若无人地自言自语或是大喊数声时，别人会觉得这个人有神经病，由于这种错误的认识而导致很多人不愿意用这种有效的调节方法。其实，自我交谈可以发泄心中的不满、郁闷、愤怒、悲伤等不良情绪，有助于消除心理压力，恢复心理平衡。

大哭减压法

大哭减压法是用最直接的方法把心中的不良情绪发泄出去。例如，当人遇到不幸、悲痛万分时，不妨大哭一场；遭逢挫折，心情压抑时，可以通过急促、强烈、无拘无束的哭泣，将内心的郁积发泄出来，从而使精神状态和心理状态恢复平衡。

人在情绪压抑时，身体会释放一些生物活性物质，这些物质积累在体内会对健康产生影响。哭可以让这些物质随泪液排出体外，降低其在体内的浓度，还可使悲伤者缓和情绪、减轻痛苦和消除忧虑，从而有利于健康。

因此，哭是一种生理调节方式，也是一种身心自我保护的措施。当然，一个人若是经常哭泣，对健康也没有好处。哭虽然是一种宣泄痛苦的方法，但不是唯一的方法，所以，哭疏泄法也不是每个人都适合，应辩证对待，因人而异。

行为减压法

行为减压法是通过机体的外显活动来发泄紧张、愤怒等情绪的一种方法，如运动、游泳、舞蹈等。

发泄不良情绪，必须学会用正当的途径与渠道来发泄和排遣，绝不可采用不理智的、冲动性的行为方式，否则非但无益，反而会带来新的烦恼，引起更严重的不良情绪。

远离抑郁症

抑郁症的四大病因

中医认为，抑郁症主要由喜、怒、忧、思、悲、恐、惊七情所致，具体可归结为以下4种致病因素。

情感所伤

情感所伤可使肝失条达，气郁不舒，郁而化火，火性上延，进而扰动心神，神不得安则不寐。

体虚久病

身体虚弱，肾阴耗伤，不能引水于心，水火不济，心肾不交而使神志不宁，因而不寐。

劳倦思虑太过

伤于心则血暗耗，伤于脾则纳少，两者导致气血亏虚，不能营养于心，心所失养，则心神不安，夜不能寐。

饮食不节

过食少食，使肠胃受伤、胃气不和，表现为卧不得安，夜不能寐。

摆脱抑郁症的按摩手法

抑郁症犹如心灵的感冒，是现代社会常见的一种疾病，如果在初期得到很好的重视和应对，就可以防患于未然。

中医认为，抑郁症属郁证范畴。脑为元神之府，神为脑所主。当脑（神）受到某种刺激时，便会出现认知、情感、意志和行为方面的异常表现，而抑郁与肝郁气滞、气血失调造成脑（神）的生理功能失衡有关。

按摩肝经上的穴位可辅助治疗抑郁症。此外，还有许多穴位都具有调神、疏肝、健脾、调和气血的功效，如神庭、内关、三阴交、足三里、关元、神门等穴。

头为“诸阳之会，与百脉相通”。头顶上有百会、神聪（在百会前、后、左、右各开1指节处。因共有四穴，故又名四神聪）、上星等穴位，两鬓有太阳、率谷等穴位，枕颈部有风池、风府、哑门、翳风、大椎等穴位，前额有印堂等穴位，头颈部有丰富的毛细血管和神经末梢等。

经常按摩头颈部，能疏通血脉，改善头颈部的血液循环，使头颈部的毛孔开泄，“废物”外排，经络畅达，气血宣通，阴阳平衡。

通过按摩头颈部，还可刺激头

皮的神经末梢和穴位，并通过神经和经络的传导，作用于大脑皮层，从而调节经络系统，松弛头颈部神经的紧张状态，解除头颈部肌肉痉挛等。同时，按摩头颈部还可以有效地改善大脑的血液和氧气供给，使头部保持清爽，清除大脑疲劳。

此外，按摩头颈部还对缓解高血压、颈椎病等有一定效果，具体操作如下。

1.取坐位或仰卧位，用两手掌心分别置于头颞部两侧，用力按揉数分钟（图①）。

2.用一手拇指或食指按揉前顶、百会、后顶等穴数分钟（图②）。

3.用两手四指弯曲叩打，从前额发际处沿头顶至颈部发际处数分钟。

4.点按或点揉内关、三阴交、足三里、太冲、神门、关元等穴位，每次每个穴位按摩20～30分钟（图③、图④）。

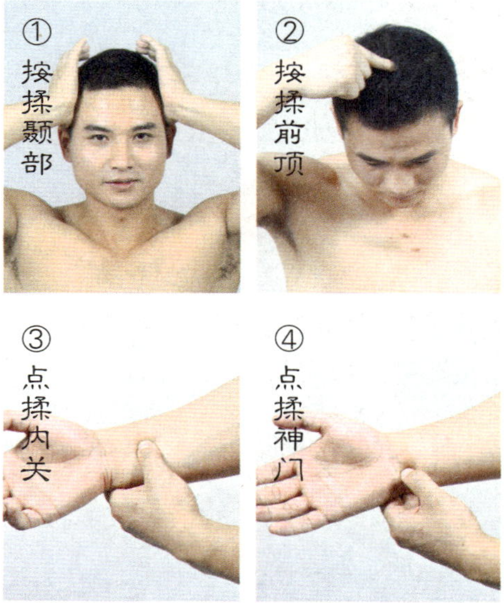

上述穴位都与神经系统息息相关，其中神门等穴位还可以醒神开窍、宁神定惊，经常按摩会有明显的效果。

调理抑郁症的方法

三A疗法

抑郁症患者往往是戴着有色眼镜来看待自己和世界的。为了改变这种错误观点，有关专家提出了“三A疗法”，即明白、回答、行动。因三个词语的英文字母均以A开头，故称“三A疗法”。

明白，即承认自己精神上的忧郁，进而注意自己的情绪变化、言行举止有无异常，以及感觉思维的差别和身体反应等。

回答，即学会每当产生一个错误时，自己就及时地予以识别并记录下来。先写下自己的错误想法，再写下一个较为实际的选择答案，其目的是在实践中检验自己的想法。写完后询问自己：“这会是真的吗？”然后问自己：“从另一个方面该怎样看呢？”

行动，即如果自己感到不被别人注意，那就换一个新方式；如果自己在工作中不能得心应手，就学一门课程来提高自己的技术水平，或者去寻找新的工作。

做让自己快乐和自信的事

让自己有计划地做些能够获得快乐和自信的事，尤其是在周末，如整理房间、写信、听音乐、逛街等。

起居有规律，注意锻炼身体

尽量让自己按时吃饭，起居规律，每日安排一段时间进行体育锻炼。参加体育锻炼可以改善人的精神状态，提高自主神经系统的功能，有利于克服抑郁症患者特有的孤独感。如跑步、跳绳、跳健身舞等，每周至少做3次，每次持续15~20分钟。

散步也可以达到同跑步一样的效果，专家们建议抑郁症患者每日步行1500米左右，并力争在15分钟内走完，以后逐渐加大距离，直到45分钟内能走完4500米。

在开始锻炼时，须经医生的同意，而且要有一定的强度、持续时间和频率才能达到预期效果。

广交良友

经常和朋友保持交往的人，其精神状态远比孤僻独处的人要好得多，尤其在境况不佳时，朋友即是良医。交朋友首先要结交可以倾诉衷肠的知心朋友，还要结交一些饶有风趣、会逗人发笑的朋友。养成和朋友经常保持接触的习惯，这样可以避免孤独感，减轻抑郁症状。

分解工作内容，做力所能及之事

可以将一件大的繁杂的工作分成若干部分，根据事情的轻重缓急，做些力所能及的事，切莫逞能，以免完不成工作而心灰意冷。

写下自己的感受

不妨把自己的感受写出来，然后分析、认识它，找出哪些心理活动属于抑郁症的范畴，然后想办法摆脱它。

不要给自己定太高目标

千万不要给自己制定一些很难达到的目标，要正确认识自己的现状，正视自己的病情，不要给自己太大的压力，不要对很多事情都大包大揽。

解郁忘忧方

合欢皮（花）、百合各15克，白茯苓12克，郁金10克，浮小麦30克，金针菜30克，红枣（去核）6枚，猪瘦肉150克，煲汤食肉。每周3次，2~4周为1个疗程。本方从《医醇賸义》中的古方演化而来。方中金针菜即萱草，又名黄花菜，古人有“合欢解忿，萱草忘忧”的说法。所以，此汤有解郁忘忧、宁心安神的功效，可缓解气、血、痰、湿诸般郁证。